Karl-Heinz Brodbeck

Die fragwürdigen Grundlagen der Ökonomie

Karl-Heinz Brodbeck

Die fragwürdigen Grundlagen der Ökonomie

Eine philosophische Kritik der modernen Wirtschaftswissenschaften

6. Auflage

Die Deutsche Nationalbibliothek verzeichnet diese Publikation
in der Deutschen Nationalbibliografie;
detaillierte bibliografische Daten sind im Internet über
http://dnb.d-nb.de abrufbar.

6., um ein aktuelles Vorwort erweiterte Auflage 2013

1. Auflage 2000
Die Herausgabe des Werkes wurde durch
die Vereinsmitglieder der WBG ermöglicht.
Elektronische Manuskripterstellung: Karl-Heinz Brodbeck
Einbandgestaltung: Peter Lohse, Heppenheim
Einbandbild: Bild der Börse in New York:
New York Stock Exchange am 7. Juli 2006.
Foto: EPA/Andrew Gombert, © dpa.
Gedruckt auf säurefreiem und alterungsbeständigem Papier
Printed in Germany

Besuchen Sie uns im Internet: www.wbg-wissenverbindet.de

ISBN 978-3-534-25793-5

Elektronisch sind folgende Ausgaben erhältlich:
eBook (PDF): 978-3-534-73587-7
eBook (epub): 978-3-534-73588-4

Inhalt

Vorwort zur 1. Auflage . . . . *VII*

Vorwort zur 6. Auflage . . . . *IX*

Vorwort zur Taschenbuchausgabe *1*

1 Wissenschaftstheoretische Voraussetzungen *5*

1.1 Denkmodelle 5
1.2 Das Ungedachte in den Wissenschaften 7
1.3 »Theorie und Realität« 8
1.4 Entscheidung und Wahrscheinlichkeit 11
1.5 Subjektive Wahrscheinlichkeit 14
1.6 Logik des Scheins 17
1.7 Ausblick 20

2 Soziale Physik *22*

2.1 Erklärungsüberschuß 22
2.2 Ökonomie oder Physik? 28
2.3 Klassische Mechanik 33
2.4 Variable Konstanten der Wirtschaft 40
2.5 Soziale Naturgesetze? 47
2.6 Freiheit als Physik 53
2.7 Die Flucht in den Durchschnitt 58
2.8 Ein thermodynamischer Ausweg? 64

3 Zeit *74*

3.1 Modell-Zeit 74
3.2 Synchronisiertes Handeln? 81
3.3 Produktion und Nutzen ohne Zeit 84
3.4 Zeitpräferenz 90
3.5 Erwartungen 96
3.6 Die situative Zeit der Geschichte 103
3.7 Freiheit und Sterblichkeit 111
3.8 Die Utopie des Stationären Zustands 116

4 Natur *125*

4.1 Der Krieg gegen die Natur 126
4.2 Widerstand und Gegenstand des rationalen Ego 130
4.3 Tier, Maschine, Arbeit 133
4.4 Der ökonomische Naturbegriff 137
4.5 Produktionsfunktionen 142
4.6 Naturgesetz, Experiment, Produktion 146
4.7 Die Bedeutung von Produktion und die Produktion von Bedeutung 152
4.8 Der Sinn von Kausalität 156
4.9 Das »geistige Kapital« 164
4.10 Das Ganze der produktiven Situation 169
4.11 Ökologische Mechanik 174
4.12 Ökologischer Rest 179

5 Rationalität *188*

5.1 Die berechnende Rationalität 189
5.2 Das traditionelle Handlungsmodell 197
5.3 Freiheit des Willens im Handeln 203
5.4 Der unendliche Wille und das maximale Ziel 209
5.5 Exkurs: Handwerker, Kaufmann und Maschine als Denkmodelle 214
5.5.1 Das Denkmodell des Handwerkers 215
5.5.2 Das Denkmodell des Kaufmanns 220
5.5.3 Das Denkmodell der Maschine 223
5.6 Gestaltungsfreiheit und maximaler Nutzen 228
5.7 Motiv und Kreativität als Kausalverhältnis? 237
5.8 Die Schattenseite des rationalen Lichts 247

Literaturverzeichnis *258*

Index *278*

Vorwort zur 1. Auflage

Zeiten der Krise sind Zeiten der Kritik. Daß die globale Wirtschaft an der Jahrtausendwende eine tiefe Krise durchläuft, ist kaum mehr zu bestreiten. Längst ist der Traum des Keynesianismus von einer lenkbaren Marktwirtschaft ausgeträumt. Der Zusammenbruch des realen Sozialismus und der Polarsturm der Globalisierung sind dabei, die Vorstellung einer *National*ökonomie endgültig ad absurdum zu führen.

Die Wirtschaftswissenschaft hat darauf bislang mit theoretischer Nostalgie reagiert: Man kehrt zu den Tugenden des frühen Liberalismus zurück.[1] Der Neoliberalismus ist die wirtschaftspolitische Form einer Wirtschaftstheorie, die heute fast weltweit akzeptiert wird. Diese Theorie basiert auf den Arbeiten der schottischen Moralphilosophen und fand im Hauptwerk von Adam Smith ihren klassischen Ausdruck. Ergänzt im 19. Jahrhundert durch die Lehre vom Nutzen, wurde diese dann *neo*klassische Theorie genannte Schule bis in die Gegenwart auf vielfache Weise verfeinert und mathematisiert.

Ökonomen sprechen gern und viel von »Nutzen- oder Produktionsfunktionen«, von »Gleichgewicht«, »Marktmechanismus«, »Wohlfahrt« oder »Zeitpräferenz«, von »Knappheit« oder dem »Rationalitätspostulat«. Aber ungeachtet der bunten Vielfalt von Theorien sind die zugrundeliegenden Begriffe *selbst* kaum je ein Thema: Sie fungieren als allgemeiner theoretischer Rahmen, der selbstverständlich akzeptiert wird. Sie sind exakt das, was Thomas S. Kuhn als *Paradigma* bezeichnet.

Diese eigentlichen *Grundlagen* der modernen Wirtschaftswissenschaft blieben bei allen theoretischen Veränderungen, »Revolutionen« und »Konterrevolutionen« unangetastet.[2] Ich werde im nachfolgenden Text die These vertreten, daß die *fragwürdigen Grundlagen der Ökonomie* bislang nie wirklich zum Thema ge-

[1] »Economics is helplessly behind the times«, T. Veblen, Why is Economics Not an Evolutionary Science, Quarterly Journal of Economics 12 (1898), meinte schon vor hundert Jahren Thorstein Veblen in seiner Kritik an der neoklassischen Ökonomie.

[2] Ich denke hier natürlich an die »Keynessche Revolution« in der Ökonomie und die von Milton Friedman so genannte »Konterrevolution« des Monetarismus. Vergleichbare Umbrüche gab es in der Ökonomie mehrfach, etwa in der Preistheorie. Sie betrafen allerdings kaum jemals die *eigentlichen* Grundlagen, auch nicht die »Kritik der Politischen Ökonomie«, die mehr mit der Tradition teilt als Marx bewußt war.

macht wurden.[3] Das ist deshalb verständlich, weil die Hauptkontrahenten – Sozialismus und Liberalismus – in der Interpretation dieser Grundlagen *übereinstimmen*. Der »wissenschaftliche Sozialismus« und die Neoklassik vertreten *gemeinsam* die Auffassung, daß die Wirtschaft durch objektive Gesetze gesteuert werde, die denen der Naturwissenschaft analog seien. Solange diese beiden Schulen, politisch bis an die Zähne bewaffnet, ihren ideologischen Kampf führten, blieb diese gemeinsame Grundlage verborgen. Seit dem Zusammenbruch des realen Sozialismus, nachdem der Pulverdampf verflogen ist, wird das gemeinsame Denkmodell deutlich sichtbar.

In Frage steht damit heute keineswegs nur die scheinbar überwundene Theorie des Sozialismus, in Frage steht vielmehr das mechanische Paradigma der Wirtschaft *insgesamt*. Dieses Paradigma herauszuarbeiten und in seinen *philosophischen Grundlagen* aufzuhellen, ist die Aufgabe des nachfolgenden Textes. Bei der Freilegung dieser Grundlagen wird sich auch zeigen, daß das traditionelle Denkmodell keineswegs nur die Ökonomie, sondern auch die Naturwissenschaften umfaßt. Die Arbeitsteilung zwischen Wirtschafts- und Naturwissenschaft ist der Grund dafür, daß das *gemeinsame* Paradigma verborgen bleiben konnte. Hier sind es vor allem die durch egoistischen Wettbewerb und kurzfristige Interessen potenzierten Gefahren neuer Technologien und die schwelende ökologische Katastrophe, die Ökonomen und Naturforscher vor *gemeinsame* Aufgaben stellen. Es ist deshalb auch notwendig zu fragen, auf welcher philosophischen Basis die Arbeitsteilung zwischen Wirtschafts- und Naturwissenschaften beruht.

---

[3] In Frage stehen hier zunächst die *Interpretation* der Ökonomie und ihre philosophischen Grundlagen. Es wird sich aber zeigen, daß in der Wirtschaft – wie allgemein in den Sozialwissenschaften – die Interpretation der »Wirklichkeit« selbst Wirklichkeit schafft. Insofern kann hier der indifferente Begriff »Ökonomie«, der die Wissenschaft *und* ihren Gegenstand bezeichnet, in seiner (nicht zufälligen) Doppeldeutigkeit verbleiben.

Vorwort zur 6. Auflage

Auch die sechste Auflage dieses Buches, das 1998 zuerst erschienen ist, bleibt unverändert, denn die im Text formulierte Kritik an den herrschenden Wirtschaftswissenschaften ist heute noch genauso aktuell wie vor vierzehn Jahren. Die Ökonomen haben aus den Krisen, die mit der Jahrtausendwende einsetzten und nur ihre lokale Form geändert haben, wenig gelernt. Der Streit untereinander hat zwar an Heftigkeit zugenommen. Die Fragwürdigkeit des gesamten Paradigmas, in dem diese Auseinandersetzungen geführt werden, wurde bislang aber nicht erkannt.

Die im vorliegenden Buch entfaltete Analyse zielt nicht primär auf einzelne ökonomische Tatsachen, sondern ist eine philosophische Kritik der Grundlagen des Denkens, das wirtschaftliche Sachverhalte beurteilen möchte. Die Mechanik der Modelle, die schon von Schmoller und Knies im Ausklang des 19. Jahrhunderts, von Sombart und Spann in den 1920er und von Georgescu-Roegen und Mirowski im letzten Drittel des vorigen Jahrhunderts kritisiert wurde[4], beruht auf einer Denkform, die aufzudecken das traditionelle Geschäft der Philosophie ist. Die zu beobachtende äußere Analogie mit naturwissenschaftlichen Denkformen ist nur ein Symptom für eine fundamentale Selbsttäuschung der Wirtschaftswissenschaften, die auf den nachfolgenden Seiten an zentralen Kategorien aufgedeckt wird.

Was sich in verschiedenen Schulen - Neoklassik, österreichische Schule, Spieltheorie, Evolutionsökonomik, Verhaltensökonomik, Institutionalismus, Keynesianismus und Marxismus - höchst streitbar und gegensätzlich zeigt, bewegt sich *philosophisch* betrachtet, d.h. in seinen *kategorialen* Grundlagen, durchaus im selben Terrain einer gemeinsamen *erkenntnistheoretischen* Position: Man betrachtet die Phänomene der Wirtschaft gleich jenen der Natur als äußere, bewusstlose Strukturen, deren *Verhalten* durch verschiedene Ansätze erklärt werden soll. Diese Trennung von Subjekt und Objekt, gar die totalitäre Haltung vieler Ökonomen, die problemlos den Menschen Armutsprogramme im Interesse der Rettung der überkommenen Geldökonomie aufnötigt, ist der grundlegende Irrweg der im vorliegenden Text kritisierten Wissenschaft.

Die Wirtschaft ist eingebettet in die ganze menschliche Gesellschaft, auch wenn das Geld durch seine spezifische Form der Vergesellschaftung alle übrigen Lebenswelten inzwischen global dominiert. Das Geld ist die eigentliche Quelle jener Ratio, die von den Ökonomen nur beschworen, nicht aber in ihren

[4] Vgl. auch meine frühen Texte: Theorie der Arbeit, München 1979, und: Transrationalität, Münchener Wirtschaftswissenschaftliche Beiträge Nr. 86-09, München 1986, 1-49.

Grundlagen und ihrer sozialen Form erkannt wird. Wenn z.B. verhaltenswissenschaftliche Experimente entdecken, dass der reine *homo oeconomicus* nie existiert hat, dann reproduzieren sie nur eine pekuniäre Borniertheit: Teilnehmer der Experimente werden darauf verpflichtet, ausschließlich über das Geld miteinander zu kommunizieren. Man muss Ökonom sein, um das dabei gefundene Ergebnis überraschend zu finden: Verschiedene Menschen handeln auch mit Geld in verschiedenen Situationen verschieden.

Das, was sich in ökonomischen Krisen zeigt, ist nur die Spitze eines Eisbergs. Die berechnende Ratio, die im fünften Teil meines Buches entfaltet wird, hat ihre Quelle in der Geldrechnung. Die Analyse des Geldes *als Geld* ist bislang aber das große Versäumnis der Wirtschaftswissenschaften. Ihre Geldtheorien sind aufgrund der erwähnten erkenntnistheoretischen Haltung nicht bis zur Einsicht vorgedrungen, dass das Geld eine allgemeine *Denkform* ist. Was sich in den Grenzen der berechnenden Naturbeherrschung, in technischen Großkatastrophen wie Fukushima, in der Vielfalt ökologischer, klimatischer und der Inflation psychischer Probleme offenbart, ist eine fundamentale Krise der Ratio selbst. Die Wirtschafts- und Finanzkrisen sind hierbei nur die offensichtlichsten Phänomene.

In meinem 2012 in zweiter Auflage erschienenen Buch „Die Herrschaft des Geldes“ habe ich diese Denkformen systematisch und unter vielfältig kritischen Bezügen auf die verschiedensten ökonomischen und sozialwissenschaftlichen Theorien ausführlich untersucht; weitere ergänzende Texte finden interessierte LeserInnen auch auf meiner Homepage (vgl. S. 277). Das vorliegende Buch klammert die Geldphilosophie im engeren Sinne aus, bietet aber zahlreiche Anknüpfungspunkte zu dieser Frage. Dass mein Text von Vertretern verschiedenster Disziplinen vielfach aufgegriffen wurde, erfüllt mich mit Zufriedenheit; zeigt sich darin doch, dass die philosophische immer noch *die* übergreifende Sprache aller Wissenschaften ist. Ökonomen finden sich unter den Rezipierenden allerdings eher selten, denn es sind die tragenden Fundamente ihrer gesamten Disziplin, die fragwürdig geworden sind.

Dass auch permanente Fehlprognosen und eine unüberhörbare öffentliche Kritik der Ökonomie nur Erstarrung und eine Wagenburgmentalität erzeugt haben, war zu erwarten (vgl. im Text S. 21 und 47). Aus eigener Kraft sind die Wirtschaftswissenschaften kaum reformierbar. Falsche Denkformen schaffen sich nicht selbst ab. Wohl aber könnte die Gesellschaft der herkömmlichen Ökonomik Ressourcen entziehen und so den sich aus ihrer Fehlberatung ergebenden wirtschaftlichen Schaden erheblich mindern.

VORWORT ZUR TASCHENBUCHAUSGABE

»Wie die Luftspiegelung dem Wasser gleicht,
aber kein Wasser ist.«[9]

Das vorliegende Buch unterzieht die Grundlagen der Ökonomie einer philosophischen Kritik. Dabei zeigt sich, daß diese Grundlagen eine Illusion sind, die Illusion nämlich, die Wirtschaft sei ein *Mechanismus*. Erkenntnistheoretisch entspricht dem Mechanismus die Vorstellung einer absoluten Trennung zwischen Theorie und Gegenstand. Dies als Irrtum nachzuweisen, ist die Aufgabe der nachfolgenden Kapitel.

Die erste Auflage dieses Buches, das nun in leicht verbesserter Form als Taschenbuch erscheint, wurde in zahlreichen Besprechungen sehr positiv aufgenommen. Das Buch eröffnet, fanden seine Rezensenten, »eine neue Dimension des Zusammenwirkens von Philosophie und Wirtschaftswissenschaften.«[10] Die »philosophischen Zusammenhängen nachforschenden Analysen sind oft meisterhaft«[11]. Das Buch ist ein »beachtenswerter Versuch, hinter die Annahmen der Wirtschaftswissenschaftler zu blicken und einem größeren Publikum zu erläutern«[12]; es bricht »radikal mit der Vergangenheit und eröffnet das Feld für die Innovation, derer wir so sehr bedürfen«[13], analysiert »auf eine höchst spannende Weise die wissenschaftstheoretischen Voraussetzungen, die Begriffe, die Analogien ökonomischen Denkens, das ganze mechanische Paradigma, und plädiert für einen grundlegenden Wandel der ökonomischen Rationalität«[14].

Daß ein Buch, das eine *Kritik* enthält, auch auf Widerspruch stößt, ist nicht verwunderlich, auch weil es, wie T. Niechoj meint, »die stoische Ruhe, mit der viele (etablierte) WirtschaftswissenschaftlerInnen methodischen und begrifflichen Fragen aus dem Weg gehen, argumentativ fundiert angreift.«[15] Allerdings möchte ich auf ein Mißverständnis hinweisen. Der Einwand, ich würde eine *postmechanische* Ökonomie nur in »dürftigen Umrissen« zeichnen oder *nur* Kritik

---

[9] Nagarjuna, Ratnavali I, 54.

[10] K.-J. Grün, Contra furorem oeconomicum, Wissenschaftlicher Literaturanzeiger, Heft 1, 38. Jahrgang (1999), S. 66.

[11] P. Drulák, Gegen die Einbahnstraße, FAZ, 22.5.1998, S. 15.

[12] K. P. Weinert, »Politische Bücher«, NDR 4 vom 22.11.1998.

[13] D. Dingeldey, Wissenschaftlicher Literaturanzeiger 38 (1999), S. 63.

[14] L. Glaser, Angst vor der Globalisierung? Badische Zeitung 17. März 1999.

[15] T. Niechoj, Rezension, Das Argument 227 (1998), S. 754.

üben[16], ist unzutreffend: Der *vorliegende* Band beschränkt sich ganz bewußt weitgehend auf eine philosophische *Kritik* der mechanischen Wirtschaftswissenschaft, weil der *positive Entwurf* zu einer postmechanischen Theorie in Gestalt meines 1996 erschienenen Buches »Erfolgsfaktor Kreativität«[17] bereits vorliegt.

Wichtige Fragen von Kommentatoren sind in diesem früher erschienenen Buch bereits beantwortet. So findet sich dort ausführlich die von einem Kritiker vermißte Darstellung des Verhältnisses von Wirtschaftsordnung und Markt, was im vorliegenden Text nur am Rande behandelt wird.[18] Allerdings zielt die in den nachfolgenden Kapiteln formulierte Kritik an der mechanischen Trennung von Theorie und Gegenstand *zugleich* auf die nur scheinbare Dualität von Ordnung und Markt. Auch die Frage nach den Ursachen des Zinses, von der sich J. Heinrichs wünschte, daß sie vom Verfasser »einer tieferen Klärung zugeführt worden wäre«, wird in »Erfolgsfaktor Kreativität« ausführlich behandelt.[19]

In der Kritik des Verfassers an der mechanischen Apologie des Marktes wollte man einen »ideologischen Beigeschmack«[20] entdecken. Bei Verteidigern der Marxschen Ökonomie fand *diese* Kritik zwar Beifall, sie hielten mir aber umgekehrt vor, meine Kritik an Marx sei eine »idealistische Illusion«.[21] Ich teile gewiß nicht die Meinung, der Markt sei eine naturhafte Gegebenheit und betrachte eine Kritik an der »Markthörigkeit«[22] keineswegs als zeitgenössische Form der Majestätsbeleidigung, sondern im Gegenteil als eine schlichte Frage philosophischer Redlichkeit. Auch lehne ich nachdrücklich die Auffassung ab, man habe globale Konsequenzen der Ökonomie als bloßes *Faktum* »wertneutral« zu akzeptieren. Die Wirtschaftswissenschaft ist als mechanische

---

[16] A. Wehmeier, Von Künstlern und Automaten, Handelsblatt vom 29./30.5.1998, S. G6; C. Kasprzok, Rezension, Kyklos 4 (1998), S. 585ff.

[17] Erfolgsfaktor Kreativität. Die Zukunft unserer Marktwirtschaft, Darmstadt 1996.

[18] Wehmeier, aaO.; vgl. Brodbeck, Erfolgsfaktor Kreativität, Teil I.

[19] J. Heinrichs, Rezension, Philosophischer Literaturanzeiger Bd. 51 (1998), S. 215. Vgl. hierzu jetzt K.-H. Brodbeck, Die Herrschaft des Geldes aaO., S. 427-436 und 984-1114.

[20] Wehmeier, Von Künstlern und Automaten aaO.

[21] Redaktion Alltag und Geschichte, Radar e.V., Radio Darmstadt, am 29. 6. 1998. Zum Einwand: »Marx denkt auch nicht die Individuen als automatische Subjekte, wie Brodbeck es ihm zuschreibt, sondern (...) das Kapital«. Niechoj aaO., S. 753, vgl. Erfolgsfaktor aaO., Kapitel 13, und Kapitel 5.1 zur Natur der »Kaufmannsseele«.

[22] W. Sombart, Die drei Nationalökonomien, Berlin 1930, S. 269.

Marktideologie nur eine *implizite Ethik*[23], keine empirische Theorie. Hier gibt es gewiß Berührungspunkte mit Marx; aber ich teile nicht seine (auch von Neoklassikern vertretene) These, die Wirtschaft gehorche einem »Naturgesetz«, das als »ökonomisches Bewegungsgesetz der modernen Gesellschaft« durch »naturgemäße Entwicklungsphasen«[24] gekennzeichnet sei. Es trifft zu, wenn M. Schefczyk vom Autor sagt, ihm sei »das Marxsche Unterfangen, die Ökonomie neu zu gründen, noch nicht grundsätzlich genug gewesen«[25].

Schefczyk hat versucht, die traditionelle Theorie unter Rückgriff auf Milton Friedmans methodische Überlegungen zu verteidigen. Friedman meinte in der Tradition von Auguste Comte[26]: Unterscheidendes Kennzeichen einer *positiven* Theorie sei ihre Fähigkeit, Ereignisse *prognostizieren* zu können. Schefzcyk hält dem Verfasser mit Friedman entgegen: »Ausschlaggebend für den Erfolg einer Theorie ist für viele Ökonomen, daß sich aus den – strenggenommen – unzutreffenden Modell-Annahmen brauchbare Hypothesen gewinnen lassen.«[27] Ob aber eine Hypothese, wendet man Friedmans Kriterium an, »brauchbar« ist, zeigt ihre Prognosefähigkeit. Hier jedoch stehen die Wirtschaftswissenschaften vor einem Desaster: Ihre *prognostischen Leistungen* sind nur wenig mehr als ein gefüllter Papierkorb statistischer Irrtümer. Zu erklären, weshalb das so ist, ist gerade das Anliegen der nachfolgenden Kapitel.

Die Trennung von Theorie und Gegenstand in den Sozialwissenschaften ist eine Illusion – das heißt, die Wirtschaftswissenschaften tragen eine besondere *Verantwortung* für die wirtschaftliche Wirklichkeit. Auch Adam Smith *erklärte* nicht eine liberale Wirtschaftsordnung (es gab sie zu seiner Zeit noch gar nicht), er half aber, sie *durchzusetzen*. Theorien formen Handlungen und damit die »soziale Wirklichkeit«, auch wenn sich das *Resultat* des Wettbewerbs der Entwürfe nicht prognostizieren läßt. Hierin zeigt sich nur die *offene* Dimension

---

[23] Vgl. K.-H. Brodbeck, Die Nivellierung der Zeit in der Ökonomie; in: J. Manemann (Hrsg.), Befristete Zeit, Jahrbuch Politische Theologie, Band 3 (1999), S. 146-148. Vgl. hierzu jetzt: K.-H. Brodbeck, Ökonomische Theorie als implizite Ethik. Erkenntniskritische Anmerkungen zur ‚reinen Wirtschaftswissenschaft'; in: M. Breuer, A. Brink, O. J. Schumann (Hrsg.), Wirtschaftsethik als kritische Sozialwissenschaft, Berlin-Stuttgart-Wien 2003, S. 191-220.

[24] K. Marx, Das Kapital Bd. I, MEW Bd. 23, S. 15 und 16. Diese Gesetze sollen sogar eine *teleologische Tendenz* bergen; vgl. K. Marx an F. D. Nieuwenhuis vom 22. Februar 1881, MEW Bd. 35, S. 161.

[25] M. Schefczyk, Unberechenbarkeit. Eine philosophische Kritik der Wirtschaftswissenschaften, NZZ, 14. September 1998, Feuilleton S. 48. Vgl. hierzu jetzt: K.-H. Brodbeck, Die Herrschaft des Geldes aaO., Kapitel 4.4.

[26] M. Friedman, Essays in Positive Economics, Chicago 1953.

[27] Schefczyk aaO.

des historischen Prozesses. Der Markt ist keine ewige Naturordnung, sondern eine immer wieder neu geschaffene *Illusion*, deren Schein sich in periodischen Zusammenbrüchen von Volkswirtschaften und diversen Crashs zeigt. Die *Massenhaftigkeit*, die *soziale Resonanz* der Denkmodelle, die das Handeln als Rahmen lenken, läßt für den *Einzelnen* Märkte, Preise usw. wie eine Naturmacht erscheinen; dennoch ist diese Macht nur eine *Gewohnheit* des Denkens.[28] Deshalb setzt eine *postmechanische* Wirtschaftswissenschaft eine Theorie der Gewohnheit und ihrer kreativen Veränderung voraus.[29]

Das Bewußtsein vermag viel mehr, als die Wissenschaften ihm zubilligen, wenn sie es auf ein soziales, genetisches oder neurologisches »Sein« zu reduzieren versuchen. Eigentlich sind die meisten *menschlichen* Probleme eine Folge illusionärer Gedanken, auch in den Wissenschaften. »Die Wissenschaft denkt nicht.«[30] Deshalb ist es höchste Zeit, das Denken zu *lernen*, anstatt weiter die Gesellschaft und die Natur der Destruktion eines blinden Handelns auszusetzen, das unaufhörlich seinen Kotau vor dem unbegriffenen Götzen des Marktes macht, dessen Macht auf der massenhaften Verneigung vor ihm *beruht*.

Dieses Buch hatte eine verschlungene Genesis; seine Anfänge reichen zum Anfang der 1980er Jahre zurück. Für Widerspruch, Kritik, Anregungen und Hinweise in Gesprächen, bei meinen Vorträgen und in Briefen zu den hier behandelten Themen danke ich Edwin von Böventer, Malte Faber, Robert Frank, Anja Füchtenbusch, Franz Gehrels, Utta Gruber, Claudia Hörter, Horst-Joachim Jaeck, Rudi Matzka, Hans Möller, Edmund Phelps, Bernhard Röck, Betram Schefold, Alex Schomandl, Esther Schuhbauer, Rolf Tschernig, Wolfgang Ullrich, Francisco Varela sowie meinen Studentinnen, Studenten, Kolleginnen und Kollegen in Würzburg und München.

---

[28] »Dieser Mensch ist z.B. nur König, weil sich andre Menschen als Untertanen zu ihm verhalten. Sie glauben umgekehrt Untertanen zu sein, weil er König ist.« Marx, Kapital aaO., S. 72. Alle »Gesetze« der Wirtschaft haben diesen Charakter einer »Reflexionsbestimmung« (Hegel). Sie sind darum durch eine »Reflexion der Vielen« aufhebbar. Ihre »Natur« ist *kognitiv*, und Kognition ist nicht kausal; vgl. Teil 4 dieses Buches.

[29] Wehmeier stört es, daß sich »ausgerechnet Volkswirte als Kreativitätsforscher aufdrängen(?)«, Von Künstlern aaO. Hier urteilen andere Kritiker ganz anders; vgl. K.-H. Brodbeck, Entscheidung zur Kreativität, 2. Auflage, Darmstadt 1999, S. VIII.

[30] M. Heidegger, Was heißt Denken?, Tübingen 1971³, S. 57 und 153.

1 Wissenschaftstheoretische Voraussetzungen[1]

Es gehört zur Grundüberzeugung der traditionellen Theoriebildung in der Wirtschaftswissenschaft, daß *Methoden* von den *Inhalten* getrennt werden könnten. Sie *teilt* dieses Vorurteil mit jener Wissenschaftstheorie, die, im »Wiener Kreis« konsequent »Physikalismus« genannt, die Vorgehensweisen der Physik als verbindlich für *alle* Wissenschaften erklärt. Da dieses Vorurteil über die analytische Philosophie hinaus sich weitgehender Anerkennung erfreut, möchte ich einleitend auf einige wissenschaftstheoretische Voraussetzungen eingehen. Es sind jedoch, anders als im herkömmlichen Verständnis, nur insofern Voraussetzungen, als sie das Hindernis des Gedankens, Wissenschaftstheorie könne der Wissenschaft *vorausgehen*, zuerst ausräumen. An die Stelle der vorausgesetzten Methode tritt in der nachfolgenden Untersuchung der Begriff des *Denkmodells*.

1.1 Denkmodelle

Was sind Denkmodelle? Denkmodelle sind die *Gewohnheiten* des Geistes. Wie Gewohnheiten, sind sie vielfach unbewußt, aber dennoch nicht weniger wirksam. Sie *formen* das Denken, geben ihm Richtung und Gestalt, noch *bevor* eine Beobachtung, eine Anschauung zu ihrer *Bestätigung* herangezogen wird. Denkmodelle bestimmen in *sozialer Resonanz* feststehende Überzeugungen. Sie führen ein eigenständiges Leben, das nur mäßig von gegensätzlichen Erfahrungen geprägt wird. Vor aller Wirklichkeits*erkenntnis* sind Denkmodelle *soziale Wirklichkeit*.

---

[1] Vgl. für eine Einführung in die Wissenschaftstheorie: K.-H. Brodbeck, ABC der Wissenschaftstheorie für Betriebswirte, Begleitskript zum Blockseminar »Einführung in das wissenschaftliche Arbeiten«, Würzburg 1995.

Es war diese Struktur, die Ludwick Fleck und Thomas S. Kuhn zu ihrer Kritik am traditionellen Wissenschaftsverständnis führte.[2] Denkmodelle haben eine *soziale* Struktur, einen sozialen Zusammenhang, mit je eigener Reproduktion und Tradition, sind, wie Hegel sagte, »objektiver Geist«, nicht bloß individuelle Denkform. Sie sind ein *Paradigma*. Denkmodelle besitzen eine *kommunikative* Wirklichkeit, sie formen nicht nur den Blick auf die Tatsachen, sie formen auch die vielfältigen Diskussionen der Wissenschaftler und Politiker. Das Bild, das die analytische Philosophie und der kritische Rationalismus von der Entwicklung der Wissenschaft zeichnete, das Bild vom rastlosen Versuch, die Formen des Denkens mit der Materie der Erfahrung zu erfüllen, war nicht einfach nur naiv. Dieses Bild verkannte das Denken als *eigene* soziale Wirklichkeit. Carnap, Neurath und Popper verstießen gegen ihr *eigenes* Prinzip der *empirischen Fundierung*. Sie blickten auf vermeintliche Tatsachen und vergaßen das, *womit* sie auf die Tatsachen blickten. Genauer gesagt: Die analytische Philosophie unterließ es, den *tatsächlichen* Denkprozeß in der Wissenschaft zu untersuchen. Statt dessen unterstellte sie nur *ein* formal zwar komplexes, jedoch völlig inhaltsarmes Denkmodell:

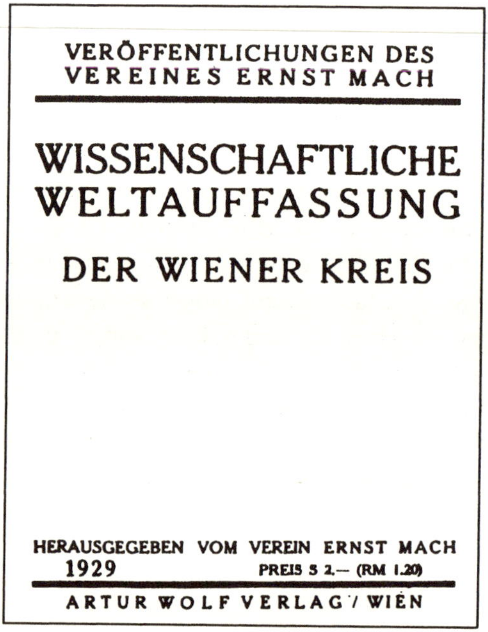
VERÖFFENTLICHUNGEN DES VEREINES ERNST MACH

WISSENSCHAFTLICHE WELTAUFFASSUNG

DER WIENER KREIS

HERAUSGEGEBEN VOM VEREIN ERNST MACH
1929 PREIS S 2.— (RM 1.20)
ARTUR WOLF VERLAG / WIEN

Physikalismus als Theorieideal
Der Wiener Kreis

[2] Vgl. L. Fleck, Entstehung und Entwicklung einer wissenschaftlichen Tatsache (1935), Frankfurt/M. 1980; T. S. Kuhn, Die Struktur wissenschaftlicher Revolutionen (1962), Frankfurt/M. 1976; ders., Die Entstehung des Neuen, Frankfurt/M. 1978.

Die moderne Logik. Vom frühen Wittgenstein bis zu Popper durchzieht ein *Glaube* die Beschreibung wissenschaftlichen Denkens: Der Glaube an die Gültigkeit nur *eines* Denkmodells, das der formalen Logik und der auf dieser Basis errichteten Mathematik.

Das Neue an den Arbeiten von Ludwick Fleck – der eigentliche Vorläufer – und Thomas S. Kuhn ist keine *Abkehr* von der Empirie. Vielmehr steht der Begriff des Paradigmas *für die Empirie*, allerdings nicht die der »Tatsachen«, vielmehr die Empirie der Praxis der Wissenschaftler. Fleck und Kuhn fragen: Warum denken Wissenschaftler *in* dieser oder jener Theorie. Sie fragen nicht primär: Was glauben Wissenschaftler *mit* dieser oder jener Theorie zu entdecken. Die Zweiteilung der Welt in eine unendliche Fülle von Fakten und die logischen Gesetze (»logischer Empirismus«) vergißt, daß sich die »Fakten« immer schon in einer *interpretierten* Form, in einer *gedachten* Form zeigen. Es gibt für die Wissenschaft keine *vorsprachliche* Welt. Deshalb ist es auch weder den Mitgliedern des Wiener Kreises noch Karl Popper gelungen, das Problem der *Übersetzung* von »Beobachtungssätzen« (Basissätzen) in Aussagen der Theorie zu lösen.

1.2 Das Ungedachte in den Wissenschaften

Aber es gilt nicht nur, daß selbst einfache Beschreibungen *theoretische Elemente* enthalten, weit wichtiger ist die Beobachtung, daß Theorien *ungedachte* Begriffe voraussetzen. Diese ungedachten Voraussetzungen sind Denkmodelle, die meist der philosophischen Tradition entstammen, ohne *in* den Wissenschaften eigens bedacht zu werden. Ich will dies kurz am Begriff »Arbeit« erläutern. »Arbeiten« hat in fast allen europäischen Sprachen die Doppelbedeutung von gestalterischer Kraft (Werk) und Mühsal (Mühe, Leid). Die erste Bedeutung als kreative Kraft wurde im Mittelalter fast ausschließlich *Gott* als Schöpfer zugesprochen. Aus der Erfahrung der Arbeit in der zweiten Bedeutung entwickelte sich dagegen der abstrakte Terminus der »Arbeitsleistung«. Daß diese Entwicklung eng mit der ökonomischen Revolutionierung des Arbeitsprozesses verbunden war, sei an dieser Stelle nur am Rande erwähnt. Die funktionale Einbindung der *menschlichen* Arbeit in einen arbeitsteiligen Produktionsverlauf bereitete jedenfalls die Übernahme dieser Kategorie in der Physik vor und schuf daraus den theoretischen Kunstbegriff »physikalische Arbeit«. Noch Ostwald, der *physis* und Mechanik weitgehend gleichsetzte, spricht von den »Arbeits- oder physischen Wissenschaften«.[3] Ähnliches läßt sich vom Begriff der »Kraft«, der »Leistung« usw. zeigen. Es handelt sich *ursprünglich* um Begriffe des alltäglichen Gebrauchs, die erst schrittweise eine *wissenschaftliche* Bedeutung erlangten.

Da jede *theoretische Sprache* aber aus der *alltäglichen* Sprache übersetzt ist, bleibt die *Bedeutung* der theoretischen Begriffe auf das bezogen, was Husserl die »Lebenswelt« nennt. Kein theoretisches System kann »von Null« beginnen. Es knüpft an eine Tradition an, und diese Tradition ist nicht vom *vorwissenschaftlichen* Leben zu trennen. Gleichwohl spielt die *Philosophie* hierbei eine herausragende Rolle, denn viele der wichtigsten Kategorien des Alltags sind säkularisierte philosophische Begriffe. Deshalb genügt es nicht, die alltägliche Wortverwendung zur Wiedergewinnung der Bedeutung heranzuziehen. Auch deshalb nicht, weil – wie Hilary Putnam gezeigt hat[4] – es im sozialen Kontext nicht so etwas wie *eine* Bedeutung gibt.

1.3 »Theorie und Realität«

Die Philosophie ist in ihren Begriffen sicherlich von der gewöhnlichen Sprache und ihrer Veränderung abhängig. Was die Philosophie aber auszeichnet, ist ihre *Methode*, die darin besteht, Ungedachtes und Selbstverständliches des alltäglichen (oder wissenschaftlichen) Sprechens einer Reflexion zu unterziehen. Hierbei werden Wörter vielfach überhaupt erst zu *gedachten* Begriffen, und philosophische Begriffe werden zu Denkmodellen. Niemand denkt beim alltäglichen oder beim wissenschaftlichen Gebrauch mehr daran, daß Begriffe wie »Empirie«, »Realität« oder »Wirklichkeit« ursprünglich *philosophische*, genauer *metaphysische* Termini

---

[3] W. Ostwald, Grundriß der Naturphilosophe, Leipzig 1908, S. 137.

[4] Putnam, H., Die Bedeutung von »Bedeutung«, Frankfurt/M. 1979.

sind. Der antimetaphysische Gestus bei Carnap oder Popper im Namen von Logik und Empirie vergaß, daß die *Ablehnung* der Metaphysik selbst nur eine *metaphysische* Aussage ist. Wolfgang Stegmüller hat in seinen Vorlesungen darauf immer wieder hingewiesen. Daß der logische Empirismus der »Logik« einen *überweltlichen* Rang einräumt, ist nur ein dünner, gleichwohl sehr *mächtiger* Schatten des christlichen Gedankens, daß der Logos *vor* der Erschaffung der Welt existiere (wie es im Prolog des Johannes-Evangeliums heißt).

Denkmodelle entstammen dunklen Quellen; die Philosophie ist hierbei noch der *hellste* dieser dunklen Ursprünge. Denkmodelle werden unabhängig von »Tatsachen«, die sie ausdrücken, tradiert, wenn auch nicht ohne Bezug auf diese Tatsachen. Das Phlogiston, der fiktive Wärmestoff, wurde z. B. aus der Physik tatsächlich durch Erfahrungen und theoretische Erwägungen entfernt. Man darf also nicht aus der Einsicht in die *Abhängigkeit* der Begriffe von ihrer Herkunft in das andere Extrem verfallen und den Begriffen eine *völlige* Autonomie im Reich der Kommunikation zusprechen.

In dieses Extrem sind die Soziologie Luhmanns und einige Anhänger des radikalen Konstruktivismus verfallen. Auch wenn man, wie Donald Davidson schreibt, nicht *genau* sagen kann, wozu ein Denkmodell, ein Begriffsschema eigentlich *relativ* sein soll[5], weil die Erfahrungsbasis schon begrifflich durchsetzt ist, so folgt daraus doch nicht, daß es nun *nur noch* so etwas wie »geschlossene Kommunikation« gibt. Luhmann verwendet dafür den für die Neurobiologie entwickelten Begriff der *autopoietischen Systeme.*[6] »Auto« heißt selbst, »poesis« heißt machen. Autopoietische

---

[5] D. Davidson, On the Very Idea of a Conceptual Scheme, in: Inquiries into Truth & Interpretation, Oxford 1984. Die Ablehnung eines Begriffsschemas hat auch Bedeutung für Putnams These des »internen Realismus«, dessen Theorie große Ähnlichkeit mit dem von Davidson abgelehnten Begriffsschema besitzt. Dieser Gegensatz kann aufgelöst werden, wenn die *situative Struktur* solcher Begriffe erhellt wird. Den genannten Gegensatz versucht mein Begriff des »Denkmodells« zu vermeiden. Es gibt nur *innerbegriffliche* Relationen, gewiß. Aber diese Relationen besitzen eine situative Prozeßstruktur, und diese dynamische Struktur ist der »Sinn« der empirischen Realität.

[6] Humberto Maturana hat die Verwendung dieses Begriffs in der Soziologie ausdrücklich mißbilligt. Francesco Varela bestätigte dem Autor in einem Gespräch, daß auch er diesen Mißbrauch ablehne. Luhmann habe einfach nicht verstanden, was »Autopoiesis« heißt. Gerade weil Denkmodelle wesentlich *leer* sind, ist solch ein Mißbrauch aber immer möglich; K.-H. Brodbeck, Entscheidung zur Kreativität, Darmstadt 1995, Kapitel 9-12. Vgl. auch meine

Systeme sind *geschlossene* Systeme, sie sind vor allem *kognitiv* geschlossen. Es *gibt* in dieser Denkweise, wie auch im radikalen Konstruktivismus behauptet, gar keine »äußere Struktur«. Alle Erkenntnis sei Erfindung.

Dieser Gedanke ist zwar immer *möglich*, bleibt aber dennoch albern, wenn man – wie viele Vertreter des radikalen Konstruktivismus – ein *Scheitern* von Theorien zugesteht. Wenn es einen Unterschied zwischen erfolgreichen und gescheiterten Theorien gibt, dann ist exakt *der Unterschied* zwischen Erfolg und Scheitern der *Sinn* von »äußere Realität«, der von den Anhängern dieser Theorie gerade bestritten wird.

Gleichwohl ist es kein Zufall, daß dieses Extrem, der Gedanke, alle Theorie sei *nur* Kommunikation, also ein *Binnenphänomen des Sozialen*, große Popularität erlangen konnte. Der Grund ist in einem *wesentlichen Versäumnis* der ältesten Sozialwissenschaft, der Wirtschaftswissenschaft zu suchen. Die Wirtschaftswissenschaft verwendet in ihren Denkmodellen eine heimliche, verborgene Metaphysik der Wirklichkeit. Dieses verborgene Denkmodell – es ist, wie die nachfolgenden Kapitel zeigen werden, die klassische Physik – hat bis heute seine Kraft behalten.

Die menschliche Gesellschaft ist eine Fülle verbundener, offener *Situationen*. Es gibt *in* Situationen auch physische Gegenstände, physische Regeln und Gesetze. Aber es gibt keine Gesetze, die historische Situationen oder menschliche Situationen umfassen und verbinden. Der Grund ist die menschliche Freiheit und Kreativität. Menschen können Situationen völlig anders interpretieren und aus dieser Interpretation ganz anders wahrnehmen, handeln und entscheiden. Ein fallender Stein oder eine chemische Reaktion können das nicht. Weil Menschen *frei* und *kreativ* sind, gibt es keine historischen Gesetze. Poppers Kritik an der Formulierung historischer Gesetze ist nachdrücklich zuzustimmen, auch wenn er in seiner *Wissenschaftstheorie* hinter diese Einsicht zurückfällt und dort im Gegenteil einen *Erkenntnisfortschritt* behauptet. (Jede Fortschrittsthese *ist* ein historisches Gesetz, wenn auch ein sehr einfaches.)

Diskussion mit Niklas Luhmann: K.-H. Brodbeck, Wirtschaft als autopoietisches System? Anmerkungen zu N. Luhmanns Buch »Die Wirtschaft der Gesellschaft«, Zeitschrift für Politik 38 (1991), S. 317-326; N. Luhmann, Wirtschaft als autopoietisches System. Bemerkungen zur Kritik von Karl-Heinz Brodbeck, Zeitschrift für Politik 39 (1992), S. 191-194; K.-H. Brodbeck, Autopoietische Systeme und ökonomische Systeme. Anmerkungen zur Entgegnung von Niklas Luhmann, Zeitschrift für Politik 39 (1992), S. 436-439.

Die *Gleichsetzung* von physischer und sozialer Realität, von den *Physiokraten* zuerst gelehrt, verkennt nahezu *vollständig* diese Besonderheit der menschlichen Gesellschaft. Wenn es in der Wirtschaft objektive Gesetze gibt, dann haben diese »Gesetze« einen anderen Charakter als in der Naturwissenschaft. Obgleich immer wieder Theoretiker sich dieser Erkenntnis genähert haben, bleibt die Ökonomie bis heute eine Theorie, die wirtschaftliche Wirklichkeit ebenso deutet wie physikalische Wirklichkeit. Das ist schon rein äußerlich daran erkennbar, daß dieselben *Methoden* verwendet werden: Die Mathematik und die statistischen Methoden zur Überprüfung von »ökonomischen Gesetzen« sind in Naturwissenschaft und Wirtschaftswissenschaft identisch. Die Grundlage der induktiven Statistik ist aber die *Wahrscheinlichkeitstheorie*, der in den Wirtschaftswissenschaftenschaften, wie sich noch genauer zeigen wird (Teil 2), eine wesentliche Rolle zukommt.

1.4 Entscheidung und Wahrscheinlichkeit

Ich möchte diese Frage deshalb etwas genauer betrachten. Die Vorstellung der Entscheidungstheorie als Grundlage der modernen Wirtschaftswissenschaften, Handlungsalternativen seien »gegeben«, verkennt, was Möglichkeiten des Handelns überhaupt sind. Wenn man sagt: »Ein Entscheidungsproblem kann allgemein durch die Frage charakterisiert werden, welche Handlungsalternative aus einer Menge mehrerer Alternativen gewählt werden soll«[7], dann bleibt die situative Struktur der Alternativen unerhellt. Zwar wird eingeräumt, daß man Handlungsalternativen überhaupt erst »zu finden bzw. zu erfinden«[8] genötigt sein kann und verweist hierbei gelegentlich auf den »Wissensstand und die Kreativität«[9]; wird aber die Entscheidung selbst untersucht, so geht man von *gegebenen* Alternativen

[7] H. Laux, Entscheidungstheorie I, Berlin-Heidelberg-New York et. al. 1991, S. 5.

[8] aaO., S. 9.

[9] W.-R. Bretzke, Der Problembezug von Entscheidungsmodellen, Tübingen 1980, S. 109.

aus, von einer Menge von »einzelnen Alternativen (.) A_1, A_2,...«[10]. Möglichkeiten der Berechnung setzten ein gegebenes »Entscheidungsfeld«[11] voraus, denn nur so können Bewertungen überhaupt metrisiert werden. Die analytische Wissenschaftstheorie schwimmt hier im Fahrwasser der Ökonomie, wenn sie von Situationen ausgeht, die wie folgt strukturiert sind: »Eine Person möge in einer bestimmten Situation zwischen m Handlungen oder Aktionen A_1,...,A_m wählen können.«[12] Die so erfaßten »sämtlichen Möglichkeiten« der »möglichen Handlungen«[13] sind niemals Möglichkeiten im Sinne des lebendigen Bezugs in einer Situation. In der Trennung von Person und objektiven Möglichkeiten ist verkannt, was Möglichkeiten in Situationen überhaupt sind: Es sind keine möglichen *Zustände* in einem starren logischen Raum, wie in der Mechanik, es sind *Interpretationen.*

Mit der Aufspaltung in eine entscheidende Person, die über Handlungsstrategien verfügt, und eine Umwelt, in der es bestimmte »Zustände« gibt, folgt die Entscheidungstheorie der mechanischen Naturauslegung und verfehlt die lebendige Einheit der Situation. Dies zeigt sich besonders am Begriff der *Wahrscheinlichkeit.* Ich kann an dieser Stelle die verschiedenen Auffassungen zum Wahrscheinlichkeitsbegriff nur anreißen; es genügt, auf einige Grundbegriffe hinzuweisen. In der Wahrscheinlichkeitstheorie spielt der Begriff des »Ereignisraumes« oder des »Wahrscheinlichkeitsraumes« die zentrale Rolle.[14] Hierbei sind stets mögliche Zustände eines beobachtbaren Vorgangs gemeint, wie die sechs Zahlen eines Würfels. Es entstand in der Wahrscheinlichkeitstheorie ein Streit darüber, ob die Zahlen, die den einzelnen Ereignissen zugeordnet werden, als

---

[10] Laux aaO., S. 23. Bei anderen Autoren ist das sogleich die Voraussetzung; vgl. W. Krelle, Präferenz- und Entscheidungstheorie, Tübingen 1968, S. 3.

[11] G. Bamberg, A. G. Coenenberg, Betriebswirtschaftliche Entscheidungstheorie, München 1992, S. 14. Das Entscheidungsfeld stellt die »Menge und Art der Personen und Sachen« und die »Zustände der Umwelt« dar.

[12] W. Stegmüller, Entscheidungslogik, Berlin et. al. 1973, S. 289.

[13] aaO.

[14] Vgl. W. Stegmüller, Probleme und Resultate der Wissenschaftstheorie, Band IV, Berlin-Heidelberg-New York 1973, Studienausgabe, S. 129ff. Auch die *Spieltheorie* beruht auf dem Begriff eines *gegebenen* (diskreten oder kontinuierlichen) Strategieraumes, wobei allerdings die Zahl der Entscheidungssubjekte wenigstens zwei beträgt. Das führt zu anderen Ergebnissen, basiert aber logisch auf denselben Voraussetzungen, die wir hier kritisch untersuchen.

objektive *Häufigkeiten* oder als subjektive *Erwartungen* zu verstehen sind. Die objektive Interpretation des Wahrscheinlichkeitsbegriffs stößt auf zahlreiche *logische* Schwierigkeiten, denn wenn man Wahrscheinlichkeit als *Grenzwert* der Häufigkeit[15] bezeichnet, der z. B. beim Würfeln eines Würfels für eine Zahl (= 1/6) nach unendlich vielen Würfen *genau* erreicht

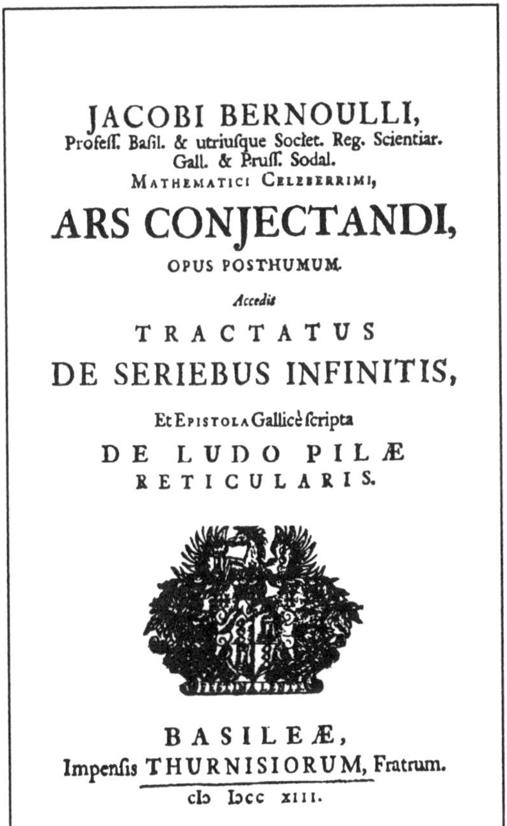

JACOBI BERNOULLI,
Profeſſ. Baſil. & utriuſque Societ. Reg. Scientiar. Gall. & Pruſſ. Sodal.
MATHEMATICI CELEBERRIMI,
ARS CONJECTANDI,
OPUS POSTHUMUM.
Accedit
TRACTATUS
DE SERIEBUS INFINITIS,
Et EPISTOLA Gallicè ſcripta
DE LUDO PILÆ RETICULARIS.

BASILEÆ,
Impenſis THURNISIORUM, Fratrum.
cIↃ IↃcc XIII.

Bernoullis Grundlegung der Wahrscheinlichkeitsrechnung (1713)

15 R. von Mises, Grundlagen der Wahrscheinlichkeitsrechnung; in: I. Schneider (Hrsg.), Die Entwicklung der Wahrscheinlichkeitstheorie von den Anfängen bis 1933, Darmstadt 1988, S. 378.

wird, dann fordert man etwas physikalisch Unmögliches. Bereits nach endlich vielen Würfen wird sich der Würfel soweit deformiert haben, daß sich die Häufigkeitsverteilung der sechs Zahlen verändert hat. Die Wahrscheinlichkeit 1/6 konstruieren wir *a priori*, sofern wir einen *idealen* Würfel denken, der rein zufällig fällt. »Zufällig« heißt: ohne Regel, die irgendeine Seite bevorzugt; 1/6 ist deshalb keine beobachtbare Häufigkeit. Dies zeigt nur, daß es keine »objektive« Beschreibung gibt, die Naturdinge unverändert lassen würde; jedes Gesetz – auch die Häufigkeitsverteilung – ist eine Abstraktion, die, wie Hegel sagt, »Wirklichkeit zerstört«.

Der Vorschlag von Weizsäckers, Wahrscheinlichkeit »als Vorhersage einer relativen Häufigkeit«[16] zu definieren, ist kein Ausweg, denn die Explikation von »relative Häufigkeit« muß als empirischer Begriff *und* als Grenzwert verstanden werden. Eine *aktuale Unendlichkeit* ist aber, wie Aristoteles und die Scholastik schon lehrten, unmöglich. Läßt man eine »Unschärfe« bei der empirischen Häufigkeitsverteilung zu, so erklärt man dagegen Wahrscheinlichkeit durch Wahrscheinlichkeit, denn die Aussage: »Die Zahl 6 wird nach 600 Würfen *etwa* 100 mal geworfen werden« bezieht sich auf eine Stichprobe, deren Zuverlässigkeit eine konstante Wahrscheinlichkeitsverteilung des gemessenen Wertes 1/6 voraussetzt.

1.5 Subjektive Wahrscheinlichkeit

Aus den Schwierigkeiten objektiver Deutungen hat man den Ausweg eines subjektiven Wahrscheinlichkeitsbegriffs gewählt. Bei Cournot tritt die Beziehung zur Möglichkeit besonders deutlich hervor, denn er sagt, »daß der Ausdruck *Möglichkeit* eine *objektive Bedeutung hat*, während der Ausdruck *Wahrscheinlichkeit* in seinen gewöhnlichen Bedeutungen mehr einen *subjektiven* Sinn hat.«[17] Der *subjektive* Ausweg ist zwar gangbar, behält aber gleichwohl die Grundvoraussetzung des Ereignisraumes bei. Bei der subjektiven Interpretation von Wahrscheinlichkeiten sagt man, die

---

[16] C. F. von Weizsäcker, Zeit und Wissen, München-Wien 1992, S. 293.

[17] A. A. Coumot, Die Grundlehren der Wahrscheinlichkeitsrechnung, in: Schneider, aaO., S. 77.

Wahrscheinlichkeiten seien subjektive Schätzungen für das Eintreten von Ereignissen.

Das läßt aber offen, wie man zu diesen »subjektiven Einschätzungen« gelangen soll. Wenn sie wirklich »subjektiv« im Sinne der Naturwissenschaften sind, sind sie zufällig und damit keine Entscheidungshilfe. Sind sie »begründet«, so wäre zu fragen: »Wodurch?« Cournots Bemerkung zeigt sehr deutlich, woher die Schwierigkeiten des Wahrscheinlichkeitsbegriffes stammen: Vom Begriff der *Möglichkeit* als eines vorhanden-dinglichen Zustands, der *noch nicht* eingetreten ist und dessen Eintreten wir vorhersagen. Dieser Möglichkeit korrespondiert eine subjektive Unsicherheit, die wir als Wahrscheinlichkeit bestimmen. Zwischen den formalen Extremen der Gewißheit aufgrund notwendiger Ursachen und dem völligen Nichtwissen gibt es graduelle Übergänge, »Graustufen«, die wir als *Wahrscheinlichkeiten* deuten.

Diese Probleme der Wahrscheinlichkeit tauchen nur dann auf, wenn wir die situativen Vorkommnisse begrifflich objektivieren, d. h. Grenzen einführen. Die Alternativen der Entscheidung, alternative Umweltzustände oder Elementarereignisse in einem Ereignisraum der Wahrscheinlichkeitstheorie, sind *Einzelereignisse*. Einzelereignisse sind *historische* Ereignisse und verweisen auf eine spezifische Situation. Wenn man *einmal* einen Würfel wirft, kann man *gar nichts* vorhersagen. Man kann nicht sagen, wann jemand stirbt, auch wenn eine Versicherungsgesellschaft mit einer großen Masse von Versicherten gleichsam »Wetten« abschließen kann (wie C. Huygens sich ausdrückt[18]) und dabei sicher gewinnt. Weshalb? Weil nicht der *einzelne* Mensch in die Wahrscheinlichkeitsrechnung einfließt, sondern ein Exemplar einer Begriffsklasse. Wahrscheinlichkeiten beziehen sich auf statistische Grundgesamtheiten, die aus sehr vielen *gleichartigen* Einzelereignissen und Elementen bestehen. »Die Statistik«, sagt von Hayek, »befaßt sich mit dem Problem der großen Zahl, wobei sie absichtlich die Komplexität eliminiert durch die Behandlung von einzelnen Elementen in einer Weise, als seien sie nicht systematisch miteinander verbunden. (...) Die statistische Methode ist deshalb nur dann

---

[18] C. Huygens, Brief an L. Huygens, Paris, den 21. November 1669; in: Schneider, aaO., S. 186.

nützlich, wenn wir absichtlich die Beziehungen zwischen den einzelnen Elementen ignorieren oder uns ihrer nicht bewußt sind; das heißt, wenn wir uns der Struktur nicht bewußt sind, in der sie organisiert sind.«[19] Diese Elemente, ihre »Einzelheit«, sind logische Einheiten oder Zahlen. Die Elemente einer statistischen Grundgesamtheit sind logisch gleichwertig und können numeriert werden. Die Einheit einer Handlung, die Einheit einer Entscheidungssituation dagegen ist keine zahlenmäßige Einzelheit. Deshalb gibt es zwischen den Möglichkeiten des Handelns und den Elementarereignissen einer Ereignisklasse keinen oder keinen wesentlichen Zusammenhang. Um von einem Einzelereignis sprechen zu können, muß zunächst ein Weltmodell entworfen worden sein, in dem eine Klasse oder ein Name für derartige Ereignisse überhaupt vorkommt.[20]

Zunächst begegnen uns Dinge, die wir stets schon *als* etwas interpretieren, dann stellen wir Fragen an die Dinge, und sie *fügen* sich daraufhin in unsere Fragen, d. h. erlauben Handlungen, die wir *als* erfolgreiche oder gescheiterte auslegen können. »Ob eine gegebene Aussage wahr oder falsch, sinnvoll oder sinnlos ist, hängt davon ab, welche Frage sie zu beantworten sucht.«[21] Fragen eröffnen *Möglichkeiten.* »Jede Frage grenzt als Frage die Weite und die Art der in ihr beanspruchten Antwort aus. Sie umgrenzt damit zugleich den Umkreis der Möglichkeiten, sie zu beantworten.«[22] Wahrscheinlichkeit wird als Mitte zwischen Wahrheit und Falschheit angesehen, als Grad der Wahrheit. Der Eintritt des Ereignisses »Es wird eine 6 geworfen« kann wahr oder falsch sein, und er ist als Einzelereignis nur wahr oder falsch. Aber man kann überhaupt nur von Wahrheit und Falschheit sprechen, wenn man weiß, *was* denn wahr sein soll, wenn man also die *Frage* kennt.

Die »Realität« ist »Fragen-relativ«. »Bevor wir nicht«, sagt von Hayek, »definitive Fragen stellen können, können wir unseren Verstand nicht benutzen; und Fragen unterstellen, daß wir einige provisorische An-

---

[19] F. A. Hayek, Studies in Philosophy, Politics and Economics, London and Henley 1967, S. 29f.

[20] Vgl. M. Heidegger, Sein und Zeit, Tübingen 1972[12], § 32.

[21] R. G. Collingwood, Denken, Stuttgart 1955, S. 39.

[22] M. Heidegger, Nietzsche II, Pfullingen 1961, S. 344.

nahmen oder eine Theorie über die Ereignisse formuliert haben.«[23] Und da jede Frage immer in einer Situation gestellt wird und insofern »eine historische Frage«[24] ist, muß es auch in der Naturwissenschaft so etwas wie eine Geschichte geben. Weil die *Fragen*, die Aristoteles, Galilei, Newton, Einstein oder Heisenberg gestellt haben, je andere waren, deshalb sind ihre Theorien je andere. Sie sind nicht völlig verschieden und unvereinbar, weil auch die Geschichte der Situationen nicht völlig verschieden und unvereinbar, sondern eben *eine* Geschichte ist. Was aber jeweils als »real« beschrieben und erkannt ist, ist auf etwas anderes bezogen und von diesem ebenso abhängig wie von der Natur, der Antworten abgenötigt werden.

1.6 Logik des Scheins

Damit verliert auch die Differenz zwischen subjektiver und objektiver Wahrscheinlichkeit ihre scheinbar brisante Bedeutung: Was »objektive« Wahrscheinlichkeit heißen könnte, ist stets bezogen auf eine Wahrheit, der eine Frage vorausgeht. Ein physikalisches oder ein objektives Gesetz stellt immer implizit die Frage, in welchem Ausmaß situative Strukturen sich einem Begriff fügen. Dieses »sich fügen« ist das *Gelten* des Gesetzes, und es wird nur so erreicht, daß die Herrschaft eines Begriffs *abgegrenzt* wird. Nicht nur Lebensversicherungen verlangen auf umfangreichen Fragebögen genaue Auskunft über Alter, Leben und Gesundheit des zu Versichernden, um eine *Zuordnung* in eine allgemeine Klasse (und den zugehörigen Versicherungsbeitrag) festzulegen; sie lehnen auch potentielle Kunden ab. Jeder Begriff grenzt aus. Die »Grenzen« des Begriffs sind aber keine Linien, die man um Dinge »herum« zeichnen kann. Das Abgrenzen ist eine Tätigkeit der Wissenschaftler. Ein Begriff ist keine passive Menge; und deren »Element« zu sein, ist keine *Eigenschaft*, sondern eine Tat.[25]

---

[23] F. A. Hayek, Studies aaO., S. 22f.

[24] Collingwood, aaO.; vgl. H.-G. Gadamer, Vorwort zu Colingwood, und Wahrheit und Methode, Tübingen 1975[5].

[25] »Der Zweck der theoretischen Wissenschaft ist (...) die *Beherrschung* der realen Welt.« C. Menger, Untersuchungen über die Methode der Socialwissenschaften, Leipzig 1883, S. 33.

Das, *als was* die Dinge in Situationen erscheinen, als was sie ausgelegt und interpretiert werden, ist nicht mechanisch mit einem Begriff verbunden. Der Schein kann trügen, unscharf sein, schwanken usw. Es gibt zwischen Begriff und Ding keine mechanische Verbindung, kein Informationskabel oder eine Reiz-Reaktions-Kopplung. In diesem Sinn hat »Wahrscheinlichkeit« einen ganz anderen, viel tieferen Sinn: Etwas *scheint dies* zu sein. Das heißt nicht, daß es eine Jenseitswelt gibt, in der es etwas *anderes* wäre. Wahr-Scheinlichkeit ist die Wahrheit des *Scheinens*. Heute scheint die Lage schlecht, morgen gut – nicht weil irgendwo (wo eigentlich?) eine objektive Welt eine wahre Lage bereithielte, die wir noch unvollkommen erkennen würden. Vielmehr *ist* die Lage heute schlecht und morgen gut, weil ihr »Scheinen« von dem abhängt, wie die gesamte Situation sich zeigt. Zu diesem »sich zeigen«, zu diesem Scheinen gehört immer sowohl das Denkmodell wie das scheinende »Ding«. Es sind zwei Aspekte einer einheitlichen Struktur.

Wenn es mir »wahrscheinlich« scheint, daß ich dies oder jenes sein oder tun kann, so werde ich, nach einem *Entschluß*, gemäß diesem Schein auch handeln, und das Wirken dieser Handlung, ihre Wirklichkeit stößt keineswegs immer oder auch nur meistens auf einen Widerstand, der *eindeutig* ja oder nein sagt. Meist gelingt es, *irgendwie* das Resultat der Handlung aufgrund einer Wahrscheinlichkeit auch so auszulegen, daß es als ein »gewisser Erfolg« erscheint. Es geht nicht so scharf und genau zu in der Welt, wie diskrete Zahlen vorgaukeln. Sogar technische Geräte funktionieren *zuverlässiger*, wenn sie nach einer »unscharfen Logik« (fuzzy logic) konstruiert werden, die zwischen »wahr« und »falsch« beliebige oder wenigstens viele Zwischenwerte zuläßt.[26] Deshalb gibt es *in diesem Sinn* »wahrscheinlich keine vollständigen Irrtümer, so wenig wie vollständige Wahrheiten.«[27]

---

[26] Vgl. H-H. Bothe, Fuzzy Logic, Berlin-Heidelberg-New York 1993; B. Kosko, fuzzy logisch. Eine neue Art des Denkens, Hamburg 1993. Es handelt sich keineswegs um eine »neue« Art zu denken, es handelt sich ganz einfach um die Beseitigung der mechanischen Illusionen im Denken, wonach »logische Körper« in einem »logischen Raum« nur eine Stelle einnehmen können.

[27] L. Fleck, Entstehung aaO., S. 31.

Die Aussage »wahrscheinlich ist das ein A« kann in den meisten Fällen nicht dadurch verifiziert werden, daß man bei A eine *genaue Überprüfung* anstellt, die in letzter Konsequenz womöglich die Zerstörung von A bedeuten würde. Auch kann man bei *sozialen* Ereignissen nur sehr selten hoffen, daß A ein Ereignis als Element einer großen Ereignisklasse ist. Bei *Natur*vorgängen kann dies vielfach gelingen. Schadensuntersuchungen bei technischen Geräten haben oftmals diesen Charakter. Doch auch hier sind die Fälle in der Mehrzahl, bei denen eine auch nur wahrscheinliche Zuordnung oftmals unterbleiben muß. Jeder Gerichtssaal könnte Tausende von Fällen erzählen. Die Welt ist nicht so konstruiert, daß Sherlock Holmes immer eine *richtige* Lösung finden würde. Die Erholung, die uns die Lektüre der Denkarbeit von Mr. Holmes bietet, liegt gerade darin, daß er sich in einer Welt bewegt, die *nicht* die unsere ist, eine Welt, in der an ungepflegten Fingernägeln, dem Schneider des Anzugs, dem Schuhwerk und einem Dialekt Herkunft, Tätigkeit und Alter eines Täters auf einen Blick identifiziert werden.

Auch Computer besitzen diese Eigenschaft, nur *wohldefinierte* Alternativen zu bieten. Unsere Lebenssituationen – die erlebte Welt – sind jedoch anders. Ein: »wahrscheinlich ist das ein A« bedeutet für uns nicht: wir werden es durch Nachdenken, genaue Untersuchung oder im Wiederholungsfall einmal *sicher* wissen. Es bedeutet auch nicht, daß es häufig oder auch nur meist eine statistische Masse gibt, von der A nur ein Exemplar wäre. Meist bedeutet für uns die Aussage: »wahrscheinlich ist das ein A« nur: »Man kann vermuten, daß das ein A ist« oder: »Es könnte ein A sein« oder: »B meint, daß das ein A ist« oder: »Allgemein nimmt man an, daß das ein A ist« oder: »Es sollte als A betrachtet werden« oder: »Gestern war es oder morgen wird es A sein« – hoffentlich oder hoffentlich nicht. Denn alltägliche Wahrscheinlichkeiten sind *ungewiß*, und keine subjektive Logik erleichtert das Handeln und bewahrt davor, sich den Gefahren der *Entscheidung* aussetzen zu müssen.

Damit zeigt sich, daß die *methodischen Grundlagen* in den Wirtschaftswissenschaften *völlig* andere sein müssen als jene in der Physik. Man kann diese Methode aber nicht einfach *vorgeben* oder sie *konstruieren*. Der Grund liegt darin, daß wir uns bei der Beschreibung menschlichen Verhaltens *selbst* begegnen. Zwar bleibt die Forderung des Delphischen Orakels

»Erkenne dich selbst!« nach wie vor gültig, weil wir von uns selbst keineswegs alles, nicht einmal sehr viel wissen. Dennoch wissen wir von uns selbst, von den *Bedeutungen* unserer Handlungen auf ganz *andere* Weise als von den Verhaltensweisen der Naturgegenstände.

Diese Unzulänglichkeiten wurden sehr wohl verspürt, Max Weber und Heinrich Rickert haben bereits vor dem ersten Weltkrieg wichtige Differenzen zwischen Natur- und Geisteswissenschaften herausgearbeitet. Allerdings hat dies den verhängnisvollen Kurs der Wirtschaftswissenschaften, die Physik zu kopieren, nicht aufgehalten und ist bis in die Denkmodelle der heute herrschenden US-amerikanischen Ökonomie gar nicht vorgedrungen. Deshalb ist es verständlich, daß die Soziologie einen Ausweg sucht. Doch sie sucht in ihrer systemtheoretischen Variante diesen Ausweg nicht in einer Zuwendung zu den wirtschaftlichen Sachverhalten, sondern durch eine Erweiterung der Logik. Man versucht, wie im logischen Empirismus, der Wirklichkeit ein konstruiertes Denkmodell *vorzuschreiben*, nicht, die in der sozialen Welt verwendeten Denkmodelle auf ihre innere Logik zu befragen.

1.7 Ausblick

Handlungen verleihen und reproduzieren Bedeutung. Und hierbei spielen die Denkmodelle ihre eigentümliche Rolle. Sie sind geeignet, verschiedene Handlungen sozial zu koordinieren. Darin gründet ihre hohe Akzeptanz. Wie Handlungen endlos in *Gewohnheiten* und *Routinen* überzugehen neigen, ebenso verwandeln sich Beschreibungen in Gewohnheiten, in Denkmodelle. Da es niemals so etwas wie eine *eindeutige* Zurückweisung von Theorien durch Tatsachen gibt, verbleibt stets eine unscharfe Offenheit in der Anwendung auch dann, wenn die Sachverhalte eine vielfältige Zurückweisung zeigen. Es hat dem Walrasschen Totalmodell noch nie geschadet, daß empirisch die Gewinne *positiv* sind, nicht null, wie Walras behauptet. Es kann einen hartnäckigen Anhänger der Theorie rationaler Erwartungen nicht vom gewohnten Festhalten an seinem Denkmodell abbringen, wenn er täglich Arbeitslosenstatistiken liest, die alles, nur keine Stabilität des privaten Sektors zeigen.

Die nachfolgenden Kapitel hegen auch nicht die Hoffnung, daß die Aufklärung der Herkunft und der Funktionsweise zentraler ökonomischer Denkmodelle bei jenen, die daran festhalten wollen und sogar durch dieses Festhalten viele gut dotierte Preise, Anstellungen usw. erhalten, eine Änderung bewirken könnte. Hier gilt das, was Thomas S. Kuhn von jedem Paradigma andeutet: Es lebt *mit* den Wissenschaftlern, die *von* diesem Paradigma leben. Allerdings bleibt die Hoffnung, daß durch die immer *unübersehbareren* Probleme der globalen Marktwirtschaft die Bereitschaft, weltfremde Theorien weiter als Leistung zu honorieren, abnehmen wird.

2 Soziale Physik

»Der Mechanismus ist jedoch eine oberflächliche und gedankenarme Betrachtungsweise, mit welcher weder in Beziehung auf die Natur, noch viel weniger in Beziehung auf die geistige Welt auszulangen ist.«[1]

Die »ganze Wahrheit ist«, sagt Georgescu-Roegen, »daß die Volkswirtschaftslehre, auf die Weise, wie sie heutzutage professionell ausgeübt wird, in jenem strengen Sinne eine mechanistische Wissenschaft ist, wie sonst nur noch die klassische Physik.«[2] Anders jedoch als in der Physik erweist sich die naturwissenschaftliche Methodik bei der *Anwendung* auf die menschliche Wirtschaft als keineswegs erfolgreiches wissenschaftliches System. Der formalen Exaktheit korrespondiert empirische Beliebigkeit.

2.1 Erklärungsüberschuss

Ich will versuchen, diese zentrale Schwierigkeit der wissenschaftlichen Theoriebildung zunächst an einem ganz einfachen Beispiel im Stil der neoklassischen Theorie darzustellen. Betrachten wir einen Markt, auf dem ein Gut zu einem einheitlichen Preis verkauft wird. Aus einschlägigen Statistiken entnehmen wir, daß im Verlauf eines Jahres der Preis des Gutes von 5 auf 3 DM je Gütereinheit gesunken, die verkaufte Menge aber zugleich von 6 auf 8 Einheiten gestiegen ist. Wenn wir Preis und Menge in eine Tabelle eintragen, erhalten wir folgende Statistik:

Jahr	Preis (DM/Einheit)	Menge (Einheiten)
1995	5	6
1996	3	8

[1] G. W. F. Hegel, Enzyklopädie der philosophischen Wissenschaften, Werke Bd. 8, S. 353.

[2] N. Georgescu-Roegen, The Entropy Law and the Economic Process, Cambridge-London 1971, S. 1.

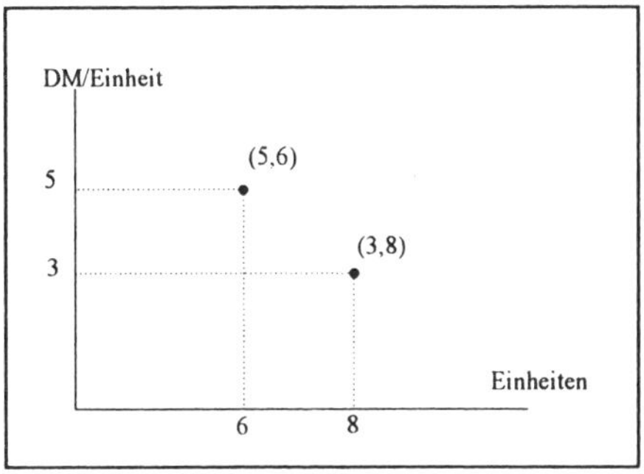

Preis-Mengen-Diagramm

Wir verfügen nun über ein reiches theoretisches Arsenal, dieses Phänomen zu erklären. Ich möchte dies zunächst sehr elementar diskutieren. Neoklassiker bedienen sich zur Erklärung sehr vieler Sachverhalte eines Angebot-Nachfrage-Diagramms, in dem Preis und Menge jeweils auf den Achsen abgetragen werden. Jeder Punkt in diesem Diagramm entspricht einem Wertepaar aus Preis und Menge, im vorliegenden Fall: (5,6) und (3,8). Übertragen wir den genannten Sachverhalt in solch ein Diagramm, so ergibt sich die obige Abbildung. Betrachten wir vorläufig diese Übersetzung einer Tabelle in ein Diagramm nicht näher, wenden wir uns den möglichen *Erklärungen* des eingezeichneten Vorgangs durch die ökonomische Theorie zu. Wir haben, so könnte man sagen, hier einen klassischen Fall vorliegen, wie er vielfach »erklärt« wurde.

Ohne theoretische Details zu diskutieren, kann man die neoklassische Vorstellung wie folgt skizzieren: Jeder Markt setzt sich aus Anbietern und Nachfragern zusammen, die jeweils bei einem gegebenen Marktpreis rationale Entscheidungen treffen und so ihre jeweiligen Ziele bestmöglich zu erreichen suchen. Die Nachfrager wählen bei gegebenen Preisen jene Gütermengen, die sie am stärksten präferieren (die ihnen höchste Befriedigung ihrer Bedürfnisse oder einen maximalen Nutzen stiften), die Anbieter wählen jenes Angebotsvolumen, das ihren Gewinn maximiert. Jede dieser Verhaltensweisen – der Nachfrage und des Angebots – läßt sich als Kurve darstellen:[3] Die Nachfrager werden bei steigenden Preisen weniger,

[3] Karl Heinrich Rau hat vermutlich als erster derartige Angebots- und Nachfragekurven gezeichnet. Verbindet man entsprechende Punkte in einem Diagramm durch eine Linie, sagt Rau, »so kann diese die *Begehrslinie* heißen.« Die dem Angebot entsprechende Kurve nennt Rau die »Angebotslinie«, K. H. Rau, Grundsätze der Volkswirthschaftslehre, Heidelberg 1841[4], S. 526. Cournot, der überwiegend algebraische Ausdrücke verwendet, spricht vom »Gesetz der Nachfrage (loi de la demande)« oder der zugehörigen »Funktion der Nachfrage«, A. Cournot, Théorie des Richesses, Paris 1838, S. 61.

bei sinkenden Preisen mehr Güter kaufen, die Anbieter werden bei steigenden Preisen mehr, bei sinkenden Preisen weniger Güter produzieren und anbieten.

Nun kann man unschwer die beiden Punkte (5,6) und (3,8) durch eine Linie verbinden, die offenbar genau jener Regel entspricht, die von den Nachfragern behauptet wird. Eine »Angebotslinie«, die bei steigenden Preisen auch steigende Produktionsmengen signalisiert, läßt sich dagegen nicht durch beide Punkte ziehen. Wie kann man also den beobachteten Vorgang dennoch erklären? Die meisten Ökonomen werden antworten: Die Angebotskurve muß sich eben *verschoben* haben. Das kann z. B. durch den Markteintritt zusätzlicher Firmen, die Öffnung der Märkte durch Zollsenkungen oder aber durch sinkende Kosten verursacht sein. Wir erhalten dann die in der obige Abbildung wiedergegebene Situation. Mit »p« bezeichnen wir den Preis, mit »x« die Menge; N steht für »Nachfragekurve«, A für »Angebotskurve« vor, A´ nach der Verschiebung. Wie man sieht, kann die Hypothese, daß sich die Angebotskurve verschoben habe, den vorliegenden Sachverhalt einfach »erklären«.

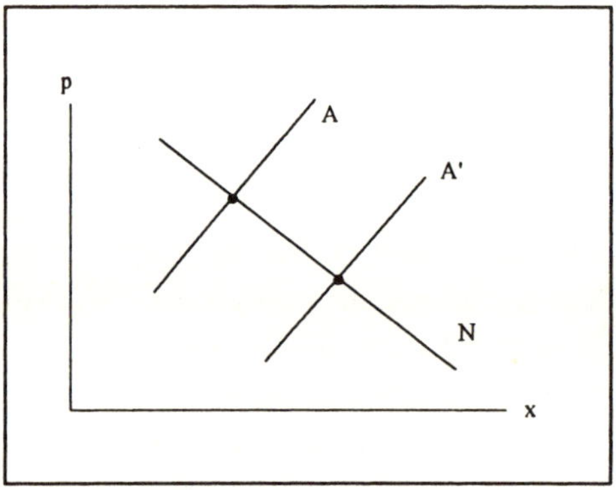

Verschiebung der Angebotskurve

Allerdings ist dies nicht die einzige Erklärung, die uns das neoklassische System bereitstellt. Wenn sich die Angebotskurve deshalb verschiebt, weil sich die Kostenstruktur verändert hat – beispielsweise durch sinkende Energiepreise –, dann wird diese Ursache auch die Nachfrage beeinflussen und die Nachfragekurve verschieben. Wir erhalten dann folgende »Erklärung« des vorliegenden Datenmaterials: Die sinkenden Energiepreise haben sowohl die Einkommen der Haushalte erhöht wie die Kosten der

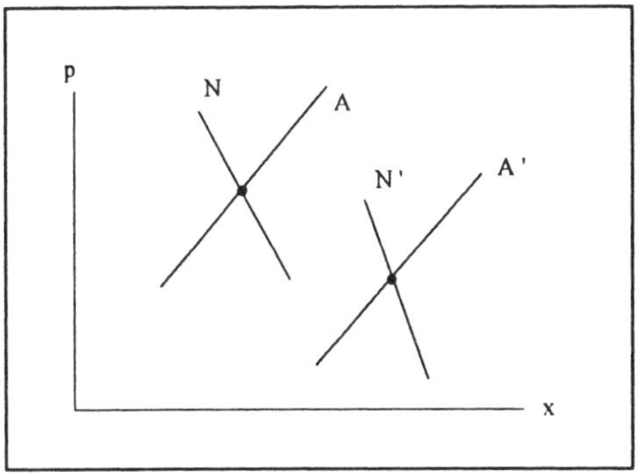

Verschiebung des Gleichgewichts

Unternehmen gesenkt, folglich sind die Preise gesunken, die verkauften Mengen gestiegen. Derselbe Sachverhalt – sinkender Preis und steigende Menge – wird nun ganz anders erklärt. Doch mit dieser Alternative ist der Erklärungsvorrat der neoklassischen Theorie noch nicht erschöpft. Es ist keineswegs gesagt, daß sich der Markt in einem langfristigen Gleichgewicht befindet. Die Preis- und Mengenänderungen können Ausdruck einer Preis*anpassung* zu einem Gleichgewicht *hin* sein. Ist das der Fall, so werden die Diagrammzeichner die folgende Abbildung wählen. In diesem Fall wäre zusätzlich zu klären, ob das vorliegende Gleichgewicht überhaupt stabil ist.

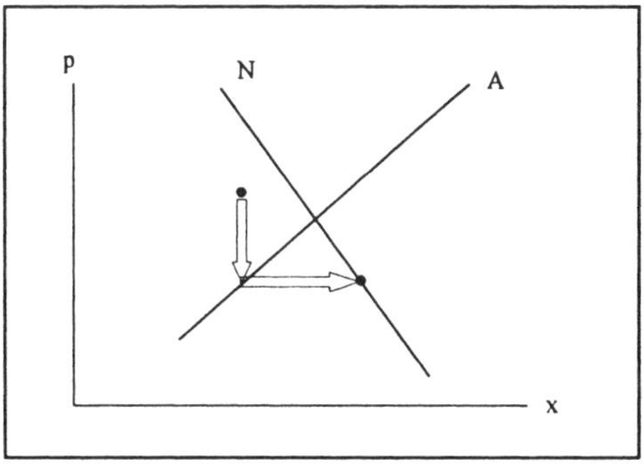

Dynamische Preisanpassung

Es ist nicht schwer, bereits anhand eines einfachen Lehrbuches und ohne die theoretischen Zeitschriften zu konsultieren, weitere, »modernere« Erklärungen zu finden. Denkbar ist, daß sich die *Qualität* des Produktes verändert hat und der veränderte Qualitätsindex zu einer neuen Situation führt. Denkbar ist aber auch, daß gerade die Qualitätsveränderung ein Ungleichgewicht geschaffen hat. Vielleicht hat aber auch die Regierung nur den Preis subventioniert oder ein Substitut hat den Markt derart verändert, daß er fortan in ein Billigprodukt und ein hochwertiges Produkt gespalten ist (die Preis-Mengen-Änderung wäre dann für das Billigprodukt verzeichnet). Bezieht man noch die moderne Unsicherheitstheorie mit ein, so kann eine Veränderung des

Risikos (Varianz der Preisbewegungen) ebenso denselben Effekt erzeugen wie eine Veränderung der Geldmenge bei besonderen, wenngleich »realistischen« Formen der Nutzenfunktionen für die Geldhaltung. Schließlich könnten wir noch annehmen, daß externe Effekte zu Preis-Mengen-Reaktionen geführt haben, oder daß ein Kartell aufgelöst wurde. Alle diese Erklärungen »passen« auf die Daten der eingangs gegebenen kleinen Tabelle. Es besteht also kein Mangel an Erklärungen. Diese Erklärungen können partiell gemeinsam zutreffen, stehen aber auch teilweise theoretisch in einem Widerspruch zueinander. Ein konsequenter Anhänger der allgemeinen Gleichgewichtstheorie von Leon Walras wird z. B. sagen, daß es überhaupt keine *isolierte* Veränderung des Angebots auf einem Markt *ohne* Rückwirkung auf alle anderen Märkte geben kann. Man muß einige Anstrengungen unternehmen, um das obige Partialmodell mit der Theorie von Walras in Einklang zu bringen.[4]

Der Inhalt all dieser Erklärungen braucht uns im Augenblick nicht zu beschäftigen. Anstatt uns in die Schlacht zu werfen, die den Kampf um die »richtige« Erklärung empirischer Sachverhalte im neoklassischen Stil austrägt, wollen wir einen Schritt zurücktreten und das *gesamte* Bild in den Blick nehmen. Jeder Ökonom, der sich auf die Erklärung empirischer Zusammenhänge überhaupt eingelassen hat, wird gegen unsere obige Diskussion sogleich folgenden – berechtigten – Einwand vorbringen: Die Entscheidung, wie das Phänomen »sinkender Preis, steigende Menge« erklärt werden soll, hängt nicht nur vom verwendeten Modell, sondern von weiteren Informationen ab. Wenn man *weiß*, daß die Zölle gesenkt wurden und zusätzliche ausländische Anbieter auf dem untersuchten Markt auftreten, dann ist es naheliegend, »daß« sich die Angebotskurve verschoben hat. Um einen theoretischen Zusammenhang als Erklärung für ein bestimmtes Phänomen heranziehen zu können, benötigt man eine Vielzahl *zusätzlicher* Informationen, die für die *ganze* Situation relevant sind. Die Schwierigkeit liegt aber darin, daß wir nie *wirklich wissen*, welches die »Ursachen« eines bestimmten Vorganges sind. »Doch man überlege sich nur einmal, wie unendlich zahlreich und verschiedenartig die Umstände

[4] Vgl. O. Lange, Die allgemeine Interdependenz der Wirtschaftsgrößen und die Isolierungsmethode, Zeitschrift für Nationalökonomie IV (1933), S. 52-78.

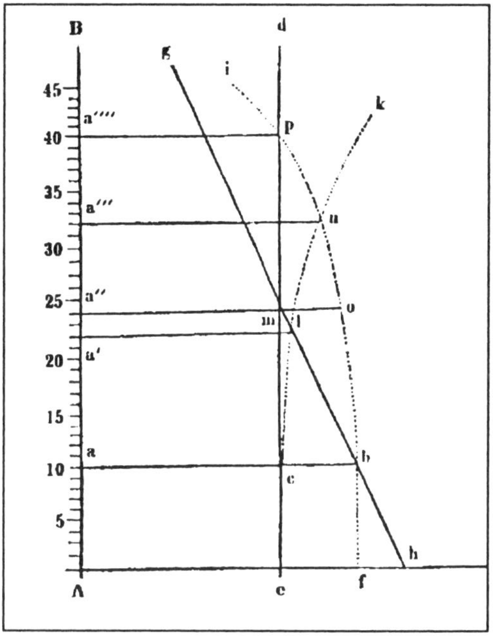

Das erste Angebot-Nachfrage-Diagramm gezeichnet von Karl Heinrich Rau (1826)

sind, die die Menge des nationalen Reichtums entweder direkt oder indirekt beeinflussen oder beeinflussen können«.[5] *Deshalb* gibt es bei abstrahierenden Theorien einen *beliebigen* Erklärungsüberschuß. Selbst wenn man im kausalen Erklärungsschema verbleibt, ergibt sich eine unüberbrückbare Schwierigkeit: »Wirkungen werden im allgemeinen durch ein *Zusammenwirken* von Ursachen bestimmt. Haben wir irgendeine Ursache übersehen, so können wir aus allen anderen richtige Schlüsse ziehen und haben doch nur um so weniger recht.«[6]

Hier bemerken wir eine erste wichtige Eigentümlichkeit ökonomischer (oder sozialer) Theorien: Es gibt kein *isoliertes* Vorkommen jener Phänomene, die in der Theorie beschrieben werden. Die Ökonomen drücken dies meist auch so aus: Unglücklicherweise gibt es in den Sozialwissenschaften keine Experimente.[7] Es liegt »selten in unserer Macht, in diesen

[5] J. St. Mill, Einige ungelöste Probleme der politischen Ökonomie, Frankfurt-New York 1976, S. 171.

[6] aaO., S. 181.

[7] »In economics, for the simple reason that its subject-matter is living and free men, direct experiment under conditions adequately controlled is hardly ever feasible.« A. C. Pigou, The Economics of Welfare, London 1962[4], S. 9. »A modern economy is a very complicated system. Since we cannot conduct controlled experiments on its smaller parts, or even observe them in isolation, the classical hard-science devices for discriminating between competing hypotheses are closed to us.« R. M. Solow, Economic History and Economics, American Economic Review, PaP 75 (1985), S. 328.

Wissenschaftszweigen Experimente durchzuführen.«[8] Das Fallen eines Steines aus dem 18ten Stock eines Hochhauses kann man *ganz einfach* und sehr genau durch das Fallgesetz erklären und dies auch beliebig oft nachmessen. In den Sozialwissenschaften, vor allem in den Wirtschaftswissenschaften, ist das so gut wie *nie* der Fall. Liegt hier nur ein geringerer Mangel an »Exaktheit« vor, oder müssen wir etwas ganz anderes vermuten? Gibt es vielleicht *prinzipielle* Einwände gegen eine Form der Theorie, die den Naturwissenschaften nachgebildet ist? Wenn keine isolierenden Experimente möglich sind, ist es dann überhaupt sinnvoll, isolierende Theorien zu formulieren? Und wenn dies nicht sinnvoll ist, welche Alternativen besitzen wir dann? Es ist offenbar diese Frage an *jener* Stelle wieder aufzunehmen, an welcher der Pulverdampf der Schlacht gegen den Marxismus in den vergangenen 150 Jahren eine *tiefere* Sicht verhindert hat.

2.2 Ökonomie oder Physik?

Kehren wir nochmals zum eingangs diskutierten Beispiel zurück. Die einfache Beobachtung lautet: »Im Zeitraum eines Jahres ist auf einem Markt der Preis von 5 auf 3 DM je Produkteinheit gesunken, die verkaufte Menge dagegen von 6 auf 8 Einheiten gestiegen.« Diese einfache Beobachtung ist aber nur *scheinbar* einfach. Das wird vielleicht am deutlichsten, wenn wir es mit einem physikalischen Beispiel vergleichen. Eine physikalische Beobachtung könnte lauten: »Ein Stein schlägt nach 4 Sekunden am Boden eines Brunnens auf.« Ein Physiker wird dann sagen: »Die Tiefe des Brunnens beträgt:

$$h = \frac{gt^2}{2} = \frac{9{,}81 \cdot 4^2}{2} = 78{,}48m,$$

also etwa 78 Meter.« Da der Brunnenboden nicht ganz eben sein wird und der Luftwiderstand den Fall des Steines etwas verzögert, wird diese

---

[8] J. St. Mill, Einige ungelöste Probleme, aaO., S. 168. Mill glaubte noch an die Möglichkeit eines – von Bacon so genannten – *experimentum crucis*.

Rechnung nicht »ganz« genau, für viele Zwecke aber hinreichend sein. Für welche Zwecke? Zum Beispiel für den Zweck, die Tiefe des Brunnens auch dann messen zu können, wenn eine Längenmessung technisch zu aufwendig oder aus anderen Gründen verhindert ist. Die Tatsache, daß der Brunnen sich im Hinterhof eines alten Gutshofes befindet, daß der Himmel bei der Messung bewölkt war und die Messung mittels einer Digitaluhr durchgeführt wurde, spielt für das Meßergebnis keine Rolle; auch wenn ein Quantenphysiker von all diesen Faktoren einen »theoretischen« Einfluß auf das Meßergebnis ableiten könnte.

Ganz anders stellt sich die Sache in unserem ökonomischen Beispiel dar. *Wer* die Statistik erstellt hat, ist keineswegs gleichgültig. Es ist nicht zu erwarten, daß es auf dem untersuchten Markt nur *einen* Preis gibt. Man wird einen Durchschnitt wählen, den man aus einer Stichprobe gewonnen hat. Unterschiedliche Handelsspannen, Preisnachlässe bei Qualitätsmängeln usw. sind in diesem Durchschnitt völlig verschwunden, obgleich sie für den *einzelnen* Käufer von höchst praktischem Interesse sein können. Die Tatsache, daß auf einem ganz anderen Markt die Preise gestiegen oder gesunken sind, ist für das vorliegende Beispiel mitunter von ebenfalls hohem Interesse, vor allem dann, wenn es sich um komplementäre oder substitutionale Güter handelt. Das Wetter ist keineswegs gleichgültig, wenn es sich um Regenschirme, Urlaubsreisen oder Agrarprodukte handelt. Aber selbst das Kaufverhalten bei Geräten der Unterhaltungselektronik wird bei starken Unterschieden im Wetter unterschiedlich sein. Es gibt, von kirchlichen Spendenaufrufen über das Ozonloch bis hin zu einer neuen Musikmode definitiv *nichts*, was die Entwicklung von Preis und Menge auf dem untersuchten Markt *nicht* auf relevante Weise beeinflußt haben könnte. Es geht hier nicht um spekulative »Schmetterlingseffekte«, wie sie die Chaostheorie diskutiert, es geht hier um gewöhnliche, alltägliche Einflußfaktoren, die Preise und Mengen bestimmen. Was berechtigt uns, aus diesen zahllosen Einflußfaktoren einige *wenige* zu isolieren und in unseren Theorien zu verwenden? Am Beispiel der Messung der Brunnentiefe wäre eine vergleichbare Antwort einfach: Zwar mag ein Wind die Fallgeschwindigkeit des Steines »auch« beeinflussen, zwar mag die Sonneneinstrahlung »auch« die Luft im Brunnen erwärmen oder es mag der Luftdruck die Fallgeschwindigkeit etwas verändern – all das kann auch im physikalischen Beispiel zugegeben werden. Dennoch sind diese Einflüsse für zahlreiche Untersuchungszwecke einfach ohne Bedeutung; sie schlagen sich in so kleinen Größen nieder, daß wir sie getrost vergessen können. Der fallende Stein *»weiß«* vor allem nichts von all diesen Einflußgrößen. Die *ökonomischen* Beobachtungsgrößen sind dagegen von sehr vielen »Faktoren« faktisch und nachweisbar auf relevante Weise beeinflußt, gerade weil die wirtschaftlich Handelnden in ihren Entscheidungen durch das *Wissen* um ihre Handlungssituation motiviert sind. Entscheidungen *entwerfen* die Situation, in der sie sich vollziehen, kreativ.[9] Obgleich es auch hier herausragende Einflüsse geben kann und gibt, sind diese doch nicht als »Ursache« isolierbar; sie werden *erkannt* und damit zu *Motiven.*[10] Und Motive sind etwas ganz anderes als physische Ursachen.

Der Gegenstand der ökonomischen Theorie – oder allgemein der Sozialwissenschaften – ist etwas, das auf spezifische Weise von Menschen und ihren Handlungen hergestellt wird. Die soziale *Wirk*lichkeit ist das, was Menschen *bewirkt* haben – in ihrer Auseinandersetzung mit der Natur und untereinander. Wo immer ein Sozialwissenschaftler hinblickt, welches empirische Material er immer »zur Hand« nimmt, stets ist es bereits durch die Hände anderer gegangen. Fakten der Sozialwissenschaften »basieren auf menschlichen Praktiken, die jedoch selbst weder zeitlos, noch ewig oder unausweichlich sind.«[11] Man hat betont, daß das auch für die Naturwissenschaften gilt; auch die Natur tritt uns niemals in einem empirischen Rohzustand gegenüber, unmittelbar und ganz so, wie sie »an sich selber« ist. Auch die Natur nehmen wir nur in unseren Gedanken und Begriffen, mit den Möglichkeiten unserer biologischen Ausstattung und durch technische Geräte vermittelt wahr. Dennoch interpretieren wir Naturgegenstände nicht so, daß sich hinter ihren Strukturen und Gesetzen *Menschen* verbergen. Jeder sozialwissenschaftliche Gegenstand – sei es das Recht, die Sprache, das Geld oder die Technik – ist aber so von uns

---

[9] »Decision, as we mean the word, is creative and is able to be so through the freedom which uncertainty gives for the creation of *unpredictable hypothesis.*« G. L. S. Shackle, Decision, Order and Time in Human Affairs, Cambridge 1961, S. 6.

[10] Vgl. M. Heidegger, Zollikoner Seminare, Frankfurt/M. 1987, S. 272.

[11] J. R. Searle, Geist, Hirn und Wissenschaft, Frankfurt/M. 1986, S. 84.

verstanden und ausgelegt, daß die Menschen seine Struktur mitbestimmen oder doch zu seiner Erklärung unerläßlich sind.

Die wissenschaftliche Tätigkeit der Menschen ist eine von vielen anderen Tätigkeiten. Die Sozialwissenschaften – allgemeiner auch die Geisteswissenschaften – beanspruchen für sich, in dieser besonderen wissenschaftlichen Tätigkeit ein Modell aller anderen Tätigkeiten des Menschen zu formulieren. Wie immer wir die Natur auslegen, wir legen sie nicht *als* Tätigkeit des Menschen aus. Selbst wenn wir – wie Kant – die Naturgesetze als *Erfindungen* deuten, so kommen wir doch nicht auf den Gedanken, die durch die Naturgesetze erklärten Sachverhalte als *menschliche Handlungen* zu verstehen. Wie immer wir dagegen soziale Tatbestände auslegen, wir können dabei nicht auf Strukturen verzichten, die gemeinhin dem Menschen zugeschrieben werden: Recht, Sprache, Wirtschaft, Technik usw. Die Sozialwissenschaften haben damit methodisch und wissenschaftlich eine ganz andere Stellung als die Naturwissenschaften. Sie stellen als gesellschaftliche Tätigkeiten den Versuch dar, etwas zu erklären und zu interpretieren, wovon sie selbst ein Teil sind. Auch Anhänger einer universellen Systemtheorie werden zugeben, daß zwischen Elementarteilchen und wirtschaftlich Handelnden wenigstens der Unterschied besteht, daß ein handelnder Mensch sich selbst erklären kann und seine Absichten mitzuteilen vermag, während ein Elementarteilchen *stumm* bleibt.

Wir treffen in den Sozialwissenschaften niemals auf einen jungfräulichen Stoff des empirischen Materials, wir erhalten stets nur *Interpretationen*. Jede Tabelle, rechtliche Regelungen, Kaufverträge, Steuern, Umsatzrenditen, Abschreibungen usw. – all diese Quellen ökonomischer Forschung sind *vorinterpretiert*. Es sind Beschreibungen von Sachverhalten, nicht die Sachverhalte selbst. In der sozialen Welt bewegen wir uns in einer *interpretierten*, einer ausgelegten Welt. Auch wenn wir nur ein Verhalten beobachten – z. B. in der Marktforschung die Zeitdauer, in der jemand ein bestimmtes Schaufenster betrachtet –, ohne mit den beobachteten Menschen in Kontakt zu treten, bewegen wir uns in derselben Sphäre der Bedeutungen, in denen sich die beobachteten Menschen und ihre Handlungen bewegen. Sicherlich unterscheidet sich die Bedeutung von Wörtern und Begriffen je nach der Situation, in der sie gebraucht werden. Aber es besteht eine Möglichkeit der Übersetzung. Mag auch »Schaufenster« für den Marktforscher etwas anderes bedeuten als für den Kunden, der es betrachtet, beide können sich unschwer darüber unterhalten. Der Dialog mit einem Elementarteilchen ist dagegen ausgeschlossen. Die »Gegenstände« der Sozialwissenschaften stehen nicht einfach entgegen, wie Kräfte der Natur sich bei Experimenten als Widerstand erweisen; es gibt zwar einen Unterschied zwischen einem Käufer und einem Wirtschaftswissenschaftler, aber es ist dies ein Unterschied *innerhalb* einer Gesellschaft, innerhalb einer Sprachgemeinschaft.

In der traditionellen Wirtschaftswissenschaft fehlt von dieser Einsicht aber jede Spur. Die Sprache, die in dieser Wissenschaft gesprochen wird, ist die Sprache der *Mechanik*. Menschen werden als Elementarteilchen betrachtet, die sich auf bestimmte, sehr stumme Weise »verhalten«, die mathematischen Gesetzen gehorchen, durch einfache Gleichungen erfaßbar sind und in ihrem Verhalten ein *Gleichgewicht* herbeiführen.[12] Die neoklassischen Autoren behaupten, wirtschaftliches Verhalten sei durch solche Gleichungen zureichend und zutreffend beschrieben. Im deutlichen Unterschied aber zur Mechanik, der es immerhin gelingt, das Verhalten von einfachen Körpern, von komplexen mechanischen Maschinen und sogar die Flugbahn von Raketen exakt zu berechnen – wenigstens *so* exakt, daß diese Geräte meistens funktionieren –, kann niemand im Ernst behaupten, die Entwicklung der Wirtschaft sei jemals erfolgreich auf auch nur annähernde Weise durch mechanische Gleichungen beschrieben worden. Während sich sehr viele Menschen einfach darauf verlassen, daß die Rechnungen der Ingenieure beim Bau von Flugzeugen, Autos und Küchengeräten korrekt sind und diese Maschinen genau jenen Gesetzen gehorchen, die bei ihrer Konstruktion vorausgesetzt wurden, würden sich sehr wenige Menschen auf die Prognosen der Wirtschaftsforschungsinstitute, von Chart-Analysten oder von Unternehmensberatern mit ähnlicher Sicherheit verlassen. Dieses einfache, wohlbekannte Indiz für die *wesentliche Differenz* zwischen der Vertrauenswürdigkeit mechanischer Modelle in der Technik und in den Sozialwissenschaften, hat dennoch seit

---

[12] Vermutlich der erste Autor, der den Gleichgewichtsbegriff explizit in die ökonomische Theorie einführte, war Isaac Gervaise, The System or Theory of the Trade of the World, London 1720. Faktisch war dieser Begriff im Merkantilismus im Sinne eines Ausgleichs der Handelsbilanz stets präsent.

mehr als 150 Jahren die Universitäten nicht daran gehindert, Generationen von Ökonomen in eben jenen mechanischen Theorien auszubilden.

2.3 Klassische Mechanik

Es ist notwendig, zur Verdeutlichung charakteristische Belege aus der Literatur anzuführen. Das mechanische Denkmodell ist der neoklassischen Theorie so sehr selbstverständlich geworden, daß es – eine List der Gewohnheit – gar nicht mehr bemerkt wird. Es ist zunächst wichtig, sich kurz klarzumachen, welches der grundlegende Gesichtspunkt der Mechanik ist. Die zentrale Größe der Mechanik ist die »Bahnkurve eines Massenpunktes«.[13] Ein Massenpunkt ist ein Körper, zu dessen Beschreibung nur seine Bewegung und sein Ort von Interesse ist. Die Mechanik kann damit charakterisiert werden als das »Studium des Gleichgewichts und der Bewegung der Körper«[14]. Kennzeichnend ist die Unterscheidung zwischen Statik und Dynamik. Wenn wir die Grundbegriffe der Mechanik betrachten, so finden wir sie im wesentlichen im 18. Jahrhundert fertig entwickelt vor. Wir entnehmen einige Grundgedanken der »Analytischen Mechanik« von Lagrange in der deutschen Übersetzung von 1797:[15] »Die *Statik* ist die Wissenschaft des *Gleichgewichts* der Kräfte.« »Die *Dynamik* ist die Wissenschaft der beschleunigenden und verzögernden Kräfte und der verschiedenen daraus entspringenden veränderlichen Bewegungen.« Es war d´Alembert, der in seiner Schrift über Dynamik im Jahre 1743 zeigte, daß »alle Gesetze der Bewegung der Körper auf die ihres Gleichgewichts, und so also die Dynamik auf die Statik zurück« geführt werden kann. In ihrer mathematischen Formulierung wurde in der Mechanik vor allem die Differentialrechnung verwendet, denn, wie Lagrange sagt, »es ist für diese Schätzung der Kräfte genug, die in einer gewissen endlichen oder unendlich kleinen Zeit erzeugte Bewegung zu betrachten«.

[13] Vgl. T. Fliessbach, Mechanik, Mannheim 1992, S. 15ff.

[14] L. de Broglie, Licht und Materie, Hamburg 1939, S. 16.

[15] Lagrange, Analytische Mechanik, Göttingen 1797, Seiten: 1, 167, 170, 185 und 188.

Analytische Mechanik

von

Herrn LaGrange

Mitgliede des National-Instituts der Künste und Wissenschaften zu Paris, der Akademien der Wissenschaften zu Berlin, Petersburg, Turin u. s. w.

aus dem Französischen

mit einigen Anmerkungen und erläuternden Zusätzen

von

Friedrich Wilhelm August Murhard.

Göttingen,

bey Vandenhoeck und Ruprecht 1797.

Erste deutsche Übersetzung von Lagranges Analytischer Mechanik (1797)

Ergänzt werden diese Grundbegriffe der Mechanik durch einige Grundsätze, wie jenen von der »Erhaltung der lebendigen Kräfte«, den bereits Leibniz formuliert hat, wenn er sagt, daß »die Quantität der Kräfte stets gleich bleibt.«[16] Die spezifischen Fragestellungen der mechanischen Physik können hier ausgeklammert werden. Wichtig ist allein die Feststellung, daß mechanische Systeme die Bewegung und die Beziehung von logisch und qualitativ gleichwertigen, voneinander unabhängigen »Körpern« (materiellen Punkten) beschreiben. Materielle Körper sind durch ihre *Trägheit* charakterisiert, und diese »Trägheit besteht in der Leblosigkeit.«[17] Mechanik ist eine Theorie *toter* Körper. In ihrer *formalen* Struktur ist die Mechanik allerdings gerade nicht an einen physikalischen Inhalt geknüpft: »Die klassische Mechanik ist nur ein allgemeines Schema«.[18] Im Gegenteil. Bereits Leibniz hat vielfach und mit Nachdruck betont, daß die Mechanik zwar erlaubt, »die« Natur – nach Einstein und der Quantenphysik würde man sagen: bestimmte Aspekte der Natur als Näherung – zu erklären, das mechanische Denkmodell *selbst* ist jedoch keineswegs an die Natur gebunden. Man kann, sagt Leibniz, die Natur mechanisch erklären, »jedoch erst nachdem man die *Prinzipien* der Mechanik selbst anerkannt oder vorausgesetzt hat.«[19] Auch wenn man nicht der Auffassung ist, daß diese Prinzipien göttlicher Natur sind, bleibt der Einwand von Leibniz unabweisbar: »Die Quelle der Mechanik (liegt) in der Metaphysik«[20], d. h. die *Struktur* der Mechanik als Denkmodell gehorcht ihrer eigenen, vom *natürlichen* Inhalt unabhängigen Logik. Eben dies ermöglichte es, die klassische Mechanik, wie sie vor allem im Werk von Lagrange vorliegt, auf andere Wissenschaften zu übertragen.

Unser Rückgriff auf Lagranges »Analytische Mechanik« ist auch historisch nicht zufällig. Comte hat dieses Buch als Vorbild positivistischer Methode gerühmt und sich der mechanischen Einteilung in Statik und

---

[16] G. W. Leibniz, Hauptschriften zur Grundlegung der Philosophie, Bd. I, Hamburg 1966, S. 310.

[17] I. Kant, Vorlesungen über Enzyklopädie und Logik, Band 1, Berlin 1961, S. 99.

[18] A. Einstein, Aus meinen späten Jahren, Frankfurt/M.-Berlin 1993, S. 76.

[19] G. W. Leibniz, Hauptschriften zur Grundlegung der Philosophie, Bd. II, Hamburg 1966, S. 225.

[20] aaO., S. 461.

Dynamik – neben J. St. Mill[21] – als erster in den Sozialwissenschaften bedient.[22] *Die Mechanik bleibt für nahezu alle Wissenschaften die Leitmetapher des 19. Jahrhunderts.* Während sich in der Physik mit dem Beginn *dieses* Jahrhunderts die Erkenntnis durchsetzte, »daß die klassische Mechanik als eine die ganze Physik beherrschende Basis versagt«[23] und somit »das ganze mechanistische Denken als überwunden«[24] gilt, setzte in der Ökonomie die konsequente Anwendung mechanischer Prinzipien auf alle Wirtschaftsbereiche erst ein. Von der klassischen Formulierung bei Jevons, der 1871 von der »Mechanik des Nutzens und des Eigeninteresses«[25] spricht, über den »Mechanismus der Preisbildung«[26] bei Walras und Cassel, bis zur Weiterentwicklung der Wachstumstheorie 1988 durch R. E. Lucas (»Über die Mechanik der wirtschaftlichen Entwicklung«[27]), bleibt die mechanistische Tradition ungebrochen. Es wäre verfehlt, hier von einer bloßen »Metapher« zu sprechen. Nicht nur die Neoklassiker meinen dies *wörtlich* und verwenden auch mathematisch *exakt* die Modelle der physikalischen Mechanik.[28]

---

[21] J. St. Mill, Principles of Political Economy, London 1892, S. 421.

[22] A. Comte, Die Soziologie, Stuttgart 1974, S. 118; zur Statik vgl. S. 118ff., zur Dynamik S. 137ff. Vgl. zum Begriff der Dynamik auch die Arbeiten von Rudolf Streller. Streller verteidigt gegenüber Otmar Spanns Kritik am Atomismus die Notwendigkeit einer »atomistischen Voraussetzung«, R. Streller, Die Dynamik der Theoretischen Nationalökonomie, Tübingen 1928, S. 57; vgl. dagegen O. Spann, Kategorienlehre, Jena 1939, S. 60ff. Spann hält der mechanischen Dynamik einen Entwicklungsbegriff entgegen, der in »Erfindung, Entdeckung, im neuen technischen und organisatorischen Verfahren« besteht, O. Spann, Fundament der Volkswirtschaftslehre, Jena 1918, S. 289.

[23] A. Einstein, Aus meinen späten Jahren aaO., S. 77.

[24] A. Einstein, L. Infeld, Die Evolution der Physik, Reinbek bei Hamburg 1956, S. 85.

[25] Jevons sagt: »The theory here given may be described as *the mechanics of utility and selfinterest.*« W. S. Jevons, The Theory of Political Economy (1871), Harmondsworth 1970, S. 90.

[26] G. Cassel, Theoretische Sozialökonomie, Leipzig 1927^4, S. 116ff.

[27] R. E. Lucas, On the Mechanics of Economic Development, Journal of Monetary Economics 22 (1988), S. 3-42.

[28] Selbst die durch G. Debreu vollzogene *geometrische* Begründung der Preisgleichgewichte (vgl. G. I. Debreu, Theory of Value, New York 1959) folgt der physikalischen Tradition: »Indes alle Begründung der Mechanik basiert auf Geometrie. In dieser aber gelten die Sätze von der Proportion aller Körper.« G. Galilei, Schriften-Briefe-Dokumente, Bd. 1, Berlin 1987, S. 330. Dieses Programm wird erst in Einsteins Allgemeiner Relativitätstheorie vollständig verwirklicht, in der auch die Masse als Eigenschaft der (gekrümmten) Raum-Zeit erscheint.

Werfen wir einen Blick auf die Anfänge der Mechanik. Das historische Vorbild aller Mechanik ist die Maschine, und deren Prototyp wiederum ist das Uhrwerk. Die ptolemäische Astronomie hatte bereits früh mechanische Modelle der Planeten (Planetarien) verwendet, die dann zum Vorbild der Uhrwerke wurden.[29] Das mechanische Ineinandergreifen der Zahnräder wurde seinerseits zu einem Denkmodell für die gesamte natürliche und menschliche Welt. Es war vor allem Descartes, der »die Erde und die ganze sichtbare Welt nach Art einer Maschine beschrieben«[30] hat, aber auch Descartes Kritiker Leibniz sagt: »Was ich behaupte, ist, daß das Uhrwerk der Welt, ohne einer Nachbesserung zu bedürfen, fortgeht«.[31] Die neuzeitlichen Anfänge der Wirtschaftswissenschaften wurzeln in diesem Denkmodell der Welt als Uhrwerk oder als Maschine.

Adam Smith definiert den Begriff »System« in seiner »History of Astronomy«: »Systeme entsprechen in vielerlei Hinsicht Maschinen. Eine Maschine ist ein kleines System, das dazu erschaffen wurde, die verschiedenen Bewegungen und Effekte auszuführen und zu verbinden, die der Techniker beabsichtigte. Ein System ist eine imaginäre Maschine, die in der Vorstellung jene verschiedenen Bewegungen und Effekte verbindet, die in der Wirklichkeit ohnehin verbunden sind.«[32] Die menschliche Gesellschaft ist für Adam Smith solch ein System: »Die Vervollkommnung der Verwaltung, die Ausbreitung des Handels und der Manufaktur (...) bilden einen Teil des großen Systems der Regierung und die Räder der Staatmaschine scheinen mit ihrer Hilfe sich in größerer Harmonie und größerer Leichtigkeit zu bewegen. Es macht uns Vergnügen, die Vervollkommnung eines so schönen und großartigen Systems zu betrachten und wir sind nicht ruhig, bis wir jedes Hindernis, das auch nur im mindesten die Regelmäßigkeit seiner Bewegungen stören oder hemmen kann, beseitigt haben.«[33] *Wenn* die Gesellschaft und der Staat eine Maschi-

[29] Vgl. N. Wiener, Kybernetik, Reinbek bei Hamburg 1968, S. 62f.

[30] R. Descartes, Die Prinzipien der Philosophie, Hamburg 1955, S. 236.

[31] G. W. Leibniz, Hauptschriften zur Grundlegung der Philosophie, Bd. I, Hamburg 1966, S. 127.

[32] A. Smith, Essays on Philosophical Subjects, London 1795, S. 44.

[33] A. Smith, Theorie der ethischen Gefühle, Hamburg 1977, S. 318.

ne ist, *dann* ist es in der Tat überflüssig, ja schädlich, wollte man sie an ihrem Lauf hindern. Aber »ist« die menschliche Gesellschaft eine Maschine, ist »der natürliche Lauf der Dinge«[34] tatsächlich mechanisch?[35] Die meisten Wirtschaftswissenschaftler sind – mehr oder weniger bewußt – dieser Auffassung.

Der mechanische Ansatz in der Ökonomie soll vor allem die extensive Anwendung mathematischer und experimenteller Methoden nach dem physikalischen Vorbild erlauben, wie bereits Leonardo da Vinci sagte: »Die Mechanik ist das Paradies der mathematischen Wissenschaften, denn durch sie gelangt man zur mathematischen Frucht.«[36] Vor allem die Lausanner Schule (Walras und Pareto) hat diesem Ideal nicht nur gefrönt; sie haben es *wörtlich* genommen: »Das Hauptziel meiner wissenschaftlichen Bemühungen war immer die Anwendung der experimentellen Methode, die in den Naturwissenschaften so glänzende Ergebnisse gezeitigt hat, auf die Sozialwissenschaften – von denen die Wirtschaftswissenschaften nur ein Teil sind.«[37] Aber auch Autoren, die auf Mathematik verzichtet haben, bekennen sich zum Vorbild der Mechanik als Wissenschaft: »man hat die Gesetze der gesellschaftlichen Kooperation zu erforschen, wie der Physiker die Gesetze der Mechanik erforscht«[38], sagt z. B. Ludwig von Mises. *Man hat!* Wer sollte daran zweifeln? »Der wissenschaftliche Instinct unserer Zeit«, schreibt F. von Wieser im Jahre 1884, »wird durch die Naturwissenschaften bestimmt.«[39] Ein anderes Vorbild als die Physik scheint für die Ökonomie undenkbar. »Wir haben nur die Möglichkeit die ökonomische Wissenschaft entweder als reine Theorie zu konstruieren, wie die reine Mathematik oder als realistischen Typus, repräsentiert durch

---

[34] A. Smith, Wealth of Nations, London 1812, reprint London o.J., S. 304.

[35] »Jeder Staat«, sagt der Verfasser des ältesten Systemprogramms des deutschen Idealismus in deutlicher Differenz zu Adam Smith, »muß freie Menschen als mechanisches Räderwerk behandeln; und das soll er nicht; also soll er *aufhören.*« F. Hölderlin, Werke, München 1963, S. 557. Vgl. G. W. F. Hegel, Werke Bd. 1, Frankfurt/M. 1971, S. 235.

[36] L. da Vinci, Tagebücher und Aufzeichnungen, Leipzig 1940, S. 473.

[37] V. Pareto, Ausgewählte Schriften, Frankfurt/M.-Berlin-Wien 1976, S. 248.

[38] L. von Mises, Nationalökonomie, Genf 1940, S. 2.

[39] F. von Wieser, Über den Ursprung und die Hauptgesetze des wirthschaftlichen Werthes, Wien 1884, S. 2.

die Experimentalphysik.«[40] Die Mehrheit der Ökonomen ist offenbar bemüht, die soziale Wirklichkeit als Maschine zu interpretieren, ganz nach dem Vorbild von Adam Smith, der in den Erscheinungen der Welt nur Dinge zu entdecken vermochte, »welche die große Maschine des Universums beständig zur Schau stellt, mit den verborgenen Rädern und Federn, die diese Erscheinungen hervorbringen, alle die allgemeinen Objekte der Wissenschaft und des Geschmacks«.[41] Eugen von Böhm-Bawerk spricht von einer »Mechanik der Tauschwertbildung«[42], wie Leon Walras, der Vater der modernen Gleichgewichtstheorie, der einen »Mechanismus der Konkurrenz«[43] kennt. Bei Schumpeter ist die Rede vom »Mechanismus der Verkehrswirtschaft«[44], und sein »dynamischer Unternehmer« wird von ihm als Maschine beschrieben: »(D)er ›Unternehmer‹ ist *hier* kein Veränderungsfaktor, sondern Träger des Veränderungsmechanismus.«[45] Auch Keynes bemüht eine »monetäre Maschine«[46]. Selbst die Umkehrung des Gleichgewichtsbegriffs bleibt im mechanischen Dialekt: »Das System bewegt sich von sich aus nicht in Richtung auf irgendein Gleichgewicht der Kräfte, sondern ganz im Gegenteil davon weg.«[47] Viele US-amerikanische Autoren verwenden dieses mechanische Denkmodell nicht nur fast ideologisch, sie nehmen es sogar in *jeder* Hinsicht wörtlich.[48] Irving Fisher hat einen Apparat gebaut, der in allen Details den Preismechanismus

---

[40] A. C. Pigou, Economics aaO., S. 5.

[41] A. Smith, Theorie aaO., S. 20.

[42] E. von Böhm-Bawerk, Positive Theorie des Kapitales, Kapital und Kapitalzins II,1, Jena 1921^4, S. 335.

[43] L. Walras, Mathematische Theorie der Preisbestimmung der wirthschaftlichen Güter. Vier Denkschriften, Stuttgart 1881, S. 7.

[44] J. Schumpeter, Theorie der wirtschaftlichen Entwicklung, Berlin 1951^5, S. 5.

[45] aaO., S. 93.

[46] J. M. Keynes, A Treatise on Money II, Collected Writings Bd. VI, S. 85.

[47] G. Myrdal, Ökonomische Theorie und unterentwickelte Region, Frankfurt/M. 1974, S. 27. Der erste Teil dieser Arbeit ist betitelt: »Der Mechanismus nationaler und internationaler wirtschaftlicher Ungleichheit«.

[48] Es gibt große und sehr wichtige Ausnahmen in diesem ansonsten einhelligen Chor, z. B. T. Veblen oder N. Georgescu-Roegen. Vor allem in der jüngeren Philosophie wird hier Protest angemeldet: »M. E. müssen wir ein für allemal die Idee aufgeben, daß die Sozialwissenschaften der Physik vor Newton gleichen, und daß wir derzeit gerade auf Newtonsche Gesetze für den Geist und die Gesellschaft warten.« J. R. Searle, Geist, Hirn und Wissenschaft, Frankfurt/M. 1986, S. 75.

maschinell nachbildet.[49] Auch A. W. Phillips hat solch einen Apparat entwickelt. Bei Burmeister und Dobell schließlich wird die Quelle explizit genannt: »Vom Mathematiker Laplace wird berichtet, er habe gesagt: ›Gebt mir nur die Gleichung der Bewegung und ich will euch die Zukunft des Universums zeigen‹. *Entsprechend* fragen Ökonomen, die die Evolution großer Gleichgewichtssysteme studieren, nur nach der Bewegungsgleichung, um ihre Arbeit zu vollenden.«[50] Zahlreiche Prognosemodelle nach mechanistischem Muster, wenn auch mit einer Vielzahl von Gleichungen und Variablen, sind heute als Software auf dem Markt. Das mechanische Ideal wurde bis zur Gegenwart nur stets weiter präzisiert und *wörtlich* übersetzt, so daß heute »die Konzeption des ökonomischen Prozesses als mechanische Analogie mehr denn je das ökonomische Denken vollständig beherrscht.«[51] Nietzsches Warnung blieb hier ungehört: Wenn die Wirtschaft erst einmal globalisiert ist und die ganze Erde umfaßt, »dann *kann* die Menschheit als Maschinerie in deren Diensten ihren besten Sinn finden: – als ein ungeheures Räderwerk von immer kleineren, immer feiner ›anzupassenden‹ Rädern«.[52]

2.4 Variable Konstanten der Wirtschaft

Allerdings ist auch offenkundig, daß sich die Fülle der Phänomene in der wirtschaftlichen Alltagswelt den mechanischen Modellstrukturen ebenso beharrlich widersetzt. Doch hiergegen hat sich die ökonomische Theorie bereits vorzeitig abgesichert. Die häufigste Wendung, die einem vorurteilsfreien Leser der Journale der theoretischen Ökonomie auffallen wird, lautet: »Wir nehmen an...«, »Wir wollen voraussetzen ...« oder »for convenience let us assume...« etc. Was die *Anschauung* nicht bietet und kein soziales Labor als experimentelles Resultat bereitstellt, wird einfach

---

[49] Vgl. I. Fisher, Mathematical Investigations in the Theory of Value and Prices, New Haven 1925, S. 38ff. Dieses Buch wurde zuerst 1892 veröffentlicht.

[50] E. Burmeister, A. R. Dobell, Mathematical Theories of Economic Growth, London 1970, S. 1; meine Hervorhebung.

[51] N. Georgescu-Roegen, The Entropy Law aaO., S. 2.

[52] F. Nietzsche, Der Wille zur Macht § 866, Stuttgart 1964, S. 590.

weggelassen. Mikroskop und Reagenzgläser der Naturwissenschaften werden in der Ökonomie durch eine ganz besondere Kraft ersetzt: »Die *Abstraktionskraft* muß beide ersetzen.«[53] »Wir nehmen«, sagt Leon Walras von seiner allgemeinen Gleichgewichtstheorie, »hierbei von den kleinen verwirrenden Nebenumständen vorläufig Abstand, wie dies auch in der Physik und Mechanik gelegentlich des Widerstands des Mediums, der Reibung usw. geschieht«.[54] Eine hübsche und entlarvende Formulierung: *»Kleine«*, *»verwirrende«* und vor allem *»Neben«*umstände«! All jene »Umstände«, die sich der mechanisch-kausalen Beschreibung einer Volkswirtschaft nicht *fügen*, sind keineswegs klein und für den phänomenologischen Blick auch keineswegs verwirrend. Sie widerstreben nur dem mechanischen Ideal. Dieses Ideal ist aber so mächtig, daß man es auch dann hochhält, wenn die Realität ihm widerspricht und man durch *Abstraktion* erst *erzeugen* muß, was es gar nicht gibt: »Aber in Wirklichkeit«, sagt Jevons für die Ökonomie ganz unbekümmert, »gibt es keine solche Sache wie eine exakte Wissenschaft«.[55]

Wenn man allerdings erst voraussetzt und *dies* als letzte Gewißheit nimmt, daß die Wirtschaft ein mechanisches System darstellt, in dem – wie Heidegger sagt – auch der Mensch »zu einem raum-zeitlichen Massenpunkt in Bewegung«[56] wird, *dann* ist es nur konsequent, die *Resultate der menschlichen Handlungen* als Lösungen von Gleichungen zu beschreiben. Leon Walras hat nach dem Vorbild der physikalischen Mechanik diese Konsequenz für die Ökonomie gezogen. Schreibt Lagrange in seiner »Analytischen Mechanik« im Jahre 1797: »In diesen Gleichungen und in ihrer Integration besteht also die ganze Theorie«[57], so übersetzt dies Walras achtzig Jahre später in: »Gegeben sind die Quanta der produktiven Dienste; gesucht wird das System der Gleichungen, deren Wurzeln 1) die Quanta der Produkte, 2) die Preise dieser Produkte und 3) die Preise der produktiven Dienste sind. So angesehen erscheint die Theorie der Preis-

---

[53] K. Marx, Das Kapital Bd. I, MEW Bd. 23, S. 12.

[54] L. Walras, Mathematische Theorie aaO., S. 7.

[55] W. S. Jevons, Theory aaO., S. 80.

[56] M. Heidegger, Zollikoner Seminare, Frankfurt/M. 1987, S. 198.

[57] Langrange, Analytische Mechanik aaO., S. 483.

bestimmung der wirthschaftlichen Güter oder die reine Volkswirthschaftslehre deutlich mit dem Charakter einer *eigentlichen* und zwar *physisch-mathematischen Wissenschaft.*«[58] Erstaunlich ist hier nicht der Gedanke, daß man mechanische Systeme wohl auch *berechnen* kann, erstaunlich ist dieser *selbstverständliche Physikalismus*, in dem die menschliche Gesellschaft mit einem einfachen Mechanismus verglichen wird, der es erlauben soll, Handlungen und ihre Resultate durch zwar viele, aber strukturell ziemlich einfache Gleichungen zu beschreiben.

Daß die mechanische Analogie bereits an *diesem* entscheidenden Punkt scheitert, ist zwar einigen Autoren aufgefallen, konnte aber den Siegeszug der Wirtschaftsmechanik nicht aufhalten. Nur sehr wenige Ökonomen sind der Auffassung, daß die zur Lösung der Gleichungen notwendigen *Konstanten* tatsächlich konstant sind. G. S. Becker unterstellt z. B. ausdrücklich »stabile Präferenzen« für Nutzenfunktionen, wohl wissend, daß nur dadurch überhaupt »Vorhersagen über Reaktionen auf verschiedene Veränderungen zu machen« sind.[59] Das bedeutet faktisch, daß die Wirtschaftssubjekte in *konstanter* Weise auf die in ihren qualitativen Strukturen unveränderliche Umgebung mechanisch reagieren. Dieser Gedanke scheitert beim Auftreten *neuer* Güter, ein für den Wirtschaftsprozeß alltägliches Ereignis.[60] Die überwiegende Mehrzahl auch der traditionellen Ökonomen – entgegen der Auffassung von G. S. Becker – geht davon aus, daß sich Konstanten in ökonomischen Gleichungen ändern, dies sogar als Regelfall: Präferenzen der Konsumenten verschieben sich ebenso wie entsprechende Koeffizienten in der Produktion.

»Selbst wenn die Konstanten«, sagt A. C. Pigou, »welche die Ökonomen zu bestimmen versuchen, weniger zahlreich wären und die experimentelle Methode häufiger anwendbar wäre, so wären wir immer noch

---

[58] L. Walras, Mathematische Theorie aaO., S. 3. In der Sprache der modernen Gleichgewichtstheorie, nach den Arbeiten von Debreu, liest sich dies wie folgt: »... if tastes, technology, and the ownership of goods remain given, there will be no *mechanism* to bring about a change«, K. J. Arrow, F. H. Hahn, General Competitive Analysis, San Fancisco-Edinburgh 1971, S. 22.

[59] G. S. Becker, Der ökonomische Ansatz zur Erklärung menschlichen Verhaltens, Tübingen 1982, S. 4.

[60] Auch der Versuch Beckers (oder Lancasters), dieses Problem durch die Annahme einer »Konsumtechnologie« zu bewältigen, ist logisch nicht haltbar; vgl. K.-H. Brodbeck, Produktion, Arbeitsteilung und technischer Wandel, Düsseldorf 1981, Kapitel 3.3.

mit der Tatsache konfrontiert, daß die Konstanten selbst zu verschiedenen Zeiten verschieden wären.«[61] Wenn sich aber die Konstanten der Gleichungen, die Preise und Mengen bestimmen sollen, selbst ändern, dann kann man nicht mehr von mechanischen Systemen sprechen. Jedes physikalische Modell, wie komplex und nichtlinear seine mathematische Struktur immer sein mag, setzt *unveränderliche Naturkonstanten* voraus (Lichtgeschwindigkeit, Plancksches Wirkungsquantum, Gravitationskonstante usw.).

Die »ökonomische Dynamik« kennt keine unveränderlichen Konstanten; alle Versuche, derartiges nachzuweisen, dürfen füglich als gescheitert betrachtet werden. »Was in der Ökonomie vage mit Dynamik umschrieben wird, gibt es in der theoretischen Physik überhaupt nicht, und jeder Physiker, der etwas auf sich hält, wird sich wohl hüten, mit Spekulationen über die Variabilität seiner Konstanten (Kosmogonie und Eschatologie) sich zu kompromittieren.«[62] Diese Bemerkung von E. Schams aus dem Jahre 1931 hat nichts von ihrer Bedeutung eingebüßt, auch wenn die Versuche, z. B. Konstanten für makroökonomische Produktionsfunktionen über sehr lange Zeiträume zu schätzen, erst in den fünfziger und sechziger Jahren einen Höhepunkt erreicht haben.

Die Resultate der Ökonometrie zur Schätzung von Produktionsfunktionen oder anderen Zeitreihen werden von einem früheren Hauptvertreter dieser ökonomischen Richtung heute nur noch zynisch kommentiert: »Sobald Zeitreihen lang genug sind, um Anlaß zu geben, zwischen verschiedenen komplexen Hypothesen auswählen zu können, nimmt zugleich die Wahrscheinlichkeit ab, daß die Bedingungen stationär bleiben und Zufallseinflüsse (noise) sind entsprechend hoch. Unter diesen Umständen bedarf es nur einer gewissen Klugheit (cleverness) und Ausdauer, um jedes beliebige Resultat zu erhalten, das man sich wünscht. Das ist, wie

---

[61] A. C. Pigou, Economics aaO., S. 9. A. Marshall, der dies auch wußte, hielt dagegen, daß ökonomische Variablen »provisorisch als Konstanten betrachtet werden«, denn dies sei stets der Weg der Wissenschaft gewesen, mit komplexen und sich verändernden Dingen umzugehen, »in der physischen und in der moralischen Welt«, A. Marshall, Principles of Economics, London 1961[8], S. 315, Note. Marshall vergißt zu sagen, daß sich in der Physik die Annahme von Naturkonstanten *nachweisen*, wenigstens sinnvoll behaupten läßt – in der Ökonomie aber nicht.

[62] E. Schams, Komparative Statik, Zeitschrift für Nationalökonomie II (1931), S. 33.

ich denke, der Grund, weshalb so wenige Ökonometriker jemals von den Fakten veranlaßt wurden, ihre jeweiligen Glaubensüberzeugungen aufzugeben.«[63] Auf diese Weise von jenen Hoffnungen enttäuscht, die er in seinen frühen Aufsätzen selbst förderte[64], klingt das theoretische Programm Solows später sehr bescheiden: Es komme darauf an, »plausible, gelegentlich sogar überzeugende *kausale* Geschichten mit der Hilfe weniger zentraler Prinzipien zu erzählen und grobe quantitative Urteile über die Konsequenzen ökonomischer Politik und exogener Einflüsse zu fällen.«[65] Damit verbleibt allerdings auch die Kritik an der Ökonometrie noch ganz im Banne der Mechanik und dem ihr zugrundeliegenden *Kausalitätsprinzip*, auch wenn erkannt ist, daß die »Erklärungen« der Wirtschaftswissenschaften, wenn sie von Ökonomen vorgetragen werden, die *wissen*, was Ökonomie als Wissenschaft ist, nur *Interpretationsangebote* sein können.

Der *auffallendste* Punkt an der Beschreibung der Gesellschaft als Maschine ist die *Ausklammerung des Individuums* – und dies über alle ideologischen Schranken hinweg.[66] Marx und die Neoklassik sind sich darin und im mechanischen Vorbild einig: »Die Gesellschaft«, sagt Marx, »besteht nicht aus Individuen, sondern drückt die Summe der Beziehungen, Verhältnisse aus, worin diese Individuen zueinander stehn.«[67] Wie Adam Smith vom »natural course of things« spricht, kennt Marx »die Naturgesetze der kapitalistischen Produktion«. Bei seiner Theorie, so sagt er, »handelt (es) sich um diese Gesetze selbst, um diese mit eherner Notwendigkeit wirkenden und sich durchsetzenden Tendenzen.«[68] Und wie die liberalen

---

[63] R. M. Solow, Economic History and Economics, American Economic Review, PaP 75 (1985), S. 328.

[64] Solow leitet seinen klassischen Aufsatz zur Wachstumstheorie mit dem Satz ein: »Jede Theorie basiert auf Annahmen, die nicht ganz wahr sind. Das ist es, was eine Theorie ausmacht.« R. M. Solow, A Contribution to the Theory of Economic Growth, Quaterly Journal of Economics 70 (1956), S. 65. Daß Solow hier Meßgenauigkeit und Wahrheit verwechselt, sei nur am Rande vermerkt.

[65] R. M. Solow, Economic History aaO., S. 328; meine Hervorhebung.

[66] Kempski spricht von der »Elimination der wirtschaftenden Person«, J. von Kempski, Handlung, Maxime und Situation, in: H. Albert (Hrsg.), Theorie und Realität, Tübingen 1964, S. 245.

[67] K. Marx, Grundrisse, S. 176.

[68] K. Marx, Das Kapital Bd. I, MEW Bd. 23, S. 12.

Theoretiker glaubt auch Marx keineswegs, daß Menschen aus Freiheit heraus diese angeblichen Naturgesetze der menschlichen Gesellschaft verändern könnten. »Naturgesetze können überhaupt nicht aufgehoben werden. Was sich in historisch verschiednen Zuständen ändern kann, ist nur die *Form*, worin jene Gesetze sich durchsetzen.«[69] In dieser Vorstellung, daß in der Gesellschaft mechanische Kräfte wirken, »ausgleichende Kräfte, die (...) einem mechanischen Gleichgewicht ähneln, das sich bei einem Stein einstellt, der an einem elastischen Band hängt«[70], in dieser Vorstellung sind sich die ideologischen Gegner längst vor dem Fall der Berliner Mauer und der politischen Wiedervereinigung Deutschlands einig gewesen. Neoklassik und Marxismus wollten *exakte* Wissenschaften sein, durchaus nach dem Vorbild der Naturwissenschaften. Lafargue sagt über seinen Schwiegervater Karl Marx: »Seiner Meinung nach war auch eine Wissenschaft erst dann wirklich entwickelt, wenn sie dahin gelangt war, sich der Mathematik bedienen zu können.«[71] Marx versuchte die Entwicklung der Gesellschaft in ihrem naturgesetzlich-mechanischen Verlauf zu beschreiben, Neoklassiker formulieren in der Wachstumstheorie Bewegungsgleichungen der Mechanik von Volkswirtschaften. Und gemeinsam betonen Ökonomen, sie seien im Besitz der einzig wirklich *exakten* Sozialwissenschaft. »Ökonomie, besser gesagt theoretische Ökonomie, ist die einzige von den Sozialwissenschaften, die den Anspruch einer exakten Wissenschaft erheben kann.«[72]

Man kann bereits angesichts dieser wenigen Zitate nicht mehr nur auf den Gedanken verfallen, die Berufung auf die Mechanik sei nur eine Metapher, es sei »eigentlich« nicht so ganz ernst gemeint mit der Möglichkeit einer vollständigen Berechnung der Gesellschaft. Vor allem Schumpeter hat in seinem Versuch, seine dynamische Theorie mit der Tradition in Einklang zu bringen, behauptet, der Ausdruck »statisch« rufe »doch die Vermutung einer tatsächlich durchaus nicht vorliegenden Anlehnung an

---

[69] K. Marx, MEW Bd. 32, S. 553.

[70] A. Marshall, Principles of Economics, London 1961^8, S. 269.

[71] P. Lafargue, Karl Marx. Persönliche Erinnerungen; in: Erinnerungen an Karl Marx, Berlin 1953, S. 155.

[72] F. H. Knight, Risk, Uncertainty and Profit, 1921, reprint Chicago-London 1971, S. 3.

die Mechanik wach.«[73] F. H. Knight bemerkt ganz richtig zu dieser Annahme einer fehlenden Anlehnung an die Mechanik, sie sei »von der Wahrheit soweit entfernt« wie »die Annahme eines vollständigen Parallelismus«.[74] Beide Autoren verkennen aber gemeinsam die Rolle eines Denkmodells. Wenn ein Denkmodell aus einer Situation in eine andere übertragen wird (*metaphora*), dann besitzt es *notwendig* einen anderen Inhalt. Gleichwohl bleibt die Form des Modells weitgehend erhalten, auch in seinen Grundkategorien. Die mechanische Analogie legt tatsächlich völlige Berechenbarkeit nahe, und die faktische *Wirkung* des mechanischen Denkmodells erweist sich darin, daß der Versuch der Berechnung, trotz des wiederholten Scheiterns wirtschaftlicher Prognosen, immer wieder – und sogar in verstärktem Maße – unternommen wird.

Daß das mechanische Denkmodell bis in die Gegenwart auch *qualitativ* als Leitmetapher dient, sei noch durch eine Kuriosität illustriert. H. W. und G. Sinn übersetzen die mechanistische Struktur der von ihnen zur Analyse der Wiedervereinigung Deutschlands diskutierten traditionellen Modelle in den Titel »Kaltstart«: »Daß der Wirtschaftsmotor des Ostens nicht mit gleichmäßigem Schwung in Gang kommen konnte, war klar. Niemand darf sich wundern, wenn ein Kaltstart unter extremen Witterungsbedingungen mehrfache Anlaßversuche verlangt und wenn sich der Motor dann auch nur ruckelnd und zuckelnd in Bewegung setzt. Das volle Ausmaß der Startschwierigkeiten übersteigt aber wohl doch die allgemeinen Erwartungen.«[75] Den Aufbau einer völlig neuen Wirtschafts*ordnung* mit den Startschwierigkeiten eines Motors zu vergleichen, ist schon rein logisch eine Unmöglichkeit, weil es diesen »Motor« (wenigstens *noch*) gar nicht gab. Sinn und Sinn sprechen jedoch nur als naive Metapher aus, was die Mainstream-Ökonomie als *Modell* denkt. Die Realität Ostdeutsch-

---

[73] J. Schumpeter, Theorie der wirtschaftlichen Entwicklung, Berlin 1952, S. 75.

[74] F. H. Knight, Statik und Dynamik, Zeitschrift für Nationalökonomie II (1931), S. 11. Knight gibt in dieser Arbeit einige sehr wertvolle Hinweise, erliegt aber der Täuschung, mechanische Kategorien würden in der österreichischen Theorietradition (L. Walras, F. v. Wieser, E. v. Böhm-Bawerk u. a.) nicht im Mittelpunkt stehen. Zwar kommt bei Carl Menger das Begriffspaar »statisch-dynamisch« tatsächlich »überhaupt nicht vor«, aaO., S. 33, gleichwohl spielt das *mechanische* Denkmodell bei ihm eine lenkende Rolle.

[75] G. und H.-W. Sinn, Kaltstart. Volkswirtschaftliche Aspekte der deutschen Vereinigung, Tübingen 1991, S. VII.

lands hatte und hat mit solchen Bildern gar nichts zu tun; wohl aber wurde die Wirtschaftspolitik hierdurch auf verhängnisvolle Fährten gelenkt. Es ist aber nicht zu erwarten, daß die Berater des »Aufbaus Ost« – um nochmals Solow zu zitieren – durch »Fakten veranlaßt werden, ihre jeweiligen Glaubensüberzeugungen aufzugeben«. Denkmodelle gehen den Fakten immer *voraus* und werden nicht deshalb zur Gewohnheit, weil sie *wahr* sind, vielmehr weil sie *geglaubt* werden.

2.5 Soziale Naturgesetze?

Es hat allerdings bereits früh einsichtige Wirtschaftsforscher gegeben, die der ebenso bequemen Handhabe wie formalen Eleganz mechanischer Denkmodelle nicht erlegen sind. Vor allem in der traditionellen deutschsprachigen nationalökonomischen Literatur ist die Vorstellung einer »Wirtschaftsmaschine« keineswegs unwidersprochen geblieben, und es ist erstaunlich, wie wenig bekannt diese Tradition – selbst in Deutschland oder Österreich – geblieben ist. Es war aber auch das zentrale Anliegen von John Maynard Keynes, eine Kritik der mechanischen Theorie zu formulieren – obgleich er nicht verhindern konnte, daß durch Hicks und Samuelson seine Theorie jeglicher Brisanz beraubt und ihrerseits auf ein mechanisches Modell (IS-LM-Modell) reduziert wurde, das zwischenzeitlich wiederum nur als Sonderfall eines mechanischen Universalmodells begriffen wird.[76] John von Neumann und Oskar Morgenstern haben den Mechanismus in der Ökonomie durch eine einfache Frage in Zweifel gezogen: »*A fortiori* ist es unwahrscheinlich, daß lediglich eine Wiederholung der Methoden, die uns in der Physik so gute Dienste geleistet haben, für soziale Phänomene dasselbe liefert.«[77] Der Erfolg der mechanischen Modelle in der Physik beruht eben vor allem darauf, daß *unbelebte* Körper in hohem Maße eine Ähnlichkeit mit Massenpunkten haben; von *lebenden* Menschen, von Unternehmern, die Entscheidungen treffen, neue Produk-

[76] E. Malinvaud, The Theory of Unemployment Reconsidered, Oxford 1977.

[77] J. von Neumann, O. Morgenstern, Spieltheorie und wirtschaftliches Verhalten, Würzburg 1961, S. 6.

te auf Märkten anbieten und Konsumenten, die sich für oder gegen diese Produkte entscheiden, kann das keineswegs gesagt werden.

Am gründlichsten hat Bruno Hildebrand bereits *vor* der Ausformulierung der mechanischen Wirtschaftsmodelle durch Walras die theoretische Konzeption einer »Naturwissenschaft der Wirtschaft« untersucht. Hildebrand hat auf einen wesentlichen Denkfehler hingewiesen, der sich aus der Smithschen Theorie ergibt. Wenn die menschliche Gesellschaft nach mechanischen Naturgesetzen funktioniert, dann ist nicht einzusehen, weshalb ausgerechnet der *Staat* davon ausgenommen sein sollte. Die Behauptung aufzustellen, die Wirtschaft gehorche einem mechanischen Naturprozeß, vorausgesetzt der Staat greife nicht ein, bedeutet, dem Staat eine Stellung *über* den Naturgesetzen der Gesellschaft einzuräumen. Worin sollte diese Sonderstellung begründet sein? Hildebrand sagt: »Wenn alle wirtschaftlichen Handlungen der Menschen Naturgesetzen unterworfen wären, so würden es unstreitig auch die nationalökonomischen Handlungen derjenigen Personen sein, welche Träger der Regierungsgewalt sind, und es wäre nicht einzusehen, wie von den Regierungen Störungen des naturgesetzlichen Lebens ausgehen könnten.«[78] Dieser grundlegende Denkfehler des wirtschaftlichen Liberalismus zeigt sich an der Paradoxie, daß die Durchsetzung mechanischer Marktgesetze ohne staatlichen Eingriff *selbst* nur ein politisches Programm ist. Es sind Naturgesetze, die nur dann wirken, wenn der Staat es ihnen erlaubt und ihre »Einhaltung« durch seine Rechtsordnung überwacht – eine ungewöhnliche, keineswegs aber zufällige Interpretation der Bedeutung von »Naturgesetz«. Der Einwand von Hildebrand macht in einem Schlaglicht deutlich, daß die Rede von »mechanischen Gesetzen« oder von »Naturgesetzen« in der Wirtschaft einen ganz anderen Ursprung und – falls überhaupt – eine ganz andere Berechtigung haben muß als in der Natur selbst.

---

[78] B. Hildebrand, Die gegenwärtige Aufgabe der Wissenschaft der Nationalökonomie (1863), in: Die Nationalökonomie der Gegenwart und Zukunft, Jena 1922, S. 298. Vgl. auch Stolzmanns Satz: »Warum sollten die Menschen sonst zu einer einheitlichen Ordnung im Staate zusammengetreten sein, wenn die Welt von sich selbst ginge, wenn das Zusammenwirken und der Zusammenstoß der individuellen Interessen von selbst alle Tage von neuem eine gesellschaftliche Ordnung ergäbe.« R. Stolzmann, Grundzüge einer Philosophie der Volkswirtschaft, Jena 1925, S. 64.

»Natur« ist der Kampfbegriff der Aufklärung, und seine Bedeutung ist ebenso schillernd wie unerhellt. Jeremy Bentham, einer der Väter der modernen Nutzentheorie, hat das in bemerkenswerter Ironie betont: »Sehr viele Leute reden ständig vom ›Naturgesetz‹: anschließend geben sie uns ihre Meinung über Richtig und Falsch zum Besten, und diese Meinung, so geben sie uns zu verstehen, sind ebenso viele Kapitel und Abschnitte des ›Naturgesetzes‹.«[79] Die Überzeugung, daß es auch in der Wirtschaft *Natur* und damit *Naturgesetze* geben soll, daß menschliche Gesellschaft »durch ein Naturgesetz kontrolliert wird«[80], zieht sich wie ein roter Faden von den Physiokraten über Adam Smith zu Karl Marx und zur neoklassischen Schule. Die entscheidende Differenz im Streit um die richtige Geldpolitik, wie er vor allem in den siebziger Jahren dieses Jahrhunderts zwischen Monetaristen und Keynesianern geführt wurde, macht dies bis in die Wortwahl der Gegenwart deutlich. Während Keynes zwischen »*frei*williger und un*frei*williger« Arbeitslosigkeit unterscheidet[81] und damit immerhin noch beim menschlichen Handeln und seiner Freiheit anknüpft, behauptet Friedman eine *»natürliche«* Arbeitslosigkeit.[82] Der Kern ist damit ein Streit um die Berechtigung mechanischer Analogien in der Gesellschaft, die kurzerhand als »natürlich« interpretiert werden, während Keynes *subjektive* (menschliche) Bestimmungsgründe in den Mittelpunkt seiner Theorie gestellt hat. Der Gedanke eines »natürlichen Gleichgewichts« in der menschlichen Gesellschaft setzt eine Naturkraft voraus, die jeweils die *Freiheit* als bloßen Schein ausweist und mechanisch beschreibt. Nicht die Menschen und ihre freien Handlungen führen ein »Gleichgewichtspreis-System« herbei, es sind »die *selbsttätigen*

---

[79] J. Bentham, Eine Einführung in die Prinzipien der Moral und der Gesetzgebung; in: O. Höffe (Hrsg.), Einführung in die utilitaristische Ethik, München 1975, S. 55; Note.

[80] J. B. Clark, The Distribution of Wealth, New York 1899, S. v.

[81] J. M. Keynes, The General Theory of Employment, Interest and Money, Collected Writings Vol. VII, S. 15.

[82] »Das ›natürliche Unterbeschäftigungsniveau‹ ist (...) jenes, das sich aus dem Walrasianischen Gleichgewichtssystem ergeben würde, vorausgesetzt, die aktuellen Strukturcharakteristika der Arbeits- und Gütermärkte sind eingebaut«, M. Friedman, Die optimale Geldmenge, Frankfurt/M. 1976, S. 144.

Kräfte der Wirtschaft«, die auf »seine Verwirklichung hin« drängen.[83] Die neoklassische Vorstellung der menschlichen Freiheit, wenn von ihr überhaupt gesprochen wird, gleicht der »Bewegungsfreiheit« eines mechanischen Pendels oder des Lenkrades beim Auto; der alltägliche und philosophische Begriff der menschlichen Freiheit umfaßt jedoch weit mehr. Dieser *mechanische Freiheitsbegriff* wurde von *Thomas Hobbes* formuliert und von der klassischen Ökonomie übernommen: »Freiheit bedeutet eigentlich eine Abwesenheit äußerlicher Hindernisse bei einer Bewegung und wird von unvernünftigen und leblosen Dingen ebensogut gebraucht wie von vernünftigen.« Und Hobbes sagt weiter: »Werden die Wörter *frei* und *Freiheit* von anderen als körperlichen Dingen gebraucht, so ist das ein Mißbrauch.«[84] Der Mensch ist als »vernünftiger belebter Körper«[85] eine mechanische Bewegung in einem Freiraum. In dieser Bewegung gehorcht er Naturgesetzen.

Somit erweist sich das Denkmodell des »Naturgesetzes in der menschlichen Gesellschaft« als Schlüssel für das methodische Verständnis der traditionellen Ökonomie. Die traditionelle Theorie ist davon überzeugt, daß »die Erscheinungen des wirthschaftlichen Lebens sich strenge nach Gesetzen regeln, gleich jenen der Natur.«[86] Gerade weil es keine geplante, »vernünftige« Regelung der Gesellschaft durch den Staat oder eine Zentrale gibt – so lautet das Argument –, gehorcht die Gesellschaft einer »natürlichen« Ordnung, die *ihre* Gesetze hat. Zugleich ist aber nicht zu übersehen, daß Menschen frei entscheiden und handeln. »Ökonomische Gesetze *beruhen* auf der willentlichen Handlung des Menschen«.[87] Wie ist es möglich, diesen Gegensatz von Freiheit und Naturgesetz zu überbrücken? Auch Karl Marx hat sich diese Frage gestellt und sie wie folgt beantwortet: »Der Witz besteht nicht darin, daß indem jeder sein Privatinteresse verfolgt, die Gesamtheit der Privatinteressen, also das allgemeine

---

[83] H. von Stackelberg, Grundlagen der Theoretischen Volkswirtschaftslehre, Bern-Tübingen 1951², S. 164; meine Hervorhebung.

[84] T. Hobbes, Leviathan, Stuttgart 1974, S. 187f.

[85] T. Hobbes, Vom Körper, Hamburg 1967, S. 7.

[86] C. Menger, Grundsätze der Volkswirtschaftslehre, Wien 1871, S. VIII

[87] J. B. Clark, The Philosophy of Wealth, Boston 1887, S. 32; meine Hervorhebung.

Interesse erreicht wird. Vielmehr könnte aus dieser abstrakten Phrase gefolgert werden, daß jeder wechselseitig die Geltendmachung des Interesses der andern hemmt, und statt einer allgemeinen Affirmation, vielmehr eine allgemein Negation aus diesem *bellum omnium contra omnes* resultiert.«[88] Arrow und Hahn formulieren diese von Adam Smith aufgeworfene Frage analog: »Die unmittelbare Antwort des gesunden Menschenverstandes auf die Frage: ›Wie wird eine Wirtschaft aussehen, die aus sehr vielen Handelnden besteht und vom Eigennutz motiviert wird‹ ist wahrscheinlich: ›Es wird ein Chaos sein‹.«[89] Die selbstgestellte Aufgabe der klassischen und neoklassischen Theorie ist es, zu zeigen, daß diese Antwort des »gesunden Menschenverstandes« falsch ist.

Tatsächlich hat nicht nur der »gesunde Menschenverstand« hier eine verneinende Antwort parat. Es war Thomas Hobbes, der die Lösung in diesem *bellum omnium contra omnes* nur in einer lenkenden, staatlichen Macht sah.[90] Die widerstreitenden Willen der Menschen müßten es »endlich dem Willen irgendeines einzelnen Menschen gestatten, für den Willen jedes einzelnen genommen zu werden und ihn zu verkörpern. Und nachdem sie das getan haben, haben sie sich geeinigt und sind ein *politischer Körper*.«[91] Bei Hobbes wird die Gesellschaft erst durch den Staat zu einem Ganzen, einem »Körper«. Marx greift diese Tradition wieder auf, wenn er sagt, daß die Konkurrenz nur »blind« sei und erst eine »bewußte gesellschaftliche Regelung der Produktion«[92] durch den Staat der assoziierten Produzenten diese Blindheit beseitigen und die Naturgesetze der Gesellschaft »sehend« machen würde. Adam Smith glaubte dagegen, daß das »System der

---

[88] Und Marx gibt die durchaus zutreffende Antwort: »Die Pointe liegt vielmehr darin, daß das Privatinteresse selbst schon ein gesellschaftlich bestimmtes Interesse ist und nur innerhalb der von der Gesellschaft gesetzten Bedingungen und mit den von ihr gegebnen Mitteln erreicht werden kann; also an die Reproduktion dieser Bedingungen und Mittel gebunden ist.« K. Marx, Grundrisse, S. 74.

[89] K. J. Arrow, F. H. Hahn, General Equilibrium Analysis, San Francisco-Edinburgh 1971, S. vii.

[90] Hobbes spricht vom natürlichen Zustand der Menschen, der ein »Krieg schlechthin gewesen ist, und zwar der Krieg aller gegen alle.« T. Hobbes, Lehre vom Menschen und vom Bürger, Leipzig 1918, S. 87.

[91] T. Hobbes, Naturrecht und Allgemeines Staatsrecht in den Anfangsgründen, Darmstadt 1976, S. 133.

[92] K. Marx, MEW Bd. 32, S. 553.

menschlichen Freiheit« bereits vollkommen von Naturgesetzen beherrscht wird, die zu einem Gleichgewicht führen. Thünen übersetzt den Smithschen Gedanken ins Deutsche: »Während der Mensch nur seinen eigenen Vortheil zu verfolgen wähnt, ist er das Werkzeug in der Hand einer höheren Macht«.[93]

Die moderne mikroökonomische Theorie ist die Entfaltung des Versuchs, hierzu einen mechanisch-mathematischen Nachweis zu führen. Tatsächlich erwecken zahllose Lehrbücher den Eindruck, daß dieser Nachweis auch gelungen sei, daß eine freie Marktwirtschaft – beschrieben durch das mechanische Modell der Neoklassik – stabil ist. Das »Naturgesetz« soll also nicht nur wirken, sondern sogar eine exakte mathematische Beschreibung erlauben. Im Unterschied zu den einführenden Lehrbüchern auch großer Autoren zeigt sich beim genauen Studium der theoretischen Literatur ein ganz anderes Bild. Hier gibt es zahllose Modelle, die ganz andere als einfache, stabile Eigenschaften aufweisen. Da es in der Natur wenigstens ebensoviele instabile wie stabile mechanische Systeme gibt, wäre es erstaunlich, wenn die mechanische Beschreibung der Wirtschaft nicht zum selben Ergebnis gelangen würde. Es ist hier nicht der Ort, auch nur einen Überblick über solche Beispiele zu geben; einige wenige Hinweise mögen genügen. Zahlreiche ökonomische Modelle weisen instabile oder »paradoxe« Eigenschaften auf. Bekannt ist die duale Instabilität in linearen Wachstumsmodellen, die Unmöglichkeit der Bestimmung eines Gewinnmaximums bei sinkenden Grenzkosten, oder Ineffizienzen bei Modellen mit überlappenden Generationen. Zahlreiche Modelle besitzen »Sattelpunkteigenschaften« und »*alle* dynamischen makroökonomischen Modelle kennen ›Tulpen-Manie-Phänomene‹«, das heißt – einfach gesagt – dynamische Instabilität.[94] Burmeister stellt verwundert fest, daß derartige Phänomene »keine weitere Aufmerksamkeit in der makroökonomischen Literatur gefunden haben«, und führt dies auf besonders »naive Annahmen« der Theoretiker zurück.[95] Doch diese

---

[93] J. H. von Thünen, Der isolirte Staat Erster Theil, Berlin 1875, S. 326.

[94] E. Burmeister, Capital Theory and Dynamics, London et. al. 1980, S. 267.

[95] Burmeister, Capital Theory aaO. Vgl. auch J. M. Blatt, Dynamic Economic Systems, New York/Brighton 1983; J. M. Epstein, R. Axtell, Growing Artificial Societies, Washington-Cambridge/Mass. 1996, Cap. IV.

Schwierigkeiten *innerhalb* des mechanischen Denkmodells sind an dieser Stelle nicht unsere Frage. Unsere Frage muß weit grundsätzlicher lauten: *Welche Hinweise erlauben uns die Schlußfolgerung, daß die wechselseitige Beziehung frei handelnder Menschen in ihrer Gesamtheit ein einfaches mechanisches System ergibt?* [96] Anstatt dem Vorbild der Diagrammzeichner zu folgen und sogleich mit einem Angebots-Nachfrage-Diagramm zu »antworten«, wollen wir diese Frage erst noch etwas vertiefen und eine vorläufige Antwort versuchen.

2.6 Freiheit als Physik

Wenn menschliches Handeln *völlig* frei wäre, dann wäre es auch *völlig* unvorhersehbar – wie immer wir den Begriff der Freiheit fassen wollen. Freiheit heißt im einfachen, ganz unphilosophischen Sprachgebrauch, tun und lassen zu können, was in einem bestimmten Rahmen *möglich* ist. Wenn wir das Verhalten eines Menschen ebenso sicher vorhersagen könnten wie das Funktionieren einer Waschmaschine – deren Funktionsweise weit komplexer ist als die in der Neoklassik gebräuchlichen Nutzenfunktionen zur Beschreibung menschlichen Verhaltens –, dann würden wir ihn wohl kaum »frei« nennen. Die Freiheit wäre dann bestenfalls ein subjektiver Schein, ganz so, als würden wir die Waschmaschine mit Bewußtsein ausstatten, das zu sich selbst sagt: »Ich will nun von Programmstufe 4 auf 5 umschalten«. Es gibt Psychologen, die so etwas von Menschen behaupten – auch hierin sind sich bemerkenswerterweise der Russe Pawlow und der Amerikaner Skinner ganz einig. Folgt man solchen Gedanken nicht, dann bleibt zu erklären, wie »Freiheit« und »Naturgesetz« zusammengebracht werden können.

Offenbar ist das nur möglich, wenn man mechanisches Verhalten *als* freie Entscheidung interpretiert. Dies ist gleichzusetzen mit einer *Negation* der Freiheit. Hobbes liefert das Denkmodell auch hierfür: »(D)ie Freiheit,

---

[96] Wir dürfen getrost von »einfachen« Systemen sprechen, denn verglichen mit physikalischen Naturbeschreibungen sind die ökonomischen Modelle in der Regel und in ihrer Mehrzahl formal schlicht.

zu wollen oder nicht zu wollen ist im Menschen nicht größer als in allen Lebewesen. Wo ein Begehren entsteht, war die vollständige Ursache dafür da; daher konnte (...) das Begehren selbst unmöglich nicht folgen, d. h. es folgte mit Notwendigkeit. Eine Freiheit, die Freiheit von Notwendigkeit wäre, kommt weder dem Willen der Menschen, noch dem Tiere zu.«[97] Dieser Gedanke wird von den Nutzentheoretikern bzw. den Utilitaristen ausgebaut und später formalisiert. Bentham formuliert dieses Prinzip: »Die Natur hat die Menschheit unter die Herrschaft zweier souveräner Gebieter – *Leid* und *Freude* – gestellt. Es ist an ihnen allein aufzuzeigen, was wir tun sollen, wie auch zu bestimmen, was wir tun werden.«[98] Und Menger blickt in strengem Tonfall auf die Naturwissenschaften, um zu sagen: »Verwahren möchten wir uns nur gegen die Meinung Jener, welche die Gesetzmässigkeit der volkswirthschaftlichen Erscheinungen mit dem Hinweise auf die Willensfreiheit des Menschen läugnen, weil hiedurch die Volkswirthschaftslehre als exacte Wissenschaft überhaupt negiert wird.« Der zaghafte Einwand, daß es hierbei auch *nicht* exakt zugehen könnte, taucht erst gar nicht auf, denn: »Ob und unter welchen Bedingungen ein Ding mir *nützlich*, ob und unter welchen Bedingungen es ein Gut (ist), ..., all´ dies ist von meinem Willen ebenso unabhängig, wie ein Gesetz der Chemie von dem Willen des practischen Chemikers.«[99] Die ökonomische Theorie wird zum Triumph über die menschliche Freiheit: »Es ist nicht das Bewußtsein der Menschen, das ihr Sein, sondern umgekehrt ihr gesellschaftliches Sein, das ihr Bewußtsein bestimmt.«[100]

Samuelson kann Marx hier nur zustimmen, denn diese »wissenschaftliche Methode«, wonach die »Nebelbildungen« des Bewußtseins aus ihrem »irdischen Kern«[101] erklärt werden, *ist* die Denkmechanik der Neoklassik. Die Marxsche Theorie kann deshalb »kaum für die gewöhnliche ökonomische Theorie als fremd bezeichnetwerden.«[102] Mit Marx teilt

---

[97] T. Hobbes, Vom Körper, Hamburg 1967, S. 151.

[98] J. Bentham, Einführung aaO., S. 35.

[99] C. Menger, Grundsätze aaO., S. VIII-IX.

[100] K. Marx, MEW Bd. 13, S. 9.

[101] K. Marx, Das Kapital Bd. I, MEW Bd. 23, S. 393, Note.

[102] P. A. Samuelson, W. D. Nordhaus, Economics, New York et. al. 1989[13], S. 836.

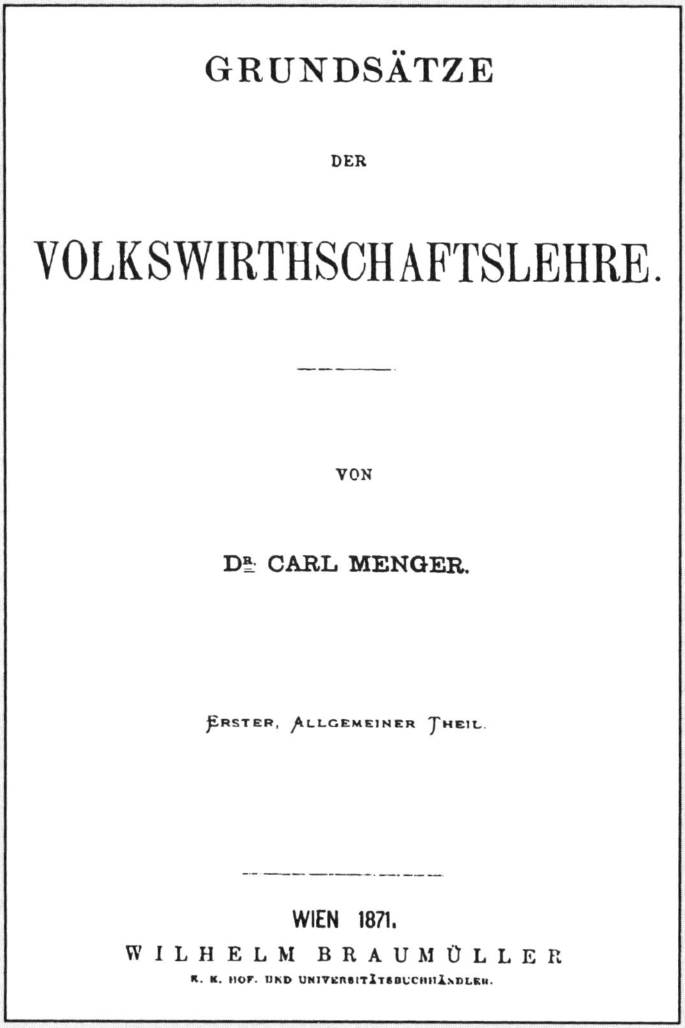

GRUNDSÄTZE

DER

VOLKSWIRTHSCHAFTSLEHRE.

VON

DR. CARL MENGER.

ERSTER, ALLGEMEINER THEIL.

WIEN 1871.
WILHELM BRAUMÜLLER
K. K. HOF- UND UNIVERSITÄTSBUCHHÄNDLER.

Carl Mengers Grundlegung der Nutzentheorie (1871)

die Neoklassik auch den Universalitätsanspruch. Die Mechanik des »ökonomischen Ansatzes«, die These der Bestimmtheit allen Handelns durch das neoklassische Nutzenkalkül, sei »so umfassend«, »daß er auf *alles* menschliche Verhalten anwendbar ist, sei es nun Verhalten, das monetär meßbar ist oder unterstellte ›Schatten‹-Preise hat, seien es wiederkehrende oder seltene Entscheidungen, seien es wichtige oder nebensächliche Entscheidungen, handele es sich um emotionale oder nüchterne Ziele, reiche oder arme Menschen, Männer oder Frauen, Erwachsene oder Kinder, kluge oder dumme Menschen, Patienten oder Therapeuten, Geschäftsleute oder Politiker, Lehrer oder Schüler.«[103] Was heißt all dies? Das heißt, daß wir in unserem Verhalten durch ein »regelndes Naturgesetz«[104] bestimmt werden, möge dies das Wertgesetz der klassischen Arbeitswertlehre oder das Gesetz vom Nutzen, von Lust und Freude sein. Die Neoklassiker drücken dies so aus: Die Wirtschaftssubjekte maximieren »rational« ihren Nutzen und minimieren alle »bads« (ein schwer zu übersetzender amerikanischer Ausdruck). Die darin liegende *Gleichsetzung* von rationaler Wahl und kausaler Bestimmtheit von lust- oder leidvollen Alternativen wird von den Begründern der Nutzentheorie nicht bemerkt.

Selbst *wenn* wir von Dingen so bestimmt wären, daß sie »kausal« in uns so etwas wie Nutzen hervorriefen, so wäre immer noch zu erklären, wie wir uns bei *Alternativen* entscheiden. Die Neoklassiker sagen: gar nicht, wir entscheiden nicht, wir maximieren. Aber geschieht das *bewußt*, als ein *freier* Akt? Rechnen die Wirtschaftssubjekte ganz so, wie die Lehrbücher vorrechnen? Nein, sagt Jevons und formuliert lange vor Freud und Jung eine Lehre vom *Unbewußten*: »Wir stellen *unbewußt* Berechnungen dieser Art (der Nutzenerwägungen) in allen unseren gewöhnlichen Lebensumständen an.«[105] Auch Friedrich Engels kennt solch eine *unbewußte Logik*; ihm zufolge beruht die Naturhaftigkeit der gesellschaftlichen Gesetze gerade auf der

---

[103] G. S. Becker, Der ökonomische Ansatz aaO., S. 7. Damit ist auch Beckers Theorie, als Resultat wissenschaftlichen Verhaltens, durch ihren Nutzen für den Autor erklärt. Falsches kann ebenso nützlich sein wie Wahres, sagt Nietzsche zurecht. Also ist Beckers Theorie bestenfalls *zufällig* wahr. Ferner: Eine Theorie die *alles* Verhalten erklärt, erklärt kein besonderes Verhalten; sie ist damit zur Erklärung *besonderen* Verhaltens wertlos, sie erklärt *nichts*.

[104] K. Marx, Das Kapital Bd. I, MEW Bd. 23, S. 89.

[105] W. S. Jevons, Theory aaO., S. 99.

Tatsache, daß sie nicht bewußt sind. Vom Wertgesetz sagt er: »Es ist eben ein Naturgesetz, das auf der Bewußtlosigkeit der Beteiligten beruht«[106], und Marx ergänzt, daß diese seltsamen Dinge »hinter dem Rücken der wirklichen Arbeit«[107] vor sich gehen.

Die Hintertür des Unbewußten soll bewerkstelligen, daß Naturgesetze dennoch freie Handlungen bestimmen. Dieser Gedanke ist ebenso dialektisch wie unhaltbar. Tatsächlich handeln die Menschen ja keineswegs bewußtlos. Also wäre zu erklären, *wie* sich ein mechanisches Gesetz unbewußt *gegen* das Bewußtsein durchsetzen kann. Man muß in der Konsequenz, was Marx dem Kapitalprozeß zusprach, ein »automatisches Subjekt«[108] unterstellen, das es fertigbringt, ein unbewußter *homo oeconomicus* zu sein, Gesetze zu vollziehen, ohne sie entweder zu kennen oder verändern zu können. Zu Ende gedacht, müßte es dann, in der Formulierung von Hayek, »einen überbewußten Mechanismus geben, der den Inhalt der verschiedenen (individuellen) Bewußtseinsinhalte bestimmt, selbst aber nicht bewußt ist.«[109]

Die Bewußtheit bzw. die Rationalität der Wahl zwischen Alternativen, wie sie die Neoklassik unterstellt, besitzt eine ganz andere Struktur als unbewußte Triebtendenzen. Bereits Fichte hat das in seinem »System der Sittlichkeit« klar zum Ausdruck gebracht: »Mir kommt der Trieb zu, inwiefern ich *Natur* bin, nicht inwiefern ich Intelligenz bin; denn die Intelligenz, als solche, hat (...) auf den Trieb nicht den mindesten Einfluß.«[110] Fichte zieht daraus den Schluß: »Kurz, es steht nicht in meiner Gewalt, einen bestimmten Trieb zu empfinden oder nicht; aber es steht in meiner Gewalt, ihn zu befriedigen oder nicht.«[111]

---

[106] F. Engels, Umrisse zu einer Kritik der Nationalökonomie, MEW Bd. 1, S. 514. Ähnlich sagt Thünen: Der Mensch, auf seinen eigenen Vorteil bedacht, »arbeitet, ihm selbst oft unbewußt, an dem großen und künstlichen Bau des Staates und der bürgerlichen Gesellschaft«, J. H. von Thünen, Der isolirte Staat aaO., S. 326.

[107] K. Marx, Das Kapital Bd. I, MEW Bd. 23, S. 221.

[108] K. Marx, Das Kapital Bd. I, MEW Bd. 23, S. 169.

[109] F. A. Hayek, Studies aaO., S. 61.

[110] J. G. Fichte, System der Sittenlehre, Werke Bd. 2, S. 507.

[111] aaO., S. 520.

Was die Nutzentheoretiker übersehen, ist die menschliche Fähigkeit, in freier Überlegung Dinge auch zu *lassen*, die gleichwohl »lustvoll« sind. Wir haben die *Wahl*, ob wir unserer »Natur« folgen wollen oder nicht. Menschen sind nicht einfache, einwertige Automaten mit nur einer »Zielfunktion«, sie haben wenigstens partiell die Fähigkeit, zu denken und ihre Handlungen aus Gedanken heraus zu bestimmen und zu verändern. Hildebrand hat das bereits sehr früh als Kritik an der klassischen Schule ausgedrückt, noch bevor Jevons, Menger und Walras ihre »mechanics of utility and selfinterest« theoretisch formulierten: »Wenn die wirtschaftlichen Handlungen der Menschen, soweit sie dem Egoismus entspringen, *naturgesetzlich*, soweit sie aus anderen Motiven hervorgehen, nicht naturgesetzlich sind, so ist damit anerkannt, daß es vom Willen des Menschen abhängt, naturgesetzlich zu handeln oder nicht, und diese Anerkennung hebt eben den naturgesetzlichen Charakter der menschlichen Handlungen auf. Entweder sind *alle* menschlichen Handlungen Naturgesetzen unterworfen oder *keine*. Ein Mittelding scheint mir ganz unmöglich zu sein.«[112]

2.7 Die Flucht in den Durchschnitt

Dieser ebenso einfache wie klare und richtige Einwand aus dem Jahre 1863, der auch für einen Teil der Psychologie Gültigkeit besitzt, blieb in weiten Kreisen der Wirtschaftswissenschaften ungehört. Während Hildebrand dies niederschrieb, brüteten Marx, Jevons, Menger und Walras darüber, wie die »Naturgesetze der kapitalistischen Produktion«[113] beschaffen sind und für je ganz andere politische Ziele nutzbringend propagiert werden könnten. Einig waren sich Liberale und Kommunisten darin, daß der *Staat* nur die Funktion haben könnte, das »an sich« Vernünftige in der

---

[112] B. Hildebrand, Die gegenwärtige Aufgabe der Wissenschaft der Nationalökonomie (1863), in: Die Nationalökonomie der Gegenwart und Zukunft, Jena 1922, S. 292f., Note. Vgl. Benthams Diktum: »In the general tenor of life, in every human breast, self-regarding interest is predominant over all other interest put together.« Dieses »principle of self-preference« gehört zur »human nature«, G. Bentham, Economic Writings Bd. 3, London 1954, S. 421.

[113] K. Marx, Das Kapital Bd. I, MEW Bd. 23, S. 12.

Wirtschaft zum Erblühen zu bringen. Marx drückte dies so aus: »Die Vernunft hat immer existiert, nur nicht immer in der vernünftigen Form«[114], während bereits der Physiokrat Dupont »die Aufgabe der Gesetzgebung nur darin (sah), die *Naturgesetze zu deklarieren*«.[115] Liberale und Marxisten sind sich einig: Der Staat hat *nur* die Aufgabe, die »Naturvernunft« zu deklarieren und damit »der Wirtschaft« zu gehorchen.

Während die Liberalen dies im Verzicht auf jeglichen Interventionismus und in der Garantie des Privateigentums gewährleistet sehen, wollen die Marxisten im Privateigentum gerade die Verhinderung vernünftiger Regelungen erblicken. Doch auch ein Planer muß sich an »Naturgesetze« halten, denn »Naturgesetze können überhaupt nicht aufgehoben werden.«[116] Auch wenn ein liberaler Anhänger der Theorie gesellschaftlicher Mechanik andere Formulierungen verwenden würde, in der Sache stimmt er mit Marx überein: »Der Witz der bürgerlichen Gesellschaft besteht ja eben darin, daß a priori keine bewußte gesellschaftliche Regelung der Produktion stattfindet. Das Vernünftige und Naturnotwendige setzt sich nur als blindwirkender Durchschnitt durch.«[117] Man muß diesen Satz *genau* lesen: Marx bestreitet nicht, daß es in der menschlichen Gesellschaft »das Vernünftige« und »das Naturnotwendige« gibt; er spricht ihm nur das ab, was er die »vernünftige *Form*« nennt, die für ihn nur in der Planung und Berechnung einer Zentrale bestehen kann. Wenn wir aus diesem Zitat die Einschränkung »nur als blindwirkender« streichen, dann finden wir ihn ins Amerikanische übersetzt im wohl bekanntesten modernen Lehrbuch der Volkswirtschaftslehre wieder: »Ökonomische Gesetze sind nur wahr als Durchschnitt, nicht als exakte Beziehung.«[118]

Dieser Gedanke des »Durchschnitts« ist eine zentrale *Ausrede* in der Anwendung des mechanischen Denkmodells. Auch eingefleischte Diagrammzeichner konnten nicht darüber hinwegsehen, daß die eindeutigen

---

114 K. Marx, MEW Bd. 1, S. 345.

115 Zitiert nach: W. Roscher, Grundlagen der Nationalökonomie, Stuttgart-Berlin 1906[24], S. 275.

116 K. Marx, MEW Bd. 32, S. 553.

117 aaO.

118 P. A. Samuelson, W. D. Nordhaus, Economics, New York et. al. 1989[13], S. 9.

und einfachen Schnittpunkte in ihren Abbildungen, die jeweils Gleichgewichte und Lösungen von Gleichungen darstellen, nie beobachtet werden können. »Die Ökonomen können die ökonomischen Variablen nicht mit jener Präzision messen, in der die Wissenschaftler der Physik Masse, Geschwindigkeit oder Distanz messen.«[119] Nahezu alle Preise schwanken mittelfristig, zum Teil sehr stark. Nur im Durchschnitt, sagt Adam Smith, paßt sich das Angebot einer Industrie an die effektive Nachfrage an. Die Folge ist eine »gelegentliche und vorübergehende Schwankung in den Marktpreisen aller Waren.«[120] Der Gedanke einer »Durchschnittsbetrachtung«, wie sie aus der Statistik wohlvertraut ist, findet sich bei zahlreichen Autoren.[121] Jevons, sonst der Purist des sozialen Mechanismus, schränkt bedenkenlos ein, daß eine exakte Beschreibung in der Wirtschaft nur »hinsichtlich großer Massen und weiter Durchschnittswerte« gilt.[122]

Die Vorstellung, in den bereits zitierten Worten von Carl Menger, daß »die Erscheinungen des wirthschaftlichen Lebens sich strenge nach Gesetzen regeln, gleich jenen der Natur«, muß sich regelmäßig von der Wirtschaftspresse zynische Kommentare gefallen lassen.[123] Solche Schelte ist keineswegs auf die Tagespresse beschränkt, denn »keine Wissenschaft wurde von ihren eigenen Vertretern so oft offen und konstant kritisiert, wie die Ökonomie.«[124] Z. Griliches sagt: »Empirische Ökonomen haben über Generationen die Haltung eingenommen, daß schlechte Daten immer noch besser seien als gar keine Daten.«[125] Griliches benennt auch einen wichtigen Grund für die Unbrauchbarkeit der Resultate empirisch

---

[119] P. A. Samuelson, W. D. Nordhaus, aaO., S. 6.

[120] A. Smith, Wealth aaO., S. 60.

[121] Was man »gemeinen Werth nennt, ist eigentlich ein Mittel- oder Durchschnittspreis, im Gegensatz des Preises in einem einzelnen Zeitpuncte und Orte«, K. H. Rau, Grundsätze aaO., S. 61.

[122] W. S. Jevons, Theory aaO., S. 86.

[123] Vgl. z. B. Süddeutsche Zeitung Nr. 247, 25. Oktober 1993, S. 4. Die Wirtschaftswoche titele (Heft 21, 15.5.1992, S. 50) zur Lage der Wirtschaftswissenschaft: »Völlig bedeutungslos. Der Unmut über die Ökonomen wächst. Ihre Modelle sind immer komplexer, ihre Prognosen jedoch kaum treffsicherer geworden.«

[124] N. Georgescu-Roegen, The Entropy Law aaO., S. 1.

[125] Z. Griliches, Data and Econometricians – The Uneasy Alliance, American Economic Review, PaP 75 (1985), S. 199.

ökonomischer Forschung: »Unglücklicherweise verwendet die Standardökonomie ›repräsentative‹ Individuen und stellt nur ›große‹ Fragen, die nicht sehr viel weiter helfen und keine große Hilfe sind, die Produktion oder das Pachtverhalten einer Fabrik zu einer bestimmten Zeit zu erklären«.[126]

Meist reagieren Ökonomen auf solche Kritik mit einem »zwar, aber ...«, mit einem »das ist dem Eingeweihten bekannt, aber was bekümmert uns die empirische Relevanz«. Gäfgen sagt über »Gesetze« der Ökonomie: »Bisher haben solche für gewisse historische Perioden ermittelte Gesetze zwar fast stets versagt, wenn man sie auf andere Perioden anzuwenden versuchte (...), jedoch ist makroökonomische Forschung ein durchaus legitimes und nicht a priori abzulehnendes Verfahren«.[127] Unnachahmlich ist hier die theoretische Lässigkeit der MIT-Ökonomen. Samuelson über seinen MIT-Kollegen Solow: »Man kann sagen, es gibt zwei Solows – den orthodoxen Priester der MIT-Schule und den Geschäftsmann in Ferien, der brillant und ohne Fesseln der Theorie sich in dem nur groben Bereich (rough-and-ready realm) der empirischen Heuristik betätigt.«[128] Die reine Lehre der Wirtschaftsmechanik, gepredigt von orthodoxen Priestern der Rationalität, braucht sich um Widersprüche zur Alltagswelt keineswegs zu bekümmern, in der es ohnehin nur grob und ungenau zugeht und es auf Widersprüche nicht ankommt. Tatsächlich haben aber die widerstrebenden Daten einen Grund: Die Wirtschaft ist auch im *Durchschnitt* nicht berechenbar.

Mit dem Durchschnitt werden zwei weitere Gedanken verknüpft: die Idee der *Dauerhaftigkeit* und die Idee der *Substanz*. Bereits Adam Smith gelangt zum Gedanken des Durchschnitts durch die Beobachtung der Preis*schwankungen*. Hinter all diesen Schwankungen müsse sich ein Naturgesetz verbergen, das sie regelt. Das Naturgesetz verbürgt in einer dynamischen Welt *Dauer*. Am deutlichsten hat dies John Bates Clark herausgearbeitet. Er hat die von Comte und Mill eingeführten Begriffe *Statik und*

---

126 Griliches aaO., S. 200.

127 G. Gäfgen, Theorie der wirtschaftlichen Entscheidung, Tübingen 1968², S. 77.

128 P. A. Samuelson, Parable and Realism in Capital Theory: The Surrogate Production Function; in: J. E. Stiglitz (ed.), The Collected Scientific Papers of Paul A. Samuelson, Vol. 1, Cambridge/Mass.-London 1966, S. 325.

Dynamik »bewußt und grundsätzlich geschieden«[129]. Clark sagt: »Die wirkliche Gesellschaft ist immer dynamisch. (...) Wandel und Fortschritt finden sich überall, und eine industrielle Gesellschaft nimmt unentwegt neue Formen an und erfüllt neue Funktionen.«[130] In diesem Wandel zeigen sich dennoch Naturgesetze, die durch *Dauer* gekennzeichnet sind. Eigentlich »meinten die klassischen Ökonomen, wenn sie den Terminus ›natürlich‹ verwendeten und mit dem Wertmaß, den Löhnen und dem Zins verbanden, unbewußt den äquivalenten Ausdruck *statisch.*«[131]

Wie zeigt sich aber das Bleibende, Dauernde in all diesem Wandel? Die Ökonomen verwendeten hierfür verschiedene Denkmodelle. Marx spricht gerne vom »Gravitationspunkt, um den Preise sich drehen«[132], Clark verwendet das Bild vom Ozean und seinen Wellen, die – wie stürmisch immer die See sein mag – doch nur um ihre Ruhelage bei Windstille schwanken.[133] Und obgleich die Vorstellung eines gesellschaftlichen Naturgesetzes bei Marx und Clark zu sehr verschiedenen *politischen* Schlußfolgerungen führte, besitzen ihre Denkmodelle doch eine frappierende Ähnlichkeit. Clarks Neoklassik wird von ihm als direkte Antwort auf die Marxsche Ausbeutungstheorie verstanden.[134] Er will zeigen, daß das Naturgesetz der Gesellschaft auch in der Verteilung der Löhne und Gewinne *gerecht* ist. Dieses Naturgesetz der Verteilung zeige sich darin, daß Kapital, als eine Substanz interpretiert die viele Formen annehmen kann, in all diesen Formen aber erhalten bleibe. Diese Kapitalsubstanz ist bei Clark *neben* der Arbeit selbst produktiv und bleibt gewahrt. »Das Kapital lebt, wie es ist, durch Transmigration, es nimmt sich selbst aus einer Menge von Körpern heraus und gibt sich selbst an andere weiter, wieder

---

[129] J. Schumpeter, Theorie aaO., S. 92, Note.

[130] J. B. Clark, The Distribution of Wealth, New York 1899, S. vi.

[131] J. B. Clark, aaO.

[132] K. Marx, Das Kapital Bd. III, MEW Bd. 25, S. 187. Schumpeter übernimmt diesen Begriff und spricht von den Gleichgewichtspreisen als »dem jeweils gegebenen Gravitationszentrum«, Theorie aaO., S. 99.

[133] J. B. Clark, Distribution aaO., S. vi.

[134] »The indictment that hangs over society is that of ›exploiting labor.‹ ›Workman‹ it is said, ›are regularly robbed of what thy produce. This is done within the forms of law, and by the natural working of competition‹.« J. B. Clark, Distribution aaO., S. 4.

und wieder.«[135] In der Wachstumstheorie wird dieser Gedanke als »malleability-assumption« des Kapitals fortgeführt. Dabei sind »Maschinen als vollkommen verformbar«[136] unterstellt, flüssiger Stahl, jederzeit in jede Form umzugießen, eine Art Brei (»jelly«), wie Samuelson meint, oder ein Gebilde aus Legobausteinen (»meccano sets«), wie Swan sagt.[137] Im Land der unbegrenzten Möglichkeiten ist eben auch dies möglich, vor allem aber: »Es ist für unsere Absicht *bequem*, vereinfachend anzunehmen, daß es nur eine Art Kapitalgut gibt (nennen wir es K).«[138] In dieser Welt gespenstischer Metamorphosen von beliebig verformbaren Gallert-Maschinen zur Bebilderung der »Erhaltung der ökonomischen Kraft«, der in der Ökonometrie ganz ernst genommen wird, darf auch ein kleiner Spuk von Karl Marx nicht fehlen: »Indem die produktive Arbeit Produktionsmittel in Bildungselemente eines neuen Produkts verwandelt, geht mit deren Wert eine Seelenwandrung vor. Er geht aus dem verzehrten Leib in den neu gestalteten Leib über. Aber diese Seelenwandrung ereignet sich gleichsam hinter dem Rücken der wirklichen Arbeit.«[139]

Es geht hier nicht darum, die *ökonomische Bedeutung* dieser Denkmodelle zu diskutieren, die nicht nur politisch zu ganz anderen Interpretationen gelangen. Wir richten unser Augenmerk ausschließlich auf die *Funktion* der Denkmodelle selbst im Prozeß der ökonomischen Erklärung. Hier wird deutlich: Der Begriff »Natur« wird so ausgelegt und gedeutet, daß sich auch in der menschlichen Gesellschaft »Natur« findet und als einfaches Gesetz der *Erhaltung der Kraft* interpretiert werden kann. Der ökonomische Erhaltungssatz – Erhaltung der Kapitalsubstanz bei Clark, Marx, Meade, Samuelson, Solow, Swan usw. – erfüllt formal dieselbe Funktion wie in der Naturwissenschaft. Sein *Inhalt* ist jedoch ganz anders zu interpretieren. Die »ökonomische Substanz«, die wir im Bruttoinlandsprodukt ebenso zu messen versuchen wie beim Kauf eines einfachen Produktes, wird von der

[135] J. B. Clark, Distribution aaO., S. 120.

[136] J. E. Meade, A Neo-Classical Theory of Economic Growth, London 1961, S. 55.

[137] Vgl. T. Swan, Economic Growth and Capital Accumulation, Economic Record 32 (1956), S. 334-361; P. A. Samuelson, P. A. Samuelson, Parable and Realism aaO.

[138] Samuelson, Nordhaus, aaO., S. 856.

[139] K. Marx, Das Kapital Bd. I, MEW Bd. 23, S. 221.

traditionellen Theorie als statistischer Durchschnittswert gedeutet, der in allen Bewegungen der Märkte erhalten bleibt. »In den Berechnungen der realen Welt approximieren wir das universelle Kapitalgut durch den Dollarwert der Kapitalgüter (d. h. den konstanten Dollarwert des Anlagevermögens)«.[140] Aus der bequemen Annahme wird rasch durchschnittlicher Ernst: Was eben noch unveränderliche Substanz war, wird nun zu einem Warenbündel, das von den *Preisen* und den Gewichten zur Deflatonierung abhängt – das genaue Gegenteil einer bleibenden Substanz.[141] Joan Robinsons Spott hierüber hat die Ökonomen keineswegs beunruhigt: »K ist die Quantität Kapital«, wird dem Studenten gesagt, »und bevor er jemals fragt, wie so etwas gemessen wird, ist er schon Professor geworden«[142].

2.8 Ein thermodynamischer Ausweg?

Die Durchschnittsinterpretation der wirtschaftlichen Mechaniker fand in der Entwicklung der Naturwissenschaften eine gewisse Stütze. Bereits im 19. Jahrhundert war klar, daß die Physik keineswegs – wie viele Ökonomen stillschweigend annahmen – mit der »Mechanik« identisch ist. »Die Anschauung, daß die Mechanik als Grundlage aller übrigen Zweige der Physik betrachtet werden müsse und daß alle physikalischen Vorgänge *mechanisch* zu erklären seien, halten wir für ein Vorurteil. Das historisch Ältere muß nicht immer die Grundlage für das Verständnis des später Gefundenen *bleiben*.«[143] Mit der Thermodynamik betrat auch im Reich der

---

[140] Samuelson, Nordhaus, aaO., S. 856.

[141] Vgl. die Beiträge in G. C. Harcourt, N. F. Laing (ed.), Capital and Growth, Harmondsworth 1971 und K.-H. Brodbeck, Produktion, Arbeitsteilung und technischer Wandel, Volkswirtschaftliche Schriften Band 10, Düsseldorf 1981, Anhang B für eine kritische Diskussion.

[142] J. Robinson, The Production Function and the Theory of Capital, Review of Economic Studies 21 (1953), S. 81.

[143] E. Mach, Die Mechanik, Leipzig 1921[8], S. 472. Allerdings ist sicherlich auch richtig, daß die Ergänzung durch die Wahrscheinlichkeitstheorie den mechanischen Charakter nicht *völlig* verändert. Man kann deshalb sagen, »daß die Physik immer noch eine mechanistische Wissenschaft geblieben ist, wenn man den Begriff weit genug faßt.« Georgescu-Roegen, Entropy Law aaO., S. 115.

Naturgesetze der Durchschnitt die Bühne. Die Thermodynamik wurde – wenn auch mit jahrzehntelanger Verspätung – zum neuen heimlichen Leitbild der Neoklassik, wenigstens darin, die ökonomischen Gesetze neu zu *interpretieren.* Pareto entdeckte nun: »Das ökonomische System ist zusammengesetzt aus gewissen Molekülen, die von den Geschmacksrichtungen getrieben werden und den Fesseln unterworfen sind, die durch die Hindernisse für die Erlangung der ökonomischen Güter aufgerichtet werden.« Diese »Moleküle des sozialen Systems, d. h. die Individuen« sind zum belanglosen Restbestand geworden, weshalb Pareto sagt, daß er diese Individuen-Moleküle »der Kürze halber einzig mit dem Namen Residuen bezeichnen« werde.[144] Diese Neubeschreibung des eliminierten Lebens der Individuen, zu bloßen Resten verkommen, entspricht einem neuen Typus von Denkmodell, und dieses Denkmodell sei »in der Thermodynamik ebenso wichtig wie in der Ökonomie«.[145]

Neben der *direkten* Übertragung von formalen Beziehungen, wie des Prinzips von Le Chatelier, das Samuelson für die Ökonomie ebenso reklamierte wie es in der Physik Anwendung fand[146], diente die Thermodynamik vor allem als neue Metapher. Die Analogie ist auf den ersten Blick in der Tat verlockend: Wie ein Physiker nicht beansprucht, die Bewegung einzelner Luftmoleküle prognostizieren zu können und dennoch die Raumtemperatur exakt messen kann, ebenso könnte man doch die vereinzelten, freien Entscheidungen und Handlungen der Wirtschaftssubjekte als »Moleküle« betrachten, die dennoch in ihrer *Gesamtheit* einen einfachen, gesetzmäßigen Verlauf aufweisen. Am eindeutigsten hat Kenneth May dies so formuliert: »Die Theorie der Gase liefert eine suggestive Analogie aus der Physik. Die Gesetze über das Verhalten von Gasmassen sind in Ausdrücken der Beziehung zwischen Aggregaten formuliert, wie Temperatur, Druck und Volumen. Dann wird gezeigt, daß die Theorie des massenhaften Verhaltens (Makrotheorie) aus den Gesetzen der Gaspartikel (Mikrotheorie) abgeleitet werden kann. (...)

---

[144] V. Pareto, Ausgewählte Schriften, Frankfurt/M-Berlin-Wien 1976, S. 265.

[145] P. A. Samuelson, Foundations of Economic Analysis, (1947) New York 1974, S. 36; vgl. V. Pareto, The New Theories of Economics, Journal of Political Economy, 5 (1897).

[146] Samuelson, Foundations aaO., S. 81.

Die Makrogesetze folgen aus Mikrogesetzen, aber es sind nicht dieselben Gesetze. Aufgrund der Beziehung zwischen den Mikropartikeln werden zufällige Bewegung eliminiert und die Makrogesetze erhalten einen deterministischen Charakter. Es ist sicherlich vernünftig, ein vergleichbares Aggregationsproblem für die Ökonomie zu behaupten.«[147]

Alfred Marshall hat – hierzu vergleichbar – die These vertreten, daß zwar die Verhaltensweisen der Individuen durchaus verschieden sein können, in ihrem Durchschnitt aber gleichwohl eine gewisse Homogenität aufweisen. Er faßte dies im Gedanken der »repräsentativen Firma« zusammen. »Eine repräsentative Firma ist in einem gewissen Sinn eine durchschnittliche Firma.«[148] Anders als die Temperatur, die ein *Aggregat* der Molekülbewegungen darstellt, ist die repräsentative Firma eine Art »Durchschnittsmolekül mit einer Durchschnittsbewegung«. Hicks hat diesen Gedanken auch auf die Haushalte übertragen und in seinem klassischen Werk »Value and Capital« populär gemacht.[149] Die eher traditionellen Autoren geben diesen Durchschnittswesen einen Namen: Robinson Crusoe[150].

Gary S. Becker endlich drückt den Sachverhalt darin am deutlichsten aus, daß er ihn auf die Differenz von Handlungsfreiheit und Rationalität bezieht. Er schließt sich unmittelbar der Physik an und verwendet die Analogie der Thermodynamik sogar dazu, die Differenz zwischen »rationalem« und »irrationalem« Verhalten zu demonstrieren. Er sagt zur Nützlichkeit dieser Analogie: So »könnte man darauf hinweisen, daß die Theorie der Molekularbewegung nicht einfach die Bewegung großer Körper reproduziert; sie nimmt vielmehr an, daß die gleichmäßige ›ratio-

---

[147] K. May, Technical Change and Aggregation, Econometrica, 15 (1947), S. 59.

[148] A. Marshall, Principles aaO., S. 264f.

[149] Hicks schreibt: »The laws of market behaviour (...) the representative individual and the representative firm, thus become revealed ›in their own dimensions like themselves‹ as laws of the behaviour of great groups of economic units, from which we can readily evolve the laws of their interconnexions, the laws of the behaviour of prices, the laws of the working of the whole system.« J. R. Hicks, Value and Capital, Oxford 1939², S. 245.

[150] Vgl. als eines von zahllosen Beispielen: L. Robbins, An Essay on the Natur & Significance of Economic Science, London 1935, S. 34f.

nale‹ Bewegung eines Makrogebildes aus den sprunghaften, ›irrationalen‹ Bewegungen einer riesigen Zahl von Mikrogebilden resultiert.«[151]

Damit ist auch eine Antwort auf das Verhältnis zwischen Freiheit und Naturgesetz gegeben: Zwar mögen die einzelnen Individuen frei entscheiden und handeln, in der *Masse* mitteln sich diese Handlungen und Entscheidungen zu einem Durchschnitt, der dann mechanisch beschrieben werden kann. Individuelle »Irrationalität« (Freiheit) und soziale »Rationalität« stehen nicht im Widerspruch, sie sind vielmehr zwei Aspekte desselben »Systems der natürlichen Freiheit«.[152] Obgleich sich jeder Einzelne frei bewegt, erweist er sich – so lautet die Schlußfolgerung – dennoch als gelenkt von einer »invisible hand«.[153] Dieser Kern des klassischen Dogmas[154], der (auch ohne direkte physikalische Analogie) Adam Smith vorschwebte, besitzt gegenüber der Vorstellung, der *Einzelne* gehorche wie eine Lust-Unlust-Maschine mechanischen Verhaltensgesetzen, den Vorzug, immerhin die wesentliche Differenz zwischen Freiheit und Gesetz zu bemerken und auflösen zu wollen. Gleichwohl ist auch dieser Versuch gänzlich verfehlt und darf als gescheitert betrachtet werden.

Zunächst ist zuzugeben, daß einfache thermodynamische Systeme tatsächlich die behaupteten Eigenschaften aufweisen. Sie sind stabil und gehorchen dem Entropiesatz, dem zweiten Hauptsatz der Thermodynamik. Doch derartige *geschlossene* Systeme sind für den Bereich des Lebendigen vollkommen untypisch. Es ist nicht zu erwarten, daß die »Naturgesetze« der menschlichen Gesellschaft *einfacher* ausfallen als die Modelle zur Beschreibung selbst einfacher Organismen, aus denen sich der menschliche Körper zusammensetzt. Vom thermodynamischen Standpunkt aus werden derartige lebende Formen als *offene* Systeme (dissipative Systeme) beschrieben, denen kontinuierlich Energie zugeführt wird.

Die menschliche Gesellschaft benötigt, wie dissipative Systeme, ohne Unterbrechung *exogene* Energie und Rohstoffe, um sich reproduzieren zu können. Derartige Systeme sind jedoch weit davon entfernt, stabil zu sein.

---

[151] G. S. Becker, Der ökonomische Ansatz aaO., S. 177.

[152] A. Smith, Wealth aaO., S. 545.

[153] aaO., S. 354.

[154] Vgl. zum klassischen Dogma K.-H. Brodbeck, Erfogsfaktor Kreativität aaO., Teil I.

Mehr noch. Die Durchschnittsregeln, die in der Thermodynamik gelten und die auf die Ökonomie übertragen wurden, gehorchen relativ einfachen Wahrscheinlichkeitsgesetzen. Die Anwendbarkeit der Wahrscheinlichkeitstheorie setzt aber konstante Verteilungen oder, anders gesagt, stabile Systeme voraus. *Offene* Systeme – und die Wirtschaft ist, wenn überhaupt ein System, ein offenes System – sind nicht stabil. »Immer dann, wenn weit vom Gleichgewicht entfernt neue kohärente Zustände auftreten, versagt die Anwendung der Wahrscheinlichkeitstheorie, die sich auf das Abzählen der Anzahl der Komplexionen beschränkt.«[155] Es sind die Hinweise von *Naturwissenschaftlern*, die es der Ökonomie versagen, simplifizierende Modelle der Physik einfach zu übertragen.

Man braucht aber gar nicht die moderne Systemtheorie zu konsultieren, um die Unhaltbarkeit thermodynamischer Umschreibungen der »sozialen Naturgesetze« einzusehen. Die Idee des Durchschnitts als Repräsentant einer Ganzheit ist aus der Statistik vertraut. An die Stelle einer Vielzahl von Merkmalsausprägungen bestimmter Größen tritt *eine* repräsentative Größe: der Durchschnitt. Bereits bei einfachen statistischen Problemen bieten sich allerdings *mehrere* Definitionen für Mittelwerte an, die jeweils zu anderen Ergebnissen und Schlußfolgerungen führen. Welchen Mittelwert wird wohl die »unsichtbare Hand« wählen, um das vielfältige und freie Handeln der zahllosen Individuen, Gruppen und Institutionen zu »mitteln«? Wenn wir eine repräsentative Firma ermitteln wollen und uns vorläufig nur auf leicht rechenbare quantitative Größen beschränken, welchen Mittelwert wählen wir z. B. für die Zahl der Beschäftigten, des Anlagevermögens, der F&E-Aufwendungen, des Verschuldungsgrades, usw.? Bekanntlich ist die Verteilung der Beschäftigten auf die einzelnen Firmen ebensowenig symmetrisch wie die des Anlagevermögens usw. Wenn aber die Verteilung nicht symmetrisch ist, bleibt unklar, welcher Mittelwert »am geeignetsten« wäre.[156]

Ziehen wir *qualitative* Größen heran, so wird der Gedanke in seiner Unhaltbarkeit vollständig deutlich: Was ist der Durchschnitt aus einem

---

[155] I. Prigogine, Vom Sein zum Werden, München-Zürich 1979, S. 102; vgl. Kapitel 1.4f.

[156] Es ist wenigstens neben dem arithmetischen Mittel der Median zu erwägen, aber auch andere Mittelwerte können ein sinnvoller Repräsentant sein.

Vier-Personen-Arbeiterhaushalt und einem Rentner-Ein-Personen-Haushalt? Was ist der Durchschnitt aus einer Softwarefirma, einem Textilunternehmen und einem Stahlwerk? *Denkbar* ist ein qualitativer Durchschnitt nicht; weshalb ein solch undenkbarer Gedanke dennoch zu solcher Popularität gelangen konnte, wird noch zu klären sein.[157] Hier genüge die Bemerkung, daß in der ökonomischen Theorie einerseits ein Bedürfnis besteht, verschiedene Dinge zusammenzuführen, weil alle Größen in Geld ausgedrückt werden, andererseits muß die Verschiedenheit beibehalten werden, wenn das Bild einer nicht zentralisierten Wirtschaft gezeichnet werden soll.

Es gibt aber noch einen weit gewichtigeren Einwand gegen die Analogie der Thermodynamik als Idee des qualitativen Durchschnitts. Die Moleküle treten zueinander nur auf *einer* Ebene in Beziehung, wenn wir von Temperatur, Druck und Volumen sprechen: der Ebene der Bewegungsenergie. Es ist nicht möglich, daß ein Molekül dem anderen seine Bewegungsrichtung mitteilt und sie beide dann eine gemeinsame Richtung einschlagen. Bei Menschen ist das dagegen die Regel. Vor allem ökonomischen Handeln sind Menschen bereits »vergesellschaftet«: durch die Sprache, die Kultur, gemeinsame Lebenssituationen usw. Eine Person kann eine große Tat vollbringen und anderen zum Vorbild werden, ein neues Produkt mag viele Nachahmer finden, während bei einem anderen Produkt exakt die komplementäre Marktnische besetzt wird. Menschliche Gesellschaften unterscheiden sich eben von Molekülen. Es gibt zwischen Menschen Tausende von Kommunikationsformen, zwischen Molekülen nur eine. Das ist der Grund, weshalb Moleküle durch eine einfache Zahl repräsentiert werden können, während es für Menschen und Firmen Tausende von Indikatoren gibt, die gleichwohl die Komplexität von Mensch und Organisation nicht ausloten können.

Vor allem aber: Weder Art, Umfang noch Anzahl der »sozialen Atome« ist konstant. Die Menschen sind nicht einfach nur »irrational«, d. h. unter

---

[157] Die Abstraktion des Durchschnitts ruht auf einer Abstraktion, die das *Ganze* repräsentieren soll. Das Ganze ist aber als Vielfalt keine Einheit. »Das ist das Illusorische an dem Begriffe des Ganzen, dass die Theile seine Voraussetzung sind. So verliert das Ganze den Charakter einer reinen Voraussetzung, und schrumpft zum blossen Niederschlag einer Abstraction zusammen.« H. Cohen, Logik der reinen Erkenntniss, Berlin 1902, S. 281.

Einbeziehung der Wahrscheinlichkeitsrechnung *berechenbar*, Menschen sind frei: Sie können plötzlich etwas ganz Unvorhergesehenes tun, sie können einen Kennedy wählen und später erschießen, einem Hitler zujubeln und ihn verdammen, sie können neue Produkte erfinden, neue Theorien entwickeln, die Welt neu beschreiben oder auch in Revolutionen ganze Wirtschaftssysteme umwälzen und eiserne Vorhänge niederreißen; sie können sich durch neue Gedanken neu definieren, sogar chemisch, biologisch und medizinisch verändern – *nichts*, keine Grenze, keine Regel, kein Gesetz *innerhalb* der Gesellschaft macht vor den Menschen und ihrer Freiheit halt. Außerhalb des wissenschaftlichen Zirkels der ökonomischen Neoklassik scheint das bekannt zu sein.

Die *Freiheit* ist nicht die enge Bewegung in einem definierten Spielraum (wie der Bewegungsraum eines Moleküls), sie *entwirft* und *gestaltet* den Raum, in dem sie sich bewegt. Deshalb kann keine Summierung, kein Durchschnitt aus freien Handlungen zu einem Naturgesetz führen. *Wenn* es überhaupt mechanische Strukturen in der Ökonomie gibt, dann müssen sie andere Gründe haben als »das System der natürlichen Freiheit«. Denn die Wirtschaft ist eben kein Mechanismus. Das gesellschaftliche Wesen der Wirtschaft gründet in der menschlichen Freiheit, und deshalb ist »das Gesellschaftliche eine Interpretation.«[158]

Diese Erkenntnis ist für die gesamte Wirtschafts-Mechanik fatal: Diese Theorie erweist sich als sinnlos; allerdings heißt das nicht, daß sie keine *Wirklichkeit* wäre. Beschreibt man die Wirtschaft mechanisch und formuliert politische Programme gemäß diesem Denkmodell, so *wirken* diese Beschreibungen und erschaffen Wirklichkeit. Auch die Umkehrung ist richtig: Selbst wenn es »Gesetze« in der Wirtschaft *gäbe*, so höbe ihre Erkenntnis ihre Wirkung auf. Hocking sagt: »Wie wahr immer ein kausales Gesetz menschlichen Verhaltens im Augenblick seiner Entdeckung sein mag, die Entdeckung und Feststellung eines kausalen Prinzips hat die sichere Tendenz, sich selbst *unwahr* zu machen.«[159] Hans Driesch

[158] M. Heidegger, zitiert nach: R. Wisser, Das Fernseh-Interview, in: G. Neske (Hrsg.), Erinnerungen an Martin Heidegger, Pfullingen 1977, S. 286.

[159] H. Driesch, Alltagsrätsel des Seelenlebens, Zürich 1954, S. 132; das Zitat von Hocking stammt aus dem Jahre 1926.

kommentiert diese Aussage: »Auch hier hebt das Wissen um das Gesetz die Gültigkeit für den Wissenden auf.«[160]

Gerade *weil* »Gesellschaft« eine Interpretation *ist*, weil in ihr nur als »Gesetz« gilt, was als Gesetz geglaubt und gewußt wird, hebt jede Erkenntnis des Gesetzes das Gesetz auf. Wenn *alle* Firmen wissen, daß ein bestimmtes Produktionsverfahren zu einer Kostenersparnis führt und dieses Verfahren anwenden, dann *verschwindet* der relative Effekt der Kostenersparnis, weil sich die Produktion aller verbilligt und der Preis entsprechend sinken wird. Es gilt auch der umgekehrte Effekt: Wenn *alle* Börsianer glauben, daß die Aktienkurse steigen und kaufen, dann steigt die Nachfrage und die Kurse steigen; oder wenn der Sachverständigenrat eine *höhere* Arbeitslosigkeit vorhersagt als in der Prognoseperiode (und tatsächlich auf ihn gehört wird), dann *erwarten* die Firmen eine ungünstigere Wirtschaftsentwicklung und entlassen Beschäftigte. Wenn wir etwas beobachten in der Wirtschaft, so bewegen wir uns *in* einer Interpretation, »und wir können nicht einmal sicher sein, ob nicht ein beträchtlicher Teil dessen, was wir beobachten, ein von uns selbst geschaffenes künstliches Erzeugnis ist. Eine Untersuchung der Effektenbörse würde wahrscheinlich die Effektenbörse völlig durcheinanderbringen. Wir sind zu sehr im Einklang mit den Objekten unserer Untersuchung, um gute Sonden zu sein.«[161]

Man kann das auch sehr streng formulieren. Angenommen, alle Handlungen wären durch Gesetze beschreibbar, und diese Gesetze wären bekannt: Dann erwüchse für einen »rational Handelnden« stets ein Vorteil daraus, diese Gesetze *nicht* zu beachten und das gesetzmäßige Verhalten der anderen *kreativ* zu nutzen. Dies setzt vollkommene Voraussicht voraus, die *logisch* unmöglich ist: Wenn ich als Resultat meiner Handlung voraussehe, daß ich dadurch Verluste machen werde, dann werde ich diese Handlung *unterlassen*; also habe ich sie nicht vorausgesehen. Die *Freiheit* widerspricht notwendig der Vorstellung von Gesetzen *und* deren Erkenntnis.

---

[160] Driesch aaO., S. 134.

[161] N. Wiener, Kybernetik, Reinbek 1968, S. 202.

Eine *Gesetzeswissenschaft* der Wirtschaft ist eine *contradictio in adjecto*: Ihre bloße *Existenz*, d. h. das Wissen um ökonomische Gesetze, widerspricht der von diesen Gesetzen postulierten Rationalität. *Wenn* es jeweils »gesetzesartige« Regelmäßigkeiten gibt und diese *entdeckt* werden, hebt deren rationale Nutzung die behauptete Regelmäßigkeit auf, weil ihre Nutzung die *Abweichung* von den Regeln bedeutet. Sinkt der Preis eines Produktes und steigt er zu einem späteren Zeitpunkt, ist ferner dieser zeitliche Verlauf als *Gesetz* beschrieben und bekannt, so kann *ein* Käufer durch entsprechende Kontrakte bei niedrigen Preisen kaufen auf steigende Preise spekulieren. Tun das *alle* Aktoren, d. h. handeln *alle* gemäß dem »bekannten« Gesetz, so *kann* der Preis gar nicht sinken, weil alle zum vorhergesehenen Zeitpunkt kaufen und somit die Nachfrage ein Sinken des Preises verhindert. *Die* Preistheorie, die Neoklassik, steht damit nicht nur vor einem betrüblichen Resultat, sie *ist* selbst das Zeichen ihres eigenen Gegenteils: *Die bloße langjährige* Existenz *der Neoklassik als »Wissenschaft« ist der Beweis ihrer Nutzlosigkeit*. Hätte die Neoklassik *Sinn*, d. h. wären ihre Modelle nur irgendwie *wahr*, so könnten sie *genutzt* werden. Würden sie aber genutzt, so *könnten* sie gemäß der von der Neoklassik behaupteten »Rationalität« nicht mehr gelten. Die Selbstaufgabe der Neoklassik und damit die Freisetzung der in sie investierten Ressourcen wäre ein rationaler Akt.

Denn wenn wir ganz im Geist der Neoklassik argumentieren, müssen wir sagen: Was dieser Theorie fehlt, ist der Markt. Weil die gescheiterten Prognosen der Ökonomen mit keinem Sanktionsmechanismus verknüpft sind, sondern dem Markt entzogen bleiben, darf sich diese Wissenschaft weiter im Rahmen öffentlicher Subventionen tummeln. Würde man die Gehälter der Prognostiker invers von ihren Prognosefehlern abhängig machen, dann wären die solcherart leistungsbezogenen Modellbauer sehr rasch vom Markt verschwunden.[162]

Die Pointe liegt nicht einfach nur darin, daß Gesetze durch ihre Erkenntnis *ungültig* werden, die Pointe liegt darin, daß es überhaupt keine

---

[162] Es wäre ein legitimes Verfahren, die Mitglieder des Sachverständigenrates, des Zentralbankrates und die Mitarbeiter von Wirtschaftsforschungsinstituten in ihren Vorhersagen und Gutachten haftungspflichtig zu machen.

»Gesetze« der Wirtschaft oder der Psyche gibt.[163] Es gibt nur ein Übereinstimmen von Interpretationen, von Denkmodellen. Ökonomie ist *keine* Naturwissenschaft. Es ist kein Zufall, daß Techniker haftbar gemacht werden können, während Volkswirte eine Freikarte auf Irrtum besitzen. *Das* ist empirisch der entscheidende Hinweis darauf, daß die neoliberale Theorie, gemessen an ihren eigenen Ansprüchen, nutzlos ist. Tatsächlich kann Ökonomie niemals das leisten, was die Wirtschafts-Mechaniker behaupten: Die Berechnung des Wirtschaftsprozesses. Wer allerdings dennoch solches behauptet, sollte mit seinen eigenen Maßstäben gemessen werden. Ökonomie ist eine Wissenschaft vom Handeln, und menschliches Handeln basiert auf Freiheit und Kreativität. Die Nichtprognostizierbarkeit wirtschaftlicher Tendenzen sollte deshalb die *Grundlage* dieser Wissenschaft sein – nicht die subventionierte Erfahrung permanenten Scheiterns irriger Denkmodelle.

---

[163] »Wohingegen mir die Tatsache wichtig erscheint, daß es solche Gesetze faktisch *nicht gibt.*« L. Wittgenstein, Vorlesungen und Gespräche über Ästhetik, Psychologie und Religion, Göttingen 1968, S. 75.

3 Zeit

»Das Zeitelement ist der Hauptgrund
der Schwierigkeiten in der ökonomischen Analyse«.[1]

»Alles fängt mit der Zukunft an!«[2]

Bedenke, »daß *Zeit* Geld ist«[3], lautet der gute Rat Benjamin Franklins an einen jungen Handwerker. Am Beginn des neuzeitlichen ökonomischen Denkens steht eine seltsame Verschränkung von Geld und Zeit. Die Interpretation der Zeit *als* Geld ist absurd, aber nicht ohne Grund, denn die Atemlosigkeit und Eile der Moderne verrät eine *Herrschaft* des Geldes über die Zeit. Und diese Herrschaft hat den Zeitbegriff selbst verändert.

3.1 Modell-Zeit

Auch die Interpretation der Zeit wird in den ökonomischen Wissenschaften überwiegend durch das Denkmodell der Wirtschaftsmechanik dominiert. In den zahllosen Arbeiten, die über »ökonomische Dynamik« geschrieben wurden, ist das Zeitphänomen in der Ökonomie fast nur durch eine mechanische Brille betrachtet worden.[4] »Die Unschärfe, welche dem Zeitbegriffe der klassischen Mechanik vom Gesichtspunkte der empirischen Bedeutung anhaftet«[5], wird bei der Anwendung mechanischer Denkmodelle in der Ökonomie reproduziert. Wir werden sehen, daß im Kern die mechanische Zeitauffassung der völligen Elimination der Zeit gleichkommt. Gleichwohl taucht das Problem der Zeit mit Beharrlichkeit

---

[1] A. Marshall, Principles aaO., S. 304.

[2] M. Heidegger, Zollikoner Seminare aaO., S. 204.

[3] B. Franklin, Guter Rath an einen jungen Handwerker (1748), Leben und Schriften, zweiter Band, Hamburg-Leipzig-St. Petersburg o. J., S. 20.

[4] Vgl. z. B. L. A. Metzler, Stability of Multiple Markets: The Hicks Conditions, Econometrica 13 (1945), S. 91-109.

[5] A. Einstein, Aus meinen späten Jahren aaO., S. 74f.

immer wieder auf: Bei der Frage der wirtschaftlichen Entwicklung, dem Konjunkturphänomen, den Erwartungen, beim technischen Fortschritt, Problemen der Versicherung usw. Diese Phänomene, die nicht mit einem mechanischen Leichentuch zugedeckt werden konnten, ließen und lassen auf schmerzliche Weise immer wieder ins Bewußtsein treten, daß die Zeit tatsächlich der Hauptgrund aller Schwierigkeiten in der ökonomischen Analyse ist.

Der bis in die Gegenwart weitgehend gültige Zeitbegriff stammt von Aristoteles. Er definierte Zeit als »das Maß der Bewegung« oder auch »die Zahl der Bewegung«.[6] Aristoteles verstand darunter keineswegs einfach eine »objektive Zeit«, wie die Physik vor Einsteins Relativitätstheorie, denn er sagte: »Man könnte sich streiten, ob auch dann Zeit sei, wenn es kein Bewußtsein und keine Seele gäbe. Denn wo keiner zählen kann, kann auch nichts Abzählbares sein, folglich auch keine Zahl.«[7] Gleichwohl bleibt für Aristoteles und die nachfolgende Philosophie und Wissenschaft die Zeit am Zählen, an der Zahl, an der *Uhr* orientiert.[8] Wenn Aristoteles die Zeit als *Maß der Bewegung* definiert, so unterscheidet er zwischen der Zahl und dem Gezählten; bei hundert Pferden und hundert Menschen ist die Zahl dieselbe, »das Gezählte ist verschieden«.[9] Bei der Zeit zeigt sich dieselbe Struktur. Sie birgt die vielen Dinge wie eine Zahl. Die Zahl hüllt gleichsam die Dinge ein. »Da die Zeit Zahl ist«, sind »die Dinge jedoch in der Zeit wie in einer Zahl«.[10] Die Zeit wird gedacht wie ein Umhüllendes, *in dem* etwas ist, und darin ist die Zeit der Zahl gleich.

Diese aristotelische Deutung erlaubt es, in der Mechanik Zeit und Zahl direkt gleichzusetzen. Die Zeit wird als *Jetztfolge* definiert, wobei diese Folge von Zeitpunkten als etwas *Vorhandenes* ausgelegt ist: Die Zeit wird durch eine Zahlenfolge substituiert. Hierbei kann man – wie Aristoteles – zwischen der absoluten Zeit selbst und ihrer Wahrnehmung unter-

---

[6] Aristoteles, Physik IV, 11 und 12, 220a bzw. 221a.

[7] Aristoteles, Physik IV, 14, 223a.

[8] »Alle nachkommende Erörterung des Begriffes der Zeit hält sich *grundsätzlich* an die *Aristotelische* Definition«, M. Heidegger, Sein und Zeit, Tübingen 1972[12], S. 421.

[9] Aristoteles, Physik IV, 12, 220b.

[10] aaO. 221a.

scheiden. Die klassische Formulierung der physikalischen Mechanik lautet: »Die absolute, wahre und mathematische Zeit verfließt an sich und vermöge ihrer Natur gleichförmig und ohne Beziehung auf irgendeinen äußern Gegenstand. Sie wird so auch mit dem Namen Dauer belegt. Die relative, scheinbare und gewöhnliche Zeit ist ein fühlbares und äußerliches, entweder genaues oder ungleiches Maß der Dauer, dessen man sich gewöhnlich statt der wahren Zeit bedient, wie Stunde, Tag, Monat, Jahr.«[11] Einsteins Schritt über diese Zeitdefinition hinaus besteht darin, die erste Hälfte von Newtons Axiom durchzustreichen und durch die Aussage zu ersetzen: Zeit ist einfach das, was ein Beobachter mittels einer Uhr mißt, also »die Stellung des kleinen Zeigers meiner Uhr«.[12]

Wenn man auf einen metaphysischen Begriff der *absoluten* Zeit verzichtet, bedeutet Zeit in diesem technisch-physikalischen Sinn die relative Beziehung eines Körpers auf einen anderen, auf eine Maschine oder die Uhr.[13] Raum und Zeit sind nach Machs Auffassung – an die Einstein anknüpft – nur die »funktionale Abhängigkeit der durch Sinnesempfindungen charakterisierten Elemente von einander.«[14] Zeit ist die wahrgenommene *Relation* zwischen der Bewegung eines Körpers und der Bewegung der Uhr. Damit ist eigentlich nur ausgesprochen, was in der Zeitdefinition des Aristoteles enthalten war: »Wir messen aber nicht nur die Bewegung durch die Zeit, sondern auch die Zeit durch die Bewegung«.[15] Die Probleme, die sich dadurch ergeben, daß durch eine Uhr eine *entfernte* Bewegung gemessen werden soll, können wir an dieser Stelle vernachlässigen.

---

[11] I. Newton, Philosophiae naturalis principia mathematica (1687); in: S. Sambursky (Hrsg.), Der Weg der Physik, München 1978, S. 390.

[12] A. Einstein, Zur Elektrodynamik bewegter Körper, Annalen der Physik (1905); wiederabgedruckt in: H. A. Lorentz, A. Einstein, H. Minkowski, Das Relativitätsprinzip, Stuttgart 1923, S. 28.

[13] »Die Uhr ist auch ein Körper bzw. ein körperliches System«, A. Einstein, Grundzüge der Relativitätstheorie, Braunschweig 1965^{4}, S. 1f.

[14] E. Mach, Analyse der Empfindungen, Jena 1922^{9}, S. 284.

[15] Aristoteles, Physik IV, 12, 220b.

Die mechanischen Wirtschaftsmodelle folgen dem physikalischen Zeitbegriff.[16] Sie verwenden als Modell für dic Zeit die *Menge der reellen Zahlen.* Betrachten wir irgendeine Variable X in solch einem mechanischen Modell, es kann sich um den Kapitalstock, das Sozialprodukt, einen Preis oder eine Gütermenge handeln. Wenn wir mit t den Zeitindex bezeichnen, so sind mechanische Wirtschaftsmodelle dadurch charakterisiert, daß sie – falls überhaupt Lösungen existieren – einen bestimmten Zeitpfad X = f(t) als *Ergebnis* der Berechnung zeigen. Die Gleichungen des mechanischen Modells führen zu einer (oder einem System von) Differentialgleichung(en), deren Lösung die Form X = f(t) besitzt.

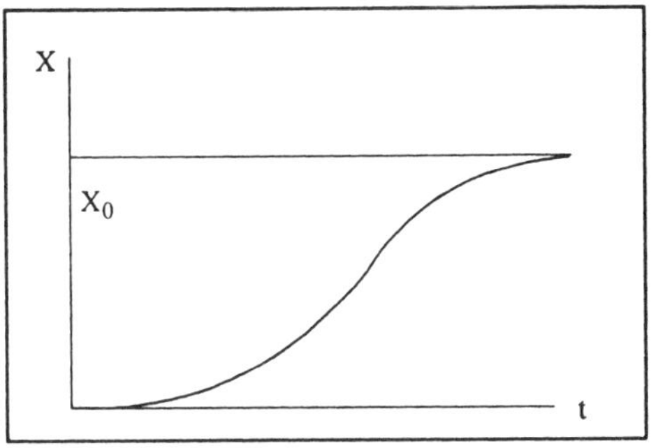

Dynamische Anpassung
einer ökonomischen Variablen

Es lohnt, diese »Lösung« hinsichtlich der Zeitvariablen etwas genauer zu betrachten. Wir können z. B. annehmen, X sei ein Preis, der sich nach einer Verschiebung des Gleichgewichtspreises an ein neues Gleichgewicht gemäß der von Walras beschriebenen Regel anpaßt, oder X sei ein Kapitalstock, der sich bei einer exogenen Erhöhung der Ersparnis auf einen neuen Gleichgewichtswert erhöht. Wenn die dynamische Anpassung stabil ist, ergibt sich etwa der oben abgebildete Kurvenverlauf als Lösung des dynamischen Modells. X ist die betrachtete Variable, t der Zeitindex, gemessen in reellen Zahlen. *Formal* besagen die Abbildung und die zugehörige Lösung X = f(t): Zu jedem Zeitwert t gibt es einen zugehörigen Wert der ökonomischen Variablen X (Preis, Kapitalstock etc.),

[16] Der genuin ökonomische *Raumbegriff* reduziert sich in der »Raumwirtschaftslehre« meist auf eine *geometrische* Struktur - wie bei W. Christaller, Die Zentralen Orte in Süddeutschland, Jena 1933; A. Lösch, Die räumliche Ordnung der Wirtschaft, Jena 1940; zu weiteren Konzepten vgl. H.-J. Jaeck, Marketing und Regional Science, Berlin 1972. Das spezifische raum-zeitliche Denkmodell der Physik herrscht auch in den *regional science* vor; weshalb wir den Raum nicht gesondert zu behandeln brauchen.

der durch die Modellannahmen determiniert wird. Was heißt das? Die Antwort auf diese Frage verbirgt sich im Funktionszeichen f(.). Es besagt, daß X *relativ* zu einer *Uhr determiniert* ist. Formal erscheint der Zeitindex t *wie eine Ursache*. Sicherlich kann das gar nicht sinnvoll gedacht werden. Gleichwohl bleibt die Tatsache bestehen, daß in mechanischen Modellen die ökonomischen Variablen ein-eindeutig mit dem Zeitindex, damit mit einer Uhr *verknüpft* sind. Die zeitliche Bewegung *ist* der Ausdruck der mechanischen Kopplung ökonomischer Variablen an die Uhr.

Was ergibt sich daraus? Es ergibt sich, daß bei Kenntnis der die Variable X bestimmenden Gleichungen zu *einem* Zeitpunkt der Wert dieser Variablen zu einem *späteren* Zeitpunkt festgelegt ist. Nehmen wir an, unsere Berechnung einer diskreten Preisanpassung habe zu einer Funktion geführt, deren Werte wir in folgender Tabelle verzeichnen:

Preis DM/Stück	10	11	12	14	17	21	24	26	27
Zeit (Wochen)	0	1	2	3	4	5	6	7	8

Zur Ermittlung dieser Tabelle benötigen wir als Parameter die Charakteristika der Angebots- und Nachfragefunktionen, sowie einen Preisanpassungsparameter, der angibt, wie schnell auf dem betrachteten Markt die Preise reagieren. Nun ist es offenbar keineswegs gleichgültig, in welcher Woche die obige Berechnung angestellt wurde. Wenn sie in der achten Woche erfolgt, dann ist die obige Zeitreihe das, was man eine »Ex-post-Prognose« nennt, d. h. eine Berechnung der Preisbewegung, *als ob* wir in der ersten Woche bei Kenntnis aller Parameter die folgenden acht Wochen vorhergesagt *hätten*.

Diese Art von Betrachtung ist charakteristisch für die *Ökonometrie*. Die auf diese Weise *errechneten* Werte können mit den *tatsächlichen* Werten verglichen werden. Es bedarf – wir haben im Kapitel über die Denkmodelle der Wirtschaftsmechanik bereits darauf hingewiesen – nur einiger statistischer Cleverness, um die Spezifikation der Modellstruktur so zu wählen, daß sehr viele, zum Teil sehr unterschiedliche »Hypothesen« auf diese Weise an das Datenmaterial angepaßt werden können. Man ist in jüngster Zeit auch dazu übergegangen, Computer mit neuronalen Netzen an derartigen Zeitreihen zu »trainieren«, bis sie bestmöglich in der Lage sind, derartige Ex-Post-Prognosen zu produzieren. Wenn ökonometrische Modelle oder neuronale Netze jedoch – auf diese Weise mit den Daten der Wirtschaft ausgestattet – verwendet werden, um die Werte für die neunte, zehnte oder gar zwanzigste Woche zu »prognostizieren«, so versagen sie in der Regel relativ rasch.[17]

Was zeigt sich an diesem einfachen Beispiel? Es zeigt sich, daß die *Bedeutung* von »Zeit« auch bei Anwendung mechanischer Modelle eine mehrfache ist. Das Modell selbst gehorcht *erstens* einer einfachen mechanischen Zeit, die wiederholbar ist – sehr viele dynamische ökonomische Modelle besitzen diese Eigenschaft. An unserem obigen Beispiel demonstriert: Würde der Preis nach der achten Woche durch externe Einflüsse (z. B. Wechselkursschwankungen usw.) erneut auf 10 DM/Stück gesenkt werden, so würde sich beim Wegfall dieser Störung erneut derselbe Prozeß wiederholen. Mechanische Modelle sind wie Filme: Sie können beliebig oft vor- und rückwärts gespielt werden. Der Grund ist verständlich: Es ist implizit unterstellt, daß zwischen den »ökonomischen Körpern« und der »Uhr« eine bewegliche, aber funktional unveränderliche Verbindung existiert, die durch Differentialquotienten ausgedrückt wird. Das gesamte System – ökonomische Variablen und die Uhr – kann nur existieren, wenn es stabil ist. Das heißt: Wird dieses System »von außen« erschüttert, so findet es nach einer gewissen Zeit wieder in eine Ruhelage (»Gleichgewicht«) zurück.[18]

Es gibt aber *zweitens* auch bei diesen einfachen Modellstrukturen eine ganz andere Zeit: Das ist jene Zeit, in der das *Modell* erstellt wird. *Im*

---

[17] Erfahrungen mit Neuronalen Netzen liegen erst in beschränktem Umfang vor; vgl. zur Einführung D. Nauck, F. Klawonn, R. Kruse, Neuronale Netze und Fuzzy-Systeme, Braunschweig-Wiesbaden 1996. Neuronale Netze zeigen in ersten Anwendungen als Problem das »Overfitting«, d. h. das Neuronale Netz lernt »die vergangenen Strukturen lediglich auswendig«, »versagt aber in der Zukunft«, Wirtschaftswoche 48 (1993), S. 115. Vgl. auch G. Gäfgen, Theorie aaO., S. 77.

[18] Dies gilt natürlich nur für einfache, nicht-stochastische dynamische Systeme. Doch auch die Einbeziehung von Zufallsvariablen, bei denen die Wahrscheinlichkeits*dichte* geschätzt wird, oder von chaotischen System, die ohne Kenntnis der Anfangsbedingungen gar nicht prognostizierbar sind, bleibt die *mechanische Kopplung* zwischen den *ökonomischen* Variablen und der *Uhr* erhalten und damit der *Zeitbegriff* unverändert. Allerdings ist es möglich, daß die *Zahl* der Gleichgewichte bei solchen Systemen divergiert und sie damit durch ihre eigene Struktur bedeutungslos werden.

Modell erscheint eine Modell-Zeit. Dynamische Systeme verwenden eine Modell-Zeit, die völlig von der historischen Zeit verschieden ist. »Ein wirklich dynamisches System kann vollkommen unhistorisch oder akausal in dem Sinne sein, daß sein Verhalten nur auf den Anfangsbedingungen und der Zeit, die es benötigt hat, beruht. Die Kalenderzeit taucht im Prozeß nicht auf.«[19] Die Lösung des mechanischen Gleichungssystems $X = f(t)$ ist eine Lösung auf dem Papier – aber auf *diesem* Papier steht tatsächlich ein Datum mit Uhrzeit. Dieses Datum signalisiert eine ganz andere Zeit als die Modell-Zeit abbildet. Wir verwenden bei der Lösung mechanischer Gleichungen z. B. eine (räumliche) Abbildung, in der die Zeit naturgemäß gar nicht vorkommen kann; sie wird durch eine gerade Linie (die Abszisse in obiger Skizze) »modelliert«. Bei algebraischen Lösungen spielt die Menge der reellen Zahlen $\mathbb{R}$ dieselbe Rolle. Wenn wir der aristotelischen Zeitdefinition folgen, wonach Zeit die *gemessene Zahl* an Bewegungen darstellt, die Zahl, die wir auf einer Uhr ablesen können, so ist die Zeit selbst schon verschwunden.[20] Die zeitlosen Zahlen oder eine zeitlose Geometrie sind an ihre Stelle getreten.

Wenn man ein mechanisches System in der *Physik* betrachtet, so können die durch ein Modell ermittelten Zahlen benutzt werden, eine *tatsächliche* Bewegung mit einer Uhr zu synchronisieren, z. B. die Drehzahl eines Motors. Es ist auch nicht prinzipiell verwunderlich, weshalb dies »funktioniert«: Die Uhr ist selbst ein mechanischer Körper, auf den andere mechanische Körper bezogen werden. Zeit ist also eine *Relation* zwischen bewegten Körpern. *Wirtschaftliche* Variablen sind aber keine mechanischen Körper.

Die »Zeit« in physikalischen Gleichungen besitzt nur formal denselben Modellcharakter wie in ökonomischen Gleichungen. Es kann auch bei identischer Mathematik gar nicht dasselbe gemeint sein, denn »Zeit« hat in der Physik getrennt von der Geometrie gar keinen Sinn. Die Relativität der Zeit bedeutet, daß Bewegungen nur relativ zur Uhr definiert sind, oder

---

[19] P. A. Samuelson, Foundations aaO., S. 315. Daß Samuelson auch beim dynamischen System von einer »verfließenden Zeit« spricht verrät, daß er noch ganz in den Bahnen der vorrelativistischen Physik denkt.

[20] E. Mach drückt das so aus, daß »die Zahl« in der Physik »nun statt der Zeitempfindung zur nähern Bestimmung des Gedankenlaufs« dient; E. Mach, Analyse aaO., S. 285.

daß »Zeit« nichts anderes als die relative Bewegung von Körpern *ist*. Menschen, die frei ihre Entscheidungen treffen und demgemäß ihre Handlungen gestalten, unterhalten zur Uhr dagegen keine derartige, aus der Geometrie abgeleitete Beziehung. Wir benötigen ein ausgeklügeltes Zeitmanagement, um uns in bloß mechanisch bewegte Körper zu verwandeln und im Rhythmus mit anderen Körpern zu funktionieren (Fertigungsabläufe, Flugzeugstarts, Zugabfahrtszeiten etc.). Man kann Menschen als bewegte Körper betrachten, die hektisch auf die Uhr blicken. Doch dies macht sicherlich nicht die eigentliche Natur dessen aus, was Zeit für freie, entscheidende und kreative Menschen bedeutet.

3.2 Synchronisiertes Handeln?

Doch wir wollen für einen Augenblick bei der Vorstellung der neoklassischen Ökonomen verweilen, die Menschen in ihren Handlungen nach Analogie bewegter Zahnräder eines Uhrwerks beschreibt. Könnte man nicht wie folgt argumentieren: Prinzipiell sind die Menschen in ihren Handlungen frei. Durch den Zwang, in einer arbeitsteiligen Welt ihre Handlungen koordinieren zu müssen, sind sie jedoch in den vergangenen Jahrhunderten mehr und mehr dazu übergegangen, ihre Handlungen *an Uhren* auszurichten und insofern zu »koordinieren«. Aus diesem Grund ist es dann auch denkbar, daß sich in der Gesamtheit ihrer Handlungen und ihren Resultaten (den ökonomischen Variablen) *zeitliche* Strukturen zeigen, die mit der Uhr synchronisiert sind. Zudem, so könnte man sagen, waren die Menschen immer schon durch den Tag-Nacht-Wechsel und die Jahreszeiten mit der »natürlichen Uhr« – dem Lauf der Gestirne – synchronisiert.[21]

Dieses Argument basiert auf einer Verwechslung: Die Tatsache, daß jedermann über eine Uhr verfügt und seine Handlungen daran orientiert,

---

[21] Es gibt sogar überzeugende Hinweise, daß die Menschen, wie andere Lebewesen auch, über eine *innere, biologische Uhr* verfügen. Vgl. J. Aschoff, Die innere Uhr des Menschen; in: Die Zeit. Dauer und Augenblick, München-Zürich 1983, S. 133-144; A. Sollberger, Biologische Rhythmusforschung; in: H.-G. Gadamer, P. Vogler (Hrsg.), Neue Anthropologie, Band 1, Stuttgart 1972, S. 108-151.

heißt keineswegs, daß die Handlungen in ihrer gesamten Struktur mit der Uhr synchronisierbar sind – wie ein fallender Stein oder der Umlauf des Mondes. Betrachten wir einen exemplarischen Fall: Der Archetypus einer vollständig synchronisierten Gruppe ist ein *militärischer Verband*. Hier geschieht nur, was befohlen wird. Der Krieg, sagt Clausewitz, ist »eine vollkommene Vereinigung der Kräfte in der Zeit«.[22] Es gibt strategische und taktische Pläne, die befohlen werden. Scheitern solche Planungen jedoch, so gelingt nur in seltenen Fällen der »geordnete Rückzug«. Jede Niederlage ist eine »zerstörte Ordnung«[23] und damit auch die Zerstörung der zeitlichen Synchronisation der Handlungen. Die Umwelt der jeweiligen Handlungen – in diesem Fall der Gegner – ist weder konstant noch berechenbar. Dies führt, wenigstens für den Unterlegenen, vermutlich aber auch für den Sieger, zu einer Veränderung oder Auflösung jener Ordnung, die im strategischen Plan vorliegt und über Befehlsstrukturen verwirklicht werden soll.

Die Metapher des Krieges, vielfältig in die Unternehmensführung eingedrungen, weist auf die zentrale Voraussetzung des obigen Argumentes hin: Wenn die Handlungsstrukturen, die sich an Uhren orientieren, unverändert bleiben würden, wenn die Handlungen also *in sich* mechanisch wären, dann könnte man auch davon ausgehen, daß ihre Synchronisation über Uhren zu einem *Gesamt-Mechanismus* verschmelzen würde. Wenn es aber nicht einmal gelingt, die *Natur* ausschließlich oder auch nur überwiegend mechanisch zu beschreiben, wenn wir ferner in unserer Produktion von natürlichen Strukturen abhängig sind, dann ist selbst dann nicht zu erwarten, daß die wirtschaftlichen Handlungen insgesamt synchronisiert verlaufen, wenn sie *in sich* selbst völlig mechanisch und unveränderlich wären.

Wilhelm von Humboldt hat diesen Zusammenhang zwischen Mechanik und Freiheit in der Kooperation der Handlungen bereits sehr klar gesehen. Er benennt auch den Grund für das Scheitern einer mechanischen Synchronisation von Handlungen: »Ihr Zusammenhang ist nur zum Theil mechanisch, nur soweit, als todte Kräfte, oder lebendige gewissermaßen

[22] C. von Clausewitz, Vom Kriege, Frankfurt/M.-Berlin-Wien 1980, S. 24.
[23] aaO., S. 508.

ihnen ähnlich wirken; wo derselbe hingegen das Gebiet der Freiheit berührt, hört alle Berechnung auf; das Neue und nie Erfahrene kann plötzlich aus einem grossen Geiste, oder einem mächtigen Willen hervorgehen, die sich nur innerhalb sehr weiter Gränzen, und nur nach einem ganz anderen Massstabe beurteilen lassen.«[24]

Um die zahllosen individuellen Handlungen vollständig zu synchronisieren, aus ihnen – mit Hobbes gesagt – *einen* »Körper« zu machen, müssen erstens alle *Pläne* synchronisiert werden und zweitens alle Pläne auch realisierbar sein. Wenn es zwischen den einzelnen Handlungen aber *Konkurrenz* gibt, dann herrscht in der Wirtschaft durchaus dieselbe Situation vor, die Clausewitz für den Krieg beschreibt: *Scheiternde* Pläne bedeuten eine Zerstörung jener Ordnung, die zeitlich synchronisiert werden sollte. Ich weise an *dieser* Stelle nur darauf hin, daß Pläne beständig neu geschaffen werden, daß die Handelnden *kreativ* sind und insofern ihnen ein Vorteil gerade daraus erwächst, *nicht* mit anderen synchronisiert zu handeln. Kreativität und Innovation sind *das* asynchrone Prinzip allen Wirtschaftens.

Wenn man die wirtschaftlichen Handlungen als zeitlich synchronisierte Struktur beschreiben könnte, dann müßte man von *unveränderlichen* Handlungsstrukturen in einer unveränderlichen Umwelt ausgehen. Exakt *dies* ist denn auch die neoklassische Definition eines *ökonomischen Gleichgewichts*. Ein Marktgleichgewicht liegt dann vor, sagt Hicks, »wenn jede Person auf solch eine Weise handelt, die es ihr erlaubt, die bestmögliche Position im Rahmen der gegebenen Möglichkeiten zu erreichen. Das impliziert, daß die Tausch-Handlungen verschiedener Personen konsistent sein müssen.«[25] Im dynamischen Sinn bedeutet diese Stabilität, daß Preisänderungen, die jene konsistente Synchronisation der Handlungen herbeiführen sollen, vollkommen vorhergesehen werden. Jene Preise, die am nächsten Montag auf dem Markt herrschen, sagt Hicks, sind in diesem dynamischen Gleichgewicht »dieselben, von denen zuvor *erwartet* wurde, daß sie zu

---

[24] W. von Humboldt, Betrachtungen über die bewegenden Ursachen der Weltgeschichte, Werke Bd. I, Darmstadt 1980, S. 582.

[25] J. R. Hicks, Value aaO., S. 58. Daß selbst (beschränkte) Voraussicht unzureichend zur Erklärung von Gleichgewichtspreisen ist, vgl. Epstein, Axtell, Societies aaO., S. 129ff.

diesem Zeitpunkt herrschen.«[26] Was bedeutet das? Das bedeutet, daß *im Gleichgewicht* »keine Firma und kein Konsument einen Anreiz verspürt, die Struktur der Handlungen in Produktion oder Konsumtion zu verändern.«[27] *Gleichzeitigkeit* im ökonomischen Sinn ist deshalb weit mehr als nur die Tatsache, daß die Uhren, an denen frei handelnde wirtschaftliche Einheiten sich orientieren, synchron laufen. Die Handelnden müßten vielmehr wie tote Körper ewig in ihren Gleichgewichten verharren, ohne Wunsch nach Änderung.

3.3 Produktion und Nutzen ohne Zeit

Das mechanische Gleichgewicht ist unter diesen Voraussetzungen eigentlich *zeitlos*; die Zeit ist so weit objektiviert, daß sie mit dem Gang der Uhr *identisch* wird. Die Orientierung an *Gleichgewichten* hat die ökonomische Theorie auf eine sehr seltsame Weise dazu verführt, die Zeit als Problem vielfach *gänzlich* zu vergessen. Die allgemeine Gleichgewichtstheorie, so, wie sie in neueren Lehrbüchern der mikroökonomischen Theorie präsentiert wird, setzt sich im wesentlichen aus vier Bausteinen zusammen: Die Handlungen der Firmen werden durch *Produktionsfunktionen*, die der Haushalte durch *Nutzenfunktionen* repräsentiert; Preisgleichgewichte werden sodann ermittelt durch die Annahme *gegebener Ressourcenbestände* und der Voraussetzung, daß zu Gleichgewichtspreisen getauscht wird.[28] Wir wollen uns nur auf die ersten beiden Bausteine mikroökonomischer Modellbildung beziehen: Nutzen- und Produktionsfunktionen.

Betrachten wir zunächst die Nutzenfunktion. Ich habe nicht die Absicht, an dieser Stelle die Fragen der Meßbarkeit des Nutzens, Eigenschaften ordinaler Nutzenfunktionen und ihre Beziehung zur Theorie der

---

[26] Hicks aaO., S. 132.

[27] R. Dorfman, The Price System, Englewood Cliffs 1964, S. 124.

[28] Der Tausch bei sog. Non-Tatonnement-Systemen wird eher selten betrachtet; die Stabilitätseigenschaften solcher Systeme sind aber nicht grundlegend von Gleichgewichtssystemen unterschieden. Vgl. A. Wenig, Marktdynamik; in: R. Selten (Hrsg.), Handwörterbuch der Mathematischen Wirtschaftswissenschaften, Bd. 1: Wirtschaftstheorie, Wiesbaden 1979, S. 191.

»revealed preference« zu diskutieren. Wir können im Augenblick einfach den traditionellen Anschauungen folgen, die »Nutzen« als Skala zur Messung des »Glücks einer Person«[29] betrachten. Die Nutzen*funktion* wird dann als Funktion der konsumierten Güter innerhalb einer bestimmten Periode beschrieben. Offenbar ist der Nutzen auch nur bezüglich der betrachteten Periode definiert. Jevons geht z. B. von einer Periode von 24 Stunden aus, die er in zehn Teile teilt. Er diskutiert dann das Prinzip des Grenznutzens an der Variation eines Gutes (Nahrungsmittel). Über die zehn Zeitteile des Tages addiert ergibt sich der Gesamtnutzen der Nahrungsmittel.[30] Jevons spricht ausdrücklich von einem *Durchschnittstag*. Daraus ergibt sich: An zwei, drei, vier normalen Tagen ergibt sich die zwei, drei oder vierfache Nutzenmenge bei zwei, drei oder vierfacher Nahrung. Mit anderen Worten: Diese Nutzenfunktionen sind (mathematisch ausgedrückt) linear-homogen. Der Nutzenindex – Durchschnitte vorausgesetzt – ist ebenso wie das betrachtete Güterbündel der Betrachtungsperiode proportional. Eine Verdopplung der Tage ergibt ebenso eine Verdopplung des Nutzenindex wie der Gütermengen.

Wir brauchen nicht näher zu untersuchen, welche Konsequenzen dies hat,[31] denn diese notwendigen Konsequenzen aus der Voraussetzung, daß der Nutzen oder der Nutzenindex wie die verbrauchten Güterbündel *je Periode* definiert sind, wird wohl kaum irgendein Ökonom akzeptieren wollen.[32] Gleichwohl wird die *Voraussetzung*, die zu diesen Konsequenzen führt, weitgehend akzeptiert. Ich zitiere z. B. das einflußreiche Lehrbuch von Henderson und Quandt: »Die Nutzenfunktion ist definiert hinsichtlich des Konsums in einem bestimmten Zeitraum. Der Befriedigungsgrad,

---

[29] Jevons, Theory aaO., S. 106.

[30] »Let us imagine the whole quantity of food which a person consumes on an average during twenty-four hours to be divided into ten equal parts. If his food be reduced by the last part, he will suffer but litte« usw. Jevons, Theory aaO., S. 106f. Jede zusätzliche Quantität des Gutes stiftet einen *geringeren* Nutzen (= »Gesetz des sinkenden Grenznutzens«).

[31] Linear-homogene Nutzenfunktionen untersucht P. A. Samuelson, Constancy of the Marginal Utility of Income; in: J. E. Stiglitz (ed.), The Collected Scientific Papert of Paul A. Samuelson, Vol. 1, Cambridge/Mass.-London 1966, S. 45ff.

[32] Eine Konsequenz wäre etwa, daß die Ausgabenanteile der einzelnen Güter mit steigendem Einkommen konstant bleiben würden, was dem »Engelschen Gesetz« widerspräche, das anhand von Querschnittsdaten meist gut überprüft werden kann.

THE

THEORY OF POLITICAL ECONOMY.

BY

W. STANLEY JEVONS, M.A. (LOND.)

PROFESSOR OF LOGIC AND POLITICAL ECONOMY
IN OWENS COLLEGE, MANCHESTER.

London and New York
MACMILLAN AND CO.
1871.

[*All rights reserved*]

Jevons´ Grundlegung der mechanischen Nutzentheorie (1871)

den der Konsument aus einer bestimmten Güterkombination erhält, hängt ab von der Länge des Konsumzeitraumes. Aus dem Konsum von zehn Portionen Eiscreme lassen sich verschiedene Nutzenniveaus ableiten, je nachdem, ob man die Portionen innerhalb einer Stunde oder innerhalb eines Monats verzehrt. Es gibt keinen bestimmten Zeitraum, für den die Nutzenfunktion definiert werden *sollte*. Es gibt lediglich einige Hinweise dafür, wie lang dieser Zeitraum sein könnte. Gewöhnlich leitet der Konsument aus der Abwechslung innerhalb des konsumierten Güterbündels einen gewissen Nutzen ab. Daher muß die Nutzenfunktion für einen solchen Zeitraum definiert werden, der eine derartige Abwechslung überhaupt gestattet. Auf der anderen Seite darf diese Periode nicht zu lang bemessen sein, da sich während dieser Zeit der Konsumentengeschmack (die Form der Funktion) ändern kann. Ein Zeitraum, der irgendwo zwischen diesen beiden Anhaltspunkten liegt, ist ausreichend.«[33] Henderson und Quandt ragen aus dem Meer der Lehrbuchliteratur allein dadurch heraus, daß sie die Zeitverhältnisse beim Konsum überhaupt *ansprechen*. Die Konsequenzen ihrer Erörterung sind den Autoren aber gleichwohl nicht bewußt. Man muß hier zwei Sachverhalte unterscheiden, die wir mit den Begriffen »Länge der Konsumperiode« und »Intensität« beschreiben können. Wenn jemand zehn Portionen Eiscreme in einer Stunde konsumiert, so ist die *Intensität* des Konsums je Konsumperiode höher als bei jemand, der dazu einen Monat benötigt. Die Autoren, die Nutzen- oder Präferenzfunktionen verwenden, scheinen gewöhnlich diesen Begriff der Intensität vor Augen zu haben, sofern sie von einer »Perioden-Analyse«[34] sprechen. Zwar wird die Frage diskutiert, wie *lang* die gewählte Periode sein sollte, nicht aber, welche Konsequenzen sich daraus ergeben, daß Perioden *aufeinander folgen*, daß es also so etwas wie *Zeit* gibt. Die »Perioden-Analyse« hat nur den einen Zweck, die Zeit zu eliminieren.

Dasselbe gilt für die Produktion und die Formulierung von Produktionsfunktionen. Es war Georgescu-Roegen, der mehrfach darauf aufmerksam gemacht hat, daß die stillschweigende Voraussetzung, die

---

[33] J. M. Henderson, R. E. Quandt, Mikroökonomische Theorie, 5. Auflage, München 1983, S. 8.

[34] Arrow, Hahn, General Competitive Analysis aaO., S. 50.

Periodenlänge könne frei gewählt werden, notwendig dazu führt, daß alle Produktionsfunktionen linear-homogen sind, daß, mit anderen Worten, »die Skalenerträge in absolut jeder Produktion konstant sein müssen.«[35] Das heißt: Eine Vervielfachung aller eingesetzten Produktionsfaktoren führt bei einer Variation der Periodenlänge zu einer proportionalen Vervielfachung des Produkts, eine Aussage, die Samuelson als »natürlich irrelevant«[36] bezeichnet.

Was ist damit gemeint? Konstante Skalenerträge bedeuten, daß eine Variation *aller* Produktionsfaktoren zu einer *proportionalen* Variation des Produkts führt. Die Schwierigkeit liegt hierbei im Wort »aller«. Da an der Produktion immer unveränderliche Faktoren beteiligt sind, auch wenn sie nicht in einer *Kostenrechnung* erscheinen, ist die Voraussetzung konstanter Skalenerträge, so allgemein formuliert, tatsächlich irrelevant. Meint man aber damit die *spezifische* Aussage, daß die Variation partieller Faktoren stets der Produktmenge proportional ist, so ist das eine willkürliche Voraussetzung. Nahezu keine mechanische oder chemische Verbrauchsfunktion gehorcht im technischen Sinn einer strikten Linearität. Die sich aus der Gleichsetzung von Periodenanalyse und Statik ergebende lineare Homogenität erwächst allerdings aus der nicht bedachten Zeitlichkeit der Produktion, die *explizit* nur selten klar ausgedrückt wird. »Es ist bekannt«, sagt Pigou, »daß die gewöhnlichen Produktionsfaktoren zweidimensional sind, in dem Sinne, daß eine Einheit von ihnen nur als stoffliche Quantität multipliziert mit einer Quantität Zeit definiert werden kann.«[37] Vielfach wird lineare Homogenität von makroökonomischen Produktionsfunktionen einfach »angenommen«; die Literatur zur reinen Theorie der Außenwirtschaft und die Wachstumstheorie wimmelt von dieser »Annahme«, ohne jemals in ihrer zeitlichen Bedeutung diskutiert zu werden. Daß diese Eigenschaft von Produktionsfunktionen jedoch nur eine Folge der unklaren oder vergessenen Zeitdimension ist, scheint für viele Ökonomen eine solche Ungeheuerlichkeit zu sein, daß sie einfach dazu übergegangen sind, Georgescu-Roegens Arbeiten zu ignorieren. Auch wenn ihn

---

[35] N. Georgescu-Roegen, Energy and Economic Myths, New York et.al. 1976, S. 62.

[36] Samuelson, Foundations aaO., S. 84.

[37] A. C. Pigou, Economics aaO., S. 772, was aber bereits lineare Homogenität impliziert.

Samuelson bewundernd einen »scholar´s scholar, an economist´s economist«[38] nennt, wird man ihn kaum in Lehrbüchern zitiert finden.

Die *Gleichsetzung von statischer Analyse und Perioden-Analyse* ist tatsächlich zu einem vom mechanischen Denkmodell produzierten Vorurteil der ökonomischen Wissenschaft geworden. Die notwendige Folge dieser vorausgesetzen Äquivalenz ist jedoch das Faktum, daß Produktionsfunktionen dann *immer* konstante Skalenerträge aufweisen müssen. »Wenn man erst lange genug dieser Gleichsetzung ausgeliefert ist«, sagt Georgescu-Roegen sarkastisch über seine Kollegen, »dann wird man so sehr von ihrer Richtigkeit überzeugt, daß einige meiner Ökonomie-Kollegen, als sie zum erstenmal von dieser Äquivalenz hörten, entrüstet protestierten.«[39] Der Nachweis ist allerdings von solcher Einfachheit, daß er jedem Fachmann einleuchten müßte.[40]

Die »Perioden-Analyse« unterstellt stillschweigend, daß die Zeit für Produktion und Konsum keine Rolle spielt und folgt darin der mechanischen Tradition, die stets durch die Möglichkeit der Reduktion der Dynamik auf die Statik gekennzeichnet ist. Der zugrundeliegende Gedanke ist einfach: Wenn *alle* Variablen eines mechanischen Systems in *gleicher* Weise zur Uhr eine bewegliche, aber funktional festgelegte Beziehung unterhalten (Konstanten des mechanischen Systems und Funktionsformen), dann ist das *Gesamtsystem* einschließlich der Uhr *zeitlos*. Einstein hat in seiner Kritik an der klassischen Mechanik nur ausgesprochen, was in der mechanischen Struktur und weit früher noch in der aristotelischen Zeitdefinition schon enthalten ist: Die Zeit *als* die Zeit gibt es gar nicht. » ›Zeit‹ bedeutet (...) ›Zeigerstellung der bewegten Uhr‹,

---

[38] P. A. Samuelson, Foreword, in: N. Georgescu-Roegen, Analytical Economics, London 1966, S. vii.

[39] N. Georgescu-Roegen, N., Energy and Economic Myths, aaO., S. 38.

[40] Man kann ihn kurz so zusammenfassen: Sei Q = F(X, Y, ..., Z) eine *statische* Funktion, in der jeweils Mengen einander zugeordnet werden; sei ferner q = f(x, y, ..., z) eine Funktion, in der Stromgrößen je Periode t definiert werden. Aus der Definition von Stromgrößen folgt: q = Qt, x = Xt, ..., z = Zt. Setzen wir dies in die Funktion f(.) ein, so ergibt sich: Qt = f(Xt, Yt, ..., Zt). Das *ist* aber die Definition linear-homogener Funktionen. Ferner gilt: f(.) = F(.). Man kann also *statische* Analyse und *Perioden-Analyse* nur um den Preis der Voraussetzung linear-homogener Funktionen gleichsetzen.

welche sich an dem Orte, von dem die Rede ist, befindet‹.«[41] Der Preis für die Übernahme des mechanischen Denkmodells in der Ökonomie ist die Elimination der Zeit.

3.4 Zeitpräferenz

Einstein beschränkt sich, anders als viele Wirtschafts-Mechaniker, allerdings nicht auf den physikalischen Begriff der Zeit. Er hat keineswegs die Auffassung vertreten, der physikalische Zeitbegriff der speziellen Relativitätstheorie sei *der* Begriff für Zeit überhaupt. Im Anschluß an Mach reduziert Einstein die Empirie in der Physik auf menschliche Erlebnisse. Diese Erlebnisse sind für ihn das Primäre. Für die »Erlebnisse eines Menschen« gibt es »eine Ich-Zeit oder subjektive Zeit. Diese ist an sich nichts Meßbares.«[42] Sofern man diese subjektive Zeit *dennoch* mißt, zeigt sich naturgemäß nur wieder eine bestimmte Relation zur Uhr. Das, was Einstein die »subjektive Zeit« nennt, besitzt im Unterschied zur Bewegung der Uhr, die nur »gezählte gleichartige Teilvorgänge der Erlebnisfolge als einander gleich« ansieht[43], noch eine ganz andere Bedeutung. Menschen sind nicht abstrakte Subjekte, denen eine ebenso abstrakte subjektive Zeitauffassung zukäme. Menschen handeln und entscheiden in *historischen* Situationen, das heißt in Situationen, die auf vielfältige Weise zu früheren und späteren Situationen in Beziehung stehen. Der Schlüsselbegriff in der ökonomischen Theorie, hinter dem sich diese Zeitauffassung verbirgt, ist der Begriff der *Erwartungen*.

Ein mechanisches System ist jeweils vollständig durch jene Kräfte und Funktionen bestimmt, die im *Augenblick* wirksam sind. Die Vergangenheit und die Zukunft gibt es in einem mechanischen System nicht. Subjektive Größen wie Erwartungen haben in einer mechanischen Beschreibung der Wirtschaft keinen Platz. Die Erwartungen müssen, sofern sie überhaupt

---

[41] Einstein, Elektrodynamik aaO., S. 30. Vgl. Minkowskis Äußerung in diesem Sammelband: »Von Stund an sollen Raum für sich und Zeit für sich völlig zu Schatten herabsinken«, aaO., S. 54.

[42] A. Einstein, Grundzüge der Relativitätstheorie, Braunschweig 1965^4, S. 1.

[43] A. Einstein, Grundzüge aaO., S. 2.

als Problem gesehen werden, eliminiert werden, soll die Elimination der Zeit weiter bestehen können. Es ist deshalb eine notwendige Konsequenz, wenn die Anhänger der Wirtschaftsmechanik *rationale Erwartungen* bei allen wirtschaftlichen Handlungen unterstellen. Rationale Erwartungen sind Erwartungen, die *ausschließlich* von den verfügbaren Daten bestimmt sind. Die *Zeit* spielt keine Rolle. In einem mechanischen System sind die beobachtbaren Bewegungen zu einem bestimmten Zeitpunkt stets abhängig von allen Kräften und Funktionen, die in diesem Augenblick wirksam sind. Für die Bewegung eines Pendels ist nur die *augenblicklich* wirkende Erdanziehung, die Luftreibung, das Gewicht und die Position des Pendels im Raum bzw. die Länge der Schnur verantwortlich. Die Tatsache, daß das Pendel vor einigen Minuten diese oder jene Position eingenommen hat, ist für seine aktuelle Bewegung ohne Bedeutung. Mechanische Systeme kennen keine Geschichte. Die Anhänger der Theorie rationaler Erwartungen behaupten dasselbe für menschliche Entscheidungen.[44]

Es ist notwendig für ein Verständnis der Zeit in der Wirtschaft, die *Erwartungen* genauer zu betrachten. Die Elimination der Zeit aus der mechanischen Ökonomie wurde vor allem von Böhm-Bawerk als theoretischer Mangel empfunden. Er hat in die Ökonomie eine Betrachtung eingeführt, die auf merkwürdige Weise zu den Erwartungen in Beziehung steht: die *Zeitpräferenz*. Tatsächlich tauchen bei Böhm-Bawerk in der Ökonomie erstmals die *Zukunft* und die *Vergangenheit* als ökonomische Variable auf.[45] Im vierten Buch seines Hauptwerkes »Positive Theorie des Kapitals« schreibt Böhm-Bawerk in dem »Gegenwart und Zukunft in der Wirtschaft« betitelten Abschnitt: »Gegenwärtige Güter sind in aller Regel

---

[44] Es gibt stochastische oder zeitverzögerte Systeme, bei denen auch *vergangene* Variablen die Gegenwart beeinflussen. Man spricht dann gelegentlich auch von »Gedächtnis« (Memory) eines Systems. Das Vorliegen derartiger Eigenschaften in den Wirtschaftsdaten ist ein Hinweis auf *nichtmechanische* Strukturen. Die Irreversibilität stochastischer Systeme wird aber aus *diskreten* oder *definierten* Systemzuständen mit zuordenbaren Wahrscheinlichkeiten abgeleitet. Darin liegt die Schranke dieses Ansatzes; vgl. dazu Kapitel 1.4.

[45] Senior und Jevons haben bereits vor Böhm-Bawerk betont, daß Kapital untrennbar mit Zeit, auch mit subjektiven Strukturen wie dem »Warten« verknüpft ist. Allerdings bleibt ihre Analyse weit hinter der Böhm-Bawerks zurück, mag auch Jevons tatsächlich viele Elemente der temporalen Theorie Böhm-Bawerks vorweggenommen haben; vgl. W. S. Jevons, Theory aaO., S. 226ff.; K. Wicksell, Über Wert, Kapital und Rente, Jena 1893, S. 96f.

mehr wert als künftige Güter gleicher Art und Zahl.«[46] Dieser Gedanke einer »Gegenwartsvorliebe« oder »Gegenwartspräferenz« beruht offenbar auf einer *subjektiven* Zeitvorstellung und reicht somit, wenigstens auf den ersten Blick, über die Zeitauffassung der Wirtschafts-Mechaniker hinaus.

Der Gedanke einer Gegenwartsvorliebe besitzt durchaus eine ehrwürdige Tradition. »Zukünftige Güter«, sagt Thomas von Aquin, »werden nicht so hoch bewertet wie dieselben Güter, die gesammelt und unmittelbar verfügbar sind, auch stiften sie dem Eigentümer nicht denselben Nutzen.«[47] Auch Spinoza kennt eine temporale Verschiedenheit der Affekte: »Der Affekt gegen ein zukünftiges Ding, von dem wir wissen, daß es in der Gegenwart nicht existiert, ist bei sonst gleichen Umständen schwächer als der Affekt gegen ein vergangenes Ding.«[48] Leibniz gibt als Grund für solch eine Minderschätzung zukünftiger Güter an: »Ja es zeigt sich, daß die Dinge sich schließlich nicht im Verhältnis zu ihrer wachsenden Entfernung verkleinern, denn ihre Erscheinung verschwindet bald gänzlich (...). Ebenso vermag eine kleine zeitliche Entfernung die Zukunft gänzlich unserem Blicke zu entziehen, ganz wie wenn der Gegenstand verschwunden wäre.«[49]

Böhm-Bawerk führt, wenn auch mit nur eher zufälligem Bezug auf die philosophische Tradition, die Spuren dieser Gedanken in der Ökonomie zur Begründung seiner Zinstheorie systematisch weiter. Er entwickelt hierzu zunächst eine *psychologische* Theorie, nicht ohne zu bedauern, dabei nicht auf fertige »Fachpsychologie« zurückgreifen zu können.[50] Seine Überlegung läßt sich wie folgt skizzieren: Wirtschaften heißt, für die *Zukunft* wirtschaften, vernünftige Wünsche »sind auf eine dauernde,

---

[46] E. von Böhm-Bawerk, Positive Theorie des Kapitales, Kapital und Kapitalzins II,1, Jena 1921[4], S. 318.

[47] Thomas von Aquin, Opusculum LXVI, De Usuris, zitiert nach: W. Dempsey, Interest and Usury, London 1948, S. 214, Note. Die Echtheit dieser Schrift von Thomas wurde gelegentlich bestritten, doch spielt diese Frage hier keine Rolle.

[48] B. Spinoza, Ethik, Frankfurt/M. 1972, S. 272.

[49] G. W. Leibniz, Neue Abhandlungen über den menschlichen Verstand II § 62, Hamburg 1971, S. 205.

[50] E. von Böhm-Bawerk, Positive Theorie des Kapitales aaO., S. 320, Note. Noch 1962 schreibt Schmölders: »die psychologische Fachwissenschaft bietet uns (.) aber bisher in der Tat recht wenig Hilfe«; G. Schmölders, Volkswirtschaftslehre und Psychologie, Berlin 1962, S. 47.

Gegenwart und Zukunft umspannende Lebenswohlfahrt gerichtet.«[51] Die darin liegende Schwierigkeit, die Lebensspanne auch kennen zu müssen, wollen wir weiter unten betrachten. Böhm-Bawerk argumentiert weiter: Wenn wir für die Zukunft wirtschaften, dann beziehen wir uns auf zukünftige »Freud- und Leidgefühle«. Hierzu ist es notwendig, sich diese Gefühle »im Voraus vorzustellen«. Das künftige Bedürfnis haben wir schon »in der Vergangenheit, einmal oder oft, empfunden und halten in unserem Geiste ein Erinnerungsbild daran fest«, wenigstens aber haben wir »ähnliche« Bedürfnisse schon einmal erlebt. Zukünftige Bedürfnisse besitzen damit dieselbe Qualität, die »vorgestellten künftigen Gefühle sind kommensurabel und zwar sowohl mit gegenwärtigen, aktuell empfundenen Gefühlen, als auch untereinander«; dies ohne Rücksicht darauf, welcher »Zeitschicht« sie angehören. Da Güter aber, gemäß der subjektiven Wertlehre Böhm-Bawerks, durch derartige Gefühle (»Nutzenempfindungen«) definiert sind, sind somit auch »Zukunftsgüter« mit »den dem Augenblicke dienenden Gegenwartsgütern« qualitativ vergleichbar, d. h. kommensurabel und substituierbar.

Die Struktur des Gedankens einer Zeitpräferenz kann damit wie folgt zusammengefaßt werden: Güter sind definiert durch die *Nutzungen*, die sie hervorrufen; die »Güterqualität (ist) nichts den Gütern Anhaftendes«[52], weshalb »jedes Ding nur für ganz bestimmte Subjekte ein Gut sein kann«[53]. Wenn Güter etwas »Subjektives« sind, dann sind gegenwärtige und zukünftige Güter über »das Subjekt« auch kommensurabel zu machen, sie können verglichen und bewertet werden. Bereits Spinoza hat ähnlich argumentiert: »Die Vorstellung eines Dinges ist daher, an sich allein betrachtet, dieselbe, ob sie auf die zukünftige oder vergangene oder ob sie auf die gegenwärtige Zeit bezogen wird.«[54] So kann auch Böhm-Bawerk die Paradoxie erklären, daß »eigentlich *nicht* empfundene Gefühle

---

[51] Böhm-Bawerk aaO., S. 319f. Die nachfolgenden Zitate entstammen derselben Quelle, aaO., S. 320ff.

[52] C. Menger, Grundsätze aaO., S. 3, Note.

[53] E. von Böhm-Bawerk, Rechte und Verhältnisse; Gesammelte Schriften, Wien-Leipzig 1927, S. 20.

[54] B. Spinoza, Ethik aaO., S. 178f.

als Motoren unseren Willen und unsere Handlungen in Bewegung setzen«.[55]

Gefühle werden von Böhm-Bawerk als *mechanischer Antrieb* interpretiert. Die gegenwärtigen Güter wie die zukünftigen Güter wirken *kausal* auf wirtschaftliche Handlungen. Böhm-Bawerk beruft sich hierbei auf Menger, der sagt, daß wir in unseren Nutzenerwägungen *kausal* bestimmt sind.[56] Böhm-Bawerk fügt diesem Gedanken nun den weiteren hinzu, daß auch *Zukunftsgüter* auf kausale Weise unsere Phantasie determinieren und somit *wie gegenwärtige* Güter unseren Nutzen zu einer bloßen Wirkung von Ursachen machen. Böhm-Bawerk *eliminiert* damit an der Zukunft alles, was sie tatsächlich als eine *zeitliche* Struktur auszeichnen würde. Eine menschliche Handlung wird als *kausal verursachte* Struktur interpretiert, in der sogar die *Zukunft* ursächlich wirken kann: in der Form gegenwärtig vorgestellter, zukünftiger Güter. Die schwache Spur davon, daß die Zukunft eine *zeitliche*, keine kausale Struktur ist, daß sie nicht *vorhanden*, sondern ein Strukturmoment menschlicher Existenz ist, findet sich einzig in einer *quantitativen* Differenz: Die Zukunftsgüter sind *weniger* wert als Gegenwartsgüter. Zukunftsgüter werden *systematisch* gegenüber Gegenwartsgütern unterschätzt.

Böhm-Bawerk verbleibt damit ganz im mechanischen Denkmodell: Die Zukunft wird zu einem *gegenwärtigen* Antrieb, zu einer Ursache.[57] Dieser Gedanke verkennt das Wesen der menschlichen Freiheit und des Handelns. Menschen handeln nicht, weil sie von Ursachen *getrieben* werden, Menschen handeln, weil sie Dinge erkennen, interpretieren, sich von ihnen *ansprechen* lassen, ihnen Bedeutung verleihen. *Daraus* entsteht das *Motiv* ihrer Handlungen. Motive haben eine zeitliche Struktur, weil sie wie Handlungen überhaupt in die Zukunft gerichtet sind. Das Zukünftige

---

[55] E. von Böhm-Bawerk, Positive Theorie des Kapitales aaO., S. 320.

[56] C. Menger, Grundsätze aaO., S. IX.

[57] Auch L. Brentano, der Böhm-Bawerks Auffassung kritisiert, kennt eine rückwärts gerichtete Kausalität, die er freilich nicht näher bedenkt: »Nicht als ob Unlust- und Lustempfindungen nur durch Gegenwärtiges hervorgerufen werden könnten; auch das Zukünftige kann die einen wie die anderen verursachen«, L. Brentano, Konkrete Grundbedingungen der Volkswirtschaft, Leipzig 1925, S. 110. Aber das »Zukünftige« ist nicht *vorhanden*, es wird erwartet, und das ist eine ganz andere Seinsweise, die keinesfalls als Ursache beschrieben werden kann.

kann dabei einen bedrängenden Charakter haben. Ein Projekt hat *heute*, auch wenn es den Übergang in die Wirklichkeit nicht findet, eine Macht über das Handeln (und verursacht Kosten). »Nicht den Übergang finden zu ...: das ist nicht nichts, sondern kann die Eindringlichkeit und Wirklichkeit höchster Bedrängnis haben«.[58] Dies zeigt, daß die Zukunft in ganz *anderer* Weise gegenwärtig ist denn als nach rückwärts greifende Kausalität zukünftiger *Ursachen*. Die künftigen Güter sind niemals *so* gegenwärtig wie gegenwärtige Güter, weil in jeder *Vergegenwärtigung* (Phantasie) ein Moment der *Freiheit* liegt.[59]

Die »Phantasie« kann sehr wohl Zukünftiges vorstellen, und die daraus herrührende Erwartung bestimmt gegenwärtige Handlungen. Aber das Zukünftige ist hierbei in keiner Weise *vorhanden*, wie eine Billardkugel, die eine andere anstößt. Deshalb sind Erwartungen keine *Güter*. Güter sind zweifellos nur dann Güter, wenn sie *als* Güter interpretiert werden; dieses subjektive Moment bleibt unabweisbar. Aber bloße Vorstellungen, wiewohl sie Bedeutung haben, sind noch lange keine Güter. Es fehlt einem Phantasiegebilde die unerläßliche Bedingung der *Erfüllung* durch eine gegenwärtige Erfahrung. Es ist deshalb irreführend, zu sagen: Zukünftige Dinge sind, weil sie eben nur vorgestellt und nicht sinnlich erfahren sind, auch »weniger wert«. Man kann nur von »weniger« sprechen, wenn zwei Sachverhalte *qualitativ* gleich sind (*tertium comparationis*). Vorgestellter Wein vom nächsten Jahr ist etwas ganz anderes als heute getrunkener Wein, nämlich eine bloße Vorstellung im Unterschied zu einem sinnlichen Genuß. Es ist ein *Kategorienfehler*, vorgestellten Wein und aktuell getrunkenen Wein mit einem Maß zu messen. Man kann künftige Güter planen oder erwarten, aber Planungen oder Erwartungen sind keine Güter. Deshalb erklärt die »Zeitpräferenz«, getrennt von Planungen und Erwartungen, nichts und ist ein bloßer Leerbegriff.

---

[58] M. Heidegger, Aristoteles, Metaphysik Θ 1-3. Von Wesen und Wirklichkeit der Kraft, GA Bd. 33, S. 210.

[59] Vgl. E. Husserl, Vorlesungen zur Phänomenologie des inneren Zeitbewußtseins, Tübingen 1980², S. 406f.

3.5 ERWARTUNGEN

Die zentrale Schwäche der deterministischen Vorstellung, wonach das ökonomische Sein *kausal* »das Bewußtsein bestimme« – eine Vorstellung, die Marxismus und Neoklassik gleichermaßen beherrscht –, liegt in der ungeklärten Zeitstruktur des Denkens und Handelns. Gegenwärtiges Handeln wird von Erwartungen bestimmt, die als frei angenommene Motive Handlungen *begründen*, nicht aber *verursachen*. Erwartungen sind immer *zukünftig* – man kann nicht die Vergangenheit oder die Gegenwart »erwarten«. Bereits die Struktur der Gegen-wart ist so zu bestimmen, daß darin Handelnde die Zukunft erwarten, »der Zukunft ent*gegen warten*«. Aus der Tatsache, daß die Zukunft *nicht* vorhanden ist, folgt also keineswegs, daß sie *nichts* ist. Die Zukunft ist gegenwärtig als Erwartung, und die Nichtvorhandenheit dieser Zukunft – wir können sie gerade nicht sinnlich erfahren oder beobachten – ist nur ein anderer Ausdruck dafür, daß die Zukunft *ungewiß* ist. Wir sind uns der *Gegenwart* bewußt, können aber die Gegenwart auch überschreiten, indem wir die sinnliche Präsenz der Dinge verlassen und uns etwas *vorstellen*. In diesem Verlassen liegt notwendig eine Abwendung von dem, was gegenwärtig vorhanden ist, und dieses Abwenden vom Vorhandenen führt zu einer *prinzipiellen* Ungewißheit. Gewißheit heißt ja, etwas *gegenwärtig* haben. Damit zeigt sich an den Erwartungen notwendig als zentrales Phänomen die Ungewißheit.

Böhm-Bawerk hat das zwar gesehen, reduziert aber »Ungewißheit« auf »Unsicherheit«[60], die er als Risiko bzw. als »Wahrscheinlichkeit« interpretiert. Böhm-Bawerks Zukunftsgüter haben den Charakter von Lotterien; ein Zukunftsgut ist für ihn in gewisser Weise ein »Los mit (einer) Gewinnhoffnung«[61]. Jedes Risiko kann versichert werden, und die Risikoprämie, wie schon Jevons betonte, mindert den Wert des zukünftigen Gutes.[62] *Ungewißheit* ist aber nicht mit dem Risiko z. B. beim Roulette

---

[60] E. von Böhm-Bawerk, Positive Theorie des Kapitales aaO., S. 325.

[61] aaO.

[62] Böhm-Bawerk wollte diese Risikoprämie völlig aus der Erklärung des Zinsphänomens und der von ihm so verstandenen Minderschätzung künftiger Güter ausgeklammert wissen; vgl. E. von Böhm-Bawerk, Positive Theorie des Kapitales aaO., S. 327.

zu vergleichen.[63] Beim Roulette sind die möglichen Ereignisse definiert. Der Ereignisraum im Sinne der Wahrscheinlichkeitstheorie besitzt eine definierte Struktur mit bekannten Elementen (die Zahlen auf der Drehscheibe des Roulette-Tischs). Böhm-Bawerk entgeht dem wirklichen Problem der Ungewißheit durch einen Trick: die Annahme einer »*gewissen Ähnlichkeit*«[64] der zukünftigen Güter mit gegenwärtigen Gütern. Hier bietet sich folgender Fehlschluß an – und Böhm-Bawerk zieht, wie wir im vorhergehenden Kapitel gesehen haben, diesen Fehlschluß: *Wenigstens* darin, den Subjekten »Nutzen« zu stiften, sind gegenwärtige und zukünftige Güter »kommensurabel«, deshalb können unsichere Zukunftsgüter durch »die Größe des erwarteten Nutzens«[65] berechnet werden.

Ein Fehlschluß in drei Stufen: Zunächst werden Phantasiegebilde (»zukünftige Güter«) in eine Art subjektiver Substanz (»Nutzen«) verwandelt, diese Substanz wird um eine »Risikoprämie« vermindert und damit dem Nutzen gegenwärtiger Güter vergleichbar gemacht. Das *qualitative* Problem der Ungewißheit, die Unmöglichkeit, die *historische* Zeit zu überbrücken, ist damit in einer mechanischen Analogie ausgelöscht. Das Bewußtsein, die Phantasie, die menschliche Freiheit sind keine meßbaren Substanzen, in die Güter durch Nutzenfunktionen umgerechnet werden können.

Es war erst *John Maynard Keynes*, der – nicht ohne kritischen Bezug auf die österreichische Kapitaltheorie – in wesentlichen Grundzügen derartige Vorstellungen kritisierte und mit dem Begriff der »Erwartungen« die Zeit als nicht-mechanische Struktur in die Ökonomie einführte. Er hat in Anknüpfung an die vorklassische Tradition stets betont, daß Ökonomie *keine* nach dem Vorbild der Naturwissenschaften aufgebaute Wissenschaft sein kann. »Die Pseudo-Analogie mit den physikalischen Wissenschaften läuft direkt jenen Gewohnheiten des Geistes entgegen, die für einen Ökonomen einzunehmen von äußerster Wichtigkeit sind«.[66] »Ich sollte

---

[63] »The game of roulette is not subject, in this sense, to uncertainty«. J. M. Keynes, The General Theory and After, Part II, Collected Writings Vol. XIV, S. 113.

[64] E. von Böhm-Bawerk, Positive Theorie des Kapitales aaO., S. 321.

[65] aaO., S. 326.

[66] J. M. Keynes, The General Theory and After, Part II aaO., S. 300.

hinzufügen«, sagt Keynes weiter, »daß die Ökonomie es mit Motiven, Erwartungen, psychologischen Unsicherheiten zu tun hat.« Was in der Wirtschaft geschieht, ist das Resultat von Entscheidungen – und wirtschaftliche Entscheidungen »basieren auf Erwartungen«.[67] Die traditionelle Ökonomie, fährt Keynes fort, kennt zwar auch Erwartungen oder psychische Faktoren. »Aber es wird angenommen, daß Fakten und Erwartungen zu jedem Zeitpunkt in einer berechenbaren Form gegeben sind.«[68] Erwartungen, wie sie der wirtschaftliche Alltag kennt, besitzen einen »nicht-definierten Charakter«, sie beruhen auf »allen Arten von vagen Zweifeln und flüchtigen Zuständen von Mut und Vertrauen. Sie gehören (...) zu einer Stufe unserer Theoriebildung, in der wir nicht länger eine definierte und berechenbare Zukunft voraussetzen können.«[69] Die *zukünftigen* Ereignisse besitzen eine eigentümliche, keinesfalls aber die einer einfachen Wahrscheinlichkeitsrechnung gehorchende Form. Bereits von Thünen hatte hier bemerkt: »Es gibt keine Assecuranzgesellschaft gegen alle und jede Gefahr, die mit der Uebernahme eines Gewerbes verbunden ist; ein Theil der Gefahr muß immer von dem Unternehmer selbst getragen werden.«[70]

Keynes hat dies noch deutlicher formuliert. Er wird nicht müde, die Differenz zwischen *berechenbarem Risiko* und wirklicher *Ungewißheit* zu betonen. Eine Lebensversicherungsgesellschaft kann für eine große Grundgesamtheit von Menschen mit der durchschnittlichen Lebenserwartung und ihrer Streuung sehr gut – und profitabel – rechnen. Hier handelt es sich um ein echtes Risiko: die Streuung der verschiedenen Fälle der statistischen Grundgesamtheit gehorcht einer bekannten Wahrscheinlichkeitsverteilung. Man kann zwar nicht den *einzelnen* Todesfall errechnen, wohl aber den durchschnittlichen. Der statistische Ausdruck hierfür ist der *Erwartungswert*. Der mathematische Erwartungswert hat allerdings nichts mit der *Erwartung* der Zukunft zu tun. Die Zukunftserwartungen beziehen sich nicht auf wahrscheinliche Ereignisse;

---

67 J. M. Keynes, The General Theory and After, Part II aaO., S. 46.

68 Keynes, General Theory aaO., S. 112.

69 Keynes, General Theory aaO., S. 106f.

70 J. H. von Thünen, Der isolierte Staat Bd. II, Berlin 1875³, S. 84.

die Ereignisse selbst sind zum großen Teil unbekannt.[71] Deshalb können Erwartungen über die Zukunft »nicht auf einem strikt mathematischen Erwartungswert beruhen, da die Grundlage für derartige Berechnungen gar nicht existiert.«[72] Noch deutlicher sagt Keynes: »Sobald man mit dem Einfluß von Erwartungen oder vergänglichen Erfahrungen konfrontiert ist, ist man, nach Lage der Dinge, jenseits des Bereichs des formal Exakten.«[73]

Wenn nun aber die Erwartungen über die Zukunft die *Lenker* menschlichen Handelns sind, dann sind die Erwartungen auch verantwortlich für die *Fakten*, die durch wirtschaftliche Entscheidungen geschaffen werden. »Die einzige Sache, die wirklich zählt«, sagt Keynes, »ist die Tatsache, daß der gegebene Zustand der Erwartungen, welche immer es sind, durch die Wirkungen auf die Überlegungen der Unternehmer und Händler einen bestimmenden Einfluß auf die Beschäftigungssituation hat.«[74] Somit wird deutlich, worin der Kern der Keynesschen Revolution *tatsächlich* bestand: Keynes sagte dem mechanischen Denkmodell in den Wirtschaftswissenschaften den Kampf an durch den Hinweis darauf, daß die wirtschaftlichen Fakten durch Entscheidungen bewirkt werden, die ihrerseits auf *wesentlich* unberechenbaren Erwartungen über die Zukunft beruhen. Hier wird die Zeit als *Zukunftserwartung* in die Wirtschaftswissenschaft eingeführt und einer mechanischen Berechenbarkeit eine Absage erteilt. Keynes hat in seinem frühen Werk – dem »Treatise on Probability« – sogar noch einen weiterreichenden Schritt getan, wenn er sagt, daß Aussagen und ihre

---

[71] Ein ähnlicher Gedanke stammt von F. H. Knight, Risk, Uncertainty and Profit, New York 1921, S. 224-226. Diese Differenz hat nichts zu schaffen mit jener zwischen subjektiver und objektiver Wahrscheinlichkeit, ein Punkt, der bis heute vielfach immer noch nicht verstanden wird; vgl. J. Hirshleifer, J. G. Riley, The Analytic of Uncertainty and Information, Cambridge 1992, S. 10. Wenn die Autoren sagen, daß auch die Wahrscheinlichkeit einer Würfelseite (1/6) eine subjektive Einschätzung ist, so ist das durchaus richtig; vgl. Kapitel 1.4. Keynes zielt jedoch darauf, daß bei wirklicher Ungewißheit – um in der Metapher zu bleiben – nicht nur unbekannt ist, welche Wahrscheinlichkeit eine Würfelseite besitzt, es ist auch unbekannt, wieviele Seiten der Würfel hat, ja, ob es sich überhaupt um einen Würfel handelt. Wenn man Wahrscheinlichkeit als »degree of belief« definiert, so setzt das etwas voraus, *woran* man mit bestimmter Wahrscheinlichkeit glauben kann. Doch das gerade ist in vielen Fällen unbekannt.

[72] J. M. Keynes, General Theory aaO., S. 163.

[73] J. M. Keynes, The General Theory and After, Part II aaO., S. 2.

[74] J. M. Keynes, The General Theory and After, Part I aaO., S. 616.

Wahrheit nicht auf *Ereignisse* selbst bezogen sind, sondern auf »die Gesamtheit des faktischen oder hypothetischen Wissens«.[75]

Die Herausforderung, die in der Keynesschen Theorie der Erwartungen lag, mußte die Wirtschafts-Mechaniker notgedrungen auf den Plan rufen. Hicks versuchte, die Keynessche Theorie in ein triviales mechanisches Modell zurück zu verwandeln, dessen »Stabilitätsbedingungen« Samuelson in belehrendem Tonfall dann überprüfen konnte.[76] Hicks war es auch, der den Keynesschen Erwartungsbegriff in den mechanischen Hafen zurück führte. »Wir sollten«, sagt Hicks, »Erwartungen auf eine strikte und feste Weise interpretieren, indem wir annehmen, daß jedes Individuum eine definitive Vorstellung über jeden Preis bildet, der es betrifft.«[77] Hicks gesteht zu, daß diese Annahme »außerordentlich rigide« ist, doch derartige »Annahmen« gehören seit Walras zu den schlechten Gewohnheiten der Wirtschafts-Mechaniker. Zwar sagt Hicks, daß Erwartungen sich weder nur auf Preise beziehen noch überhaupt exakt geformt sind[78]; doch er hält sich zur Rettung der Berechenbarkeit an jenen Satz, der von Hegel kolportiert wurde: »Wenn die Tatsachen nicht zur Theorie passen, um so schlimmer für die Tatsachen.«

Durch den von Hicks vollzogenen Schritt der Elimination der unsicheren und zeitlichen Qualität der Erwartungen war es nun leicht, die mechanische Ordnung wieder in ihr Recht zu setzen. Wenn alle Erwartungen *Preis*erwartungen und zudem wohlgeformt sind, dann bietet sich folgender Gedanke an: Preise schwanken auf eine *berechenbare* Weise um ein mechanisches Gleichgewicht oder einen Trend. Der *Erwartungswert* der Preise (der nächsten Periode) ist damit ein mathematisch prognostizierbarer Wert. Die subjektive Zukunftserwartung wird objektiviert zum berechenbaren Modellparameter der Theorie. Daran anknüpfend kann dann Muth sagen: »Wenn die Vorhersagen der Theorie substantiell besser als die Erwartungen der Firmen sind, dann gibt es Gelegenheiten für

---

[75] J. M. Keynes, A Treatise on Probability, Collected Writings Vol. III, S. 4.

[76] Vgl. Samuelson, Foundations aaO., S. 276ff.

[77] J. R. Hicks, Value aaO., S. 124f.

[78] »Die Unsicherheit hinsichtlich der Mengen, die gehandelt werden können, ist so wichtig wie die Preisunsicherheit«, sagt F. Hahn sehr richtig hierzu; F. Hahn, Geldtheorie; in: R. Selten (Hrsg.), Handwörterbuch aaO., S. 64.

Insider, von diesem Wissen durch Spekulationen über Erfindungen, das Betreiben einer Firma oder durch den Verkauf von Vorhersagen an Firmen zu profitieren. Diese Gewinnmöglichkeiten entfallen, wenn die Gesamterwartungen der Firmen dieselben sind wie die Vorhersagen der Theorie.«[79] Hier kann man nur mit Hayek antworten: »Kein Ökonom war jemals darin erfolgreich, Waren auf der Basis von wissenschaftlich prognostizierten Zukunftspreisen zu kaufen oder zu verkaufen (obgleich einige wenigstens darin erfolgreich waren, solche Prognosen zu verkaufen).«[80]

Wir gelangen durch die inzwischen durch einen Nobelpreis gekürte Theorie der rationalen Erwartungen[81] wieder in das illusionäre Paradies einer berechenbaren Ordnung, die in Lehrbüchern ebenso zweifellos existiert, wie sie nichts mit jener Welt zu tun hat, in der wir *leben*. Die Theorie der rationalen Erwartungen ist nur der *Schein* einer Einbeziehung zeitlicher Erwartungen. Faktisch stellt diese Theorie eine Wiederholung mechanischer Glaubensüberzeugungen dar. Die in der Literatur vielfach diskutierten Unterschiede zwischen der Theorie rationaler Erwartungen, monetaristischen Auffassungen und »keynesianischen« Modellen sind – ganz anders als die Theorie von Keynes – Unterschiede *innerhalb* des zeitlos mechanischen Denkmodells.[82] Rationale Erwartungen implizieren *vollkommene Voraussicht*. Aber: »Eine Welt mit absoluter Voraussicht (also Fehlen jeder Unsicherheit) führt zu logischen Widersprüchen und ist undenkbar.«[83] Diese Vorstellung rationaler Erwartungen geht dagegen sogar soweit, daß optimale Wachstumsmodelle vielfach einen Zeithorizont

---

[79] J. F. Muth, Rational expectations and the Theory of Price Movements, Econometrica 29 (1961), S. 318.

[80] F. A. Hayek, Studies aaO., S. 35.

[81] Gemeint ist der Wirtschafts-Nobelpreis für Robert Lucas (1995), der die Theorie von Muth weiterentwickelte.

[82] Vgl. für einen Überblick: J. L. Stein, Monetarist, Keynesian & New Classical Economics, Oxford 1982, besonders Kapitel 3.

[83] W. Krelle, Unsicherheit und Risiko in der Preisbildung, Zeitschrift für die gesamte Staatswissenschaft, 113 (1957), S. 632-677; wiederabgedruckt in: A. E. Ott (Hrsg.), Preistheorie, Köln-Berlin 1965, S. 390. Krelle verwendet ein illustratives Beispiel: »Ich sehe voraus, daß ich heute beim Überqueren der Straße durch ein Auto überfahren werde; also gehe ich nicht über die Straße. Dann tritt aber das ›mit Sicherheit‹ vorhergesehene Ereignis nicht ein, und wir haben den Widerspruch.« aaO., Note 3. Vgl. auch O. Morgenstern, Vollkommene Voraussicht und wirtschaftliches Gleichgewicht; in: H. Albert (Hrsg.), Theorie und Realität, Tübingen 1964, Kapitel 12.

mit unendlicher Dauer zugrunde legen und unendlich lebende Robinsons unterstellen, die ihren Nutzen unendlich lange diskontieren.[84]

Selbst in ihrer eigenen Logik sind diese Modelle unhaltbar und führen ihre Anhänger zu absurden Annahmen. Werden nämlich *erschöpfbare* Ressourcen in neoklassische Wachstumsmodelle mit einbezogen, und sind Ressourcen für den Produktionsprozeß *unerläßlich* (d. h. nicht vollständig substituierbar), so konvergieren derartige Modelle alle gegen einen Konsum von null. Nordhaus hat, um dieser Konsequenz zu entgehen, in der Tradition der vollkommenen Voraussicht die These vertreten, es würde immer, wenn auch vielleicht zu einem unsicheren Zeitpunkt, eine Technologie auftreten, die als Substitut für die erschöpfbare Ressource dienen soll (»Backstop-Technologie«). Wenn aber *heute* sicher bekannt wäre, daß morgen ein Substitut erfunden wird, dann müßte auch heute bekannt sein, wie dieses Substitut beschaffen ist. Da dies offenkundig nicht der Fall ist, bleibt es bei einer leeren, »optimistischen« Behauptung. Das hindert natürlich die Wirtschafts-Mechaniker nicht, derartige Modelle zu formulieren und zu berechnen.[85]

Von all diesen Ansätzen, die zwar *formal* exakt sind – d. h. in einer mathematischen Sprache formuliert sind –, hierbei aber Symbole ohne Bedeutung verwenden, kann nur gesagt werden, daß sie definitiv *nichts* erklären. Auf diese Theorien trifft zu, was Keynes über Mathematisierungsversuche generell sagte: Die neue »mathematische Ökonomie ist nur ein Gebräu, ebenso unpräzise wie die anfänglichen Voraussetzungen, auf denen sie basiert und die dem (jeweiligen) Autor erlauben, den Blick für die Komplexität und Interdependenz der realen Welt in einer Masse überheblicher und wertloser Symbole zu verstecken.«[86]

Der Keynessche Begriff der Erwartungen hat die Tür geöffnet, in die Ökonomie die wirkliche Zeit menschlicher Entscheidungen einzulassen, die *historischen* Dimensionen der Vergangenheit und Zukunft. Das *Nichtwissen* über die Zukunft bestimmt unsere Erwartungen, und dennoch

---

[84] Vgl. als Beispiel: Burmeister, Dobell, Mathematical Theories aaO., S. 391ff.

[85] Vgl. W. D. Nordhaus, The Efficient Use of Energy Resources, New Haven-London 1979.

[86] J. M. Keynes, General Theory aaO., S. 298.

gibt es kein Verharren im Gleichgewicht. »Wir wissen nicht, was die Zukunft bringt. Dennoch sind wir, als lebende und bewegte Wesen, zum Handeln gezwungen.«[87] Heidegger bezeichnet diese Situation der Menschen als *Geworfenheit.* Darin liegt eine mehrfache Bedeutung: Die Menschen sind in Situationen geworfen, die sie nicht selbst geschaffen haben. Sie *entwerfen* darin ihre Zukunft und bestimmen so ihr Handeln. Die Situation wird in ihrer Bedeutung erschlossen und interpretiert, und dieses Erschließen und Interpretieren gründet in einem anderen Aspekt der Ge*worfen*heit, dem zeitlichen *Entwurf* einer *Zukunft* aus der Vergangenheit her.[88] Die Zeit ist darin nicht der mechanisch gezählte Ablauf von gleichen Intervallen, gemessen an einer Uhr. Die Zeit ist die Weise, wie Menschen in ihrem Handeln, in ihren Entscheidungen in Situationen *existieren.* Aus der Interpretation von Situationen, aus der Vergangenheit her auf eine Zukunft hin, erwachsen die wirtschaftlichen Entscheidungen.

3.6 Die situative Zeit der Geschichte

Heideggers phänomenologische Analyse der situativen Zeit ist in hohem Maße relevant für die Wirtschaftswissenschaften, vor allem für den Keynesschen Begriff der Erwartungen. Nur sehr wenige Autoren haben diese Bedeutung erkannt, zu ihnen zählt J. Niehans: »In dem, was wir heute tun, kristallisiert sich gleichsam unser Bild der Zukunft. Während man leichthin zu sagen pflegt, die Zukunft entstehe aus der Gegenwart, müssen wir deshalb in einem sehr wesentlichen Sinne umkehren und sagen, die Gegenwart entsteht aus der Zukunft. Die Wirtschaftstheorie postuliert damit nichts anderes als beispielsweise Heidegger, wenn er vom ›Entwurf des Daseins‹ oder von der ›vorlaufenden Entschlossenheit‹

---

[87] J. M. Keynes, The General Theory and After, Part II aaO., S. 124.

[88] »Nur Seiendes, das wesenhaft in seinem Sein *zukünftig* ist (...), kann, sich selbst die ererbte Möglichkeit überliefernd, die eigene Geworfenheit übernehmen und *augenblicklich* sein für ›seine Zeit‹«, M. Heidegger, Sein und Zeit, Tübingen 1972[12], S. 385. Damit ist nicht nur eine *Vorhersage* gemeint, im Sinne Carnaps: »Vorhersage gehört zu jedem Akt menschlichen Verhaltens«, R. Carnap, Einführung in die Philosophie der Naturwissenschaft, München 1974, S. 27. Der Entwurf ist vielmehr ein *kreativer* Akt, auch der Selbstinterpretation.

spricht.«[89] Niehans bemerkt jedoch nicht die kategoriale Differenz zwischen der mechanischen Zeit in der komparativen Statik – die, zu Ende gedacht, die Zeit eliminiert – und der ganz anderen Zeitauffassung, sofern von Erwartungen gesprochen wird. Die historische Zeit, die wir in unseren Erwartungen ebenso schaffen wie erleben, besitzt eine »qualitative« Dimension, die nicht von den Entscheidungen und Interpretationen desjenigen zu trennen sind, der sich in einer historischen Situation befindet. »Die Zeiten der Geschichte unterscheiden sich qualitativ.«[90] Die Differenz zwischen der Erwartung eines Erfolgs und einem späteren Flop, die Furcht vor Arbeitslosigkeit und die Freude über einen guten Job später sind nicht einfach eine quantitative Differenz, die auf zwei Zahlen oder Daten reduziert werden könnte.

Der Zeitbegriff, der sich auf historische Situationen bezieht – und alle menschlichen Situationen *sind* historische Situationen –, entbehrt des homogenen Charakters des naturwissenschaftlichen Zeitbegriffs, der durch die Menge der reellen Zahlen oder als *Zeitpfeil* abgebildet wird.[91] Die erlebten Situationen sind vielfältig bestimmt: Durch Fakten und ihre Auslegung, durch Zukunftserwartungen, die Erfahrung der Vergangenheit und die *Veränderung* all dieser Bedingungen. Es gibt kein mathematisches Zeitgesetz für eine historische Abfolge von Situationen. »Die historischen Zeiten folgen zwar auch aufeinander – sonst wären sie überhaupt nicht Zeiten – aber jede ist in ihrer inhaltlichen Struktur eine andere.«[92] In historischen Situationen gibt es auch Uhren, und Handlungen orientieren sich an diesen Uhren, aber Erwartungen, Entscheidungen, Erfahrungen, Interpretationen sind nicht mechanisch mit Uhren verknüpft. Deshalb gibt es kein Zeitgesetz, das Ereignisse entlang einer Zahlenreihe (»Zeitachse«) ebenso zu ordnen erlaubt wie physikalische Größen.[93]

---

[89] J. Niehans, Die Zeit im Spiegel der Wirtschaftstheorie; in: R. W. Meyer (Hrsg.), Das Zeitproblem im 20. Jahrhundert, Bern-München 1964, S. 277.

[90] M. Heidegger, Der Zeitbegriff in der Geschichtswissenschaft, in: Frühe Schriften, Frankfurt/M. 1972, S. 373.

[91] Vgl. zur Durchsetzung der Idee des Zeitpfeils S. J. Gould, Die Entdeckung der Tiefenzeit, München-Wien 1990.

[92] M. Heidegger, Der Zeitbegriff aaO.

[93] Das gilt generell für das organische Leben überhaupt. »Vom organischen Schaffen (.), von den Entwicklungsphänomenen, die das Leben eigentlich ausmachen, ahnen wir nicht

Jeder Versuch, Situationen entlang »der Zeitachse« nach einem einfachen Gesetz anzuordnen, setzt voraus, daß die verschiedenen Situationen durch *Ursachen*, nicht durch freies Handeln verbunden sind. Es ist das Wesen der Freiheit, daß sie Strukturen erschaffen und zerstören kann. Unveränderliche Strukturen sind aber die Grundvoraussetzung jeglicher Beschreibung, die sich an physikalischer Zeit orientiert.

Es gibt deshalb auch gar keinen Unterschied zwischen »langfristiger« und »kurzfristiger« (situativer) Analyse. Schumpeter und Keynes haben das, je auf ihre Weise, deutlich erkannt: »Die Geschichte besteht aus einer Folge von kurzfristigen Situationen, die den Lauf der Dinge endgültig verändern können«[94], sagt Schumpeter, und Keynes ergänzt diesen Gedanken in einem berühmt gewordenen Zitat: »*In the long run* we are all dead. Economists set themselves too easy, too useless a task if in tempestuous seasons they can only tell us that when the storm is long past the ocean is flat again«.[95] Die Veränderung wirtschaftlicher »Daten« ist ein *historisches* Faktum, kein mechanisch-dynamisches. Ein langer Zeitraum ist deshalb keineswegs identisch mit dem, was die Neoklassiker »langfristig« nennen. Es ist vielmehr ein Zeitraum als Folge unzähliger kurzfristiger, situativer Ereignisse, die sich zwar aufeinander beziehen, nicht aber durch ein mechanisches Gesetz verbunden sind.

Es gibt einen sehr einfachen, empirischen Hinweis auf diesen historischen Charakter ökonomischer Strukturen: Den vergeblichen Versuch, ein eindeutiges Kriterium zur Messung des Geldwertes durch *Preisindizes* zu finden. Dieses – auf den ersten Blick – Spezialgebiet der Statistik zeigt ganz alltäglich die praktische Unmöglichkeit, für längere Zeiträume konstante Verhältnisse zu unterstellen. Irving Fisher hat zuerst in klarer Form die Frage aufgeworfen, welchen Kriterien ein Preisindex gehorchen muß, um den Geldwert tatsächlich messen zu können. Fisher geht aus von der Beobachtung, daß sich im Zeitverlauf Preise und Gütermengen unentwegt ändern, dies allerdings »niemals in vollkommen einheitlicher Richtung.«[96]

---

einmal, wie sie einer mathematischen Behandlung überhaupt unterworfen werden könnten.« H. Bergson, Schöpferische Entwicklung, Jena 1912, S. 26.

[94] J. Schumpeter, Kapitalismus, Sozialismus und Demokratie, München 1950 S. 420.

[95] J. M. Keynes, A Tract on Monetary Reform (1923), Collected Writings Bd. IV, S. 65.

[96] I. Fisher, Die Kaufkraft des Geldes, Berlin 1916, S. 149.

Wenn man in Erfahrung bringen möchte, wieviel Güter man durchschnittlich für eine Geldeinheit kaufen kann, benötigt man ein Maß für ein »allgemeines Niveau« der Preise. Dieses allgemeine Niveau ist ein Durchschnittspreis. Um eine *durchschnittliche* Preisänderung ermitteln zu können, kann man Preisindizes konstruieren. Formal ist der Geldwert einfach der Kehrwert des Preisindex.

Der Preisindex soll aber *nur* die monetäre Komponente erfassen, nicht Ausdruck *relativer* Preisänderungen sein. Wenn bei zwei Gütern ein Gut teurer und die nachgefragte Menge geringer, beim anderen Gut der Preis aber gesunken und die nachgefragte Menge gestiegen ist, dann ist nicht a priori zu entscheiden, ob der Geldwert gesunken oder gestiegen ist. Es hängt offenbar davon ab, welches relative *Gewicht* die jeweiligen Güter besitzen. Obgleich an dieser Stelle zu zeigen wäre, daß die Vorstellung eines viele Güter verbindenden »Wertes« gar nicht sinnvoll ist, wollen wir diesen Punkt auf sich beruhen lassen und uns nur dem darin liegenden Zeitphänomen zuwenden.

Fisher versuchte, die Summe der zahllosen Produkte aus Preis und Gütermenge einer Periode in einen Index aufzuspalten, der jeweils *nur* von dem Preis und *nur* von den Gütermengen abhängig ist. Das ist aber *logisch* gar nicht möglich, ohne dem Index jede Aussagekraft zu nehmen.[97] Formuliert man einen Index, in den *nur* die Preise einfließen, so bleibt die individuelle Gewichtung beliebig und der Index damit ohne Aussagekraft. Verwendet man aber Gütermengen oder Ausgabenmengen in den Gewichten für die einzelnen Preise zur Durchschnittsbildung, so ist man mit der Tatsache konfrontiert, daß die *Änderung* der Preise nicht unabhängig von der *Änderung* der Gütermengen beobachtet werden kann. Auch in einem walrasianischen Totalmodell gehen Preisänderungen stets mit Mengenänderungen Hand in Hand.

In einer Welt mit unveränderlichen Güterformen und fixen Ressourcen wären Preisänderungen *stets* nur relative Veränderungen eines gesamten Gleichgewichtssystems. Eine sich *entwickelnde* Wirtschaft weist jedoch mit solch einer walrasianischen Welt keine Ähnlichkeit auf. *Wachstumsmodelle*

---

[97] Ein kurzer und sehr eleganter Beweis findet sich bei W. Eichhorn, J. Voeller, Theory of the Price Index, Berlin-Heidelberg-New York 1976, S. 74 (Theorem 4.3.3).

mit vielen Gütern kommen nur dann zu eindeutigen und einfachen Schlußfolgerungen, wenn sich alle Güter gleichschrittig vermehren (Steady State), wie dies im von-Neumannschen-Wachstumsmodell postuliert wird. Ändern sich aber die Güterproportionen, treten neue Güter auf und verschwinden alte Güter, so kann von einer proportionalen Änderung, von einem »Steady-State-Wachstum« keine Rede sein.

In einer Welt, in der Rechenbretter und Logarithmentafeln durch Rechenschieber, Rechenschieber durch Taschenrechner, Taschenrechner durch Personalcomputer, Personalcomputer durch Notebooks ersetzt werden, in einer Welt, die durch historische Veränderungen in den Produktions-, Konsum- und Güterstrukturen charakterisiert ist, in *unserer alltäglichen Welt* also, gibt es weder ein bewegliches noch ein stationäres Gleichgewicht. Der praktische Ausdruck dieser Tatsache, daß die wirtschaftliche Entwicklung ein *historischer Prozeß* ist und gerade keine *Dynamik* im Sinn der Mechanik, ist die Unmöglichkeit, *den* idealen Preisindex zu finden. Wenn man durchschnittliche Ausgaben für verschiedene Güter definiert, so ändert sich dieser Durchschnitt *selbst*. »Jede Veränderung in der Verteilung der Realeinkommen oder der Verhaltensweisen und der Ausbildung, jede Änderung des Klimas und nationaler Gewohnheiten und jede Änderung in den relativen Preisen und im Charakter und der Qualität der angebotenen Güter beeinflußt bis zu einem gewissen Grade die Durchschnittsausgaben.«[98]

Die *praktische Statistik* braucht vor dieser Tatsache nicht zu kapitulieren; es lassen sich durchaus Preisindizes mit konstanten Gewichten berechnen, die keineswegs ohne Interesse sind. Die Notwendigkeit, diese Gewichte (»Warenkörbe«) laufend an die wirtschaftliche Entwicklung anzupassen – das Statistische Bundesamt ändert alle fünf Jahre die Basis für die meisten Preisindizes –, ist nur der Ausdruck der Tatsache, daß die wirtschaftliche Entwicklung in einer *historischen*, nicht in einer mechanischen Zeit verläuft. Es ist deshalb ebenso unmöglich wie unsinnig, »reale« Größen über einen (längeren) Zeitraum zu definieren und zur Grundlage von Modellen zu machen, die mechanische Gesetze zum Ausdruck bringen, wie dies in der Wachstumstheorie geschieht. Die *Geschichte* der Wirtschaft kann nicht in

[98] J. M. Keynes, A Treatise on Money Bd. I, Collected Writings Vol. V, S. 85f.

einigen Kennzahlen beschrieben werden. Wenn man Aggregate wie »Bruttoinlandsprodukt«, »Kapitalstock«, »Investitionen« usw. aus laufenden Statistiken entnimmt, die jeweils *historische* Summen verzeichnen, und zwischen diesen wenigen Kennzahlen mechanische Beziehungen herzustellen hofft, die diese Größen auch *historisch* determinieren, so verkennt man die wesentliche Differenz zwischen historischer Zeit und mechanischer Uhr. »Zu sagen, daß der Netto-Output heute größer, das Preisniveaus aber niedriger ist als zehn Jahre oder ein Jahr zuvor, ist eine Aussage von vergleichbarem Charakter wie die Feststellung, daß Königin Victoria eine bessere Königin aber keine glücklichere Frau war wie Königin Elisabeth – eine Feststellung nicht ohne Bedeutung und ohne Interesse, aber ungeeignet als Material für die Differentialrechnung.«[99]

Man kann die kategoriale Differenz zwischen der physikalischen Zeit (d. h. der relativen Beziehung zu einer Uhr) und der historischen Zeit an einem einfachen Beispiel demonstrieren. Nehmen wir an, daß Investoren *individuell* unter sonst unveränderten Bedingungen mit *sinkendendem* Zinssatz *mehr* investieren. Ferner sei vorausgesetzt, daß diese Beziehung durch eine einfache Gerade angenähert werden kann. Machen wir nun folgendes Gedankenexperiment: In unserer Modellwirtschaft ändere sich die wirtschaftliche Stimmung stetig zum Besseren. Wir drücken dies so aus, daß schrittweise immer mehr Investoren positivere Zukunftserwartungen bezüglich ihrer Investitionserträge bilden. Es gibt damit zwei Gruppen: Pessimisten und Optimisten, wobei die Zahl der Pessimisten ab-, die Zahl der Optimisten zunehmen soll. Die Bundesbank bemerkt diese Entwicklung auch und möchte verhindern, daß es durch eine zu lasche Geldpolitik zu einer Erhöhung des Preisniveaus kommt; sie erhöht mit zunehmendem Optimismus in kleinen Schritten die Leitzinsen und führt damit einen langsamen Anstieg des allgemeinen Zinsniveaus herbei.

Was werden wir in dieser Modellwelt für eine Beobachtung machen? Wir können beobachten, daß die *Gesamtinvestitionen* mit steigenden Zinsen *steigen*, obgleich *individuell* die »Verhaltensfunktionen«, für Optimisten und Pessimisten, mit steigendem Zinssatz zu *sinkenden* Investitionen führen.

---

[99] J. M. Keynes, General Theory aaO., S. 40.

Wie ist das möglich? Eine Skizze mag diese Situation beleuchten.[100] Die beiden fallenden Geraden stellen die Investitionsfunktionen der Optimisten und Pessimisten dar. Die Zahl der Optimisten nimmt schrittweise zu, weshalb die Bundesbank gleichschrittig die Leitzinsen erhöht. Im Resultat ergibt sich die durch den Pfeil angezeigte Entwicklung in den Investitionen und Zinssätzen. Die Investitionen scheinen insgesamt mit steigenden Zinsen zu steigen, und eine ökonometrische Analyse würde zum Ergebnis kommen, daß die Zinselastizität der Investitionen positiv ist. In den »historischen« Daten zeigt sich etwas ganz anderes, als mikroökonomisch durch (mechanische) Verhaltensfunktionen postuliert wurde.

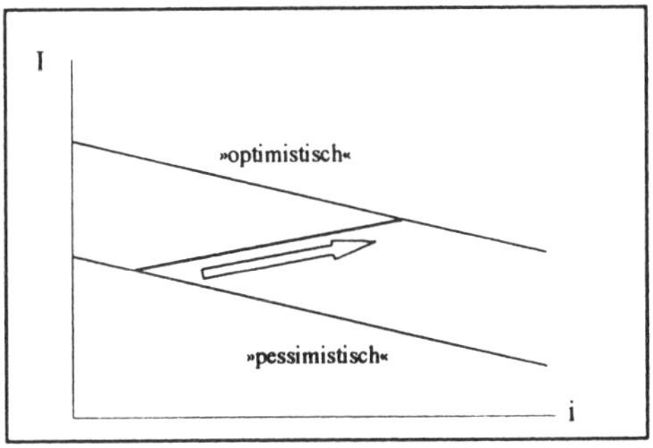

Hypothetischer und beobachteter Zusammenhang zwischen Zins und Investitionen

Nun mag man einwenden: *Ceteris paribus* würde aber ein Optimist und ein Pessimist bei steigendem Zinssatz weniger investieren, der positive Zusammenhang zwischen Zinssatz und Investitionen ist das Resultat einer »Überlagerung« von zwei »an sich« unabhängigen Beziehungen. Dieser Einwand mag naheliegend sein, er ist gleichwohl nicht stichhaltig. Die »optimistische« und »pessimistische« Investitionsfunktion ist das Resultat von bestimmten Erwartungen in einer historischen Situation, die durch eine *Veränderung* eben dieser Erwartungen gekennzeichnet ist. Das Handeln der Bundesbank ist gerade *durch* diese erkannte Veränderung motiviert und deshalb nicht als selbständiger »Parameter« zu behandeln. Die historische Situation ist *eine*, sie kann nicht »analytisch« zerlegt werden

[100] Der formale Nachweis kann ganz einfach so erfolgen: Seien I_o = a-bi die Investitionsfunktion der Optimisten, I_p=a*-bi die Investitionsfunktion der Pessimisten; a, a* und b sind positive Konstanten, I ist das Investitionsvolumen und i der Zinssatz, mit a > a*. Führen wir einen Parameter λ ein, der den Anteil der Optimisten an der Gesamtzahl der Investoren ausdrückt, so ist das Aggregat der Investitionen gleich: $I = I_o\lambda + I_p(1-\lambda)$. Variiert nun die Bundesbank den Zinssatz als Reaktion auf Änderungen von λ, so gilt $i = i(\lambda)$. Es läßt sich dann unschwer der skizzierte Fall ableiten. Man beachte, daß λ kein Zeitindex ist.

in einfache Funktionen. Die Funktionen haben nur *in* dieser Situation ihren Sinn.

Wenn man »unter Experimentalbedingungen« Beziehungen zwischen Aspekten einer Entscheidungssituation diskutiert, dann hat man sich damit sogleich von der *historischen* Bestimmung der Entscheidungssituation gelöst und Erwartungen in eine mechanische Variable verwandelt. Jedes Gedankenexperiment setzt wenigstens *prinzipiell* voraus, daß die Aspekte von Entscheidungssituationen analytisch zu trennen und in eine abstrakt-mechanische Beziehung zu bringen sind. Gerade das verbietet aber der Charakter von Erwartungen. Erwartungen bilden sich immer als Interpretation einer *ganzen* historischen Situation, das mechanische Denkmodell – auch für unser kleines Beispiel gilt dies – *isoliert* jedoch situative Momente.

Es gibt Übergänge zwischen Situationen, die »berechenbar« sind, obgleich wir niemals *sicher* sein können, daß nicht unvorhergesehene Umstände die *Voraussetzungen* der Berechnung ad absurdum führen. Doch derartige Übergänge sind Strukturen *innerhalb* des gesamten Entwicklungsprozesses, keineswegs der Entwicklungsprozeß selbst. *Berechenbare* Übergänge zwischen Situationen basieren auf unveränderten *Gewohnheiten.*[101] Gewohnheiten sind aber stets relativiert auf etwas anderes: Auf die Möglichkeit, die Gewohnheiten zu ändern oder durch andere zu ersetzen. Dieser Vorschein der menschlichen Kreativität ist nur ein anderer Ausdruck für die *Freiheit.* Es gibt, weil es Gewohnheiten gibt, im menschlichen Handeln mechanisch *scheinende* Strukturen, doch diese Strukturen sind stets eingebettet in eine Situation, die auch *frei* verändert werden kann.

Das völlig andere, *historische* Wesen der Zeitstruktur, das die wirtschaftlichen Handlungen bestimmt, *gründet* in der menschlichen Freiheit. Die erlebte Zeit zeigt sich nicht darin, daß wir durch Termine und die Uhren gehetzt werden, sie zeigt sich vielmehr darin, daß wir *Zukunft und Vergangenheit haben.* Der subjektive »Zeitdruck« ist nur das Erleben der *mechanischen* Zeit als Vorgang, als etwas, das uns von außen bestimmt. Wir

---

[101] Die Rolle der Gewohnheiten im Gegensatz zur kreativen Veränderung habe an anderer Stelle systematisch entwickelt; vgl. K.-H. Brodbeck, Erfolgsfaktor Kreativität. Die Zukunft unserer Marktwirtschaft, Darmstadt 1996.

können uns dieser mechanischen Zeit nur unter *Ausschaltung* unserer Freiheit einfügen, wir müssen Termine *wahrnehmen*. Der *Zwang* zum Einhalten bestimmter Termine ist aber niemals eine objektive Gegebenheit, vielmehr das Resultat einer gewohnten Verknüpfung von Mittel und Zweck. Die Gewohnheiten verknüpfen bestimmte Mittel und Zwecke so, daß sie wie Ursachen und Wirkungen erscheinen. Die logische Form dieses Gedanken lautet: »Um dies zu erreichen, *muß* ich jenes tun«. Das »Muß« dieser Folgerung erscheint als kausale Verknüpfung, bleibt aber dennoch stets auf die Freiheit relativiert. Es hält keinem »Warum eigentlich?« stand. In der Erinnerung und in der Erwartung zeigt sich eine ganz andere als die gewohnheitsmäßige, mechanische Zeiterfahrung: ein *Warten gegen* das Kommende (Gegen-wart), das wir selbst *herbeiführen* durch unser Handeln. Die Freiheit *ist* deshalb eine *Zeitstruktur*.[102]

3.7 Freiheit und Sterblichkeit

Unabtrennbares Kennzeichen der Bezogenheit des Handelns auf die Zukunft ist das Wissen der Menschen um ihre eigene Sterblichkeit. Der Tod kommt in der Ökonomie ebenso selten vor wie in anderen Wissenschaften. An einer Stelle macht Adam Smith die für seine Zeit offenbar noch selbstverständliche Bemerkung: »Die Menschen sind an dem, was den Unterhalt in diesem Leben betrifft, ebensosehr interessiert wie an ihrem Glück in einem Leben danach (life to come).«[103] Die Neoklassiker machen sich im Unterschied zu Adam Smith hier keine Gedanken mehr – oder sie sind das, was man in der anglo-amerikanischen Diktion *brillant* nennt. Unnachahmlich ist in diesem Punkt Gary S. Becker. *Der Tod sei*

---

[102] »Freiheit nennt man die Beziehung des konkreten Ich zur Handlung, die es ausführt. Diese Beziehung ist undefinierbar eben weil wir frei sind; denn man kann zwar eine Sache, nicht aber einen Fortschritt analysieren; Ausdehnung kann man zerlegen, nicht aber Dauer.« H. Bergson, Zeit und Freiheit, Jena 1920, S. 173. Die »Dauer« ist nach Bergson eine »qualitative Mannigfaltigkeit, die mit der Zahl keine Ähnlichkeit hat«, aaO., S. 178.

[103] A. Smith, Wealth aaO., S. 561. »A. Smith stellt also die Bedürfnisse, die sich auf das Leben nach dem Tode beziehen, an Dringlichkeit denen der baren Lebenserhaltung nahezu gleich. Und in der Tat können wir beobachten, welch große Opfer in Verfügungen unter Lebenden und von Todes wegen um dieses Bedürfnisses willen gebracht werden.« L. Brentano, Grundbedingungen aaO., S. 135.

schlichtweg ein Problem der rationalen Wahl. Das haben mehr als 2500 Jahre Philosophie einfach übersehen: »Entsprechend dem ökonomischen Ansatz sind (.) die *meisten* (wenn nicht alle!) Todesfälle bis zu einem gewissen Grade ›Selbstmorde‹, in dem Sinne, daß man sie hätte hinausschieben können, wenn man mehr Ressourcen in die Lebensverlängerung investiert hätte.«[104] Der *homo oeconomicus* wählt nicht nur Güter, es wählt auch seine eigene *historische* Dauer durch den Einsatz geeigneter Ressourcen. Unterbleibt der Ressourceneinsatz, so präferiert solch ein Wirtschaftsmechanismus die Gegenwart so stark, daß der Tod ohne Bedeutung wird.

Auch J. Niehans, von Heidegger beunruhigt, beschäftigt sich mit dem Tod: »Immerhin ist in den letzten Jahren von der betriebswissenschaftlichen Verfahrensforschung exakt nachgewiesen worden, daß die Erwartungen nicht unbedingt bis in die fernste Zukunft, also z. B. beim einzelnen Menschen bis ans Lebensende, spezifiziert zu werden brauchen. Vielmehr sind für sinnvolle Entscheidungen sehr oft nur die Erwartungen für eine nähere Zukunft erforderlich, während für fernere Zeitabschnitte immer unbestimmtere und gröbere Vorstellungen genügen. Heideggers eindrucksvolle Wendung vom ›Sein zum Tode‹ wird damit stark relativiert.«[105] Welchen »exakten Nachweis« Niehans hier im Auge hat, verrät der Text nicht. *Daß* die Erwartungen der Menschen nicht bis in die fernste Zukunft reichen, ist kaum ein überraschendes »Forschungsergebnis«. Der Einwand ist zudem irrelevant. Heideggers »Sein zum Tode« ist die beständige *Möglichkeit* des Todes für das Individuum, die stets *gegenwärtig* ist. Es handelt sich nicht um eine *Erwartung* des Sterbemomentes.

Die Schwierigkeit für die Wirtschaftswissenschaften ist allerdings eine andere: Das von Becker postulierte menschliche Verhalten, beschrieben durch den ökonomischen Ansatz, verdient tatsächlich erst dann *rational* im Sinne von »berechnend« genannt zu werden, wenn Nutzenerwägungen nicht punktuell erfolgen, sondern einen langen Zeitraum umfassen. Sicherlich hat Becker darin recht, daß Gesundheitsrisiken gegenwärtiger Konsumakte zum großen Teil bekannt sind und rational gegen künftiges

---

[104] Becker, Der ökonomische Ansatz aaO., S. 9; Beckers Einfügung.

[105] J. Niehans, Die Zeit aaO., S. 277f.

Leid durch Krankheit abgewogen werden müßten. Schon H. H. Gossen, der Vater der Grenznutzenlehre, hat deshalb folgendes Prinzip menschlichen Verhaltens postuliert: Es »muß das Genießen so eingerichtet werden, daß die Summe des Genusses des ganzen Lebens ein Größtes werde.«[106] Das setzt aber voraus, daß die Lebensspanne bekannt und der Tod berechenbar ist.[107] Nun ist der Tod zwar die einzige Sache in der Welt, die *tod-sicher* ist und deren Erwartung sicher nicht enttäuscht wird – im Unterschied zu allen anderen Erwartungen, die sämtlich *unsicher* oder *ungewiß* sind –, gleichwohl ist die *Situation*, in der uns das Schicksal ereilt, unbekannt.

Selbst Becker kann nicht annehmen, daß bei geeigneter »Ressourcenwahl« Menschen beliebig lange leben können. Die »zugemessene Lebensspanne« ist einfach unbekannt. Es besteht auch keine Chance, den Tod *ausprobieren* zu dürfen; er ist endgültig. Wenn man, in einer Fehleinschätzung seiner Lebensspanne, die zeitliche Allokation seiner Ressourcen »ineffizient« vornimmt, dann kann das niemals korrigiert werden. »Rationalität« setzt aber die Möglichkeit der Anpassung und der Korrektur voraus, wenn keine »vollständige Information« vorliegt. Daraus ergibt sich ein für die Nutzentheorie betrübliches Resultat: Eine rationale, intertemporale Konsumwahl ist *logisch* unmöglich.[108] Wir besitzen keine Informationen über unsere *faktische*, *individuelle* Lebensspanne und können darüber auch nur *einmal* etwas lernen, allerdings mit der fatalen Folge, daß mit dem Lernen das Erlernte in die Ewigkeit versinkt. Das Ende der Lebensbühne mündet in die Shakespearesche Klage:

---

[106] H. H. Gossen, Entwicklung der Gesetze des menschlichen Verkehrs und der daraus fließenden Regeln für menschliches Handeln, Braunschweig 1854 (Reprint), S. 1.

[107] Die »Lebenszyklus-Hypothese« in der Konsumtheorie ist nur eine besondere Form der Gossenschen Vorstellung.

[108] Formal kann man diese Frage so ausdrücken: Wenn ein Haushalt über T Perioden seinen Konsum maximiert unter einer vorhergesehenen Einkommensbeschränkung, dann fordert ein optimales Konsumprogramm eine Annahme über das Güterbündel in der letzten Periode T. Der optimale Konsumpfad wird durch die Größe dieses Güterbündels bestimmt. Verzichtet man also darauf, den Konsum bis zum Tod planen zu wollen und optimiert statt dessen einen als »sicher« angesehenen Zeitraum, so bleibt unbestimmt, wie beim Ende des Planungshorizonts das optimale Güterbündel bzw. die Ersparnis bestimmt werden soll, denn *diese Größe hängt ab von der Kenntnis des Todeszeitpunkts*. Nur ein *altruistisches* Verhalten hätte angesichts dieser Frage keine »Optimierungsprobleme«.

»Life's but a walking shadow, a poor player
That struts and frets his hour upon the stage,
And then is heard no more; it is a tale
Told by an idiot, full of sound and fury,
Signifying nothing.«[109]

Man kann hier wieder die Flucht in den Durchschnitt antreten und sagen: *Im Durchschnitt* ist die Lebensspanne bekannt, und es ist dann eben rational, diesen Durchschnitt zugrunde zu legen. Bei diesem Argument liegt erneut eine kategoriale Verwechslung der Zeitstrukturen vor. Die durchschnittliche Lebensspanne ist die objektivierte, an einer Uhr gemessene Zeitspanne, die mit den eigenen Entscheidungen, den Erwartungen nichts zu tun hat. Die Auskunft, daß eine statistische Masse durch bestimmte Merkmalsausprägungen zu charakterisieren ist (etwa einer Sterbehäufigkeit in bestimmten Alters- oder Berufsgruppen), hat zum *individuellen Erlebnis* keine Beziehung. Man müßte das Prinzip der *individuellen* Rationalität vollständig über Bord werfen, um ein intertemporales Konsumgleichgewicht als Durchschnitt überhaupt *denken* zu können.

Ein Durchschnitt bei gegenwärtigen ökonomischen Größen ist wenigstens statistisch problemlos: Man kann sich immer zum Durchschnitt in Beziehung setzen und z. B. sein Einkommen mit dem Durchschnittseinkommen vergleichen. Die durchschnittliche Lebensdauer mittelt aber nur eine *Zahl*, nicht die wirkliche Dauer der Erlebens. Wer vorzeitig stirbt, *lebt* nicht im Durchschnitt. Insofern ist es gerade der *Tod*, der die Individualität des Menschen, seine Vereinzelung ausmacht.[110] Der Tod ist *im Leben* gegenwärtig, und wir Menschen sind durch das Wissen um und die Beziehung zum Tod ausgezeichnet vor anderen Lebensformen. Der Tod ist in diesem Zeitverständnis stets der Horizont unserer Zukunftshoffnungen und -ängste.[111] Wenn der Mensch, sagt Paracelsus,

---

[109] W. Shakespeare, Macbeth, Akt V, Szene V.

[110] M. Heidegger, Sein und Zeit aaO., S. 263.

[111] »So also ist der Tod – gleichsam wie ein Mörder mit gezücktem Schwerte – gleichzeitig mit der Geburt gekommen.« Buddhaghosa, Visuddhi-Magga, Konstanz 1952^2, S. 270; »In dem selben Augenblicke, in dem jemand in dies sterbliche Leben eintritt, fängt der Tod an sich vorzubereiten.« Augustinus, De civit. Dei XIII, 10, Bd. 2, S. 117.

»am gesündesten ist, so dünkt ihn das nur so, denn die Zerstörung feiert keinen Augenblick. Wenn wir geboren werden und empfangen, so sind wir schon in den Tod bestimmt.«[112] Dieses Zeitverständnis des »Seins zum Tode« ist dadurch charakterisiert, daß die Menschen Wesen sind, für die, solange sie leben, immer »noch etwas aussteht«[113]. Gerade dies kennzeichnet unser Wesen, unsere Geworfenheit. Die Erwartungen als grundlegende Struktur der Wirtschaft sind immer auch ein Vorschein dieser Geworfenheit: Die Erwartung ist in ihrer inneren Struktur stets auch *Angst um sich selbst* – auch dann, wenn sich dieses »Selbst« als Firma, Organisation oder Staat begreift.

Die Bedeutung des ignorierten oder »rationalisierten« Phänomens »Tod« für die Wirtschaftswissenschaften liegt gerade in der kaum jemals thematisierten *Angst* in Entscheidungen. Die *Angst* ist der Grund, weshalb Menschen in ihrer Freiheit sich an Gewohnheiten heften und sie verteidigen, zugleich aber auch immer angstvoll *erwarten*, daß sie ihre Gewohnheiten *nicht* mehr beibehalten können. »Angst aber machen weder die vergangenen Übel noch die gegenwärtigen, sondern die, welche *erwartet* werden«[114]. Diese Zeitstruktur des Wissens um den eigenen Tod und die daraus hervorgehende Angst ist für das Verständnis gerade *jener* Verhaltensweisen unerläßlich, die der Wirtschaftsmechanismus selbstverständlich voraussetzt. Gewohnheiten sind in ihrer Struktur mechanisch und deshalb berechenbar. Man hält aber an Gewohnheiten vor allem aus Angst um sich selbst fest.[115] Mit der Verdrängung des Todes aus dem Bewußtsein des Alltags wird auch die *Zeit* überhaupt verdrängt. Man will die Zeit nicht wahrhaben und setzt auf mechanische Berechenbarkeit, weil je für mich Zeitlichkeit immer *Sterblichkeit* bedeutet. Ohne den Tod und seine grundlegende Bedeutung für das Verständnis der Zeitstrukturen einzubeziehen, können die wirklichen Beweggründe der Handlungen in der Wirtschaft aber nicht verstanden werden.

---

[112] Paracelsus, Die Geheimnisse. Aus seinen Schriften, Leipzig 1941, S. 126.

[113] M. Heidegger, aaO., S. 242.

[114] Platon, Laches 198b.

[115] Vgl. K.-H. Brodbeck, Entscheidung zur Kreativität, Darmstadt 1995, S. 317ff.

3.8 Die Utopie des stationären Zustands

Die Eliminierung der Zukunft und das Eskamotieren der menschlichen Endlichkeit durch die Rationalisierung der Erwartungsstrukturen gelingt auch den überzeugtesten Wirtschafts-Mechanikern nicht vollständig. Wenn sie bemerken, daß das Gleichgewicht, das sie beschreiben, nicht beobachtet werden kann, dann verwandeln sie es in eine *Utopie*. »Inhaltlich trägt diese Konstruktion«, sagt Max Weber von der theoretischen Volkswirtschaftslehre, »den Charakter einer *Utopie* an sich«[116]. Die drängende Zukunft, die sich täglich in Hoffnungen und Ängsten zeigt, bleibt in mechanischen Modellstrukturen verschwunden. An ihre Stelle tritt die stationäre Utopie.

Die vorklassischen Nationalökonomen sahen, in christlicher Tradition, das Utopia in der Vergangenheit. Es ist das verlorene Paradies. Noch John Steuart kennt vor allem das Paradies als Vorbild einer stationären Welt. Er konnte sich dieses Paradies jenseits der Zeit nur so vorstellen, daß darin die Menschen von »allen beschwerlichen thierischen Begierden«[117] frei und deshalb auch nicht gehalten sind, zu arbeiten. Seit dem Fall des Menschengeschlechts, der Vertreibung aus dem Paradies, gelten aber ökonomische Regeln. Seither »ist das ganze menschliche Geschlecht beschäftigt gewesen, Mittel zur Erleichterung der Bedürfnisse, welche die Folgen solcher Begierden sind, zu erfinden und zu gebrauchen.«[118]

Steuart macht in einem bemerkenswerten Hinweis ferner deutlich, worin solch ein Paradies besteht: Im Paradies sind wir fähig, »unsre complexen Begriffe einander mit Deutlichkeit mitzutheilen«. Es gibt keine Differenz in der Weltinterpretation verschiedener Menschen, damit auch keinen Streit über Vergangenheit oder Zukunft. »Hieraus schließe ich, daß alsdann kein Unterschied in den Meinungen, kein Disputieren, kein

---

[116] M. Weber, Gesammtelte Aufsätze zur Wissenschaftslehre, Tübingen 1968³, S. 190. Vgl. den Begriff des »Typus« bei C. Menger, Untersuchungen aaO., S. 11ff. Menger und Weber glaubten, durch »gedanklichen Steigerung« von Wirklichkeitselementen, Weber aaO., zu solchen Typen zu gelangen, Menger aaO., S. 40ff. – ein sehr naives, pseudo-kantianisches Verständnis der Herkunft von Denkmodellen bei Menger und Weber.

[117] J. Steuart, Untersuchungen der Grundsätze der Staatswirtschaft, Bd. I, Hamburg 1769, S. 474.

[118] Steuart aaO.

Wettstreit über irgend eine Sache würde Statt gefunden haben.«[119] Steuert, noch nicht vollständig vom mechanischen Denkmodell gegängelt, bewahrt sich ein klares Verständnis dafür, was eine *zeitlose* Welt eigentlich sein müßte: Es müßte eine *solipsistische* Welt mit *einem* Ich sein, mit *einem* Bewußtsein.[120] Steuarts Diskussion macht aber deutlich, daß ein »Gleichgewicht« in einem nicht-mechanischen Sinn etwas ganz anderes bedeutet, als nur eine Ruhelage: Es wäre die vorgestellte Welt nur eines Bewußtseins, ein ökonomischer Solipsismus.

Spätestens durch Adam Smith und seine Schüler betrat in der Nationalökonomie der *Fortschritt* die Bühne ökonomischer Denkmodelle. Wenn der Fortschrittsgedanke noch nicht gänzlich mit einem quantitativen Mehr gleichgesetzt wird, wie es im politischen Ziel eines »angemessenen Wirtschaftswachstums« zum Ausdruck kommt, dann wird der Fort*schritt* als Schritt auf ein Ziel *zu* interpretiert. Die säkularisierte Paradies- und Endzeiterwartung erhält den Namen des künftigen stationären Zustands. Besonders bei Thünen wird das deutlich. »In der Wirklichkeit«, sagt Thünen, »ist alles Erscheinende nur Übergangsstufe zu einem unerreichten noch fernen Ziel.«[121] Seine Theorie entwarf er so, daß der von ihm untersuchte isolierte Staat dieses Ziel schon erreicht haben sollte. »Mit dem erreichten Ziel tritt Ruhe und damit der beharrende Zustand ein – und hier erblicken wir Gesetzmäßigkeit, während in der Übergangsperiode Manches uns als ein unentwirrbares Chaos erscheint.«[122] Dieses Eingeständnis ist ebenso sympathisch wie erhellend. Thünen gesteht zu, daß nichts weniger als *alles Erscheinende* sich in einem Übergangszustand befindet, er sagt auch, daß dieser Übergangszustand

---

[119] aaO., Note.

[120] Ob solch ein weltloses Bewußtsein überhaupt denkbar ist, braucht uns hier nicht zu beschäftigen. Es käme sicherlich dem buddhistischen Nirvana, das durch Wunschlosigkeit gekennzeichnet ist, sehr viel näher als einer stationären Fülle an Gütern, wie Robbins das ökonomische Nirvana definiert, als »die vollkommene Befriedigung aller Erfordernisse«; L. Robbins, Essay aaO., S. 13.

[121] J. H. von Thünen, Der isolirte Staat, Zweiter Theil, Berlin 1875, S. 35. Ähnlich argumentiert später Clark: »We must in this way create for our own purposes an imaginary state, in which for a time social forces and relations are stable.« Distribution as Determined by a Law of Rent, Quarterly Journal of Economics, 5 (1890-91) (Internet-Text).

[122] Thünen, Staat aaO.

gerade *keine* – ich ergänze: mechanischen – Gesetzmäßigkeiten kennt. Deshalb greift Thünen zu dem methodischen Kunstgriff, so zu tun, *als ob* der Endzustand (ein stationärer Zustand) bereits erreicht sei. Die *Utopie* wird analysiert, nicht die alltägliche Welt des »Chaos«.

Thünen rechtfertigt dies dadurch, daß er sagt, in jedem Einzelnen sei bereits »der Keim zu einer bestimmten – nicht zufälligen, nicht willkührlichen Entwickelung«.[123] Diese Keime sind es, die im Chaos der Gegenwart das lichte Utopia zu schauen erlauben. »Die durch diese Methode erlangte Erkenntnis kann aber wesentlich dazu beitragen, über die verwirrenden Erscheinungen während der Entwickelung und des Übergangs Licht zu verbreiten.«[124] Den gegenwärtigen Generationen ist es nur gestattet, für dieses Utopia zu arbeiten. Ökonomie als Wissenschaft soll die »Größe der Aufgabe«, die »von der gesammten Menschheit in mehreren Geschlechtern vollbracht wird«, erfassen helfen. Der kommende, irgendwann sicher kommende stationäre Zustand ist das »Vernunftgemäße«[125]. Da die »Verwirklichung« dieser Aufgabe »eine Zeitdauer (erfordert), die die Lebenszeit des Menschen oft weit übersteigt«[126], verbleibt den Menschen in der Gegenwart nicht das Resultat, sondern nur die schöne Utopie, die leider »wohl den Einzelnen entmuthigen (könnte), Hand an´s Werk zu legen«[127] Es fällt nicht schwer, im Denkmodell vom stationären Zustand exakt das zu erblicken, was Marx im Kommunismus zu erreichen hoffte. Weil die Theorie immer schon über die Gegenwart hinaus ist, jenseits der Zeit, beim heren Ziel in ferner Zukunft, braucht das »Chaos« der Gegenwart auch gar nicht eigentlich untersucht zu werden: Es besitzt ohnehin nur – wie Marx sagt – »transitorischen Charakter«. Wenn Marx dem Kapitalismus vorwirft, daß in ihm das Vernünftige nur als »blinder« Durchschnitt in Wirtschaftskrisen sich durchsetze, so ist sein Denkmodell mit dem Thünens identisch. Die Vernunft ist in der Gegenwart nur als »Keim« vorhanden, der voll erblühte Baum des

[123] Thünen aaO., S. 36.

[124] aaO.

[125] aaO., S. 36 und 37.

[126] aaO., S. 35.

[127] aaO., S. 37.

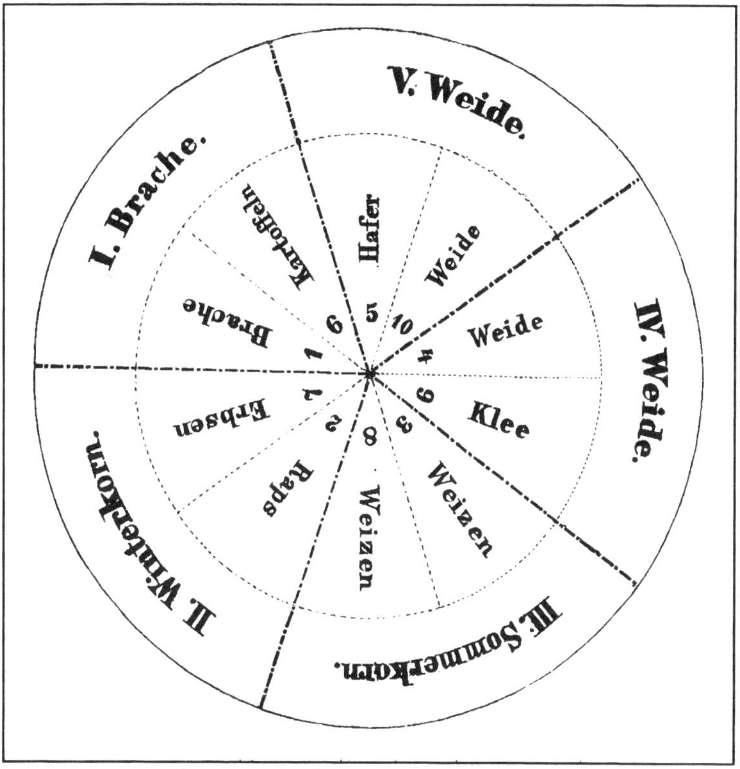

Stationäres Gleichgewicht im isolierten Staat
(Thünen 1826)

stationären Zustands (des »Kommunismus«) wird aber sicher bald, vielleicht auch etwas später kommen.

Die Analyse der *gegenwärtigen* Gesellschaft wird unter einer Voraussetzung vorgenommen, die offenkundig nicht zutrifft: Der Voraussetzung des bereits erreichten stationären Zustands, des Gleichgewichts. Nur dieser Zustand erscheint den Wirtschafts-Mechanikern als »vernunftgemäß«, weil sie Vernunft mit Berechenbarkeit gleichsetzen und dem Ideal der Physik huldigen. Die Gegenwart zeigt sich als Chaos, *also* – so lautet der Schluß – muß die Vernunft in der Zukunft liegen. Das ist auch der Grund, weshalb Neoklassiker und Neoliberale so gerne die Vokabel »langfristig« verwenden. Die lange Frist ist eine utopische Zukunft, die *nie* erreicht wird. Weil aus der Gegenwart die *faktische* Zukunft, wie sie in der menschlichen Endlichkeit, in den Erwartungen *wirkt*, weil aus der Gegenwart die *Zeit* eliminiert wird, die Gegenwart aber in der historischen Zeit verläuft, deshalb wird das Gleichgewicht, der stationäre Zustand oder das kommunistische Utopia aus der Geschichte eliminiert und an einen zeitlosen Nicht-Ort versetzt: U-topia.

Es ist aber zu betonen, daß nur die wirklich großen Denker der ökonomischen Wissenschaft dies auch so zu Ende gedacht haben. Wicksell war sicherlich einer von ihnen. Wie Thünen entdeckt er in der Gegenwart, zum Beispiel bei der individuellen Kapitalbildung, »ein gar sehr verwickeltes Phänomen«.[128] Deshalb wendet er den Blick auf die Gesellschaft im Durchschnitt: Wir »betrachten indessen die Gesellschaft im ganzen und nehmen ihre durchschnittlichen wirtschaftlichen Verhältnisse als *annäherungsweise* stationär an«.[129] Das, was Thünen den vernünftigen »Keim« in jedem Individuum nennt, wird bei Wickell zu einem Durchschnittsindividuum: »ein weder alterndes, noch je sterbendes Individuum«.[130] Die Schlußfolgerungen, die dann für eine derart utopische Wirtschaft des unsterblichen Durchschnitts gezogen werden, sind in der historischen Welt natürlich nicht anzutreffen. Ein Beispiel ist das von der Klassik und von Marx vorausgesagte notwendige Sinken der Profitrate oder des Kapitalzinses.[131] Es war Wicksell, der den Grund für das Ausbleiben dieser Vorhersage erkannte. Dieser Grund »dürfte doch wohl darin liegen, daß unsere modernen Gesellschaften in so hohem Grade von dem stationären

---

[128] K. Wicksell, Vorlesungen über Nationalökonomie, Erster Band, Jena 1913, S. 280.

[129] Wicksell aaO. Clark sagt analog: »Actual society is dynamic; and, when we study it statically it is with no purpose of ignoring the changes to which it is subject. By a series of static studies we determine the nature of the changes«, Clark, Distribution aaO. Das ist ein klassisch zu nennender Denkfehler: Der wirtschaftliche Wandel *beruht* gerade auf einer Störung und Zerstörung dessen, was im »statischen Gleichgewicht« als Gesetz gelten soll. Clark und Walras betrachten den Profit als bloßen Störfaktor (»windfall profit«), der »eigentlich« im stationären Gleichgewicht gar nicht existiert. Der Zins ist aber *in seinem Wesen* ein rein dynamisches Phänomen; er leitet sich vom Profit ab. Vgl. zu dieser auf Fichte und Schumpeter zurückgehenden Theorie K.-H. Brodbeck, Erfolgsfaktor Kreativitität aaO., Kapitel 17.

[130] Wicksell aaO.

[131] Vgl. zur Äquivalenz der Marxschen mit der neoklassischen Fragestellung und ihrer Kritik: K.-H. Brodbeck, Wertsubstanz, Exploitation und tendentieller Fall der Profitrate, Jahrbuch der Wirtschaft Osteuropas 9,1, (1980), S. 56f. Hierbei muß differenziert werden zwischen einer Elimination jeglichen Gewinns durch den Wettbewerb, wie Walras und andere behaupten, und einer sinkenden allgemeinen Profitrate aus anderen Gründen. Marx und die Neoklassik machen dafür letztlich technische Faktoren (Kapitalintensität) verantwortlich.

Typus abweichen.«[132] Welch ein Eingeständnis und welch klarer Geist! möchte man ausrufen. Für das empirische Versagen der traditionellen Wirtschaftswissenschaft wird von Wicksell als Grund genannt, daß diese Theorie schlichtweg nichts mit ihrem Gegenstand zu tun hat. Wenn man aber an dieser so schönen Theorie dennoch festhalten möchte, dann muß sie entweder als Keim, als »langfristige Tendenz« oder als utopische Zukunft behauptet werden. Die modernen Gesellschaften machen aber, gut achtzig Jahre nachdem dies geschrieben wurde, nicht nur keine Anstalten, in einen stationären Zustand überzugehen, sie haben ihr »Chaos« und ihre »Abweichung von Utopia« nur noch verstärkt.

Während der unsterbliche ökonomische Durchschnittstheoretiker die Zeit weiterhin durch ein einfaches Diagramm mit einer Achse, an der »Zeit« oder »t« steht, bewältigt, haben sich die großen Wirtschaftstheoretiker nicht damit beruhigt. Sie bemerkten den Widerspruch zwischen der mechanischen Utopie und der alltäglichen Wirtschaftswelt und versuchten, diesen Widerspruch als *Hoffnung* für die Zukunft zu formulieren. Einige dieser Theoretiker haben, in wie auch immer modifizierter Form, die Marxsche Schlußfolgerung akzeptiert, daß die vernünftigen Keime im Kapitalismus nur nach dessen Ende im Sozialismus erblühen könnten. Schumpeter glaubte, in wichtigen Gedanken Marx folgend, Tendenzen des Kapitalismus zu entdecken, die »nachdrücklich auf den Sozialismus als seinen gesetzmäßigen Erben deuten.«[133] Keynes mochte sich dieser Kapitulation nicht anschließen. Obgleich er einmal Einstein gegenüber »a kind of sympathy with Communism«[134] bekundete, kann bei ihm von einer Resignation keine Rede sein. Keynes folgte nicht dem neoliberalen Schlachtruf »im Zweifel gegen die Tatsachen«. Wir können als Beispiel von Mises aus dem Jahre 1931 anführen, der inmitten der Weltwirtschaftskrise und im Angesicht von Millionen von Arbeitslosen, zu sagen wußte: »Es kann nicht dazu kommen, daß Arbeitsfähige längere

---

[132] K. Wicksell, Vorlesungen aaO., S. 285. Diese Frage wurde auch in Auseinandersetzung mit der Theorie vom »Unternehmergewinn« vielfach diskutiert. Vgl. H. v. Mangoldt, Grundriß der Volkswirtschaftslehre, Stuttgart 1871, § 96; Clark, Distribution aaO.; F.Y. Edgeworth, The Theory of Distribution, Quarterly Journal of Economics, Volume 18, 1904, S. 159-219.

[133] J. Schumpeter, Kapitalismus aaO., S. 106.

[134] J. M. Keynes, Essays in Biography, Collected Writings Bd. X, S. 383.

Zeit, viele Monate oder gar Jahre Arbeit suchen, ohne welche zu finden. Wenn der Arbeiter längere Zeit hindurch nicht die Arbeit findet, die er sucht, dann muß er entweder seine Lohnansprüche herabsetzen oder sich einer anderen Beschäftigung zu wenden, wo er höheren Lohn zu erhalten hofft.«[135] Dieser Flucht in die Legende schloß sich Keynes nicht an. Er formulierte vielmehr eine völlig neue Kritik an der neoklassischen Theorie, und entwickelte daraus seine beschäftigungspolitischen Vorschläge. Dennoch: Auch er blieb letztlich noch im Bann jenes Denkmodells, das mit einer Utopie zu trösten hofft, und darin liegt der *eigentliche* Mangel des Keynesianismus.

Keynes knüpfte eher an die englische Tradition an, wie sie von Mill verkörpert wurde. Mill sagte: »Ich bin geneigt zu glauben, daß (der stationäre Zustand) im Ganzen einen sehr bemerkenswerten Fortschritt über unsere gegenwärtigen Bedingungen hinaus bedeuten würde. Ich gestehe, nicht von dem Lebensideal jener bezaubert zu sein, die denken, daß der normale Zustand der Menschheit der des Kampfes um das Überleben ist, daß das Treten, Stoßen, das Benutzen der Ellbogen und das einander Nachstellen, das unseren gegenwärtigen Typus des sozialen Lebens kennzeichnet, der am meisten wünschenswerte sei«.[136] Mill fügte der Utopie des stationären Zustands einige neue Elemente hinzu. Er sagte, dieser stationäre Zustand sei nur ein Ende des Kapitalwachstums, keineswegs ein Kennzeichen des Verfalls. Mill hielt es für denkbar, daß die Künste und das Wissen im stationären Zustand eher zunehmen würden. Sein Lob des stationären Zustands war gewürzt mit erstaunlich kritischen Bemerkungen wie der zweifelnden Frage, »ob all die mechanischen Erfindungen, die bislang gemacht wurden, das Leben auch nur eines menschlichen Wesens wirklich erleichtert haben.«[137] Er sah im stationären Zustand zwar keine völlig neue soziale Ordnung, wohl aber zahlreiche Elemente dessen, was Sozialisten vieler Generationen sich von ihrer Zukunft erträumt haben.

---

[135] L. von Mises, Die Ursachen der Wirtschaftskrise, Tübingen 1931, S. 15f. Daß derartige Reden in neoliberaler Euphorie heute wieder identisch verlauten, sei nur am Rande vermerkt.

[136] J. S. Mill, Principles aaO., S. 453.

[137] aaO., S. 455.

Keynes verbleibt in dieser Tradition einer als Morallehre verstandenen und utopisch gedeuteten Wirtschaftswissenschaft: »Ich möchte besonders den Punkt betonen, daß Ökonomie eine Moralwissenschaft ist.«[138] Er erhoffte sich, daß die Menschen, deren aktuelle Situation er durchaus wie Mill hundert Jahre zuvor beurteilte, eines utopischen Tages »zu einigen der am meisten sicheren und gewissen Prinzipien der Religion und traditioneller Tugend« zurückkehren werden.[139] Wir werden dann wieder, sagt Keynes, die Ziele höher stellen als die Mittel und das Gute dem Nützlichen vorziehen. Doch wie bei Thünen, folgt auch bei Keynes nur der leere Trost: »Aber gemach! Die Zeit für all dies ist noch nicht reif. Für wenigstens weitere hundert Jahre müssen wir uns selbst und andere darauf verpflichten, daß Betrügen fair ist und Fairness Betrug, denn Betrug ist nützlich und Fairness ist es nicht. Gier, Wucher und Sicherheitsstreben müssen noch für ein wenig länger unsere Götter sein. Nur sie können uns aus dem Tunnel der ökonomischen Notwendigkeit hinaus ins Tageslicht führen.«[140] Die Lichtmetapher der Aufklärung muß auch hier herhalten, uns ökonomische *Orientierung* zu geben: Ex avaritia lux. Das Lehrbuch, das die Ökonomie der vergangenen Jahrzehnte ebenso charakterisierte wie formte, »Economics« von Paul A. Samuelson, schließt sich dieser Keynesschen Vision fast kommentarlos an, auch wenn zwischen dieser Vision und der jüngsten Auflage des Lehrbuches rund 60 Jahre liegen, zwei Drittel jener Zeitspanne, die Keynes vorgegeben hatte.[141]

Bei aller großartigen Kritik, die in der Keynesschen Theorie am mechanischen Wirtschaftsweltbild enthalten ist, bleibt er den Idealen der Tradition treu. Wie Wicksell spricht auch Keynes dies klar aus: »Alle unsere Ideen über Ökonomie, durch die Ausbildung und die Atmosphäre der Tradition eingeträufelt, gleichgültig ob bewußt oder unbewußt, sind mit theoretischen Vorannahmen behaftet, die nur sinnvollerweise auf eine

---

[138] J. M. Keynes, General Theory and After, Part II aaO., S. 300; vgl. auch S. 297.

[139] J. M. Keynes, Essays in Persuasion, Collected Writings Vol. IX, S. 330.

[140] Keynes, Essays aaO., S. 331.

[141] »Wir schließen mit Keynes' Vision, um uns selbst daran zu erinnern, daß die Zukunft länger als die Gegenwart ist.« Samuelson, Nordhaus, Economics aaO., S. 962. So gesagt, ist freilich auch noch der letzte Rest eines Gedankens in eine Plattheit verwandelt.

Gesellschaft im Gleichgewicht anwendbar sind.«[142] Keynes wollte eine Theorie des Übergangs hin zu diesem Gleichgewicht schreiben, und eine seiner wichtigsten Folgerungen war, daß dies nur durch aktive staatliche Politik erreichbar sein wird. Wenn *Vollbeschäftigung* erreicht ist, dann funktioniert auch im Denkmodell von Keynes die Wirtschaft nach neoklassischem Muster. Diese Anschauung, das überflüssige Gepäck der Vergangenheit, das Keynes noch mit sich herumschleppte, steht in einem scharfen Gegensatz zu den Einsichten, zu denen er bei der Analyse der Erwartungen und den subjektiven Faktoren im Wirtschaftsprozeß gelangt war. Die Keynessche Revolution der Wirtschaftswissenschaften ist deshalb auch an der mechanischen Überlast zusammengebrochen und hat längst wieder jenen Autoren Platz gemacht, die in der »Allgemeinen Theorie« nur einen Spezialfall einer noch allgemeineren Theorie sehen. In der endlosen Ausrede, »langfristig« werde alles gut, wenn nur kurzfristig die neoliberalen Rezepte (Lohnsenkungen, Verlängerung der Arbeitszeit, Privatisierung von Staatsunternehmen, Abbau von Sozialleistungen etc.) befolgt würden, hat der utopische Geist einen zeitgenössischen Unterschlupf gefunden.[143]

Die offene Wunde, die durch die Einsicht in die *Gegenwärtigkeit der Zukunft* in den Erwartungen in die Phalanx mechanischer Denkmodelle geschlagen wurde, ist allerdings noch nicht verheilt. Sie bricht mit drängender Macht wieder auf in der Diskussion um den Naturbegriff in der Ökonomie, der keinem theoretischen Bedürfnis entwächst, sondern einer schwelenden ökologischen Katastrophe.

---

[142] Keynes, Essays aaO., S. 349.

[143] Unbedarftere Geister haben für ihre Utopie einen Namen gefunden: »Amerika«. »Wir werden uns amerikanisieren, weil wir unter genau den gleichen Antrieben stehen, weil wir es müssen«, schrieb 1926 ein deutscher Bewunderer Amerikas den deutschen Industrieführern ins Stammbuch: J. Hirsch, Das amerikanische Wirtschaftswunder, Berlin 1926, S. 255. Auch hier hat die neoliberale Renaissance kaum etwas hinzuzufügen. Und so wartet diese Utopie nur wieder auf ein neues »1929«. Geschichte kennt kein Gesetz – doch dies verhindert nicht, daß sich Tragödien wiederholen, die auf irrigen Denkgewohnheiten beruhen. Über die Euphorie der Spekulanten sagt Galbraith: »Erfahrungen der Vergangenheit werden, sofern sie überhaupt im Gedächtnis geblieben sind, als simple Ausflucht derjenigen abgetan, die nicht über die notwendige Einsicht verfügen, die unglaublichen Wunder der Gegenwart zu würdigen.« J. K. Galbraith, Finanzgenies, Frankfurt/M. 1992, S. 19.

4 Natur

»Es ist auch nicht zu begründen, weshalb das, was jetzt den Planeten bevölkert und auf jede nur mögliche Weise zerstört, ins Endlose weiterexistieren soll.«[1]

Πόλεμος πάντων μὲν πατήρ ἐστι. Heraklit Fr. 53

Der allgemeinste Begriff der Natur in der Ökonomie ist: »Regulierung ihrer Ausbeutung«.[2] Die Natur ist *Ressource*, »das Vorrathaus, aus dem der Mensch seine Bedürfnisse« befriedigt[3], ein »Behälter nicht ersetzbarer Stoffe«[4]. Ihr Wesen besteht darin, *verfügbar* zu sein. Natürliche Ressourcen sind Güter der Erde und damit dem menschlichen Naturrecht unterworfen: Der Gewalt über Sachen. »Es liegt in der Natur der Dinge, daß die wirtschaftenden Menschen, wenn sie von ihren Gütern irgendeinen Gebrauch oder Nutzen ziehen wollen, sich zu ihnen in ein *Gewaltverhältnis* setzen müssen.«[5] Die Gewalt liegt in der Natur der Dinge; die Natur ist »unpersönliches *Macht*element der Technik« des Menschen.[6] »Der Mensch zwingt die Natur, mit ihm an der Erzeugung der Producte zu arbeiten.«[7] Das mechanische Denkmodell wird, sobald die *Natur selbst* zur Sprache kommt, sehr deutlich: »Wo immer Mensch und Natur sich isoliert gegenüberstehen, kann auch von einem anderen als einem natürlichen *Gewaltverhältnis* füglich nicht die Rede sein«.[8] In der Sprache des römischen Rechts: »Den Tatbeständen der *possessio* ist (.) gemeinsam, daß jemand die

---

[1] M. Heidegger, Zollikoner Seminare aaO., S. 360.

[2] H. Hotelling, Ökonomie erschöpfbarer Ressourcen; deutsch in: H. Siebert (Hrsg.), Umwelt und wirtschaftliche Entwicklung, Darmstadt 1979, S. 39.

[3] A. Damaschke, Die Bodenreform, Berlin 1907, S. 47.

[4] A. Weber, Allgemeine Volkswirtschaftslehre, Berlin 1958[7], S. 74.

[5] E. von Böhm-Bawerk, Rechte und Verhältnisse aaO., S. 34.

[6] E. F. Schäffle, Das gesellschaftliche System der menschlichen Wirthschaft, 1. Band, Tübingen 1873[3], S. 114.

[7] J. B. Say, Abhandlungen über die National-Ökonomie, Bd. I, Wien 1814, S. 26.

[8] E. von Böhm-Bawerk, aaO., S. 35.

tatsächliche Gewalt über eine Sache hat, mag er sie unmittelbar ausüben oder durch andere«[9]; auch in seiner neueren Auslegung: »Grundlage des neuen Eigentumsverständnisses war das *dominium* des römischen Rechts als grundsätzlich schrankenloses, *unbegrenztes Herrschaftsrecht* über eine Sache.«[10] Die Quellen der Mechanik in Physik und Ökonomie sind in diesem merkwürdigen und *fraglosen* Gewaltverhältnis zu suchen, das sich bereits früh als *Recht des Menschen* definiert. Wir müssen zur Aufdeckung dieser Struktur einen Blick in ihre Herkunft werfen.

4.1 Der Krieg gegen die Natur

Die unmittelbaren Naturgüter für die Menschen waren Lebewesen: Pflanzen und Tiere. Die Erde räumt ihnen und den Menschen einen Lebensraum ein; ein Lebensraum, der dennoch beständig durch Naturgewalten bedroht ist. Die Naturvölker erfahren diesen gemeinsamen Lebensraum als gemeinschaftliches *Leben*, das vom Gestein und Gestirn über Pflanzen und Tiere bis zu den Menschen den Kosmos durchzieht. Asiatische Hochkulturen haben für dieses eine Leben andere Namen gefunden, sehen den Menschen aber immer eingebettet zwischen Himmel und Erde in die Einheit alles dessen, was lebt. Auch die Anfänge der griechischen Philosophie legen die »Natur« auf eine Weise aus, die dem menschlichen Wesen und dem Seienden *einen* Grund, ein Sein zuweist.

In der Philosophie Platons und Aristoteles vollzieht sich jedoch eine eigentümliche Umdeutung in der Form der *Metaphysik*, die zur Quelle der Neuzeit geworden ist. Die Neuzeit ist, in gewisser Hinsicht, die *Wirklichkeit* dieser Metaphysik. Obgleich sich in der griechischen Philosophie, auch des Aristoteles, noch eine ganz andere Naturerfahrung zeigt, wird das Verhältnis zum Tierreich in dem Horizont beschrieben, der für die kommenden Jahrtausende bestimmend ist. Die Menschen führen Krieg gegeneinander und Krieg gegen die Natur. Die Jagd auf »Barbaren«, zum Erwerb von Sklaven, und die Jagd auf Tiere wird im selben Modell

---

[9] M. Kaser, Römisches Privatrecht, München-Berlin 1966[5], S. 78.

[10] H. Schlosser, Grundzüge der Neueren Privatsrechtsgeschichte, Heidelberg 1993[7], S. 55.

interpretiert: »Darum«, sagt Aristoteles, »ist auch die Kriegskunst von Natur eine Art von Erwerbskunst (die Jagdkunst ist ein Teil von ihr), die man anwenden muß gegen die Tiere«[11]. Die Natur ist ein *Gegner*, gegen den Krieg geführt wird. Adam Müller, von Roscher als »romantischer« Nationalökonom bezeichnet, hat diesen Gedanken in der wünschbaren Klarheit ausgesprochen, die den großen Denkern der Wirtschaftswissenschaft eigentümlich ist: Die Menschen stehen der Natur als Krieger gegenüber, jener *»gemeinschaftlichen Feindin, die wir Erde nannten«*[12] – nicht erst in der Neuzeit, seit Beginn des Menschengeschlechts. Fanden nicht Adam und Eva, aus dem Paradies verstoßen, eine Erde vor, die mit *Widerstand* behaftet war, mit Disteln und Dornen besetzt? Die Erde, sagt Mandeville, birgt vor allem Feinde, »seit sie von Gott verflucht ward«[13]. »Alle Elemente sind unsere Feinde (...). Die Erde erzeugt allerorten Gewächse der verschiedensten Art, die dem Menschen schädlich sind; sie nährt und pflegt gleichzeitig zahllose Geschöpfe, die ihn verderben können und birgt noch außerdem ein wahres Heer von Giften in ihrem Innern.« Es ist den Menschen nicht gelungen, wirklichen »Schutz gegen das rasende Wüten« der Natur zu entwickeln.[14] »Die Naturgegenstände nämlich sind mächtig und leisten mannigfachen Widerstand«, sagt auch Hegel.[15]

Adam Müller übersetzt dies so: Der ganze Planet Erde ist der Feind des Menschen: »Mit diesem Planeten ist das menschliche Geschlecht in Kampf: es sucht ihm abzugewinnen, was es nur vermag; es sucht ihn zu zähmen und alle seine Erzeugnisse, alle seine Kräfte in das Interesse der bürgerlichen Gesellschaft hineinzuziehen.«[16] Jedoch: »Die Erde wehrt sich unaufhörlich gegen diese Angriffe« der Menschen, die gleichwohl »ihre Kinder« sind.[17] Es bedurfte einer großen Kraft, diesen Widerstand der Erde zu überwinden. Im Unterschied zu Adam Smith sieht Adam Müller

---

[11] Aristoteles, Politik 1256 b, München 1973, S. 58

[12] A. Müller, Die Elemente der Staatskunst (1808-09), Berlin 1936, S. 39. Vgl. den völlig anderen Begriff des »Feindes« bei C. Schmitt, Der Begriff des Politischen, Berlin 1963, S. 28ff.

[13] B. Mandeville, Die Bienenfabel, Frankfurt/M. 1980, S. 374.

[14] aaO., S. 374f.

[15] G. W. F. Hegel, Vorlesungen über die Philosophie der Geschichte, Werke Bd. 12, S. 295.

[16] Müller aaO., S. 37.

[17] Müller aaO.

die Quelle dieser Kraft in der *Kooperation.* »Wie viele Mittel standen der Erde zu Gebot, ihren Feind, der nur durch seine Vereinigung und innige Allianz feindselig gegen sie auftreten konnte, zu spalten, seine Kräfte zu teilen, und so zu entwaffnen!«[18] Ökonomie *ist* die Kriegserklärung an die Erde: Setzt Adam Müller in diesem Krieg auf die Kraft der Kooperation im Staat, so vertraut Adam Smith der Arbeitsteilung und dem System der Freiheit.[19] Marx vereinigt beide Kategorien in seinem »Kapital«, behält aber die Kriegsvorstellung bei, die er in die Gesellschaft als Klassenkampf verlängert. »Die Arbeiterklasse hat die Natur erobert; jetzt muß sie die Menschen erobern.«[20] Die Waffen in diesem Krieg sind die Maschinen: Die Maschinerie ist »ein Sieg des Menschen über die Naturkraft«[21]. Aristoteles, Mandeville, Smith, Müller und Marx stehen hier ganz in *einer* Tradition.

Es war historisch eine Funktion des Christentums, dieses Gewaltverhältnis gegenüber der Erde theologisch zu rechtfertigen. Die Erde ist Kreatur eines Gottes, der *jenseits* der Natur ist. Wäre, wie in den »Naturreligionen« oder im Pantheismus, die Natur mit Gott identisch, wäre Gott *in* der Natur, so hieße Krieg gegen die Erde, Krieg gegen Gott zu führen. Die Schöpfung, sagt noch Karl Rahner, »ist nicht Gott, nicht wirklich ›numinos‹, und darum wird sie mit Recht als ›Stoff‹ für die schöpferische Kraft des Menschen betrachtet«.[22] Der jüdische Schöpfungsmythos, in den christlichen Kanon aufgenommen, spricht eine andere Sprache als frühere Religionen. Die Erde ist *erschaffen.* Gott tut, was Menschen – ihm ebenbildlich – auch tun: Er ist ein Handwerker, auch wenn sein Stoff das Nichts ist. Mehr noch. Gott *sagt* sogar zu den Menschen: »bevölkert die Erde, unterwerft sie euch« [Gen 1,29]. Die Erde wird den Menschen, um den Preis der Anerkennung der göttlichen Gebote, im Tausch übergeben:

---

[18] Müller aaO., S. 38.

[19] Die Differenz zwischen Kooperation und Arbeitsteilung kennzeichnet jeweils die wirtschaftspolitischen Systeme, die mit dem Namen der Smithschen Schule und der Schule von F. List verbunden sind; vgl. die Listsche Kritik: »Der Grund der Produktivität dieser Operationen liegt nicht bloß in jener *Teilung*, er liegt wesentlich in dieser *Vereinigung*.« F. List, Das nationale System der Politischen Ökonomie, Jena 1928[5], S. 240.

[20] K. Marx, MEW Bd. 10, S. 126.

[21] K. Marx, Das Kapital Bd. I, MEW Bd. 23, S. 465.

[22] K. Rahner, H. Vorgrimler, Kleines Theologisches Wörterbuch, Freiburg 1976, S. 375.

»Hiermit übergebe ich euch...« [Gen 1,30]. Noch die Aufklärungsphilosophie Lockes akzeptiert diesen Gedanken.[23]

Dieses Denkmodell einer im Tausch erworbenen Erde gegen die Anerkennung der göttlichen Gebote, die nicht einzuhalten schwere Strafen nach sich zieht, war die unerläßliche Voraussetzung, dem aristotelischen Gedanken eines *Krieges* gegen die Natur Tür und Tor zu öffnen. Sicherlich führen die Menschen den Krieg gegen die Erde nicht mutwillig: »Denn wir arbeiten, um dann Muße zu haben, und führen Krieg, um dann in Frieden zu leben.«[24] Der Krieg gegen die Erde ist aber die Voraussetzung, als Mensch überhaupt leben zu können. Und das ist auch *gut* so, sagt Thomas von Aquin, denn die Menschen sind das *höchste* Geschöpf, und ein »Geschöpf ist auf ein anderes hingeordnet als auf das Ziel; nämlich die unvollkommeneren auf die vollkommeneren.«[25] Deshalb ist die Erde des Menschen Eigentum. »Die Welt ist um des Menschen willen da.«[26]

Hobbes, der fundamentalistische Bibelzitate mit einem Materialismus der Körper zu verbinden wußte und damit jenen Wissenschaftsgeist erstmals aussprach, der die anglo-amerikanische Welt bis zur Gegenwart beherrscht, hat nicht vergessen, daß die Menschen auf der Erde *nicht* mehr im Paradies leben. Wenn Krieg gegen die Erde der natürliche, ja von Gott gewollte Zustand ist, dann wäre es verwunderlich, wenn die »Kinder der Erde« untereinander Frieden halten würden. Die Erde, den Menschen widerstrebend, macht sich mit ihren Schätzen rar, so »daß aus diesem gemeinsamen Besitz der Dinge der Krieg und damit alle Arten von Elend für die Menschen, die sich um deren Genuß mit Gewalt stritten, notwendig hervorgehen müsse; obgleich alle von Natur diesen Zustand verabscheuen.«[27] Und es nimmt nicht Wunder, daß Hobbes daraus auch ableiten konnte, »daß der natürliche Zustand der Menschen, bevor sie zu Gesellschaften zusammentraten, der *Krieg* schlechthin gewesen ist«.[28] Erst

---

23 »Es ist auf jeden Fall klar, daß Gott, (...) , *die Erde den Menschenkindern gegeben hat*«, J. Locke, Zwei Abhandlungen über die Regierung, Frankfurt 1977, S. 215.

24 Aristoteles, Nikomachische Ethik, X,7, 1174b; Stuttgart 1969, S. 229.

25 Thomas von Aquin, Summa Theologica, I 47,3 ad 3; Bd. 4, S. 82.

26 Herders Theologisches Taschenlexikon, hrsg. v. K. Rahner, Bd. 6, S. 344.

27 T. Hobbes, Lehre aaO., S. 66.

28 aaO., S. 87.

die Verkörperung des gemeinsamen Willens im Staat beendet diesen Krieg und gibt der menschlichen *Arbeit* die Macht, den auf ihr lastenden Fluch in Segen zu verwandeln – dadurch, daß »die Erde *gezwungen* worden ist, ihre natürliche Fruchtbarkeit zu verdoppeln und eine größere Menge von Einwohnern zu erhalten.«[29] Die Arbeit wird zum *Maß* dieser Gewalt gegen die Natur, die Widerstand leistet. Sie wird zum ersten Maß ökonomischer *Werte*. Die ökonomische Klassik macht die menschliche Arbeit in ihrer reinen *Kraft* zur allgemeinen Wertsubstanz. Zugleich ist es, nach Adam Smith, die »natürliche« *Konkurrenz der menschlichen Kräfte* gegeneinander, die in der Gesellschaft die Natur als unsichtbare Hand zur Wirkung bringt.

Doch auch die moderne Wertlehre knüpft an dem Gedanken einer widerständigen Erde an. Carey meint: Der »Werth (ist) das Mass des zu überwindenden Naturwiderstandes«[30]. Die moderne Nationalökonomie nennt diesen Naturwiderstand *Knappheit*. Die Erde, technisch beherrscht und überwunden, leistet nur noch durch die bloß *quantitative* Schranke ihrer *Ressourcen* Widerstand: Sie unterläßt es vielfach, sich zu *erneuern*. Die *aktive* Funktion der Erde ist verschwunden, sie wird als bloßes Material für menschliche Zwecke verstanden. Als bloßes Material ist die Natur beschränkt, und diese Beschränktheit gilt als *das* ökonomische Problem. Die Preise bringen letztlich diese Knappheit zum Ausdruck und haben die Funktion, die »Ausbeutung natürlicher Ressourcen« zu steuern. Probleme hierbei sind *menschliche* Probleme, denn es geht um den zeitlichen Gegensatz von Verbrauch heute und dem »Interesse der Nachkommenschaft«.[31]

4.2 Widerstand und Gegenstand des rationalen Ego

Hier ist zum Verständnis des *inneren* Zusammenhangs zwischen Naturauffassung, Naturwissenschaft und Ökonomie noch an ein weiteres Strukturmoment zu erinnern. Die Menschen erfahren die Natur als *widerständig*. Wir leben nicht in einem Schlaraffenland. Die Natur, die Erde

---

[29] A. Smith, Theorie aaO., S. 315.

[30] Nach: E. Dühring, Kritische Grundlegung des Volkswirtschaftslehre, Berlin 1866, S. 109.

[31] H. Hotelling aaO., S. 39 und 40.

erscheint nicht nur als bergende »Mutter« (*gaia*), sondern auch als widerständige Feindin, als eine *Person*. In diesem Widerstand wurde sie als »jemand« erfahren, als belebtes Etwas, mit einem Naturwillen begabt. Im Widerstand zeigt sich ein Selbst. Das heißt aber auch umgekehrt, daß dieser »Widerstand die Grundlage des Bewußtseins *unseres* Selbst«[32] ist. Mit der technischen Beherrschung der Natur verliert dieses Natursubjekt an subjektiver Macht. Es verliert, was den Menschen an *Ego* zuwächst. Mit dem Wandel der lebendigen und widerständigen Natur zum bloßen Gegenstand wandelt sich auch das menschliche Selbst zu einem getrennten Ego. *Descartes* hat den letzten Schritt vollzogen und der Natur jegliches *Leben* abgesprochen, wenn er sagt, daß dem denkenden Bewußtsein (*ego cogito*) eine Welt *unbelebter* Dinge (*res extensa*) entgegensteht, die zum *Gegenstand* werden. Während menschliches Leben als bloßes Denken und Erkennen erscheint und somit jeglicher Verbindung mit der »dunklen« Natur (den Gefühlen, Stimmungen, Träumen und Phantasien) beraubt ist, wird die Natur ihrerseits zum *toten* Ding, dessen einzige Eigenschaft darin bestehen soll, *räumlich ausgedehnt* zu sein (Körper).

Diese sachliche Gewalt der rationalen *techne* richtet sich auch gegen die menschliche Natur. Die Natur als *Gegen-Stand* wird im *berechenbaren* Ding auch zum *gewissen* Ding. Der Zweifel wird zum neuen Anfang der Philosophie, und seine Lösung besteht in der Gewißheit des rechnenden Ego. »Es besteht keine Gewißheit«, sagt Leonardo da Vinci schon vor Descartes, »wofern man nicht eine der mathematischen Wissenschaften anwenden kann oder etwas, was mit diesen mathematischen Wissenschaften zusammenhängt.«[33] Diese Weltinterpretation der Berechnung von toten *Gegenständen* und die Selbstinterpretation der Menschen als vereinzeltes, denkendes *Ich* erwächst aus *einem* vergessenen Grund.

In der Widerstandserfahrung bestimmt sich ein Bewußtsein, das sich als getrenntes, unabhängiges und denkendes Ich auslegt. Durch Descartes wird dieses Ich (seine Gedanken, sein Verstand, seine Wissenschaft) nun selbst zum neuen Grund der Naturauslegung. Nur das Denken gilt als *zweifellos* gewiß; es wird zum Maß aller Wirklichkeit. »Die Unabweislichkeit

---

[32] W. Dilthey, Gesammelte Schriften, Band 5, S. 107.

[33] L. da Vinci, Tagebücher aaO., S. 478.

des denkenden Ich ist das Kriterium der *Realität.*«[34] Man kann nicht von einer *gegenständlichen* Natur sprechen, ohne vom Ich zu sprechen; ebenso kann man nicht von Freiheit im *neuzeitlichen* Sinn sprechen, ohne von einem Ich zu sprechen, das sich *gegenständig* gegen die Natur und *andere* Menschen verhält. In der Ökonomie, sofern überhaupt derartige Zusammenhänge je thematisiert werden, bleibt die cartesianische Position die Grundlage: »Das *Ich* ist die Einheit des handelnden Menschen. Es ist *fraglos* gegeben und kann durch kein Denken aufgelöst werden.«[35]

Wenn aber das Ego auf diese Weise sowohl zur Grundlage der Naturerkenntnis als auch der Ökonomie geworden ist, dann ist dieses fraglose Ich *selbst* auf merkwürdige Weise entschwunden. Es ist ja das, was Widerstand *erfährt* und insofern selbst gerade *kein* Gegenstand. »Deshalb ist eine ontische Erkenntnis des Ich und demzufolge eine ontologische Bestimmung desselben unmöglich. Das einzige, was gesagt werden kann: Das Ich ist ein ›Ich-handele‹.«[36] Das war Fichtes Schlußfolgerung[37], und die moderne Handlungs- und Entscheidungstheorie wandelt auf diesen Spuren. Das reine »Ich denke« des Descartes weicht, ist die Leerheit eines bloß denkenden Ego durchschaut, dem »Ich handle«, und dieses Handeln (die Arbeit) wird zugleich zum Grund der Reflexion.[38]

Eine genaue Analyse dieser »Widerstands-Struktur« zeigt allerdings, daß diese Form der Handlungsbeschreibung an wesentlichen Punkten zu kurz greift. An dieser Stelle wenden wir den Blick nur auf das, *was* entgegensteht und so als gegenständliche Natur – korrespondierend zum erkennenden Ich – ausgelegt und zur Grundlage der Mechanik wird. (Die Rationalität des Ego ist Gegenstand des nächsten Kapitels.)

Das Widerständige wird beim Handeln erfahren als etwas, das sich der menschlichen Arbeit als *Kraft* widersetzt. Die *frühe Naturerfahrung*, die auch noch die aristotelische Philosophie bestimmt und die in den Formulie-

---

[34] C. Braig, Vom Sein. Abriß der Ontologie, Freiburg 1896, S. 9.

[35] L. von Mises, Nationalökonomie aaO., S. 34.

[36] M. Heidegger, Die Grundprobleme der Phänomenologie, GA Bd. 24, S. 205.

[37] J. G. Fichte, Grundlage der gesammten Wissenschaftlehre, Werke Bd. I.

[38] Vgl. N. Hartmann, Die Philosophie des Deutschen Idealismus, Berlin-New York 1974³, S. 47ff.

rungen von der »Feindin Erde« bei Adam Müller einen Nachklang hat, besagt: Die Natur ist selbst ein Wesen, das etwas *tut.* Die Dinge machen nicht nur einfach nicht mit, gehorchen nicht *ohne weiteres* unserem Willen, sie haben »ihren eigenen Willen«, der sich gegen uns richtet: in den lebendigen Tieren und Pflanzen, aber auch in den Naturgewalten wie Wind und Wasser. Schopenhauers Philosophie ist ein später Abkömmling dieser Auffassung, die auf eigentümliche Weise mit dem cartesianischen Ego verbunden ist.

4.3 Tier, Maschine, Arbeit

Der Widerstand in der menschlichen Arbeit, die Kraft der Natur, wird erst dann als *leblos* erfahren, wenn der Mensch sich selbst als göttliches Lebewesen auslegt, das – anders als alle anderen Lebewesen – über *Vernunft* verfügt. Zwar bleiben die Menschen *körperlich* in die Natur eingebunden, in ihrem Denken ragen sie jedoch über die Erde hinaus, sie sind ein *animal rationale*, ein *vernünftiges* Lebewesen. Die mittelalterliche Theologie liefert zudem die Begründung, daß die Erde und alle ihre Geschöpfe *für* dieses »höchste Lebewesen«, die »Krone der Schöpfung«, frei *verfügbar* seien. Aber auch in der außerchristlichen Literatur der Stoa findet sich die »Versachlichung« der Natur. Man kann dies besonders bei der Diskussion darüber beobachten, was denn nun das Wesen der *Tiere* ausmache.

Tiere sind für die menschliche Produktion, für die Ökonomie *vor* der Neuzeit, eine zentrale Größe. Es lassen sich zu dieser Frage zwei Quellen beobachten: Eine *rechtliche* und eine *mechanische* Auslegung der Tiere. In der Stoa wird gesagt: »Ein Rechtsverhältnis zu den Tieren, die keinen Anteil am Logos haben, gibt es nicht, und da in der Welt alles um der Menschen willen geschaffen ist, können diese, ohne Unrecht zu tun, die Tiere zu ihrem Nutzen verwenden.«[39] Recht kann es nur für Wesen geben, die den Logos haben. Noch Kant sagt in dieser Tradition: »Daß der Mensch in

---

[39] Stoa und Stoiker, eingeleitet und übertragen v. M. Pohlenz, Zürich 1950, S. 141.

seiner Vorstellung das Ich haben kann, erhebt ihn unendlich über alle andere auf Erden lebende Wesen.«[40]

Es gibt aber auch eine *technische* Auffassung der Tiere. Wie Menschen, verfügen auch Tiere über »Waffen«, mit denen sie sich der Jagd widersetzen. Insofern kann man die »Technik« als Kriegsmittel gegen die Natur begreifen. »In Wirklichkeit ist die Technik uralt. Sie ist auch nichts historisch Besonderes, sondern etwas ungeheuer Allgemeines. Sie reicht weit über den Menschen zurück in das Leben der Tiere, und zwar aller Tiere.«[41] Diese Auffassung beläßt den Tieren immerhin noch ihr *Leben*. Es sind zwar widerständige Wesen, aber doch *Lebewesen*. Die ersten Maschinen legten hier allerdings ein ganz anderes Denkmodell nahe, das Descartes deutlich ausgesprochen hat: Würde man Tiere maschinell nachbauen, so wäre »zwischen dem Mechanismus dieser Maschinen und dem Lebensprinzip dieser Tiere« kein Unterschied.[42] Tiere sind *Maschinen*, und das »Leben« der Tiere ist einfach die *Bewegung* dieser Maschinen.[43]

Der letzte Schritt, von Descartes erstmals gegangen und weitgehend, bis zur modernen Medizin, nachvollzogen, besteht darin, den Menschen als merkwürdiges psycho-somatisches *Summenwesen* auszulegen: eine Maschine, die von der Vernunft *gesteuert* wird. Die Zirbeldrüse soll, so meinte Descartes, die *Verbindung* der ungleichen Teile herstellen: »Umgekehrt ist auch die Maschine unseres Körpers so konstruiert, daß allein daraus, daß diese Drüse unterschiedlich durch die Seele oder eine andere Ursache bewegt ist, sie die umgebenden Lebensgeister in die Poren des Hirns schickt, die sie durch die Nerven in die Muskeln weiterleiten, mittels derer sie dann die Glieder bewegen.«[44] Auch Leibniz, obgleich er es ablehnte, Tiere nur als Maschinen zu beschreiben, nimmt die Ideen der

---

[40] I. Kant, Anthropologie in pragmatischer Hinsicht, Akademie-Ausgabe, Bd. VII, S. 127.

[41] O. Spengler, Der Mensch und die Technik, München 1931, S. 6f.

[42] R. Descartes, Von der Methode, Hamburg 1971, S. 46.

[43] Sicherlich blieb diese Auffassung nicht ohne Widerspruch, sie ist aber bis in die moderne Biologie hinein die *herrschende* geblieben. Verkannt wird hierbei, sagt Husserl, daß Tiere eine Beziehung zu ihrer Umwelt haben. Weshalb es zu »Tieren, die ja keine Maschinen sind, sondern personal seiende Wesen mit ihren wiederum anders gewandelten Umwelten«, E. Husserl, Zur Phänomenologie der Intersubjektivität, Dritter Teil, Den Haag 1973, S. 61, auch nicht einfach eine nur *sachliche* Beziehung geben kann.

[44] R. Descartes, Die Leidenschaften der Seele, Hamburg 1984, S. 59.

Psychophysik und der Nutzentheorie vorweg, wenn er von den *kausal* verstandenen äußeren Ursachen sagt: »Diese Antriebe wirken wie kleine Triebfedern, die beim Versuch, sich zu entspannen, unsre Maschine in Gang halten.«[45]

Der Chor der Maschinentheoretiker wird einstimmig, auch wenn sie unterschiedlicher Auffassung darüber sind, ob die der Maschine eingesetzte Vernunft schon bei der Geburt fertig vorhanden ist oder erst noch lernen muß. Herder betont letzteres: »Der Mensch ist also eine künstliche Maschine, zwar mit genetischer Disposition und einer Fülle von Leben begabt; aber die Maschine spielet sich nicht selbst, und auch der fähigste Mensch muß lernen, wie er sie spiele. Die Vernunft ist ein Aggregat von Bemerkungen und Übungen unsrer Seele, eine Summe der Erziehung unsres Geschlechts, die nach gegebnen fremden Vorbildern der Erzogne zuletzt als ein fremder Künstler an sich vollendet.«[46]

Die Ökonomie tritt also nur in die Fußstapfen einer weitaus älteren Tradition, wenn sie menschliche Nutzenerwägungen mit einem mechanischen Kalkül beschreibt. Auch das, was *am Menschen* natürlich ist, wird dem Ich entgegengestellt und als Mechanismus beschrieben. Sicherlich ist solch eine Auffassung niemals einfach *falsch* zu nennen. Es muß Gründe geben, weshalb die Menschen sich auf diese merkwürdig duale Weise *selbst* interpretieren, und diese Gründe sind *wesentlich* für die Grundlagen der Ökonomie.[47]

An dieser Stelle gilt unsere Achtsamkeit allerdings ganz der Naturbeschreibung durch die Ökonomie, und wir können bis hierher festhalten: Die Widerstandserfahrung beim menschlichen Handeln, bei der menschlichen Arbeit, führt zu einer *Aufspaltung* der Handlungsstruktur in ein denkendes Ich und eine gegenständige, gegenständliche Natur. Der erfahrene Widerstand, wie er sich in vielfältigen Tätigkeiten dem *einen* Ego

---

[45] G. W. Leibniz, Neue Abhandlungen II § 6; zit. nach: Gott. Geist. Güte, Opladen 1947, S. 199f.

[46] Herder, Ideen zur Philosophie der Geschichte der Menschheit, Werke Bd. 3, S. 265.

[47] Ich habe an anderer Stelle zu zeigen versucht, inwiefern von einer »mechanischen« Struktur beim Menschen gesprochen werden kann und darauf hingewiesen, daß die *Gewohnheiten*, sofern menschliche Kreativität sie nicht verändert, *wie* eine mechanische Struktur wirken und interpretiert werden können; vgl. Erfolgfaktor Kreativität, aaO.

zeigt, führt dann schrittweise zur Auslegung der Natur als Manifestation *einer* Kraft. Der Name für diese Kraft ist zunächst ganz jener Erfahrung entnommen, die Menschen als ihre eigene Kraft verspüren: der *Arbeit* als reines Wirken. Die *Wirk-lichkeit* wird der Name für alles, was Menschen begegnet, die *Arbeit* der Name für die Kraft der Natur selbst. Die Natur wird ausgelegt als Fülle von Bewegungen, die Massenpunkte (gleichsam winzige Materie-Egos) vollführen und dabei Arbeit leisten. Wilhelm Ostwald, ich habe darauf bereits im ersten Teil hingewiesen, bezeichnet in seinem »Grundriß der Naturphilosophie« die gesamte Physik mit dem Namen »Arbeitswissenschaften«.[48] Die Arbeit wird zum physikalischen Grundbegriff, zum Grundbegriff der Mechanik. »Unter *Arbeit* im mechanischen Sinne versteht man den Aufwand, der für die Ortsbewegung physischer Körper erforderlich ist.«[49] Zunächst wird in der Mechanik die Arbeit als jene Wegstrecke betrachtet, über die ein bestimmtes Gewicht transportiert wird, später wird der Begriff des Gewichtes allgemeiner gefaßt und in der Kategorie des *reinen* Widerstands oder der *Kraft* benannt. Arbeit wird zum Produkt aus Kraft und Weg. Die Maschinen, die als erste in der menschlichen Produktion eingesetzt werden, sind überwiegend *Kraftmaschinen*, d. h. sie substituieren menschlich-körperliche Kraft durch maschinelle. Da die Kraft jeweils in verschiedenen Formen erscheint, die zur menschlichen Kraft und untereinander in tätiger Beziehung stehen, erwächst die Frage nach der *Einheit* der vielen Kräfte. Vor allem die Verwandlung von Dampfdruck in Bewegungsenergie legt den Gedanken nahe, daß allen Kräften eine »Substanz« zugrunde liege. »Die Erfahrung einer ganzen Reihe von Jahrhunderten hat nun gezeigt, daß es auf keine Weise möglich ist, aus derartigen mechanischen Maschinen mehr Arbeit zu gewinnen, als man in sie hineingebracht hat.«[50] Es gilt also »das Gesetz von der Erhaltung der Arbeit«[51], dem inzwischen allgemeinere Erhaltungssätze in der Physik entsprechen.

---

[48] W. Ostwald, Grundriß aaO., S. 137ff.

[49] aaO., S. 139.

[50] aaO., S. 140.

[51] aaO.

4.4 Der ökonomische Naturbegriff

Wir brauchen diese Entwicklung nicht weiter zu verfolgen. Es genüge dieser Hinweis auf die Genesis der zentralen mechanischen Kategorien, um einzusehen, daß die Naturwissenschaft auf sehr enge Weise mit der Entwicklung der Wirtschaft und Technik verknüpft ist. Schon die verwendeten zentralen Kategorien der Naturwissenschaft sind Kategorien des *Wirtschaftens und Produzierens*. Es wäre deshalb sehr voreilig und naiv, wollte man sagen, daß die Ökonomie in der Produktion nur einfach »Naturgesetze« anwende oder zum Ausdruck bringe.

Die ökonomische Theorie hat die menschliche Wirtschaft überwiegend im Denkmodell der mechanischen Naturbeschreibung ausgelegt. Wie erscheint, im Rahmen dieses Denkmodells, nun aber die Natur *selbst*? Auf welche Weise treten natürliche Zusammenhänge zur menschlichen Gesellschaft, zur Wirtschaft in Beziehung? Der Grundgedanke der ökonomischen Klassik und Neoklassik, die für die menschliche Gesellschaft *Naturgesetze* behaupten, ist der einer einheitlichen, Mensch und Natur *umgreifenden* mechanisch-kausalen Struktur. Die Menschen können aber diese Struktur erkennen und entdecken dabei, daß die beobachtbaren Dinge nur *eine* Möglichkeit der Realisation dieser mechanisch-kausalen Struktur sind. »Die von uns gefundenen Prinzipien«, sagt Descartes, »sind aber von solcher Tragweite und Fruchtbarkeit, daß viel mehr aus ihnen folgt, als die sichtbare Welt enthält«.[52] Wir können anhand der Naturgesetze auch Dinge entwerfen, die noch gar nicht existieren. Auch das mechanische Denkmodell kennt damit eine Form der Kreativität: Es ist die Gestaltung des Freiraums, den die Naturgesetze einräumen (vgl. dazu Teil 5). Allerdings sind wir nicht fähig, gleichsam durch magische Macht in Kenntnis der Naturgesetze, in den Lauf der Natur einzugreifen. Wir sind für Descartes denkende Substanzen, aber wir können durch unseren Körper in die Körperwelt eingreifen. Weil wir, dergestalt *mechanischer* Teil der Natur, die Natur nicht als *fremde* Macht beherrschen können, können und müssen wir uns der Naturkräfte selbst bedienen.

---

[52] R. Descartes, Prinzipien aaO., S. 65.

Bacon hat dieses Programm, das Hegel die »List der Vernunft« nennt, als erster formuliert: »Denn der Natur bemächtigt man sich nur, indem man ihr nachgibt, und was in der Betrachtung als *Ursache* erscheint, das dient in der Ausübung zur *Regel.*«[53] Say übersetzt dies in die Sprache der ökonomischen Wissenschaft: »Um nämlich zu irgend einem Producte zu gelangen, dazu mußte man erstlich den Lauf und die Gesetze der Natur in Beziehung auf diese Producte studieren.«[54] In der Widerstandserfahrung der Natur, von Descartes als Dualität von Ego und Gegenstand gedeutet, zeigt sich unsere *Verbundenheit* mit der mechanischen Natur dadurch, daß wir Menschen als Körper-Maschinen in die Welt der Körper eingebunden und eingebettet sind. Uns hebt nur die Vernunft heraus, die es uns gestattet, unsere Körper-Maschine mit anderen Körpern zu kombinieren und auf diese Weise kausal, unter Einhalten der Naturgesetze, jene Wirkungen zu erzielen, die wir in unseren Zwecken erstreben.

Nach der theologischen Auffassung des Mittelalters ist der Mensch nur ein *Mit-Arbeiter*, er kann nur die von Gott übergebene Schöpfung für seine Zwecke umgestalten, ein *Er-Schaffen* findet hierbei nicht statt. »Das nun, was im eigentlichen Sinne unter dem Wirken einer Natururursache entsteht, ist zusammengesetzt, und dieses entsteht aus dem Stoff. Darum ist bei den Werken der Natur keine Erschaffung im Spiel, sie liegt aber der Tätigkeit der Natur als Voraussetzung zugrunde«[55], sagt der Hl. Thomas. Marx erweist sich hier als getreuer Schüler des katholischen Lehrers: »Der Mensch kann in seiner Produktion nur verfahren, wie die Natur selber, d. h. nur die Formen der Stoffe ändern«[56], und Böhm-Bawerk pflichtet Thomas und Marx bei: »*Produzieren!* Was will das heißen? – Daß das Schaffen von Gütern kein Hervorbringen vorher noch gar nicht dagewesener Stoffe, kein Schaffen im wahren Sinne des Wortes, sondern ein Ummodeln der unvergänglichen Materie in vorteilhaftere Gestalten ist und sein kann, ist so oft schon ausgesprochen worden, daß es völlig über-

---

[53] F. Bacon, Neues Organon der Wissenschaft, Leipzig 1830, S. 26.

[54] J. B. Say, Abhandlungen aaO., S. 5.

[55] Thomas von Aquin, s. t. I 45,8, Bd. 4, S. 49.

[56] K. Marx, Das Kapital Bd. I, MEW Bd. 23, S. 57.

flüssig wäre, hier nochmals darauf zurückzukommen.«[57] Es ist für die *gesamte* Ökonomie einfache Selbstverständlichkeit, »daß die Entstehung der Sachgüter vollkommen im Banne der Naturgesetze liegt.«[58] »Die gesamte reale Welt unterliegt dem Kausalgesetze. Dieses heischt, daß keine Wirkung ohne zureichende Ursache erfolge.«[59] Die Produktion ist eine Einbindung des Menschen in die Natur durch eine Kombination menschlicher und natürlicher Kräfte, so daß »vom Standpunkte der Naturbetrachtung jede Güterbildung ein reiner Naturprozeß«[60] ist.

Die Produktion ist keine *creatio*, die Produktion formt nur um, was die Natur vorgeformt hat. Dieses *Um-formen* gilt der klassischen und neoklassischen Ökonomie beinahe als ein Nichts, nur die *Arbeit* als physisch-mechanische Tätigkeit »zählt«. Künstler und Lehrer gelten Adam Smith als *unproduktive Arbeiter*. Der mechanische Horizont kann an der Produktion nur mechanische Natur entdecken. Der Arbeiter ist in seinem Wirken ganz das, was auch die Natur wirkt, wenn er Arbeit leistet und Kräfte mischt. Eine andere *Wirklichkeit* kennen die Klassiker und Neoklassiker der Ökonomie nicht. Das *Neue* produktiven Tuns, die neuen Formen und Gestalten, bleiben dem theologischen Bann vorbehalten, wonach nur Gott selbst erschaffen könne. »Die Produktion neuer materieller Güter ist selbstverständlich keine Erschaffung aus Nichts, sondern lediglich eine Umgestaltung der in der Natur vorhandenen Materialien.«[61] Die *Form* der Produkte ist etwas vom naturwissenschaftlichen Standpunkte aus ganz Gleichgültiges. Wie Newtons Optik die Farben als bloße Schwingungen, als Lichtfrequenz, Helmholz die Töne als bloße Akustik auslegte, so erscheint für die Wirtschaftsmechanik jegliche Form nur als ein anderer Ausdruck der natürlichen Kraft. Produkte erscheinen ausschließlich als kausal verursachte, den Naturgesetzen unterworfene Strukturen. Die Klassiker der Ökonomie reduzieren auch den *Wert* jeglicher Produkt-Form auf die bloß energetische Verausgabung von Arbeit (Arbeitswertlehre).

---

[57] E. von Böhm-Bawerk, Positive Theorie aaO., S. 7.

[58] aaO., S. 6f.

[59] aaO., , S. 5.

[60] aaO., S. 7.

[61] G. Cassel, Theoretische Sozialökonomie, Leipzig 1927^4, S. 13.

Das Kapital.

Kritik der politischen Oekonomie.

Von

Karl Marx.

Erster Band.

Buch I: Der Produktionsprocess des Kapitals.

Das Recht der Uebersetzung wird vorbehalten.

Hamburg

Verlag von Otto Meissner.

1867.

New-York: L. W. Schmidt. 24 Barclay-Street.

Erste Auflage des »Kapital« von Karl Marx (1867)

Während Physik und Chemie sich bemühen, Erhaltungssätze für die Arbeit zu formulieren, beschreiben die Ökonomen die Wirtschaft als Verteilung einer Arbeitssubstanz auf die gesamte Gesellschaft. Hier wie dort ergeben sich aber aus diesen Versuchen neue Probleme, die neue Lösungen verlangen.

In der Nationalökonomie führt der Gedanke, daß die Natur nur eine *mithelfende* Funktion besitze, die Arbeit aber die einzige *Wert*quelle sei, zur Marxschen Ausbeutungstheorie. Wenn der ökonomische Wert, der jährlich neu erwirtschaftet wird, *nur* durch Arbeit erzeugt wird, dann muß offenbar der Profit, der ja auch ein Wert ist, ein Teil der jährlich verausgabten Arbeit sein. Marx sieht im Eigentumsrecht und in der Tatsache, daß die Arbeiter ihre Arbeitskraft, nicht aber ihre Arbeit bezahlt bekommen, den wesentlichen Grund für die Exploitation der Arbeit: Die Arbeiter verkaufen den Wert ihrer Arbeitskraft (Lohn), der Eigentümer eignet sich aber die gesamte Arbeit, verkörpert im Produkt, an. Folglich werden die Arbeiter von den Kapitalisten, geschützt durch ein staatlich garantiertes Eigentumsrecht, ausgebeutet. Was in die Produktion einfließt an Arbeit, muß sie auch wieder als Wert, verkörpert im Produkt, verlassen. Wenn die Arbeiter weniger erhalten als das gesamte Produkt, so ist das für Marx Ausbeutung.

Die marginalistische Wertlehre besaß zwar auch eigene Wurzeln, war aber als deutliche Reaktion auf diese Marxsche Lehre formuliert worden.[62] Der Ansatzpunkt der Grenznutzenschule war zunächst eine überzeugende Überlegung: Die Güterwerte, wie sie vor allem beim isolierten Tausch zu beobachten sind, beruhen weitgehend auf subjektiven Bestimmungsgrün-

---

[62] Bei Aristoteles ist das Geld interpretiert als *zirkuläre Vernetzung* der sozialen Handlungen, der Wert ist nicht *getrennt* von den Preisen. Auch die *Gerechtigkeit* wird von Aristoteles in dieser Struktur gedacht. Die Scholastik hat im Anschluß daran den *gerechten Preis* (iustum pretium) in Differenz zum tatsächlichen Preis als *juristisches Prinzip* näher bestimmt. Die nachfolgende *Wertlehre* schließlich *trennt* dann den »Wert« funktional als besonderes Prinzip vom jeweils aktuellen Preis: Bei Smith, Ricardo und Marx als verborgener Arbeitswert, im Marginalismus als Grenznutzen, der seinen Wert als »Schatten« (Schattenpreise) auf die Produktionsfaktoren zurückwirft. Erst bei Cassel und im von-Neumann-Wachstumsmodell wird dann wieder deutlich, daß Preise *funktionale* Strukturen zwischen verschiedenen Prozessen sind, nicht *Eigenschaften* von Dingen (»Werte«). Dies hat auch eine unmittelbare Bedeutung für das Geld; vgl. hierzu auch A. Oncken, Geschichte der Nationalökonomie, Leipzig 1902, S. 129ff.; A. Marcuse, Das Wertproblem in der Scholastik. Ein Beitrag zur Vorgeschichte neuerer Werttheorien, Marburg 1919; K.-H. Brodbeck, Erfolgsfaktor aaO., Kapitel 12 und 14.

den. Die *Bewertung* der Güter hat mit der für ihre Produktion aufgewendeten Arbeit zunächst nichts zu tun. Wie könnten sonst *nichtproduzierte* Naturgüter einen Wert erlangen? Die Grenznutzenschule und die Neoklassik *trennen* konsequent die Produktion von jeglicher Wertsetzung. Die Produktion wird, durchaus wie bei Marx, als kausaler Prozeß verstanden, der Naturgesetzen gehorcht. Die *Bewertung* der Güter erwächst aber aus dem Spannungsverhältnis zwischen der Masse der produzierbaren Güter und den menschlichen Bedürfnissen. Alfred Marshall verbindet die neue mit der klassischen Wertlehre durch die Feststellung, daß Bewertungen für die jeweiligen Produktions*niveaus* verantwortlich sind; die Produktionsniveaus (produzierte Gütermengen in einzelnen Sektoren) wiederum legen die Grenzen für die anwendbare Technik fest. Für jede Technik gelten jedoch unabdingbar die Naturgesetze der Produktion. Diese *Trennung* von (subjektivem) Wert und kausaler, naturgesetzlicher Produktion bestimmt bis in die Gegenwart die ökonomische Theorie.

4.5 Produktionsfunktionen

Der *formale* Ausdruck für diese Trennung ist die Einführung von *Produktionsfunktionen* in die ökonomische Theorie. Die explizite Definition einer Produktionsfunktion, nachdem Thünen eine einfache Form bereits mathematisch beschrieben und Walras eine implizite Form von Produktionsfunktion verwendet hatte, stammt von Wicksteed. Er schreibt: »Das Produkt, das eine Funktion der Produktionsfaktoren darstellt, ergibt: P = f(a,b,c,...).«[63] Diese Schreibweise, die bis in die Lehrbücher der Gegenwart wesentlich unverändert blieb, läßt – wie wir bereits gesehen haben – die *zeitliche* Struktur im Dunkeln. Wir wollen an dieser Stelle auf den darin liegenden *Naturbegriff* achten.

Das Produkt erscheint als *kausales* Resultat von Produktionsfaktoren. Gewöhnlich zählen die Lehrbücher hier kunterbunt Gebäude, Anlagen, Roh-, Hilfs- und Betriebsstoffe, Arbeitsarten und andere Faktoren auf. Die Verknüpfung zwischen diesen Produktionsfaktoren und dem Produkt

[63] P. H. Wicksteed, The Co-ordination of the Laws of Distribution, London 1894, S. 4.

gehorcht technischen bzw. Naturgesetzen: »Die Produktionsfunktion«, sagt Hicks, »(die Relation zwischen der Quantität der Faktoren und der Quantität des Produkts) ist natürlicherweise durch technische Betrachtungen gegeben.«[64] »Die bei der Produktion von Industrieerzeugnissen geltenden Gesetze umfassen die gesamte Chemie und die gesamte Mechanik.«[65] Die Funktionsform der Produktionsfunktion soll hierbei von »konventionellen Begriffen der Ingenieurwissenschaften« bestimmt sein.[66] Stillschweigend wird »Technologie« und »Naturwissenschaft« hierbei gleichgesetzt. Man identifiziert »technisches Wissen« und »Anwendung der Naturwissenschaft«.

Für den Zweck des Arguments verschieben wir die Diskussion dieser Aussage und nehmen mit der Wirtschaftsmechanik an: Die in einer Produktionsfunktion ausgedrückte Technologie verkörpere das gegebene naturwissenschaftliche Wissen in Form von bekannten Naturgesetzen. Träfe dies zu, so wäre immerhin zu fragen: *Welche* Naturgesetze? Nur wenige Autoren geben hierauf eine Antwort. Samuelson sagt: »Solange man die Gesetze der Thermodynamik als gültig anerkennt, werde ich weiterhin Inputs auf Outputs beziehen, d. h. an Produktionsfunktionen glauben.«[67] Der Gedanke ist jener, den die Klassiker formulierten: Weil in der Produktion offenbar stoffliche und energetische Faktoren benutzt werden, um wiederum Stoffe oder Energie zu erzeugen, deshalb gelten zwischen diesen Faktoren und dem Produkt *Naturgesetze*. Damit sind Produktionsfunktionen in der ökonomischen Theorie *letztlich* ein

---

[64] J. R. Hicks, The Theory of Wages, London et. al. 1963², S. 237.

[65] J. St. Mill, Einige ungelöste Probleme aaO., S. 152. Vgl.: »Die Produktion ist also stets ein Umwandlungsprozeß, der auf physikalischen, chemischen, biologischen und anderen Gesetzmäßigkeiten beruht«. W. Krelle, Produktionstheorie, Tübingen 1969, S. 2.

[66] Vgl. Burmeister, Dobell, Theories aaO., S. 9. In der betriebswirtschaftlichen Literatur finden sich durch ihre größere Praxisnähe selten Spekulationen über zugrundeliegende Naturgesetze; »Engineering Production Functions« gelten hier eher als Spezialfall; vgl. G. Fandel, Produktion I, Berlin-Heidelberg-New York et. al. 1991³, S. 127ff.

[67] P. A. Samuelson, Rejoinder: Agreements, Disagreements, Doubts, and the Case of Induced Harrod-Neutral Technical Change, Review of Economics and Statistics, XLVIII 1966, S. 444. Vgl. zu dieser Auffassung Georgescu-Roegen, Entropy Law aaO. und K. E. Boulding, The Economics of Knowledge and the Knowledge of Economics; in: D. M. Lamberton, Economics of Information and Knowledge, Harmondsworth 1971, S. 26f.

Ausdruck der Zusammenhänge, die in der Naturwissenschaft beschrieben werden.

Das Befremdliche an dieser Vorstellung ist die einfache Feststellung, daß die Naturwissenschaften keine Produktionsfunktionen kennen. Auch in den Ingenieurwissenschaften sind Funktionen unbekannt, in denen die Faktoren Arbeit oder Kapital auftauchen würden. Es gibt *isolierte* Beschreibungen zwischen Größen, die in der Ökonomie gleichfalls wichtig werden können, niemals aber Gesetze, die alle in der Ökonomie relevanten Faktoren auf kausale Weise zusammenführen würden. Die sog. »Engineering Production Functions«[68] basieren auf *technischen* Beziehungen, die sich im wesentlichen auf die Leistungscharakteristika von Maschinen oder anderen Aggregaten beziehen. Hier werden tatsächlich Naturgesetze bei der Konstruktion herangezogen. Doch diese Produktionsfunktionen sind stets nur *partielle* Aspekte eines betrieblichen Leistungsprozesses. Fragen wie die Substitution zwischen Arbeit und Kapital können anhand dieser Funktionen bestenfalls *indirekt* beantwortet werden, auf eine Weise, die nichts mit Produktionsfunktionen im Sinne der Lehrbücher gemein hat.

Greifen wir als Beispiel auf die einfachste Form einer Produktionsfunktion zurück, wie sie bereits bei Thünen auftritt. Thünen setzt das Produkt der landwirtschaftlichen Produktion – sagen wir einfach »Zentner Weizen« – in kausale Beziehung zur eingesetzten Arbeit. Es wird dann unterstellt, daß ein Mehreinsatz an Arbeit auch zu einem Mehrertrag an Weizen führt, dies aber in einer abnehmenden Proportion (Gesetz des abnehmenden Ertrages). Wenn z. B. 1000 Arbeitsstunden 200 Zentner Weizen erbringen, so erbringen nach diesem Gesetz 1100 Arbeitsstunden 210 Zentner, 1200 Stunden sodann 215 Zentner usw.

Solch ein Gesetz ist niemals ein »Naturgesetz«. Zunächst ist unklar, was eine Arbeitsstunde physikalisch überhaupt sein soll. Selbst bei noch so sehr vereinfachten Tätigkeiten sind verschiedene Arbeitsvorgänge zu unterscheiden, deren ökonomischer Nutzen gerade darin besteht, *nicht* bloße Verausgabung von »Arbeitsenergie« zu sein. Einmal werden sich der

---

[68] Vgl. H. B. Chenery, Engineering Production Functions, Quaterly Journal of Economics 63 (1949), S. 507-531.

geschickte vom weniger geschickten Arbeiter unterscheiden – weswegen Arbeitsstunde nicht gleich Arbeitsstunde ist –, zum anderen ist die *Tätigkeitsart* des Pflügens, Düngens, Hackens, Rechens, Bündelns, des Transports oder des Dreschens jeweils ein völlig anderer Vorgang; er besitzt im aristotelischen Kausalitätsmodell eine differente *causa formalis*. Man müßte all diese Tätigkeiten erst einmal in physikalische Größen umrechnen, eine Aufgabe, an der nicht nur die Psychophysik gescheitert ist. Die Arbeitswissenschaft, die Ergonomie, kennt zwar sehr viele Regeln und »Gesetze«, sie reichen aber nicht einmal aus, die einfachsten Tätigkeiten *vollständig* als kausalen Prozeß darzustellen.

Sicherlich ist es möglich, einzelne Bodenflächen nach ihrem Ertrag zu ordnen; es ist möglich, durchschnittliche Arbeitseinsätze hierfür zu berechnen und auf diese Weise eine Tabelle mit Flächen oder Arbeitseinsätzen und Erträgen zu bestimmen. Aber diese Tabelle kann niemals als *kausale* oder gar naturgesetzliche Beziehung bezeichnet werden. Sie ist ein Ausdruck des praktischen Wirtschaftens und Berechnens, dessen Berechnungsgrundlage »historische« Erfahrungen, nicht aber kausale Naturgesetze sind. Der Schein einer naturgesetzlichen Beziehung entsteht erst, wenn man diese Tabelle zur Grundlage der *Schätzung* einer Produktionsfunktion macht, die dann in ihrer formalen, mathematischen Gestalt aussieht, *als ob* es sich um eine naturgesetzliche Beziehung handeln würde. Oskar Lange hat hierzu ganz richtig gesagt: »So ist es mit dem, was unter die Bezeichnung *Gesetz des abnehmenden Ertrages* auftritt. Wiederum entdeckt der Statistiker, der die Wirtschaftstätigkeit untersucht, daß es eine Gesetzmäßigkeit gibt, nach der jeder folgende Aufwand einen immer geringeren Ertrag bringt. Aber die Aufwendungen unterliegen nicht irgendeinem Gesetz. Wir selbst reihen es ein, indem wir uns auf die praxeologisch getroffene Auswahl der effektivsten Handlungsvariante in jedem weiteren Falle stützen.«[69]

Was sich jeweils als *Resultat von Entscheidungen* und damit *kognitiven* Strukturen zeigt, kann schlechterdings nicht mehr als »jungfräuliches« Datenmaterial betrachtet werden. Ricardo hat als erster in die Ökonomie

---

[69] O. Lange, Die Bedeutung der Praxeologie für die politische Ökonomie; in: R. Jochimsen, H. Knobel (Hrsg.), Gegenstand und Methoden der Nationalökonomie, Köln 1971, S. 174.

den Gedanken eingeführt, daß verschiedene Böden einen unterschiedlichen Ertrag aufweisen und daraus die These sinkender Ertragszuwächse formuliert. Was sich hinter seiner Formulierung verbirgt, ist aber ein *historischer* Prozeß. Wenn zuerst die fruchtbarsten Regionen der Erde besiedelt werden und erst schrittweise weniger fruchtbares Land urbar gemacht wird, so zeigt sich zwar – sieht man gänzlich ab von ertragssteigenden Techniken – ein geringerer Ertrag je Flächeneinheit, doch dies ist nicht der Ausdruck eines mechanischen »Gesetzes« zwischen Ertrag und Bodenfläche. Würden zunächst weniger fruchtbare Flächen besiedelt, so würde dieser Ertrag vielmehr steigen. Der sinkende Ertrag ist damit der Ausdruck einer *Entscheidung*, jener nämlich, zunächst die fruchtbarsten Flächen zu bebauen. Darin drückt sich ein *ökonomisches* Kalkül aus, nicht ein Naturgesetz.

4.6 Naturgesetz, Experiment, Produktion

Die Behauptung, Produktionsfunktionen würden Naturgesetze zum Ausdruck bringen, beruht auf einem Mißverständnis dessen, was ein Naturgesetz eigentlich ist. Die Ökonomie teilt dieses Mißverständnis allerdings mit vielen Physikern. Der Grund für dieses Mißverständnis liegt gerade in der *Trennung* von Physik und Ökonomie, denn es ist eben diese Trennung, die falsche Auffassungen nicht nur begünstigt, sondern geradezu erzwingt. Physikalische Gesetze sind, für sich genommen, *Denkmodelle*. Die Natur besteht nicht aus Zahlen, Wahrscheinlichkeitsverteilungen, Differentialgleichungen oder Tensoren. Die Natur *ist* nicht »zahlenförmig«, wie Pythagoras, Platon und ihm nachfolgend viele Naturwissenschaftler behauptet haben, aber sie kann *unter Umständen* quantitativ beschrieben werden. »Der ganzen modernen Weltanschauung liegt die Täuschung zugrunde, daß die sogenannten Naturgesetze die Erklärungen der Naturerscheinungen seien.«[70] Dies scheint zunächst eine kühne Behauptung zu sein, sie läßt sich aber sehr leicht überprüfen. Wenn Naturgesetze alles

[70] L. Wittgenstein, Schriften 1, Frankfurt/M. 1980, S. 79.

Natürliche erklären könnten, dann müßten Physiker *letztlich* fähig sein, *alle* Ereignisse vorherzusagen.

Die Mechaniker des 19. Jahrhundert waren vielfach von solchen Vorstellungen besessen, die durch die großen Aufklärer formuliert wurden. Leibniz z. B. sagt, daß »alles mathematisch, das ist, ohnfehlbar zugehe in der ganzen weiten Welt, so gar, daß wenn einer eine gnugsame Insicht in die innern Theile der Dinge haben könnte, und dabey Gedächtniß und Verstand gnug hätte, umb alle Umbstände vorzunehmen und in Rechnung zu bringen, das Zukünftige sehen, gelichsam als in einem Spiegel.«[71] Laplace stimmt Leibniz zu: »Der momentane Zustand des Systems Natur ist offensichtlich eine Folge dessen, was er im vorherigen Moment war, und wenn wir uns eine Intelligenz vorstellen, die zu einem gegebenen Zeitpunkt alle Beziehungen zwischen den Teilen des Universums verarbeiten kann, so könnte sie Orte, Bewegungen und allgemeine Beziehungen zwischen all diesen Teilen für alle Zeitpunkte in Vergangenheit und Zukunft vorhersagen.«[72]

Was würde dies, wirklich *gedacht*, bedeuten? Jede Wahrnehmung, die in diesem Augenblick stattfindet, wäre naturgesetzlich determiniert und berechenbar. Wenn ein Thermometer eine bestimmte Temperatur anzeigt, so wäre naturgesetzlich festgelegt, *daß* in diesem Augenblick nicht nur 20° Celsius in diesem Raum, an dieser Stelle herrschen, es müßten diese Gesetze auch festlegen, daß die Temperatur in Celsius gemessen wird, daß *überhaupt* Temperatur gemessen wird, daß Herr Maier Temperatur mißt, daß er Maier heißt – ja noch die Niederschrift der Aussage von Leibniz oder Laplace müßte naturgesetzlich erklärt werden.

Was wir jeweils als Ort, Bewegung, Teil oder System beobachten, hängt davon ab, welche Dinge wir in den jeweiligen Wahrnehmungen unterscheiden. Es gab Jahrtausende der Menschheitsgeschichte, in denen ein fallendes Blatt im Herbst nicht als Ausdruck des Gravitationsgesetzes und des Luftwiderstands gesehen wurde. *Wie* bestimmte Dinge erscheinen, welche *Bedeutung* sie haben, geht immer einer Messung oder Beobachtung

---

[71] G. W. Leibniz, Von dem Verhängnisse, Hauptschriften zur Grundlegung der Philosophie, Band II, Hamburg 1966, S. 180.

[72] P. S. Laplace (1776); zitiert nach: O. Loistl, I. Betz, Chaostheorie, München-Wien 1993, S. 1.

voraus. Man muß wissen, was »Gewicht« bedeutet, wenn man Zucker auf eine Waage legt. Eine durchgängige Determination der Welt müßte erklären, wie *Bedeutungen* determiniert sind – ein undenkbarer Gedanke. Wenn etwas *dies* bedeutet, dann muß es wenigstens die Möglichkeit geben, daß es auch etwas anderes bedeutet. Ist das aber der Fall, dann gibt es keine kausale Beziehung zwischen Bedeutung und Bedeutetem, zwischen Zeichen und Bezeichnetem, zwischen Theorie und Beobachtung. Die Naturwissenschaft verfügt über keine Theorie der Natur*wissenschaft*, sie kann sich selbst als Theorie nicht erklären. Obgleich – unzweifelhaft – die Natur Voraussetzung der menschlichen Wirtschaft ist, folgt daraus doch keineswegs, daß die Natur*wissenschaft* formal oder in ihren Inhalten die Grundlage der Ökonomie sei.

Was drücken nun aber Naturgesetze aus? Naturgesetze beziehen sich auf einzelne, isolierte Variablen. Es ist ihnen damit eine *Abstraktion* eigentümlich. Abstrahieren heißt wörtlich abziehen, abtrennen. Was wird hier abgetrennt? Hierzu ist es sinnvoll, sich dort umzusehen, wo Naturgesetze einem empirischen Test ausgesetzt werden: beim *Experiment*. Bei einem Experiment sind mehrere Dinge vorausgesetzt: *Erstens* muß man wissen, *was* gemessen werden soll. Der theoretische Rahmen, in dem die experimentell bestätigten oder verworfenen Sachverhalte beschrieben und überhaupt erkannt werden, muß bereits *vor* jedem Experiment bekannt sein. Man kann nur messen, wenn man weiß, *was* gemessen werden soll. Das Experiment ist eine besondere Situation, in der Menschen, Geräte und Naturdinge versammelt sind. Dies, *wie* diese Situation zu interpretieren ist, hängt ab von jenem theoretischen Zusammenhang, der experimentell untersucht werden soll. *Zweitens* bezieht sich das eigentliche Experiment auf nur wenige Aspekte der Experimentalsituation. Es ist unwichtig, ob die Ablesung des Meßgeräts von einer, die Auswertung des Protokolls von einer anderen Person vorgenommen wird, auch ist in der Regel nicht wichtig, ob vom Ablesungsvorgang bis zur Niederschrift oder Auswertung des Protokolls viel Zeit oder wenig Zeit vergeht (es mag hier natürlich Sonderfälle geben, in denen dies wichtig wird, doch dies hängt jeweils vom untersuchten theoretischen Zusammenhang ab). Es kommt also wesentlich nur auf die Ablesungen der jeweiligen Meßgeräte an, die zur untersuchten Theorie in Beziehung gesetzt werden. Um als brauchbares empirisches Resultat zu gelten, muß *drittens* auch die Bedingung erfüllt sein, daß andere Forscher in anderen Situationen, aber mit vergleichbaren Meßgrößen, dieselben Ergebnisse – im Rahmen von Fehlertoleranzen – reproduzieren können.

Eine Experimentalsituation beschränkt sich damit im Kern auf das Ablesen von Meßwerten an technischen Geräten, die als diese technischen Geräte in der physikalischen oder chemischen Theorie gar nicht in Erscheinung treten. Die abgelesenen Meßwerte müssen *intersituativ* vergleichbar sein. Man akzeptiert nur das als »objektives« Ergebnis, als *Faktum*, was nicht vom Zufall einzelner Situationen abhängig ist. Es gibt kein Naturgesetz des *Einzelfalls*. Experimente müssen im doppelten Sinne wiederholbar sein: zeitlich und situativ. Das ist der Hauptgrund, weshalb die empirische Psychologie vielfach auf erhebliche Schwierigkeiten stößt, experimentell gesicherte und *anerkannte* Ergebnisse zu erzielen. Offenbar ist es für die Gegenstände der Naturwissenschaft charakteristisch, daß es sich um Strukturen handelt, die sowohl unabhängig von Situationen wie von besonderen historischen Zeiten sind.

Das, was wir im Rahmen der Naturwissenschaft *eigentlich* mit »Natur« bezeichnen, sind Beziehungen, deren *Wesen* darin besteht, invariant bezüglich menschlicher Situationen zu sein, in solchen Situationen aber nur sehr einseitige, abstrakte Aspekte zu bezeichnen. Das ist es eigentlich, was wir mit »objektiver« Geltung von Naturgesetzen meinen. Man kann aber auch nur dann von einem *Gelten* sprechen, wenn das Naturgesetz tatsächlich beobachtet wird, d. h. *isoliert* wird von störenden Einflüssen. Im Naturgesetz ist eine Abstraktion theoretisch unterstellt, die praktisch im Experiment *hergestellt* werden muß, soll ein Nachweis gelingen.

Woran ist damit zu denken, wenn wir von der *Geltung* eines Naturgesetzes sprechen – und was wird gewöhnlich vergessen? Es wird vergessen, daß Naturgesetze immer *abstrakte* Aspekte menschlicher Situationen sind, damit aber sowohl auf den Beschreibungen dieser Situationen als auch den angewandten technischen Geräten und den beobachtenden Naturwissenschaftlern *beruhen*. »Die Existenz jedes Naturwissenschaftlers wie die jedes Menschen überhaupt spricht immer gegen ihre eigene Theorie.«[73] Es

---

[73] M. Heidegger, Zollikoner Seminare aaO., S. 246.

ist unsinnig davon zu sprechen, das Ohmsche Gesetz würde auch in einer menschenleeren Wüste oder im Neolithikum »gelten«. Der *Sinn* dieser Geltung bezieht sich auf das Ablesen von Meßwerten, setzt damit eine gewisse Entwicklung elektrotechnischer Instrumente voraus und eine Theorie, die fähig ist, die Ablesungen auf diesen Instrumenten überhaupt zu *interpretieren.*

Naturgesetze sind intersituativ gültige Strukturen, die auf bestimmten Techniken beruhen. Wer auch immer Meßwerte an einem Meßgerät abliest, *irgendjemand* muß diese Werte ablesen. Es ist das große und wichtige Resultat der Quantenphysik, durch die *innere* Struktur der Naturgesetze selbst auf diesen einfachen, wiewohl unabdingbaren Zusammenhang gestoßen zu sein. »Die klassische Physik«, sagt L. de Broglie, »macht einen künstlichen Schnitt zwischen einem Teil der objektiven Welt, der ›äußeren Wirklichkeit‹, die vollständig unabhängig ist von den beobachtenden ›Subjekten‹, und einem andern Teil der objektiven Welt, den Meßinstrumenten oder Sinnesorganen, mit welchen die genannten Subjekte diese äußere Wirklichkeit, ohne sie zu verändern, erkennen und quantitativ untersuchen. Die Quantenphysik dagegen zeigt den künstlichen Charakter eines solchen Schnitts und beweist, daß eine Beschreibung der physikalischen Wirklichkeit, die vollständig unabhängig von den Mitteln wäre, mit denen wir sie beobachten, strenggenommen unmöglich ist.«[74]

In der Quantenphysik trat nur *unabweisbar* zutage, was *jeder Messung* in der Physik eigentümlich ist: Sie findet immer in einer Situation statt, an der Beobachter und Meßgeräte unabtrennbar beteiligt sind. Wenn die physikalischen Gesetze darüber nichts verzeichnen – und auch die Heisenbergsche Unbestimmtheitsrelation führt ja den Beobachter nicht als Term in einem Kalkül auf –, so ist das ein notwendiges Resultat der im Experiment eingenommenen Haltung der Natur gegenüber. Sie soll nur hinsichtlich ihrer einfachen, abstrakten und berechenbaren Aspekte experimentell befragt werden. In jedem Naturgesetz ist der Beobachter und die Meßsituation *notwendig* vergessen, auch dann, wenn Parameter des Meßgeräts (wie in der Quantenphysik) in das Naturgesetz mit einfließen.

---

[74] L. de Broglie, Licht und Materie aaO., S. 241.

Die Achtsamkeit der Forscher richtet sich nur darauf, zwischen bestimmten Ablesungen der Meßgeräte *überhaupt* einen Zusammenhang herzustellen, der wiederum mathematisch beschrieben wird. Ein Naturgesetz »gilt«, wenn seine Geltung wiederholt in entsprechenden Situationen *hergestellt* werden kann.

Was heißt es nun, ein Naturgesetz *technisch* »anzuwenden«? Damit ist nur gemeint, daß jene Beziehungen zwischen technischen Geräten reproduziert werden, die auch beim Experiment zugrunde liegen. Etwas ist technisch »machbar«, wenn zugehörige Experimente gelungen sind und wiederholt werden können. Kurz gesagt: *Die Experimentalsituation ist nichts anderes als ein Produktionsprozeß.* Daß Stahl diese oder jene Eigenschaft, ein Transistor eine andere, chemische Substanzen wieder andere Eigenschaften besitzen, die durch Naturgesetze beschrieben werden können, das heißt, es gibt berechenbare *Aspekte* der Produktionsprozesse, in denen die Experimentalsituation wiederholt werden kann. Sicherlich ist die äußere Form, in der ein Experiment durchgeführt wird, eine ganz andere als ein ökonomisch kontrollierter Produktionsvorgang. All jene Faktoren, die beim Experiment zwar unerläßlich, nicht aber für den Meßvorgang in ihrer Ausgestaltung wesentlich sind, werden bei der »produktiven« Wiederholung des Experiments zu sehr wichtigen *Kostenfaktoren.* Für das Experiment ist es gleichgültig, wie viele Mitarbeiter an einem Meßvorgang beteiligt sind, für effiziente Produktion ist diese Frage zentral. Ebenso steht es um andere Faktoren wie das Gebäude, in dem das Experiment stattfindet, der Energieverbrauch der verwendeten technischen Geräte, deren Anschaffungskosten oder der Fertigungsaufwand usw. All diese Faktoren sind für den Nachweis der Geltung eines Naturgesetzes ohne Bedeutung – es sind nur *negative* Voraussetzungen, wenn es gilt, Experimente zu finanzieren. Im Naturgesetz selbst spielen sie keine Rolle, wohl aber in der produktiven Wiederholung der Experimentalsituation unter der Regie von Kaufleuten.

Für die moderne Teilchenphysik gilt das allerdings nicht mehr. Hier wird die Erkenntnisgrenze durch Kostenfunktionen bestimmt. Aufgrund der Unbestimmtheitsrelation können sehr kleine Teilchen nur bei sehr hoher Energie gemessen werden. Diese hohe Energie verursacht Kosten. Hier zeigt sich eine soziale Dimension der physikalischen Erkenntnisgrenzen – vor allem die Theorie der Superstrings findet hier eine Erkenntnisgrenze. Erkenntnisgrenzen trennen Wissen vom Nichtwissen. Grenzen sind *Definitionen*. Also ist das Wissen in der Physik durch etwas ihr scheinbar Fremdes definiert: Durch die ökonomisch-sozialen Strukturen, die der menschlichen Technik zugrunde liegen. Es sind dieselben Strukturen, auf denen die Ökonomie ebenso basiert wie sie durch »schöpferische Zerstörung« permanent verändert wird. Die *Arbeitsteilung* zwischen Ökonomie und Physik verbirgt diesen gemeinsamen Grund und seine Dynamik. In der Entwicklung der jüngsten Physik der Atomkerne tritt diese gemeinsame Grundlage jedoch unabdingbar ins Bewußtsein.[75]

4.7 Die Bedeutung von Produktion und die Produktion von Bedeutung

Damit wird deutlich, weshalb die in Produktionsfunktionen verzeichneten Faktoren niemals Ausdruck von Naturgesetzen sein können. Der notwendige Aufwand ist zwar auch beim Experiment als subjektiver oder Kostenfaktor nicht zu ignorieren; die aufgewendete Arbeitsmenge z. B. bei der Messung oder der Herstellung eines bestimmten Experimentalergebnisses spielt aber keine *inhaltliche* Rolle, sofern sie nur *hinreichend* ist. Der Experimentator kann zwei linke Hände haben, jeden Handgriff äußerst umständlich vornehmen und zahlreiche Pausen einlegen; für den Nachweis der Geltung eines Naturgesetzes im beschriebenen Sinn ist dies ohne Belang. Der Arbeitsaufwand wird aber zu einer zentralen Größe, wenn es sich um ökonomisch kontrollierte Produktion handelt.

Experiment und Produktion sind damit *strukturell* identisch, nicht aber hinsichtlich der *Bedeutung*, die sie für jeweils andere Handlungen besitzen. Beim Experiment gelten nur notwendige Bedingungen für den personellen und materiellen Aufwand; der Einsatz von Mensch und Material taucht nicht in den Meßergebnissen auf und ist für das überprüfte Naturgesetz

[75] So sehen sich immer mehr Physiker gezwungen, »die Physik vom entgegengesetzen Ende aus an(zu) gehen, nämlich unter rein finanziellen Gesichtspunkten.« Sheldon Glashow, in: P. Davies, J. R. Brown, Superstrings, Basel 1989, S. 215.

– wenn auch nur vom naturwissenschaftlichen Standpunkt aus – gleichgültig. Es handelt sich um notwendige Bedingungen. Bei der ökonomischen Produktion ist umgekehrt das *Funktionieren* – d. h. die *Geltung der Naturgesetze* – nur die notwendige Bedingung, während der Aufwand an Arbeit, Gerät und Material (Kosten) zur Zielgröße wird.

Die der Produktion und dem naturwissenschaftlichen Experiment zugrunde liegende, nicht thematisierte Struktur ist der jeweilige Stand des technischen Wissens, das es erlaubt, Geräte bestimmter Präzision und Bauart überhaupt herzustellen, an denen dann die Geltung von Gesetzen überprüft werden kann. Die Technik ist eine Form des *menschlichen Handelns*. Und die historisch kreativ umgewälzten sozialen Handlungssysteme erweisen sich als *eigentlicher* Grund für Ökonomie und Naturwissenschaft.[76]

Es ist aus diesen Gründen eine naive Vorstellung, Produktionsfunktionen würden »Naturgesetze« abbilden oder ausdrücken. Das, was in der Produktion als vor allem beachtete Zielgröße gilt, taucht in den Naturgesetzen gar nicht auf (Arbeitseinsatz, Materialverbrauch, usw.), und das, was für die Naturgesetze wesentlich ist, wird für die Produktion zur bloßen Voraussetzung. Die Produktion ist »bedeutungs-relativ«. »All die sogenannten physikalischen Gesetze der Produktion, die wir in der Ökonomie antreffen, sind nicht physikalische Gesetze im Sinne der Physik, sondern Überzeugungen der Menschen darüber, wozu sie (technisch) fähig sind.«[77]

Mehr noch. Jedes ökonomische Produkt erfüllt eine konkrete Funktion für Produzenten oder Konsumenten. Dieser praktische Zweck hat eine völlig andere Bedeutung als jene Größen, die in der Physik gemessen werden. Zucker erfüllt für einen Haushalt verschiedene praktische Zwecke: Vom Süßen von Kaffee über die unerläßliche Zutat beim Kuchen bis zum Abschmecken von Soßen erfüllt der Zucker eine Fülle

---

[76] Es gibt aus diesen Erwägungen auch *keine Hierarchie* der Wissenschaften, wonach die Naturwissenschaften in einem Stufenbau die Basis für die anderen Wissenschaften abgeben – ein Gedanke, der dem Physikalismus der logischen Empiristen oder der Schichtenontologie Nicolai Hartmanns zugrunde liegt. Vgl. zur Dynamik sozialer Strukturen und ihrer Beziehung zur Naturerkenntnis K.-H. Brodbeck, Theorie der Arbeit, München 1979, Kapitel 1.4-1.5.

[77] F. A. Hayek, The Counter-Revolution in Science, Glencoe 1952, S. 31

von konkreten Funktionen. *Dieser* Zucker kommt in keiner physischen Wissenschaft vor. Wenn ein Naturwissenschaftler Zucker auf sein Gewicht, seine kristalline Struktur oder seine Löslichkeit überprüft, so sind die Meßgrößen (Gewicht, Kristallstruktur, Löslichkeit) Größen, die zum praktischen Zweck keine direkte Beziehung unterhalten. Gewiß kann aus physikalischen Einsichten eine neue Technik erwachsen oder eine alte Technik verbessert werden, die auch für den Haushalt nützlich ist. Der Zweck als Zweck hat jedoch keinen Bezug zum Zucker als physikalischem oder chemischem Objekt. Eine physisch-kausale Beziehung zwischen »Zucker« und »Produktionsfaktoren« *kann* deshalb überhaupt nicht bestehen. Dies ist bei den ökonomischen Klassikern bis zur Diskussion der Gegenwart im Dunkeln geblieben.

Wenn Böhm-Bawerk – er sei nur stellvertretend für ein Heer anderer Autoren genannt – sagt: »Wir mischen unsere eigenen natürlichen Kräfte mit Naturkräften der Außenwelt zu einer solchen Kombination, daß daraus die Entstehung des gewünschten Sachgutes naturgesetzlich erfolgen muß«[78], so ist ihm offenbar hier nicht klar, daß der Begriff »Gut« wesentlich subjektiv bestimmt, ein Ding mit einem praktischen Zweck ist. Dieser »Nutzen« in einer Handlung ist weder meßbar noch steht er überhaupt in irgendeiner Beziehung zu einem Naturgesetz. Ob mir ein Ding als Gut erscheint oder nicht, ist eine Frage der *Interpretation*, keineswegs eine kausale Frage.

Dieses Mißverständnis reicht durchaus auch in die Physik hinein. Man kann hier an die Diskussion der Lichttheorie Newtons durch Goethe erinnern.[79] Was Goethe sagte, ist für die Ökonomie sehr relevant: Auch wenn wir den Farbwerten jeweils eine bestimmte Frequenz des Lichtes zuordnen können, so *ist* die Farbe doch nicht diese Frequenz. Es ist nicht schwer, die Magnetisierung von magnetischen Teilen zu messen, die in einen Kunststoff eingegossen sind. Man kann diesem Magnetisierungsmuster auch ein Frequenzbild zuordnen und es messen. Dennoch ist die

---

[78] E. von Böhm-Bawerk, Positive Theorie II,1 aaO., S. 11.

[79] Goethe sagt zu Newton: »Er irrt, und zwar auf eine entschiedene Weise.« J. W. Goethe, Geschichte der Farbenlehre, zweiter Teil, Gesamtausgabe Bd. 42, S. 18.

erklingende Sinfonie etwas ganz anderes, wenn man das Tonband auf einem Recorder abspielt.

Physikalische Struktur und *Bedeutung* als Gut sind etwas völlig Verschiedenes. *Bedeutung* ist nichts, was kausaler Beschreibung fähig wäre. Dies ist der Grundirrtum der Grenznutzenschule und der Lehre von den neoklassischen Produktionsfunktionen. Produkte als Resultate technischer Faktoren sind durchaus kausal verursacht, es sind aber noch lange keine Güter. Wer einen Flop produziert, der nicht verkauft werden kann, befolgt alle Gesetze der Physik, aber er hat kein *Gut* erzeugt. Kant sagt deshalb zutreffend: »Die Verknüpfung des Gefühls einer Lust oder Unlust, als einer Wirkung, mit irgend einer Vorstellung (Empfindung oder Begriff), als ihrer Ursache, a priori auszumachen, ist schlechterdings unmöglich; denn das wäre ein Kausalverhältnis, welches (unter Gegenständen der Erfahrung) nur jederzeit a posteriori und vermittelst der Erfahrung selbst erkannt werden kann.«[80]

Die Produktion ist – als »angewandte Technik« – eine Handlungsstruktur; d. h. es werden Zwecke mit bestimmten Mitteln realisiert. Die Handlungsbeziehung zwischen Zwecken und Mitteln, der nächstliegende Sinn von »Technik«, beruht auf der *Differenz* zwischen Zweck und Mittel. Der Zweck hat für denjenigen, der eine Technik anwendet, *Bedeutung*, er unterliegt einer Beurteilung und ist nicht eine einfache *Wirkung*.

Die in der Naturwissenschaft untersuchten Zusammenhänge sind dagegen *kausal* oder wenigstens als Wahrscheinlichkeiten interpretiert. In der Produktion werden derartige kausale Strukturen technisch genutzt. Insofern sind die Experimentalsituation, in der sich Naturgesetze bewähren, und die Produktionstechnik *identisch*. Hinsichtlich des *Zwecks* unterscheiden sich Experiment und Produktion jedoch grundlegend. Geht es beim Experiment nur darum, einen kausalen (oder stochastischen) Zusammenhang überhaupt nachzuweisen, so werden in der Produktion derartige Zusammenhänge für *ökonomische* Zwecke genutzt. Welcher Aspekt des gesamten Prozesses hierbei unter ökonomischen Gesichtspunkten *zweckmäßig* ist, steht gerade in keinerlei kausaler Beziehung zum Gesamtprozeß.

---

[80] I. Kant, Kritik der Urteilskraft, B 36.

Wenn durch einen schlechten elektrischen Leiter Strom geschickt wird, so ist der Aufbau einer entsprechenden technischen Anordnung von zahlreichen, naturwissenschaftlich beschreibbaren Strukturen abhängig. Daß wir ausgerechnet an der hierdurch entstehenden *Wärme* in einer Herdplatte interessiert sind, ist für diesen Prozeß nur zufällig, obgleich sicherlich die elektrische Leistung dem Widerstand des Leiters und dem Quadrat des durch ihn fließenden Stromes proportional ist. Zwischen Zweck und Mittel herrscht keine *Kausalität.*

4.8 Der Sinn von Kausalität

Damit erreichen wir in unserer Diskussion des Naturbegriffs in der Ökonomie einen sehr wichtigen Punkt. Der Begriff der *Ursache* oder der *Verursachung* ist keineswegs auf die Physik beschränkt. Die Verwendung des Begriffs »Ursache«, wie er in der modernen Diskussion auftaucht, ist eine Art Rest des umfassenderen Begriffs der Ursache bei Aristoteles finden.[81] Der aristotelische Ursachenbegriff ist nicht zu trennen vom menschlichen Handeln (vgl. Kapitel 5.2). Aristoteles hat *vier* Arten von Verursachung unterschieden: Zweck, Form, Materie (Stoff) und Wirkendes.

Die Mechanik hat bis auf die Wirkursache (*causa efficiens*) alle anderen Ursachenformen entfernt. Vor allem die Beseitigung der Zwecke, der *causa formalis* und der *causa finalis*, hat sich hierbei verhängnisvoll ausgewirkt. Die Form eines Produkts erfüllt eine bestimmte Funktion (in der Produktion oder beim Konsum). Um diesen Nutzen zu haben, diese Funktion erfüllen zu können, muß ein Ding eine bestimmte Form haben, und diese Form ist nicht auf eine bloße Wirkursache reduzierbar. Der *Nutzen* ist nur der Nachfolgebegriff der aristotelischen *causa finalis.* Zwar muß eine Musikkassette bestimmte materiale Eigenschaften besitzen (*causa materialis*) und auch tatsächlich mit musikalischer Information bespielt werden (*causa efficiens*), die erklingende Musik (*causa formalis*) und der Musikgenuß (*causa finalis*) ist aber je etwas ganz anderes als diese materielle Eigenschaft oder die Tatsache, daß Magnetpartikel eine bestimmte Magnetisierungsrichtung

[81] Aristoteles, Physik, II,3 194b.

aufweisen. Mit der Übernahme des mechanischen Denkmodells wurde zugleich der Versuch unternommen, alle Erscheinungen auf die *causa efficiens* zu reduzieren. Dies führt in der Ökonomie zu jenen kuriosen Vorstellungen, die wir in diesem und in den beiden vorhergehenden Kapiteln zitiert haben.

Was ist, wenn das mechanische Denkmodell nur auf einfache Körper sinnvoll angewandt werden kann, von der Vorstellung zu halten, daß alle Erscheinungen – damit auch die der Ökonomie – *kausal* determiniert seien? »Die gesamte reale Welt unterliegt dem Kausalgesetze. Dieses heischt, daß keine Wirkung ohne zureichende Ursache erfolge.«[82] Derartige Aussagen sind, gleichgültig von wem sie vorgetragen werden, *metaphysische* Aussagen. Kausalität ist kein empirischer Begriff. Die ökonomischen Wissenschaften teilen hier Vorstellungen, die auch in der Physik verbreitet, darum aber nicht weniger fragwürdig sind. Der große indische Philosoph Nagarjuna, ebenso treffend in seinem Urteil wie der abendländischen Tradition seit 1600 Jahren weitgehend unbekannt, hat zur Kausalität einige sehr nachdenkenswerte Anmerkungen gemacht. Nagarjuna sagt etwa folgendes:[83] Die Wirkung soll durch die Ursache *erzeugt* werden, die Wirkung *gibt* es nur, wenn es die Ursache gibt. Wenn nun die Ursache *früher* ist als die Wirkung, so bleibt unklar, wie es die Ursache schafft, die Zeit zu überbrücken, bis die Wirkung tatsächlich eintritt.[84] Ist aber die Ursache *gleichzeitig* mit der Wirkung gegeben, so ist sie nicht von der Wirkung unterschieden.

Aus diesem Grund ist die Vorstellung von Ursache und Wirkung nur etwas, das wir als *Beschreibung* für Erscheinungen verwenden, ohne für die Erscheinungen selbst bestimmend zu sein. Hume hat ähnlich argumentiert: »Mit einem Wort, jede Wirkung ist ein von ihrer Ursache verschiedenes Ereignis. Sie kann daher in der Ursache nicht entdeckt werden, und was man sich zuerst a priori von ihr erfindet oder vorstellt, muß gänzlich

---

[82] E. von Böhm-Bawerk, Positive Theorie II,1 aaO., S. 5; vgl. C. Menger: »Alle Dinge stehen unter dem Gesetze von Ursache und Wirkung.« C. Menger, Grundsätze aaO., S. 1.

[83] Vgl. Nagarjuna, Madhyamika Karika ad XI, 8.

[84] »Die Idee der Causalität ist nun aber unzertrennlich von der Idee der Zeit.« C. Menger, Grundsätze aaO., S. 21.

willkürlich sein.«[85] Auch die Logik des 19. Jahrhunderts hat diesen Zusammenhang gesehen. »Mit der Einsicht, daß *Action der Ursache und Werden des Effects* notwendig *gleichzeitig* ist«[86], sagt Sigwart, wird deutlich, daß Ursache und Wirkung nur *Aspekte* eines Ganzen sind. Die Ursache und die Wirkung »wird zu *einem Teil des Gesamtgrundes*«.[87] Damit erscheint für die Wirkung B das, »was zuerst einseitig als Wirkung der Ursache A betrachtet wurde, als *gemeinschaftliches Tun von A und B*, und sein Grund muss in *beiden zugleich* gesucht werden.«[88]

Die klarste Formulierung haben für diesen Zusammenhang je Nietzsche und Mach gefunden: »*Ursache und Wirkung:* eine solche Zweiheit gibt es wahrscheinlich nie – in Wahrheit steht ein *Continuum* vor uns, von dem wir ein paar Stücke isolieren; so wie wir eine Bewegung immer nur als isolierte Punkte wahrnehmen, also eigentlich nicht sehen, sondern erschließen. Die Plötzlichkeit, mit der sich viele Wirkungen abheben, führt uns irre; es ist aber nur eine Plötzlichkeit für uns«[89], sagt Nietzsche, und Mach wendet dies auf die Natur an: »Wenn wir von Ursache und Wirkung sprechen, so heben wir willkürlich jene Momente heraus, auf deren Zusammenhang wir bei Nachbildung einer Tatsache in der für uns wichtigen Richtung zu *achten* haben. In der Natur gibt es keine Ursache und keine Wirkung. Die Natur ist nur *einmal* da.«[90] Damit ist aber nur ausgedrückt, was wir bezüglich der Naturgesetze bereits festgestellt haben: Die Naturgesetze sind nur abstrakte, einseitige Aspekte eines *Ganzen*, der Situation, in der experimentiert oder produziert wird. Man kann deshalb nicht sagen, daß die *ganze* Wirklichkeit kausal strukturiert sei. »Es ist klar, daß der Kausalnexus gar kein Nexus ist.«[91]

In der menschlichen Produktion sind zwar Faktoren auszumachen, die zu einem Produkt in Beziehung stehen. Das Produkt ist aber etwas ganz

---

[85] D. Hume, Eine Untersuchung über den menschlichen Verstand, Leipzig 1907, S. 40.

[86] C. Sigwart, Logik Bd. II, Tübingen 1911⁴, S. 160.

[87] aaO., S. 160f.

[88] aaO., S. 161; Sigwarts Hervorhebungen.

[89] F. Nietzsche, Die Fröhliche Wissenschaft, § 112, Bd. 6, München 1962, S. 157.

[90] E. Mach, Die Mechanik in ihrer Entwicklung (1883), Leipzig 1921, S. 459; (kursiv von E. Mach).

[91] L. Wittgenstein, Schriften 1, Frankfurt/M. 1980, S. 177.

anderes als die Faktoren selbst, während die Idee der Naturkausalität stets eine (qualitative) Äquivalenz von Ursache und Wirkung voraussetzt, wie der Stoß einer Billardkugel auf eine andere.[92] Doch selbst für dieses Beispiel ist der Begriff der Kausalität unklar. Wenn die Billardkugel A an der Kugel B vorbeirollt, findet offenbar keine Kausalität statt, trifft sie *exakt*, so daß fast die gesamte Bewegungsenergie weitergegeben wird, so hängt diese »Übergabe« doch wesentlich davon ab, daß die Kugel im Raum trifft. Zwischen dem Verfehlen des Ziels und dem genauen Treffer gibt es beliebig viele Übergänge. Damit gehört zur Verknüpfung von Ursache und Wirkung noch die *Richtung* der Bewegung, die aber nur aus der *gesamten* Situation verständlich wird. Ist die Bewegungs*richtung* damit eine Ursache? Offenbar hängt der Betrag der übertragenen Energie vom Richtungsvektor ab. *Wenn* der Richtungsvektor gegeben ist, *dann* kann man von Kausalität sprechen. Aber was soll das heißen: »gegeben«? Für welchen Beobachter oder in welchem übergeordneten System? Auch für einfache mechanische Beispiele verweist die Kausalität auf eine situative Ganzheit, die in der Form eines Naturgesetzes nicht auftaucht.[93]

Eine bemerkenswerte Schwierigkeit ergibt sich auch aus der modernen Chaostheorie, in der die alte scholastische Aussage: »Die Wirkungen müssen zu ihren Ursachen und Quellgründen in einem bestimmten Verhältnis stehen«[94], ihren Sinn verliert. Hier können kleine quantitative Veränderungen sehr große Wirkungen hervorbringen. Diese Beobachtung ist allerdings keineswegs zuerst in der neueren fraktalen Geometrie gemacht worden. In der *Chemie* haben die *Katalysatoren* die mechanischen Vorstellungen von Kausalität bereits im 19. Jahrhundert grundlegend erschüttert. Robert Mayer hat darauf aufmerksam gemacht: »Katalytisch heißt eine Kraft, sofern sie mit der gedachten Wirkung in keinerlei

[92] Kant hat das geleugnet und gesagt, daß »in der Verknüpfung der Ursache und Wirkung zwar auch Gleichartigkeit angetroffen werden (kann), aber sie ist nicht notwendig; denn der Begriff der Kausalität (vermittelst dessen durch etwas etwas ganz davon Verschiedenes gesetzt wird) erfordert sie wenigstens nicht.« I. Kant, Prolegomena, A 151. Wenn die Wirkung aber etwas »ganz Verschiedenes« ist, wie wissen wir dann, was aus einer Mannigfaltigkeit nun als Wirkung, was als Ursache auszulegen wäre?

[93] Hume macht für unsere Vorstellungen der Kausalität einfach eine *Gewohnheit* verantwortlich; vgl. D. Hume, A Treatise of Human Nature, Book One, Glasgow 1962, S. 344.

[94] Thomas von Aquin, Summa Theologica, I-II 63,3; Bd. 11, S. 264.

Größenbeziehung steht. Eine Lawine stürzt in das Tal; der Windstoß oder der Flügelschlag eines Vogels ist die ›katalytische Kraft‹, welche zum Sturze das Signal gibt und die ausgebreitete Zerstörung bewirkt«.[95] Die Quantenphysik hat mit Heisenbergs Unbestimmtheitsrelation auch für die Physik die Unmöglichkeit einer durchgängig kausalen Naturbeschreibung festgeschrieben. Man kann zwar messen, es ist aber »unmöglich, anzugeben, was mit dem System zwischen der Anfangsbeobachtung und der nächsten Messung geschieht.«[96]

Sobald man das Reich des Lebendigen betrachtet, verliert die Vorstellung einer Verursachung – wird sie *streng* gedacht – ihre Plausibilität, ganz unabhängig von philosophischen Fragen. Wasser, Mineralien und Sonnenlicht sind »Ursachen« für eine Blume, aber sie bringen nicht deren Knospen, Erblühen und Welken auf jene Weise hervor, wie eine Billardkugel ihre Bewegung an eine andere weitergibt. Was für die lebendige Natur gilt, gilt in gesteigertem Maße für die menschliche Produktion. Auch neoklassische Autoren schreiben, daß zur Produktion ein *Formwandel* gehört. Mit dem Begriff Produktion, sagt R. Frisch, »meinen wir jeden Transformationsprozeß, der von Menschen gelenkt wird oder an dem die Menschen interessiert sind. (...) Mit dem Ausdruck Transformation bezeichnen wir die Tatsache, daß bestimmte Dinge (Güter oder Dienstleistungen) in den Produktionsprozeß eintreten und darin ihre Identität verlieren, d. h. aufhören, in ihrer ursprünglichen Form zu existieren, während andere Dinge (Güter oder Dienstleistungen) als Resultat des Prozesses entstehen.«[97] Wenn aber die Produktion auf diese Weise durch einen Formwandel, eine Trans-Formation gekennzeichnet ist, wenn es ferner gerade die *Formen* der Produkte sind, an denen die Verbraucher interessiert sind, dann erhellt daraus, daß die Vorstellung einer einfachen Kausalität (*causa efficiens*) hier versagen muß, auch wenn wir diesen Prozeß nicht durchgängig durch Naturgesetze zu beschreiben gedenken.

---

[95] Robert Mayer (1845); zitiert nach: A. Mittasch, Von der Chemie zur Philosophie, Ulm 1948, S. 255.

[96] W. Heisenberg, Physik und Philosophie, Frankfurt/M.-Berlin-Wien 1973, S. 30.

[97] R. Frisch, Theory of Production, Dordrecht-Holland 1965, S. 3. Vgl. K.-H. Brodbeck, Produktion, Arbeitsteilung und technischer Wandel, Düsseldorf 1981, S. 4-12.

Zusammenfassend: Ursache und Wirkung in der Natur werden als äquivalent betrachtet – nur Kraft kann auf Kraft, Masse auf Masse etc. wirken. Bei Prozessen, die durch das menschliche Denken vermittelt sind, bei »geistigen« Prozessen, »fehlt es an dieser Gleichartigkeit: die Wirkung ist qualitativ ein Neues gegenüber ihren Ursachen.«[98]

Auch wenn man die Produktionsfunktionen *nicht* naturgesetzlich interpretiert, sondern nur als eine besondere Form *ökonomischer* Kausalität betrachtet, gerät man in das Gestrüpp unklarer Kausalitätsvorstellungen. Ein zentraler Gedanke der Neoklassik ist das *Grenzprodukt* bzw. die *Grenzproduktivitätstheorie.* Etwa folgende Überlegung wird hierbei angestellt: Betrachten wir eine Firma, die nach und nach Arbeitskräfte einstellt. Jede zusätzliche Arbeitskraft wird – so lautet das Argument – die Ausbringungsmenge um einen bestimmten Betrag erhöhen. Dieser Mehrertrag durch den Mehreinsatz eines Faktors nennt man »Grenzprodukt«, wenn man vereinfacht davon ausgeht, daß die betrachteten Mengenverhältnisse hinreichend klein sind, damit durch ein Differentialkalkül ersetzt werden können.

Das Grenzprodukt spielt in der Lohntheorie eine zentrale Rolle.[99] Man argumentiert: Wenn der *Wert* des durch einen zusätzlichen Arbeitseinsatz erzielten Mehrprodukts die zusätzlich erforderlichen Lohnkosten übersteigt, dann wird eine Unternehmung weitere Arbeitskräfte einstellen, weil durch jede zusätzlich eingestellte Arbeitskraft ein Mehrgewinn erwirtschaftet werden kann. Erst wenn ein zusätzlicher Arbeitseinsatz nur noch gerade so viel erbringt als er kostet, ist ein Betriebsoptimum erreicht. Daraus zieht man den Schluß: Da Unternehmen sich zusätzliche Gewinnchancen nicht entgehen lassen werden, muß für jede Firma der Wert des Grenzprodukts gleich dem Lohnsatz sein. Wenn aber das Grenzprodukt, der erzielte Mehrertrag durch einen erhöhten Arbeitseinsatz, durch »technische« Faktoren bestimmt ist, ist volkswirtschaftlich der Reallohn auch durch technische Faktoren »determiniert«.

---

[98] W. Wundt, System der Philosophie, Erster Band, Leipzig 1907^3, S. 335.

[99] Der Sachverständigenrat erstellt neuerdings seine Lohnempfehlungen anhand einer Berechnung des Grenzprodukts der Arbeit; vgl. Jahresgutachten 1996/97, Bundesdrucksache 13/6200 (1996), § 315 und Anhang E. Form und Art der Produktionsfunktion werden hierbei einfach angenommen.

Dieser Gedanke krankt an zahlreichen Mängeln, die in der Literatur nicht unbekannt geblieben sind.[100] Ich möchte nur auf einige wichtige Punkte hinweisen.

- *Erstens* setzt das Argument voraus, daß bei einem Mehreinsatz von Arbeit das Gesetz vom abnehmenden Ertragszuwachs gilt. Das bedeutet praktisch gesprochen, daß eine Umstellung der Produktion auf Massenproduktion zu *erhöhten* Durchschnittskosten führen müßte; das Gegenteil ist aber in der Regel der Fall. Massenproduktion führt in der Regel zu sinkenden Stückkosten mit einem steigenden Produktionsumfang.[101] Die Unternehmen besitzen damit kein *internes* Betriebsoptimum; die Größe des Produktionsvolumens wird nicht durch die Kosten bestimmt, sondern durch die Höhe der Nachfrage und die Wettbewerbsverhältnisse.
- *Zweitens* setzt die Grenzproduktivitätstheorie voraus, daß es für den Arbeitseinsatz einen breiten, variablen Spielraum gibt. Das ist in der Regel nicht der Fall. Die Zahl der einsetzbaren Arbeiter ist durch Art und Umfang der verwendeten Maschinen bestimmt. Wenn ein Mehreinsatz von Arbeitern deshalb überhaupt denkbar ist, dann nur, weil zuvor Maschinen nicht voll ausgelastet waren oder unbeschäftigt blieben. Es gilt also nur für »keynesianische Unterbeschäftigung«. Diesen Fall kann es zwar geben, er kann aber nicht als allgemeine Grundlage einer Produktions- oder Lohntheorie betrachtet werden.
- *Drittens* wird kein Unternehmen Arbeitskräfte solange einstellen, bis die marginalen Kosten dem zusätzlichen Ertrag gleich sind, sondern vielmehr stets eine erhebliche, durch Unsicherheit bedingte Gewinnspanne einkalkulieren. Diese Gewinnspanne ist aber – wenn wir von Fällen des berechenbaren Risikos absehen – eine reine Erwartungsgröße, die von Unternehmen zu Unternehmen ebenso unterschiedlich

---

[100] »But illustrations of this kind«, sagt Marshall über die Grenzproduktivitätstheorie, »merely indicate part of the action of the great causes which govern values. They cannot be made into a theory of interest, any more than into a theory of wages, without reasoning in a circle.« A. Marshall, Principles aaO., S. 430.

[101] Vgl. P. Sraffa, The Laws of Returns under Competitive Conditions, Economic Journal 26 (1926), S. 535-550.

sein wird, wie sie zu »technischen« Eigenschaften in keiner direkten Beziehung steht.

- *Viertens* verkennt die kausale Beschreibung der Produktion den zeitlichen, den Prozeßcharakter der Produktion. Die Faktoren, die das Produkt bewirken sollen, *verändern* sich während des Produktionsprozesses. »Ein Arbeiter ist ausgeruht, wenn er in den Prozeß eintritt, aber er verläßt ihn als ein müder Mann.«[102] Maschinen werden während des Produktionsprozesses ebenso verbraucht wie Rohstoffe und verlieren hierbei an Effizienz. Man kann diese Schwierigkeit nur um den Preis wenig aussagefähiger »Durchschnitte« umgehen, denen wir schon wiederholt begegnet sind.
- *Fünftens* produzieren Arbeitskräfte nicht notwendig *Güter*, sondern zunächst nur Produkte. Ob die Produkte auch verkauft werden können, ist vor allem in innovativen Bereichen sehr fraglich. Der Arbeitseinsatz in Produktionsprozessen, die *neue* Güter herstellen, kann deshalb in keine kausale Beziehung zum Verkaufserlös gebracht werden. Es ist vielmehr für zahlreiche Produkte ungewiß, ob der Mehreinsatz von Arbeit *überhaupt* zu einem verwertbaren Gut führt. Ein großer Teil der jährlichen Arbeitsstunden einer Volkswirtschaft dient dazu, Projekte zu realisieren, die niemals Marktreife erlangen. Bei diesen Produkten handelt es sich nicht um Güter, auch wenn sie volks- und betriebswirtschaftlich eine unerläßliche Bedingung einer fortlaufenden, innovativen Produktion sind. Die in Flops investierte Arbeit ist ebensowenig den erfolgreichen Produkten *kausal* zuzurechnen wie die für erfolgreiche Produkte aufgewendete Arbeit. Betriebswirtschaftlich drückt sich dies in den nicht zurechenbaren *Gemeinkosten* aus, deren strukturelles Anwachsen in modernen Volkswirtschaften ein sinnfälliger Hinweis darauf ist, daß die Produktion nicht durch ein kausales Modell beschrieben werden kann.

---

[102] N. Georgescu-Roegen, Entropy Law aaO., S. 216.

4.9 Das »geistige Kapital«

Der Grund aller genannten Schwierigkeiten einer mechanisch-kausalen Interpretation der menschlichen Produktion beruht auf einer stillschweigenden Verwechslung: der Verwechslung von naturgesetzlichem Zusammenhang und menschlichem Handeln. Technik und Ökonomie sind Strukturen *innerhalb* des menschlichen Handelns, es sind die mechanisch oder physikalisch beschreibbaren Aspekte situativer Prozesse. Es ist vielleicht sinnvoll, dies nochmals an der Äußerung eines Klassikers des ökonomischen Denkens zu verdeutlichen. Alfred Marshall sagt: »Der Mensch kann keine materiellen Dinge erschaffen. In der geistigen und moralischen Welt ist er tatsächlich fähig, neue Ideen zu produzieren, aber wenn er gehalten ist, materielle Dinge zu produzieren, dann kann er nur Nützlichkeiten erzeugen. Oder, in anderen Worten, seine Anstrengungen und Bemühungen münden darin, die Form oder die Anordnung von Materie zu ändern, um sie einer besseren Befriedigung seiner Wünsche verfügbar zu machen. Alles, was er in der physikalischen Welt tun kann, ist entweder Materie anders anzuordnen: wie er ein langes Holz in einen Tisch verwandelt; oder sie brauchbarer zu machen, wie wenn er Saatgut an einen Ort bringt, an dem die Naturkräfte es zum Leben erwecken.«[103] Marshall akzeptiert hier fraglos die von Platon begründete Aufspaltung der Welt in eine Welt der Materie und eine der Ideen, die Descartes in seiner Philosophie wiederholt und umgedeutet hat. Wovon Marshall aber tatsächlich spricht, ist das menschliche Handeln.

Wie sollen wir seinen Satz verstehen, daß der Mensch keine materiellen Dinge erschaffen könne? Offenbar in dem theologisch begründeten Sinn, daß nur Gott aus Nichts Materie erschaffen kann. Säkularisiert erscheint dieser Satz als Grundlage der Thermodynamik: Es gibt kein *perpetuum mobile*. Der Satz besagt dann eigentlich nur: Was immer Menschen *dinglich* unternehmen, es wird hierbei keine neüe Energie erschaffen, vielmehr nur Energie verbraucht, die aus natürlichen Quellen stammt. Wenn dieser Gedanke ernst genommen wird, dann wäre zu fragen, wie die menschliche Produktion zur Energie in Beziehung steht. Erst Georgescu-Roegen hat

---

[103] A. Marshall, Principles aaO., S. 53.

diese Frage aufgegriffen und in vielfältigen Aspekten diskutiert. Diese Frage ist wichtig und für die Energiewirtschaft der ganzen Erde von grundlegender Bedeutung, aber diese Frage hat nichts mit der Struktur *menschlichen* Handelns zu schaffen. Genauer gesagt: Diese Frage betrifft einen Aspekt der Ökonomie, nicht aber die Struktur des Handelns *selbst.*

Marshall gesteht zu, daß Menschen Ideen »produzieren« können – eine sehr mißverständliche Vorstellung, doch wir lassen sie im Augenblick auf sich beruhen. Marshall erkennt also an, daß Menschen *kreativ* sind. Wie verhält sich menschliche Kreativität zur Natur? Diese Frage wird von der gesamten klassischen und neoklassischen Ökonomie nicht gestellt. Das mechanisch dominierte Mißverständnis menschlichen Handelns, das »zwar« neue Ideen zugesteht, ihnen »aber« die materielle Schranke zuweist, ist eine Selbstfesselung der menschlichen Kreativität. Es mutet schon kurios an: Da werden dicke Lehrbücher über kausale Produktionsstrukturen verfaßt, deren zentrale Aussage darin besteht, daß das, worauf es in der menschlichen Produktion hauptsächlich ankomme, Papier und Druckerschwärze sei, während die *Bedeutung* des Gedruckten dagegen »nur« eine andere Anordnung der ewig unveränderlichen Materie sei. Wenn wir dies nicht als seltsame Form englischen Humors interpretieren wollen, so kann man darin nur die verhängnisvollen Spuren des mechanischen Denkmodells erblicken.

Die mechanischen Gesetze, die »Gewohnheiten der Natur«[104], sind nur jene Strukturen im menschlichen Handeln, die dann als *Schranke* erkennbar werden, wenn neue Ideen, wenn die menschliche Kreativität neue Handlungsformen entworfen hat. Nicht jede Idee kann realisiert werden, findet den Übergang in eine Wirklichkeit, die sich unweigerlich als *auch* naturgesetzliche Struktur zeigen muß. Aber es sind immer die neuen Ideen, es ist immer die menschliche Kreativität, die überhaupt erst jene Weltinterpretation schafft, in der es so etwas wie *Irrtümer* geben kann. Naturgesetze sind die Schranken innerhalb eines Entwurfs, der selbst der menschlichen Freiheit entwächst und keinerlei Beschränkung, keinem Naturgesetz unterworfen ist.

---

[104] Vgl. C. S. Peirce, Collected Papers VII, Cambridge/Mass. 1966, S. 306-309.

Die Vorstellung, daß der »Reichtum der Nationen« vor allem darin bestehe, was an Arbeitskraft und materieller Produktionskapazität verfügbar sei – eine Vorstellung, die sich von Adam Smith über die Neoklassik bis in die Gegenwart fortsetzt –, verkennt dieses Strukturverhältnis. Schranken, die sich als Naturgesetz zeigen, zeigen sich in Situationen, die in Freiheit neu entworfen werden. Es sind Schranken *im Raum der menschlichen Freiheit*, deren *Wesen* gerade darin besteht, unbeschränkt zu sein. Erst die *Gewohnheiten*, d. h. die Wiederholung von Handlungsmustern, läßt den Schein entstehen, als gehorche nicht nur die Natur, sondern auch das menschliche Handeln unveränderlichen Gesetzen. Wiederholte und wiederholbare Strukturen erscheinen aber immer erst in einem offenen Raum, in dem die Menschen kreativ neue Situationen entwerfen. Es sind deshalb, traditionell ausgedrückt, viel eher die »geistigen Fähigkeiten«, die den Reichtum ausmachen, nicht ihre materielle und vergängliche Erstarrung in Produkten. Dieser Einwand gegen die klassische, gegen die mechanische Auslegung der Ökonomie ist keineswegs neu[105], es war das zentrale Anliegen von Adam Müller und Friedrich List in ihrer Kritik an Adam Smith und dessen Schule. Müller und List polemisieren gegen die Auffassung der Smith-Schule, wonach nur mechanische Arbeit, die sich *verkörpert*, als produktive Kraft bezeichnet wird. »Wer Schweine erzieht«, sagt List gegen die Smithsche Lehre, »ist nach ihr ein produktives, wer Menschen erzieht, ein unproduktives Mitglied der Gesellschaft. Wer Dudelsäcke oder Maultrommeln zum Verkauf fertigt, produziert; die größten Virtuosen, da man das von ihnen Gespielte nicht zu Markte bringen kann, sind nicht produktiv.«[106] Was sich nicht in materieller Form niederschlägt, was nicht energetisch oder materiell im Produktionsprozeß identifiziert werden kann, gilt als unproduktiv für die klassische Ökonomie. Mill sagt noch 1844, drei Jahre nachdem List die zitierten Sätze niederschrieb: »Arbeit, die zu dem Zweck geleistet wird, direkten Genuß

---

[105] »Ideas, whether those of art and science, or those embodied in practical appliances, are the most ›real‹ of the gifts that each generation receives from its predecessors. The world's material wealth would quickly be replaced if it were destroyed, but the ideas by which it was made were retained. (...) if the ideas perished, the world would enter again on the Dark Ages.« Marshall, Principles aaO., S. 643.

[106] F. List, System aaO., S. 231. Vgl. Müller, Elemente aaO., S. 231.

zu verschaffen, z. B. Arbeit von jemand, der ein Musikinstrument spielt, nennen wir unproduktiv.«[107] Adam Müller hatte Adam Smith bereits vorgeworfen, daß die »organische Ganzheit«[108] einer Volkswirtschaft nicht aus ihren Teilen erklärbar sei und deswegen die Arbeitsteilung nur *innerhalb* einer Ganzheit diskutiert werden kann.[109] Müller führt hierzu auch den Begriff »Erfahrungskapital«[110] oder »geistiges Kapital«[111] ein, den List übernimmt: »Der jetzige Zustand der Nationen ist eine Folge der Anhäufung aller Entdeckungen, Erfindungen, Verbesserungen, Vervollkommnungen und Anstrengungen aller Generationen, die vor uns gelebt haben; sie bilden das *geistige Kapital der lebenden Menschheit*, und jede einzelne Nation ist nur produktiv in dem Verhältnis, in welchem sie diese Errungenschaft früherer Generationen in sich aufzunehmen und sie durch eigene Erwerbungen zu vermehren gewußt hat«.[112] Hierdurch wird deutlich, daß Produktion etwas ganz anderes ist, als Verursachung. Die Produktion als *Technik* ist ein *historisch-kreativer* Prozeß, in dem die Menschen das sie lenkende Wissen selbst entwerfen und verändern.

Wie sehr Müller und List in ihrer Diagnose recht behalten sollten, daß die Wachstumsfaktoren Arbeit und Kapital nicht *kausal* das Sozialprodukt erklären können, haben die ökonometrischen Versuche der neoklassischen Wachstumstheorie selbst ergeben. Der Ansatz, Volkswirtschaften nach dem mechanisch-kausalen Muster durch die Ursachen Arbeit und Kapital zu beschreiben, gelten einhellig als gescheitert. Bei ökonometrischen Schätzungen von Funktionen zwischen Sozialprodukt, Kapital und Arbeit zeigt sich, daß diese Funktionen selbst mit einem Trend behaftet sind. Die Neoklassiker machen aus der Not eine Tugend und sagen: Die laufende Verschiebung der kausalen Funktion sei das Resultat eines »dritten Faktors«, den sie »technischen Fortschritt« nennen.

---

107 J. St. Mill, Einige ungelöste Probleme aaO., S. 108.

108 A. Müller, aaO., S. 220.

109 »Also nicht die Hand, das Werkzeug, die Maschine produziert; sondern ein Drittes, Höheres, das wir einstweilen die Lebenskraft des Menschen nennen wollen, tut dies, indem es vermittelt.« A. Müller, aaO., S. 241.

110 aaO., S. 311.

111 aaO., S. 316.

112 F. List, aaO., S. 229.

Diese Interpretation des *Scheiterns* der mechanischen Beschreibung ist beredt. Produktionsfunktionen unterstellen, daß die Produktionsfaktoren (Arbeit, Kapital) *kausal* die Güter hervorbringen, die im Sozialprodukt gemessen werden. Wenn man aber versucht, Funktionen für diesen Zusammenhang zu schätzen, entdeckt man, daß Sozialprodukt und Kapital ohnehin nur der Ausdruck eines *Trends* sind und deshalb von einer *kausalen* Abhängigkeit füglich nicht gesprochen werden kann. Spezifiziert man die Produktionsfunktionen jedoch so, wie die neoklassische Lehre unterstellt (sinkende Grenzprodukte der Faktoren), so kann solch eine Funktionsform nur gerettet werden, wenn unterstellt wird, daß sich die *kausale Gesetzmäßigkeit* jedes Jahr *selbst* verändert. Das ist eine sehr merkwürdige Interpretation von kausalen Gesetzen: Wenn es nicht gelingt, die Gültigkeit des Gesetzes als kausale, funktionale Form nachzuweisen, dann muß sich die Kausalität selbst »verschoben« haben. Der technische Fortschritt wird zum Fallstrick der kausalen Beschreibung, und jeder Versuch, ihn durch einen Schattenfaktor, der mit der Zeit zunimmt, zu retten, ist nicht zu verteidigen. Mit *obskuren Qualitäten*, die nur durch das erklärt werden können, was sie selbst erklären sollen, läßt sich die Neoklassik nur in ihrem Siechtum verlängern, nicht aber wissenschaftlich verteidigen.[113]

Was zeigt das Scheitern des Versuchs, die Entwicklung einer Volkswirtschaft unter der Voraussetzung zu beschreiben, daß zwischen Faktorgruppen und Produkten eine mechanische Kausalität besteht? Er zeigt, daß Adam Müller und Friedrich List in ihrer Kritik der von Smith über Marshall und Clark bis zu Solow und Lucas vertretenen Lehre, die Wirtschaft werde durch kausale Gesetze bestimmt, recht behalten haben. Der Kern dieser Kritik läßt sich so formulieren: Die Wirtschaft ist ein Ganzes menschlicher *Handlungen.* Handlungen sind durch Interpretationen, neue Gedanken und Motive bestimmt. Kausale Strukturen sind nur Modalitäten

---

[113] Gahlen kommt in einer Überprüfung der empirischen Ergebnisse der neoklassischen Wachstumstheorie zu dem Ergebnis, daß »die Prämissen der neoklassischen Theorie fehlerhaft oder unvollständig« sein müssen, B. Gahlen, Der Informationsgehalt der modernen Wachstumstheorie für die Wirtschaftspolitik, Tübingen 1972, S. 55. Tatsächlich lassen sich auch im Rahmen dieser Theorie selbst ihre Mängel aufdecken; vgl. K.-H. Brodbeck, Produktion aaO., Anhang B.

des Handelns, Schranken, die sich bei der Realisierung von Ideen zeigen, nicht aber die Bestimmungsgründe der Ideen selbst.

Das Handeln ist kein kausaler Prozeß. Die Versuche, das, was List das »geistige Kapital« nannte, nun seinerseits in einen mechanischen Faktor zu verwandeln und in die Produktionsfunktion einzufügen – wie dies z. B. im »human capital approach« versucht wird – ist keine Revision des grundlegenden Fehlers, vielmehr seine völlige Perversion. Der Gedanke, Ideen würden kausal durch Bildungsinvestitionen produziert oder wären kausal abhängig von F&E-Aufwendungen, verlängert die Fiktion einer Naturkausalität in eine Struktur, die etwas ganz anderes bedeutet als die Beziehung zwischen vorhandenen Körperdingen. »Es ist keinem Zweifel unterworfen, aller Reichtum wird nur vermittels geistiger und körperliche Anstrengungen (Arbeit) erworben; damit ist aber noch keine *Ursache* bezeichnet, woraus man nützliche Folgerungen ziehen könnte«.[114]

Die mechanische Naturauslegung wird in die Gesellschaft zurückgespiegelt und führt dazu, nun auch noch das Denken und den menschlichen Geist als ein kausales Naturding zu interpretieren. Das Selbst-Mißverständnis der Menschen in der Wirtschaft und das Mißverständnis der Natur haben *einen* Grund. Sowenig die Natur *nur* Zahl und Naturgesetz ist, sowenig ist der Mensch *nur* ein durch Gewohnheiten kausal bestimmtes Wesen. Das, was sich der quantitativen Naturbeschreibung nicht fügt, ist keineswegs *nichts*. Es ist auch nicht ein zwar zuzugebendes, aber mehr oder minder belangloses, schattenhaftes Phänomen. Das, was in der mechanischen Naturbeschreibung vergessen ist, ist nichts weniger als das *Ganze* der Mensch *und* Natur bestimmenden historischen Situation.

4.10 Das Ganze der produktiven Situation

Es gibt bei der Begründung der Grenzproduktivitätstheorie eine Denkfigur, die Clark eingeführt hat und die vielfach wiederholt wurde. Diese Denkfigur soll »beweisen«, daß ein Produktionsfaktor tatsächlich eine kausale Voraussetzung für das Produkt ist. Ein ähnlicher Gedanke findet

---

[114] F. List, System aaO., S. 223.

sich schon bei Marx mit Bezug auf die menschliche Arbeit. Das Argument lautet: Wenn man Kapitalgüter aus der Produktion entfernen würde, dann würde das Produktionsergebnis sinken oder null werden. »Zerstöre alles Kapital, das du besitzt, und du mußt mit leeren Händen dein Leben, so gut du kannst, durch Arbeit allein fristen.«[115] *Also* ist Kapital produktiv. Dasselbe Argument kann unschwer für den »Faktor Arbeit« formuliert werden. »Das Geschwatz über die Notwendigkeit, den Wertbegriff zu beweisen, beruht nur auf vollständiger Unwissenheit (...) Daß jede Nation verrecken würde, die, ich will nicht sagen für ein Jahr, sondern für ein paar Wochen die Arbeit einstellte, weiß jedes Kind.«[116]

Zunächst ist festzustellen, daß dieses »Argument« nichts besagt. Es zeigt nur, was *Abstraktion* eigentlich heißt. Wenn man aus einem Handlungs- oder Produktionsprozeß Teile »wegdenkt« (= abstrahiert), dann *zerstört* man eine Ganzheit. Mit demselben »Argument« könnte man »beweisen«, daß die Sonne oder die Schwerkraft produktiv ist oder ein positives »Grenzprodukt« besitzt. Worüber hier offenbar Unverständnis herrscht, ist das Verhältnis von Teil und Ganzem. Der Teil ist keine *Ursache* des Ganzen, auch wenn das Ganze ohne Teil nicht sein kann. Das Ganze kann aber auch nicht auf seine Teile reduziert werden, sonst wäre es nicht ein Ganzes. Ein ganzer Mensch ist eben mehr als nur eine Ansammlung operierbarer Organe. Das Ganze ist eine Seinsbestimmung, die jenseits von Ursache und Wirkung liegt.[117]

Es ist andererseits sicher richtig zu sagen, daß der praktische Produktionsprozeß nicht einfach in eine Ganzheit eingebettet ist, sich vielmehr gerade dadurch als besonderer Produktionsprozeß konstituiert, daß er sich von einer Umgebung *unterscheidet*. Hier kommt etwas zum Ausdruck, was wir am Naturgesetz als praktische Abstraktion schon beobachten konnten: Der Naturforscher, der einen bestimmten natürlichen Zusammenhang empirisch nachweisen möchte, muß bestrebt sein, alle hindernden Faktoren auszuschalten. Raumtemperatur, Luftdruck, Feuchtigkeit, Helligkeit usw. können für den Ausgang eines Experiments

---

115 J. B. Clark, Distribution aaO., S. 117.

116 K. Marx, MEW Bd. 32, S. 552.

117 Vgl. O. Spann, Kategorienlehre, Jena 1939, zweites Buch, I. Hauptstück.

sehr bedeutsam sein. Jedes nachgewiesene Naturgesetz stellt nicht nur gedanklich eine Abstraktion dar, es *gilt* nur dann, wenn es in seinem Wirken *isoliert* wird. Wir haben auch gesehen, daß ein Produktionsprozeß nichts anderes ist als eine Experimentalsituation, die ökonomisch so umstrukturiert wird, daß die darin geltenden Naturgesetze nicht nur einfach gelten, sondern dabei der ökonomisch relevante Aufwand minimiert wird. Damit muß aber auch ein Produktionsprozeß, um zu funktionieren, um dieselbe Abstraktion, die das Naturgesetz in seiner Geltung bestimmt, praktisch wirksam werden zu lassen, selbst gegen eine Umwelt abgegrenzt werden, die diese Geltung stört.

Was an abstrakten Beziehungen in der Physik theoretisch formuliert wird, kann, soll es produktiv nutzbar sein, nur dann wirksam werden, wenn der Produktionsprozeß praktisch durch jene Abstraktion gekennzeichnet ist. Damit auch nur einfache Produktionsabläufe funktionieren, bedarf es einer schützenden Umgebung: Zäune, Dämme, Gebäude, Heizung, Feuchtigkeitsregelung, Druckkontrolle, usw. Jedes technische Gerät funktioniert nur dadurch, daß das in ihm wirksame Naturgesetz in seinem Wirken *geschützt* wird vor vielen anderen Einflüssen, die dieses Wirken durchkreuzen würden: Es besitzt ein Gehäuse, Isolationen, mehrfach vermittelte Bedienungsarmaturen usw. Die chemischen Stoffe bedürfen, sollen sie die an ihnen erkannten Eigenschaften auch zeigen, einer gewissen Reinheit und Isolation.

Mit einem Wort: Die *Geltung* der Naturgesetze, ihre *theoretische* Abstraktion, beruht auf einer *praktischen* Abstraktion der Produktionsprozesse bzw. der technischen Geräte, die zwischen sich und ihrer Umgebung eine Trennung, eine Grenze, ein Gehäuse oder Gebäude benötigen. Um die theoretische Abstraktion zur Geltung zu bringen, bedarf es einer praktischen Abstraktion, die die Dinge ihres natürlichen Zusammenhanges entreißt und erst dann jene Nutzung erlaubt, die naturwissenschaftlich berechenbar antizipiert ist. Um die Früchte der Technik zu erlangen, die auf der praktischen *Gewalt* beruht – die natürlichen, d. h. unklaren, unberechenbaren und komplexen Strukturen angetan wird –, wird jener Krieg gegen die Natur fortgeführt, den wir als Wesen des neuzeitlichen, technisch und ökonomisch dominierten Verhältnisses zur Natur bereits kennengelernt haben. Der einfache Ausdruck der *allgemeinen*, d. h.

abstrakten Geltung eines Naturgesetzes *beruht* auf einem Verhältnis zur Erde, das diese *Abstraktion* auch *geltend* macht, »und Abstraktionen in der Wirklichkeit geltend machen, heißt Wirklichkeit zerstören.«[118]

Es ist deshalb eine naive Umschreibung der faktischen Situation, wenn man sagt, in der »Natur« würden Naturgesetze einfachhin »gelten«. Die Natur als sinnlich-situative Gegenwart einer unendlichen Vielfalt von Erscheinungs- und Lebensformen, ist keine Summe von Naturgesetzen. Die Erde ist ebensowenig eine Art Summe vieler Naturgesetze, wie Bruckners vierte Sinfonie keine etwas komplexere Manifestation von Akustik ist. Durch die Quantenphysik hat sich für diese Erkenntnis wenigstens wieder eine Türe geöffnet, denn wenn schon jede Messung die gemessene Natur verändert, wenn »jede Feststellung unbekannte Veränderungen mit sich bringt«[119], ist es nur ein kleiner Schritt zur Einsicht, daß jegliches Naturgesetz überhaupt auf einem »Eingriff« in eine Natur beruht, die anderes und viel mehr ist, als eine Folge von Gleichungen.

»Natur« ist anderes als einfach das Wiederholbare und Wiederkehrende: Natur ist in jeder Situation, auch in »künstlichen Umwelten«, *ganz* da. Jede Situation ist *eine*, und die Einzigkeit jeder Situation ist zugleich eine ganze, weshalb man auch sagen kann: In jeder Einzelheit sind stets unendlich viele Momente zu unterscheiden, ebene jene, die diese Einzelheit von der Ganzheit unterscheiden. »Wir ständen«, sagt Max Weber, »selbst mit der denkbar umfassendsten Kenntnis *aller* ›Gesetze‹ des Geschehens, ratlos vor der Frage: wie ist *kausale Erklärung* einer *individuellen* Tatsache überhaupt *möglich?*, – da schon eine *Beschreibung* selbst des kleinsten Ausschnittes der Wirklichkeit ja niemals erschöpfend denkbar ist. Die Zahl und Art der Ursachen, die irgendein individuelles Ereignis bestimmt haben, ist ja stets *unendlich*, und es gibt keinerlei in den Dingen selbst liegendes Merkmal, einen Teil von ihnen als allein in Betracht kommend auszusondern. (...) Die Wirklichkeit jeder einzelnen Wahrnehmung zeigt

---

[118] G. W. F. Hegel, Vorlesungen über die Geschichte der Philosophie III, Werke Bd. 20, S. 331.

[119] L. de Broglie, Licht aaO., S. 241.

bei näherem Zusehen ja stets unendlich viele einzelne Bestandteile, die nie erschöpfend in Wahrnehmungsurteilen ausgesprochen werden können.«[120]

In der Situation, in der Menschen wahrnehmen und handeln, begegnet Natur je als *Modalität* dieser Situation, nicht als mathematische Struktur.[121] Es gibt besonders klare und einfache Naturformen, die historisch auch am Anfang der Naturwissenschaft standen: der Lauf der Gestirne, mechanische Bewegungen fester Körper oder Bewegungen von Flüssigkeiten. In Situationen, in denen derartige Strukturen erscheinen, *haben* sie einen einfachen Sinn. Überträgt man diese Strukturen als Denkmodelle auf andere Situationen, z. B. die mechanische Bewegung von Steinen auf die Bewegung von Lebewesen, so wird in den jeweils neuen Situationen Sinn *erschaffen*. Diese kreative Funktion aller Denkmodelle liegt auch den Naturwissenschaften zugrunde. Die moderne Naturwissenschaft ist, »weit über den Geltungsbereich der speziellen Wissenschaft hinaus, ihrem Wesen nach Mechanik, Mechané, d. h. kunstvolle Herbeiführung nicht von selbst eintretender Wirkungen.«[122]

Etwas herbeiführen heißt, etwas *in* etwas herbeiführen, und man darf nicht vergessen, daß einfache Strukturen stets Strukturen *in* einem Ganzen sind, das ihnen überhaupt erst jene Bedeutung eröffnet, die sie haben. Aristoteles, der keineswegs nur den Krieg als Beziehung zur Natur entdeckte, hat das betont, wenn er sagt: »So hat es auch der Naturforscher mit dem Gefüge und der Wesensganzheit eines Dinges zu tun, nicht mit den Teilen, die abgetrennt von dem Ganzen, zu dem sie gehören, überhaupt nicht existieren.«[123] Jedes Naturgesetz ist nur ein Teil, eine Substruktur einer Situation. Das ist der einfache Grund, weshalb historische Situationen niemals durch Naturgesetze (oder analoge Gesetze) »erklärt« werden können. Jede Handlung ist aber, in diesem Sinn, ein historischer Prozeß. Produktion, Tausch, Konsum usw. sind Handlungen und insofern auch historische Prozesse. Der Versuch, sie durch Quasi-

---

[120] M. Weber, Gesammtelte Aufsätze aaO., S. 177.

[121] Vgl. K.-H. Brodbeck, Entscheidung aaO., Kapitel 2 und 10.

[122] H.-G. Gadamer, Über die Verborgenheit der Gesundheit, Frankfurt/M. 1993, S. 59.

[123] Aristoteles, De partibus animalium I 5; zitiert nach: Dühring, Aristoteles, Heidelberg 1966, S. 516.

Naturgesetze erklären zu wollen, verkennt dies. Dieser Versuch ist, im wörtlichen Sinn, unmenschlich.

4.11 Ökologische Mechanik

Wenn »Natur« das ist, was situativ scheint und erscheint, dann ist es auch ein verfehltes Unterfangen, das geformte *Gefüge* der Natur nach Analogie mechanischer Beziehungen rekonstruieren zu wollen. Genau das versuchen aber die einflußreichsten Schulen der theoretischen Ökologie. Auf den ersten Blick mag es so erscheinen, als hätte die Ökologie das mechanische Denkmodell verdrängt. Wenn man unter »Mechanik« jene Form der Wissenschaft versteht, die z. B. Lagrange formuliert hat, dann ist das sicherlich richtig. Tatsächlich verbleibt aber die moderne Ökologie vielfach im Horizont des mechanischen Denkmodells: Die Ganzheiten, die durch ein System von Teilsystemen konstruiert werden, sind immer noch funktionale Gebilde, die – obgleich vielfach vernetzt – in der Vernetzung als unabhängige Elemente gedacht werden, ganz nach der Vorstellung »bewegter Punkte«.[124] Die Kybernetik ist zunächst eine *Maschinentheorie*, die in ihrer Übertragung auf die Natur den Horizont der Maschine bewahrt. Das gilt nicht nur für die spezifisch mathematischen Modelle in der Ökologie[125], sondern für *jede* systemtheoretische Beschreibung natürlicher Zusammenhänge.

Zweifellos gibt es in der Vielfalt der Wechselbeziehungen zwischen den Formen des Lebendigen *mechanische* Strukturen, doch hier wie in der menschlichen Gesellschaft *reduziert* sich Natur nicht auf diese Strukturen oder kann zureichend damit bestimmt werden. Aber auch eine Er-

---

[124] Ein Teil hört erst dann auf, mechanisches Element zu sein, wenn er *in sich* im Bezug zum Ganzen steht und das Ganze in sich birgt. Eine »kybernetische Vernetzung« wird dagegen als Geflecht von *Ursachen* verstanden, die vielfältig aufeinander bezogen sind. Noch jedes Tier aber bezieht sich *kognitiv* auf das Ganze seiner »Umwelt«, die es auf seine Weise auch erkennt. Kognition ist aber nicht kausal zu erklären.

[125] Vgl. A. J. Lotka, Elements of Mathematical Biology, New York 1956; R. M. May (Hrsg.), Theoretische Ökologie, Weinheim et. al. 1980. Lotka verwendet problemlos rein mechanische Kategorien, wenn er z. B. von »Kinetics of Evolving Systems« spricht, aaO., S. 57ff. Lotka hat vor allem Samuelsons Theorie beeinflußt; vgl. Samuelson, Foundations aaO., S. viii.

weiterung der Systemtheorie, wenn sie nicht ohnehin nur zur Phrase verkommt, bleibt in ihren zentralen Kategorien mechanisch, vor allem im Begriff des *Gleichgewichts* und der *Stabilität.* »Die Stabilität von Produktion und Biomasse«[126], die »Aufrechterhaltung des ökologischen Gleichgewichtes« durch Beachtung der »Proportionen der Abschöpfung von Biomasse auf miteinander verbundenen Trophiestufen«[127] sind zentrale Kategorien der Ökologie. »Nach der heute gültigen Theorie«, sagt Odum, »beruht die Ökosystementwicklung« auf drei Prinzipien: erstens auf der »Veränderung der physikalischen Umwelt«, zweitens auf dem »Wechselspiel von Konkurrenz und Koexistenz zwischen den beteiligten Populationen« und drittens auf der »Verschiebung des Energieflusses von der Produktion zur Atmung«[128], d. h. auf einer in mechanischen Kategorien beschriebenen Struktur, angereichert mit Prinzipien der *neueren* Maschinentheorie (Kybernetik), besonders der »Rückkopplung«.[129]

Die Ökologie ist jedoch noch in anderer Hinsicht von großer Bedeutung für den Naturbegriff in der Ökonomie. Wie bereits der Name sagt, leiten sich beide Wissenschaften vom Oikos, der Hauswirtschaft ab, deuten sie aber anders. Die grundlegende Haltung zur Natur, sie unter dem Gesichtspunkt ihrer optimalen Nutzung zu betrachten, damit auf menschliche Zwecke zu relativieren, ist in Ökonomie und Ökologie aber dieselbe. So kann die historische »Entwicklung der Ökologie aus der *Betrachtung und Nutzung* von Ökosystemen«[130] erklärt werden, die stets »*unsere* lebenserhaltende Umwelt«[131] ist, keineswegs die Natur als die Natur selbst. In den Anfängen der Ökologie, noch bevor diese Wissenschaft einen Namen und eine eigene Stellung besaß, sprach man nur von der »Haushaltung der Natur« oder der »Ökonomie der Natur«. Carl Linné drückt dies 1777 so aus: »Unter der Oeconomie der Natur verstehet man

---

[126] M. Begon, J. L. Harper, C. R. Townsend, Ökologie, Basel-Boston-Berlin 1991, S. 904.

[127] H. J. Müller, Ökologie, Jena 1991², S. 311f.

[128] E. P. Odum, Prinzipien der Ökologie, Heidelberg 1991, S. 199.

[129] aaO., S. 47. Odum beruft sich ausdrücklich auf die Grundkategorien der Systemtheorie, wenn er als Grundelemente seiner ökologischen Theorie die Begriffe: Eigenschaften, Kräfte, Flüsse, Wechselwirkungen und Rückkopplungsschleifen verwendet.

[130] H. J. Müller, Ökologie aaO., S. 18; meine Hervorhebung.

[131] E. P. Odum, Prinzipien aaO., S. 21.

des höchsten Schöpfers weise Anordnung der natürlichen Dinge, vermöge der sie zur Hervorbringung der gemeinschaftlichen Zwecke und zur Leistung eines wechselweisen Nutzen geschicht sind.«[132]

Die Natur ist, theologisch gedeutet, *für* den Menschen geschaffen, und deshalb ist ihre Struktur eine Hierarchie von Nützlichkeiten für den Menschen. Diese Hierarchie von Nützlichkeiten, den Naturhaushalt, nennt die Ökologie ein *Gleichgewicht*. Wird das Gleichgewicht gestört, so ist die Verfügbarkeit der Lebensformen für den Menschen gestört und gefährdet. Gott hat die Schöpfung so eingerichtet, sagt Linné über Raubtiere, »daß alle übrigen Thiergattungen in einem gewissen Verhältnis bleiben, und sich nicht zum Schaden des Menschen und ihrer selbst, zu sehr vermehren können.«[133] Bereits zu dieser Zeit finden sich Anleihen bei der Mechanik, so etwa bei George de Buffon (1770), der vom »Gleichgewicht der Gattungen«[134] spricht.

Auch die Lamarcksche und die Darwinsche Revolution in der Biologie hat an der *grundlegenden* Stellung zur Natur nichts geändert. Natur bleibt das für den Menschen verfügbare Material, das in der menschlichen Produktion als Rohstoff verwendet wird: sei es durch direkte Entnahme (Ernte und Transport), Materialveredlung (in der Landwirtschaft auch Züchtung), durch Materialverformung (z. B. Tische aus Holz) oder andere Formen der Produktion.

Lamarck sprach nur klar aus, was ohnehin zutage lag: Die Menschen verändern die Pflanzen- und Tierarten in ihrer Arbeit, durch *Züchtung*. Sie schaffen für die Haustiere besondere Bedingungen, denen sich die Tiere dann auch im Körperbau anpassen. Die *Umgebung* der Tiere wird damit zum *Träger der Absicht*, des Zwecks (Zuchtwahl). »Was die Natur mit Hilfe langer Zeiten macht, das tun wir Tag für Tag, indem wir selbst bei gewissen Pflanzen die Verhältnisse, in welchen sie sich befinden, verändern.«[135] Die Zwecke sind nicht mehr im Geist Gottes vorhanden, sie erscheinen nun als *Form* der *Umwelt* eines Lebewesens. Die Form der

---

[132] Zitiert nach: E. Schramm (Hrsg.), Ökologie-Lesebuch. Frankfurt 1984, S. 39.

[133] aaO.

[134] aaO., S. 43.

[135] Lamarck, Zoologische Philosophie, Leipzig o. J., S. 71.

Umwelt prägt das Aussehen der Tiere: »Die Verhältnisse (Milieu) wirken auf die Gestalt und auf die Organisation der Tiere ein«.[136] Damit ist die Vergangenheit – in Gestalt der Umgebung von Anorganischem und den Lebewesen – der Zuchtmeister der Gegenwart. Es gibt folglich eine *Evolution* des Lebendigen als Selbstzüchtung. Zuerst ändern sich die Gewohnheiten der Tiere, dann der Bau der Tiere selbst. »Die *Gewohnheiten* werden zur anderen Natur.«[137]

Darwin hat an *dieser* Vorstellung im Prinzip nichts verändert. Auch er betont die Wichtigkeit der Gewohnheiten und die Rolle der Verhaltensänderungen: »Es ist indessen schwer zu entscheiden, für uns auch ganz unwesentlich, ob sich zuerst die *Gewohnheiten* und dann erst der Bau änderte, oder ob geringe Bauveränderungen zu einem Wechsel der Lebensgewohnheiten führten; wahrscheinlich änderten sich oft beide gleichzeitig.«[138] Auch Darwin spricht von »Zuchtwahl« und davon, daß die Lebewesen »von der Natur zur Zucht ausgewählt werden.«[139] Das *neue* Element bei ihm – die *zufällige* Variation des Körperbaues und die darauf folgende Selektion – ist die Wiederkehr eines alten Gedankens, wonach in der und gegen die Natur *Krieg* geführt werde. Daß sich Darwin hierbei auf die Lehren eines Ökonomen – R. Malthus – beruft, ist nicht der Beweis dafür, daß ein *neues* ökonomisches Element auf die Natur übertragen wurde.[140] Vielmehr wird eine alte Naturauslegung wieder aufgenommen und deutlicher formuliert: »Da viel mehr Einzelwesen jeder Art geboren werden, als leben können, und da infolgedessen der Kampf ums Dasein dauernd besteht, so muß jedes Wesen, das irgendwie vorteilhaft von den an-

---

[136] Lamarck, aaO., S. 69. »Milieu« ist ein Schlüsselbegriff bei Lamarck.

[137] aaO., S. 74.

[138] C. Darwin, Die Entstehung der Arten, Stuttgart 1967, S. 241.

[139] aaO., S. 28.

[140] »Im Oktober 1838«, sagt Darwin, »las ich zufällig zur Unterhaltung Malthus´ Buch über das Bevölkerungsproblem, und da ich hinreichend darauf vorbereitet war, den überall stattfindenden Kampf um die Existenz zu würdigen, namentlich durch lange fortgesetzte Beobachtung der Lebensweise von Tieren und Pflanzen, kam mir sofort der Gedanke, daß unter solchen Umständen günstige Abänderungen dazu neigen, erhalten zu werden, und ungünstige, zerstört zu werden. Das Resultat hiervon würde die Bildung neuer Arten sein. Hier hatte ich nun endlich eine Theorie, mit der ich arbeiten konnte.« C. Darwin, Autobiographie, in: Charles Darwin – ein Leben. Autobiographie, Briefe, Dokumente, München 1982, S. 93.

deren abweicht, unter denselben komplizierten und oft sehr wechselnden Lebensbedingungen bessere Aussicht für das Fortbestehen haben«.[141]

Dieser Kampf ums Dasein oder (ein Ausdruck Herbert Spencers) das »survival of the fittest«[142] ist eine rein *menschliche* Perspektive, in der Natur ausgelegt und verstanden wird. Die Idee des »Gleichgewichtes« im »Mechanismus der Evolution«[143], das aus solch einem Kampf hervorgeht, kann nicht *in* diesem Kampf begründet liegen. Wenn schon ein *Krieg* zwischen den Arten herrschen soll, so wäre das richtige Denkmodell zur Erklärung der Natur *der Krieg*. Jeder Krieg ist aber, wie Clausewitz sagt, in seinem Ausgang unberechenbar; wir sehen, sagt der klassische Kriegstheoretiker, »wie sehr die objektive Natur des Krieges ihn zu einem Wahrscheinlichkeitskalkül macht; nun bedarf es nur noch eines einzigen Elementes, um ihn zum *Spiel* zu machen, und dieses Elementes entbehrt er gewiß nicht: es ist der *Zufall*. Es gibt keine menschliche Tätigkeit, welche mit dem Zufall so beständig und so allgemein in Berührung stände als der Krieg.«[144]

Wenn die moderne Evolutionstheorie die Evolution als ein *Spiel* beschreibt[145], das von Wahrscheinlichkeiten der Reproduktion und Vererbung abhängig ist, dann bedeutet dies, daß die durch Darwin (wieder-)aufgenommene These vom Krieg in der und gegen die Natur darin nur ihren klaren begrifflichen Ausdruck findet. Es wäre zu zeigen, daß jedes Spiel, das nicht im bloßen Zufall endet und zu zufälligen Resultaten führt, die *Spielregeln* extern vorausgesetzt. Die Regeln sind immer kognitive Strukturen, das Spiel selbst, die Spielzüge sind mechanisch. »Gleichgewicht« als Eigenschaft und »Kampf« oder »Krieg« als evolutionäre Grundstrukturen, stellen *in sich* einen Widerspruch dar: Gleichgewicht ist bestenfalls ein Zufall, wenn mechanische Kräfte einander gleich sind. Auch Darwin stellt

---

[141] C. Darwin, Die Entstehung, aaO., S. 27.

[142] »Überleben des Tüchtigsten« gibt im Deutschen die anthropomorphe Deutung noch klarer wieder, Darwin, aaO., S. 100.

[143] E. P. Odum, Prinzipien aaO., S. 220.

[144] C. von Clausewitz, Vom Kriege aaO., S. 31.

[145] Vgl. M. Eigen, R. Winkler, Das Spiel. Naturgesetze steuern den Zufall, München 1975.

die zutreffende Frage: »Und warum bilden (.) nicht alle Lebewesen ein unentwirrbares Chaos?«[146]

Die Natur ist nicht (nur) ein mechanisches System der Massen, sondern auch ein Ineinander der Formen, die erkannt und wahrgenommen werden; eine Struktur, die nicht auf ein »Gleichgewicht bewegter Körper« reduziert werden kann.[147] Für die Betrachtung der Natur als Kampf und Spiel des Zufalls einerseits *und* die gleichzeitige Vorstellung eines natürlichen *Gleichgewichts* andererseits muß es folglich einen anderen Grund geben, der den Widerspruch beider Kategorien aufhebt: Dieser Grund ist der Standpunkt der Zwecksetzung des Menschen. Nur *für* die menschlichen Zwecke hat ein Begriff vom Gleichgewicht überhaupt einen Sinn. Er besagt: Die vorhandenen Arten ändern sich nicht nach Art und Menge *als Vorrat* für die menschliche Ökonomie.

4.12 Ökologischer Rest

Fassen wir zunächst unseren kurzen Gang durch die Geschichte des Naturbegriffes unter ökonomischer Perspektive zusammen: Die den Griechen aufscheinende Natur war bereits sehr früh in Beziehung zur menschlichen Zwecksetzung interpretiert. Die Widerständigkeit der Natur wurde als Krieg gegen die Natur erfahren. Aus dieser Perspektive der zweckmäßigen Veränderung der Natur erwuchs die Naturauslegung der *berechenbaren Verfügbarkeit*, die Natur wurde zum berechenbaren mechanischen System. Für sich gilt die Natur als *nichts* außer den in ihr erkennbaren vernünftigen Prinzipien, die ein Gott in sie gelegt hat und die wir als Naturgesetze enträtseln können. Als denkende Wesen haben die Menschen an der göttlichen Vernunft Anteil (»Analogie«, »Ebenbildlich-

---

[146] C. Darwin, Entstehung aaO., S. 643.

[147] Tiere beziehen sich auf andere Tiere und Pflanzen *kognitiv*. Nur dadurch, daß sie auch Formen erkennen und unterscheiden, *leben* sie. Kognitive Strukturen sind nicht mechanische Kräfte und deshalb nicht Teil eines kybernetischen Systems. Umgekehrt ist aber auch »Kampf« nicht nur eine mechanische Struktur, wie z. B. Tarnung und Täuschung im Pflanzen- und Tierreich vielfach bezeugen – auch wenn wir solches »Täuschen« durchaus aus menschlicher Perspektive beschreiben. Vgl. J. von Uexküll, Die Lebenslehre, Potsdam-Zürich 1930, Abschnitt IV.

keit«) und sind eben dadurch die *Macht* über die Natur. Die Natur ist bloßer Stoff für die menschliche Ökonomie. Die gleichwohl nicht zu leugnende Vielfalt wurde in Relation zum Menschen und seinen Zwecksetzungen als *Gleichgewicht* ausgelegt, als in die Natur verlängerte Ökonomie der Mittel (»Naturhaushalt«); das *Werden* der Natur als in die Natur verlängerter Krieg der Arten gegeneinander (»Evolution«). Die gesamte abendländische Naturauslegung ist deshalb beherrscht von der Vorstellung der Natur als Material für menschliche Zwecke, das passiv verfügbar ist und im Ideal des Gleichgewichts seinen berechenbaren Ausdruck findet. Der Gegensatz von Vielfalt und Verfügbarkeit wird im Modell der Ökologie als komplexes System »aufgehoben« und »berechnet«.

Der moderne *Begriff* der Ökologie stammt von Haeckel, einem kämpferischen Darwinisten. Er bestimmt die Ökologie ganz aus dem »Kampf ums Dasein«, als »die gegenseitige Wechselwirkung der Organismen« oder als »nothwendige Mitbewerbung der Organismen um die mehr oder weniger unentbehrlichen Lebensbedürfnisse«.[148] Daran knüpft die klassische Definition der Ökologie: »Unter Oecologie verstehen wir die gesammte Wissenschaft von den Beziehungen des Organismus zur umgebenden Aussenwelt, wohin wir im weiteren Sinne alle ›Existenz-Bedingungen‹ rechnen können. Diese sind theils organischer, theils anorganischer Natur; sowohl diese als jene sind (...) von der grössten Bedeutung für die Form der Organismen, weil sie dieselbe zwingen, sich ihnen anzupassen.«[149] Das, was Haeckel die »Existenz-Bedingungen« nennt, sind, neben anorganischen Formen, andere Organismen, »welche als organische Nahrungsmittel für Andere dienen«.[150] Dieses Fressen und Gefressenwerden als *Gleichgewicht* zu beschreiben, kommt nur aus einer ökonomischen Perspektive in den Sinn, die dieses System bereits unter dem Horizont der »Existenz-Bedingung«, als Vorrat für menschliche Zwecke betrachtet. Das heißt nicht umgekehrt, daß diese Perspektive irgendwie »falsch« zu nennen wäre im Unterschied zu einer »harmonischen« Naturbetrachtung. Es ist aber ganz klar zu sagen: »Gleichgewicht«

---

[148] Abgedruckt bei Schramm, aaO., S. 153.

[149] aaO., S. 154.

[150] aaO.

ist im Sinne der modernen Biologie nicht innere Harmonie der Natur *für sich selbst*, sondern Unveränderlichkeit *als* vorhandener Vorrat für den Menschen.

Die formale, mathematische Behandlung dieses Gleichgewichtsbegriffes in der theoretischen Biologie hat gezeigt, daß selbst einfachste Beziehungen zwischen Arten, die nach der Logik dieses Fressens und Gefressenwerdens beschrieben werden, keineswegs notwendig »stabil« sind. Es läßt sich nicht einmal die häufig formulierte These bestätigen, daß die Stabilität mit wachsender Komplexität der Ökosysteme notwendig zunehme.[151] Das konsequente Durchdenken (und Rechnen) der formalen Struktur einer mechanisch beschriebenen Beziehung zwischen den Arten zeigt, daß »Gleichgewicht« (und auch hier nur ein *mechanisches* Gleichgewicht) bestenfalls ein Spezialfall sein kann.[152] Die mathematische Behandlung des »Kampfes ums Dasein« hat wenigstens die mechanischen Implikation vollständig deutlich gemacht. Es ist gerade die *Instabilität*, die eine Evolution überhaupt erst ermöglicht. Ferner führen *Fehler* der Reproduktion zu Mutationen (eine qualitative Form der Instabilität), die mit dem Gleichgewichtsbegriff nicht zu erfassen sind. Der Mensch selbst *ist* insofern eine Störung des natürlichen Gleichgewichtes; seine Weise zu produzieren, *ist* jene Störung des »ökologischen Gleichgewichts«, das er gleichwohl bewahrt wissen möchte.

Das Verhältnis zwischen den Individuen wird von Darwin und seinen Nachfolgern als *äußeres*, mechanisches Verhältnis beschrieben. Körper bestimmter Form verhalten sich zu anderen Körpern und verändern sich dabei. Diese Körper sind dadurch Lebewesen, daß sie sich *selbst* bewegen (das ist die aristotelische Definition). Diese Beschreibung verkürzt aber den Umweltbegriff auf unzulässige Weise. Sie klammert alle Qualitäten

---

[151] Vgl. C. Wissel, Theoretische Ökologie, Berlin-Heidelberg-New York et. al. 1989, S. 206ff.; M. Begon, J. L. Harper, C. R. Townsend, Ökologie aaO., S. 883ff.

[152] Wenn formale Systeme *mehrere* Gleichgewichte aufweisen und es »vom Zufall ab(hängt), in welches der Gleichgewichte das System zurückkehrt«, C. Wissel, aaO., S. 155, dann verliert der mechanische Gleichgewichtsbegriff mit zunehmender Zahl der Gleichgewichte überhaupt seinen Sinn. Fügt man die Möglichkeit von Verhaltensänderungen und Mutationen mit ein, so wird deutlich, daß die theoretische Ökologie sich in derselben Lage befindet wie die theoretische Ökonomie angesichts von neuen Gütern und technischem Fortschritt; vgl. K.-H. Brodbeck, R. F. Matzka, Evolutionary Production Systems, Quality and Quantity 19 (1985), S. 145-153.

aus. Formen, Farben, Klänge und Bewegungen *müssen* in diesem cartesianischen Lebensmodell ausgeschaltet werden. Sie *werden* ausgeschaltet, sofern sie als bloß funktionale Beziehungen definiert werden. Formen, Farben, Gerüche, Bewegungen dienen nur dem Zweck der Fortpflanzung, sie besitzen keinerlei eigene Qualität.

Die neuzeitliche Naturwissenschaft will die Natur nur als Material für menschliche Zwecke *berechnen*. Qualitäten spielen hierbei keine Rolle. Nun sind es aber andererseits gerade die Qualitäten, die all das ausmachen, was Menschen als *schön* empfinden und als *nützlich* interpretieren. Die Behandlung der Natur als Versammlung lebender Körper, wiewohl sie in der griechischen Metaphysik vorbereitet wurde, entbehrt jenes kontemplativen, ganzheitlichen Elements, das sich bei Aristoteles noch unverkennbar findet. »Naturschönheiten« werden für uns *nur* als Konsumbausteine behandelt, die durch eine wohlorganisierte Touristikindustrie erschlossen und ebenso rasch wieder vergessen werden. Die Natur als *Lehrmeister* der Sinne hat darin ebenso aufgehört zu existieren wie in der Behandlung von Tieren und Pflanzen als biologischen Maschinen, die Nahrung produzieren bzw. sind.

Es wäre eine Illusion, wenn man sich von den modernen Maschinentheorien (Kybernetik, Systemtheorie) eine grundlegende Änderung erwarten würde. Auch wenn nicht zu leugnen ist, daß bei Verhaltensforschern der kontemplative Blick auf das Wesen und Verhalten der Tiere wieder Eingang gefunden hat, so bleibt doch die darwinistische Grundlage unangetastet. Die Gurus der politischen Ökologie bleiben – trotz vielfach gegenteiliger Beteuerung – dem cartesianischen Weltmodell verpflichtet, das sie nur um neue Begriffe wie »Rückkopplung«, »Ko-Evolution«, »ganzheitlich« (im Sinn von »systemisch«) zu ergänzen versuchen. Vom *neuen* Paradigma der »Selbstorganisation«[153] zu sprechen, verkennt den grundlegend unveränderten Blick auf die Natur. Hierbei handelt es sich um einen *metaphysisch* unveränderten Blick, nicht eine zufällige Perspektive. Es ist ein Denkmodell, das letztlich immer noch bei der göttlichen Vernunft stehenbleibt: »Gott ist also nicht absolut, sondern er evolviert selbst – er *ist* die Evolution.« Wenn Gott nicht mehr als »Schöpfer«, sondern als

---

[153] E. B. Jantsch, Die Selbstorganisation des Universums, München 1989, S. 36.

»der Geist des Universums«[154] bezeichnet wird, dann drückt sich darin nur das Denkmodell von Descartes aus: Eine Weltmaschine mit Seele (Gott).

Das *Ungeheure* in der abendländischen Naturbeschreibung ist bislang noch kaum gedacht: Wenn ökologisches Gleichgewicht nicht etwas ist, das der Natur innerlich zukommt, dann ist eine »Erhaltung« des natürlichen Gleichgewichts eine grundlegende Illusion. Die globale Herrschaft der Technik läßt die Frage ganz einfach werden: Sind wir gewillt, die *Steuerung* des gesamten Planeten *bewußt* zu übernehmen? Das ist es, was sich hinter dem Begriff des »globalen Gleichgewichts« faktisch verbirgt.[155] Die Natur ist nicht *für uns* geschaffen, sie hält auch nicht »ihr« Gleichgewicht für uns bereit, das wir nur zu beachten hätten. Wir Menschen waren immer schon mittendrin in diesem Naturprozeß; er war niemals für uns bloß »vorhanden«, ein »gegebenes« Gleichgewicht, eine göttliche Harmonie.

Das heißt aber, daß eine vollständige Steuerung des Lebens auf der Erde auch den *Menschen* biologisch mit einschließt. Leo Trotzki sagte 1932 dem sozialistischen Menschen voraus, was die Biologie im Kapitalismus der Gegenwart in Angriff genommen hat. »Ist er einmal mit den anarchischen Kräften der eigenen Gesellschaft fertiggeworden, wird der Mensch sich selbst in Arbeit nehmen, in den Mörser, in die Retorte des Chemikers. Die Menschheit wird zum ersten Male sich selbst als Rohmaterial, bestenfalls als physisches und psychisches Halbfabrikat betrachten. Der Sozialismus wird ein Sprung aus dem Reiche der Notwendigkeit in das Reich der Freiheit auch in dem Sinne bedeuten, daß der gegenwärtige, widerspruchsvolle und unharmonische Mensch einer neuen und glücklicheren Rasse den Weg ebnen wird.«[156] Heidegger notiert wenige Jahre später in seinen Aufzeichnungen zur »Überwindung der Metaphysik«: »Da der Mensch der wichtigste Rohstoff ist, darf damit gerechnet werden, daß auf Grund der heutigen chemischen Forschung eines Tages Fabriken zur künstlichen Zeugung von Menschenmaterial errichtet werden.«[157] Die

---

[154] Jantsch, aaO., S. 412.

[155] Vgl. D. H. Meadows u.a., Das globale Gleichgewicht, Reinbek beim Hamburg 1976.

[156] L. Trotzki, Kopenhagener Rede (1932), in: Denkzettel, Frankfurt/M. 1981, S. 422.

[157] M. Heidegger, Vorträge und Aufsätze, Bd. I, Pfullingen 1967, S. 87.

genetische Adaption an eine zerstörte Umwelt, in Nietzsches »Höherzüchtung des Menschen« als Vermächtnis für dieses Jahrhundert vorhergesagt, ist in den Bereich der technischen Machbarkeit gerückt.

Das wäre denn auch, zu Ende gedacht, die Konsequenz einer *völligen* Steuerung des Planeten: Auch der Mensch müßte sich aus seiner natürlichen Verschränkung lösen und selbst neu schaffen als biologisch-körperliches Wesen. Für einen *unveränderten* Menschen – und global bei konstanter Bevölkerung – müßte auch die Natur in ihren *wesentlichen* Formen unverändert, als eine Art irreduzibler Rest, erhalten werden. Zwischen diesen Extremen eröffnet sich der künftige historische Weg der wirtschaftlich-technischen Entwicklung.

Es ist indes kaum fraglich, ob es so etwas wie ein »Restgleichgewicht« der Natur *für* einen biologisch unveränderten Menschen überhaupt geben kann, das wir – von des Menschen Gnaden – als Spielraum einräumen und in dem sich die Natur weiterhin als Material für unsere Zwecke bereithält. Was sich *faktisch* zeigt, ist etwas ganz anderes: Wir sind in unserer Technik tatsächlich die dominierende Kraft des Gesamtprozesses auf der Erde geworden. Wir *steuern* die Erde aber nicht in ihren vielfältigen Prozessen, sondern setzen immer noch *deren* Prozeß voraus. Gleichgültig, was mit den Menschen geschieht, dieser Prozeß findet immer *seine* Wege der Fortsetzung. Die Menschen *dominieren* die gesamte Biosphäre, aber sie tun das blind. Die mit dem Privateigentum und der nationalen Besonderung verbundene *Steigerung* der ökonomischen Effizienz steht dem Faktum entgegen, daß in der Produktion die *gesamte Erde* einbezogen ist, die menschliche Schranken nicht kennt. Umweltpolitik basiert auf dem Axiom der »Wirtschaftsverträglichkeit«[158] – zurecht, denn Umwelt- und Wirtschaftspolitik sind Ausdruck desselben Denkmodells.

Die *rationalistische* Hoffnung allerdings, dieser Gesamtprozeß der Erde könne im Rahmen der bislang unverändert gültigen mechanischen Ökonomie bewußt geplant werden, ist naiv. Auch hierin stammt die »eigentliche« Utopie von Marx. Er sah die Schwierigkeiten im Verhältnis zur Natur nur in den gesellschaftlichen Verhältnissen begründet; ein »ökologisches« Problem konnte es für ihn gar nicht geben. Die kapitali-

[158] E. U. von Weizsäcker, Erdpolitik, Darmstadt 1993³, S. 174ff.

stische Produktionsweise stört zwar »den Stoffwechsel zwischen Mensch und Erde, d. h. die Rückkehr der vom Menschen in der Form von Nahrungs- und Kleidungsmitteln vernutzten Bodenbestandteile zum Boden, also die ewige Naturbedingungen dauernder Bodenfruchtbarkeit. Sie zerstört damit zugleich die physische Gesundheit der Stadtarbeiter und das geistige Leben der Landarbeiter. *Aber sie zwingt zugleich durch die Zerstörung der bloß natürwüchsig entstandnen Umstände jenes Stoffwechsels, ihn systematisch als regelndes Gesetz der gesellschaftlichen Produktion und in einer der vollen menschlichen Entwicklung adäquaten Form herzustellen.*«[159] Das heißt nichts weniger als: die Menschen steuern den Stoffwechsel des gesamten Lebens der Erde in einer *geplanten* Ökologie. Garant dafür ist für Marx einfach die Naturwissenschaft.

Es war kein Zufall, daß die sozialistischen Länder, im Befolgen dieser Lehre, jene Teile der Erde, die sich in ihrer Macht befanden, noch weit mehr zugrunde gerichtet haben als der Kapitalismus. Der Versuch, sozialistische Ökonomien zu *planen*, ist gescheitert – dies nicht zuletzt aufgrund der darin liegenden Hoffnung, Natur sei das schlechthin Berechenbare. Wie könnten wir auf die Idee verfallen, wir wären fähig, den gesamten Planenten zu steuern? Dennoch ist genau *das* die Aufgabe oder die *Verantwortung* der Menschen, wenn wir unsere Gesellschaft und unser Verhältnis zur Natur im Denkmodell des mechanisch (systemtheoretisch) Beschreib- und Berechenbaren bestimmen.

Eine »Erhaltung« der Umwelt in der Hoffnung, sie werde dem schönen Ideal eines Rest-Gleichgewichts in den ökologischen Reservaten gehorchen, *ist* nichts anderes als eine Steuerung, die natürliche Prozesse in ihren Dienst nimmt. Die Frage ist nur, ob diese natürlichen Prozesse dem Ideal des »Gleichgewichts«, des »Steady State«, der »sustainabiliy«, also der auch künftigen *Verfügbarkeit* gehorchen. Was sich bislang zeigt, sind *planetarische* Veränderungen, bei denen menschliche Handlungen jeden Winkel der Erde erreichen. Wie könnte man da glauben, ein »Reservat« sei überhaupt noch denkbar, zudem eines, das *aus sich selbst heraus* wie ein mechanisches Gleichgewichtssystem funktioniert? Es kann sicher nicht bestritten werden, daß es sich bei den Stoff- und Energiebilanzen, wie sie in der

---

[159] K. Marx, Das Kapital Bd. I, MEW Bd. 23, S. 528; meine Hervorhebung.

Ökologie formuliert werden, um reale *mechanische* Beziehungen handelt. Produkte sind stets umgeformte Bestandteile der Erde oder der Energie der Sonne. Je mehr Menschen Produkte verbrauchen – oder je mehr Produkte pro Kopf verbraucht werden – desto größere Teile der Erde werden in den Malstrom des Verbrauchs hineingezogen. Das *ist* eine mechanische Beziehung. Es ist vor allem deshalb eine mechanische Beziehung, weil die Menschen ihr Verhältnis untereinander und zur Natur *als* Kriegserklärung auslegen (Wettbewerb, Ausbeutung von Ressourcen) und »einen Zustand des Erdballs (herbeiführen), für den überhaupt die Unterscheidung von ›Krieg und Frieden‹ zu den abgelegten Sachen gehört.«[160]

Eine andere als eine systemtheoretische, d. h. eine *maschinentheoretische* Naturbeschreibung wird erst möglich, wenn die Menschen die Ökonomie nicht mehr im Denkmodell der Wirtschafts-Mechanik auslegen. Hierzu ist erforderlich, die verschütteten Ansätze einer Theorie vom Handeln von jenen Überlagerungen zu befreien, die als Ideologie der Berechenbarkeit Ökonomie und Ökologie heute beherrschen. Nur sehr wenige Ökonomen haben bemerkt, daß der Grund der wirtschaftlich-ökologischen Schwierigkeiten der Gegenwart nicht eine temporäre Störung eines Gleichgewichts ist, sondern daß vielmehr die mechanische Idee selbst in Frage steht. Fraglich ist nicht die eine oder andere Strategie *innerhalb* des traditionellen Denkmodells, fraglich ist die philosophische Grundlage dieses Denkmodells selbst geworden. »Die theoretische Nationalökonomie muß, um einen wirklich relevanten Beitrag zu den heutigen Problemen des Wirtschaftswachstums und der Entwicklung zu leisten, ihre grundlegenden, methodologischen Voraussetzungen auf den gegenwärtigen Stand der philosophischen Erkenntnis bringen. Das bedeutet vor allem die Preisgabe des Glaubens an automatische, sich selbst korrigierende Tendenzen zum Gleichgewicht«.[161] Georgescu-Roegen u. a. sagen in einem Manifest: »Die Volkswirtschaftslehre hat, ebenso wie andere Forschungsdisziplinen, um der Exaktheit und Objektivität willen, im letzten Jahrhundert mehr und mehr dazu geneigt, ihr Gebiet von denen anderer zu isolieren. Aber die Zeiten, in denen Wirtschaftswissen-

---

[160] M. Heidegger, Hölderlins Hymne »Andenken«, GA Bd. 52, S. 40.

[161] K. W. Kapp, Soziale Kosten der Marktwirtschaft, Frankfurt/M. 1979, S. 205.

schaftler in der Abgeschlossenheit fruchtbar arbeiten konnten, sind vorbei.«[162]

Man sollte hier nicht naiv sein: Die Macht der Denkmodelle beruht auf ihrer *Gewohnheit*, und Gewohnheiten werden nicht zufällig *als* Mechanismus ausgelegt. Gewohnheiten können, vor allem dann, wenn sie zum globalen Bewußtsein einer Zeit synchronisiert sind, nicht allein durch wissenschaftliche Widerlegung als Konzepte verändert werden. Die Wissenschaft eines »Denkkollektivs«[163], die *Religion* des gegenwärtigen Bewußtseins, ist eine *Wirklichkeit*, die über bloßes Denken hinausreicht. Man kann »das Bewußtsein einer Zeit, eine Zeit selbst, nicht theoretisch-wissenschaftlich argumentierend ›widerlegen‹«[164]. Andererseits kann *nur* aus einem anderen Denken die Macht erwachsen, herrschende Denkmodelle zu verändern. Allerdings zwingt die Erde in den *unberechneten und unberechenbaren* ökologischen »Problemen«, zwingt die destruktive Macht des internationalen Wirtschaftskriegs und das Wachstum der Erdbevölkerung den Menschen – so oder so –, eine Änderung dieser Gewohnheiten auf. Für die *Erkenntnis* dieser Prozesse gilt auch hier, was Hegel über die Philosophie im allgemeinen sagte: »Wenn die Philosophie ihr Grau in Grau malt, dann ist eine Gestalt des Lebens alt geworden, und mit Grau in Grau läßt sie sich nicht verjüngen, sondern nur erkennen; die Eule der Minerva beginnt erst mit der einbrechenden Dämmerung ihren Flug.«[165]

---

[162] N. Georgescu-Roegen u. a., Für eine menschliche Ökonomie, in: Technologie und Politik 12 (1978), S. 88. Ähnliche Ideen wurden von Autoren der »Tiefenökologie« entwickelt, allerdings meist ohne *expliziten* Bezug auf die Ökonomie; wir klammern sie deshalb hier aus.

[163] Vgl. L. Fleck, Entstehung aaO., 4. Kapitel.

[164] M. Heidegger, Phänomenologische Interpretationen zu Aristoteles, GA Bd. 61, S. 75.

[165] G. W. F. Hegel, Grundlinien der Philosophie des Rechts, Werke Bd. 7, S. 28.

5 Rationalität

»An der inhaltslosen Übersinnlichkeit ist es,
daß der Rationalismus sich zerarbeitet.«[1]

»Und würde auch der ganze Berg zu Gold und zu Silber,
Selbst doppelt wäre es nicht genug für einen einzigen Mann.«[2]

Ökonomie als Wissenschaft wird gewöhnlich als Lehre vom *rationalen Handeln* definiert.[3] Meist wird in der Standardökonomie »Handeln« und »Verhalten« mehr oder weniger gleichgesetzt. Viele Ökonomen, sagt Samuelson, »würden die Ökonomie von der Soziologie auf der Basis rationalen oder irrationalen Verhaltens« unterscheiden.[4] *Rationales* Handeln wird genauer bestimmt als »jener Aspekt des Verhaltens, der aus der Knappheit von Mitteln zur Erreichung von Zielen erwächst«[5], oder als die »Anpassung von verschiedenen Handlungen an Ziele«[6].

Ökonomen betonen besonders, daß es sich hierbei um »bewußte Motive«[7] handelt, nicht um bloß reflexhaftes Verhalten. Es sind dies die »gewöhnlichen Motive, die Menschen im Alltagsleben lenken«.[8] L. von Mises sagt: »Handeln ist bewußtes Verhalten. (...) Bewußtes Verhalten hebt sich scharf ab vom unbewußten Verhalten, von den Reflexvorgängen und der Reaktion der Zellen auf Reize.«[9] Ökonomie wird hierbei nicht als eine

---

[1] G. W. F. Hegel, Berliner Schriften 1818-1831, Werke Bd. 11, S. 384.

[2] W. Geiger (Hrsg.), Samyutta-Nikaya I, 116, 6; München-Neubiberg 1930, S. 181.

[3] Vgl. G. Gäfgen, Theorie aaO. Das erste Kapitel ist überschrieben: »Die rationale Entscheidung als Gegenstand der Nationalökonomie«. Das gilt auch für die traditionelle Betriebswirtschaftslehre, vgl. E. Kosiol, Die Unternehmung als wirtschaftliches Aktionszentrum, Reinbek bei Hamburg 1966, S. 201ff.

[4] P. A. Samuelson, Foundations aaO., S. 90.

[5] L. Robbins, Essay aaO., S. 24.

[6] F. H. Knight, Risk aaO., S. 52.

[7] aaO.

[8] A. Marshall, The Present Position of Economics, London 1885, S. 29.

[9] L. von Mises, Nationalökonomie aaO., S. 11.

besondere soziale Sphäre, als Teilsystem der menschlichen Gesellschaft oder als Handlungs*typ* interpretiert, sondern als ein »*Handlungsaspekt*, der bei vielen – wenn auch nicht allen – Handlungstypen vorhanden ist.«[10] Auf den ersten Blick ist die Ökonomie damit eine Handlungstheorie und eine Theorie der menschlichen Rationalität, die weit davon entfernt ist, menschliches Verhalten auf mechanische Strukturen reduzieren zu wollen.

5.1 Die berechnende Rationalität

In den einleitenden Kapiteln der ökonomischen Lehrbücher, bevor Indifferenz- oder Kostenkurven gezeichnet werden, wird das hohe Lied der menschlichen Rationalität gesungen. »Der der panmechanistischen Weltansicht zugrundeliegende Verfahrensmonismus«, sagt von Mises völlig zurecht, »der nur die Kausalität gelten lassen will, weil er ihr einen höheren Erkenntniswert oder überhaupt nur ihr Erkenntniswert beilegt, wurzelt in einem metaphysischen Vorurteil.«[11] Doch trotz des guten Anfangs kommt das böse Ende nach, und auch von Mises landet dort, wo die Wirtschafts-Mechaniker enden, beim Gleichgewicht der mechanischen Marktkräfte: Das »menschliche Handeln *muß* einer derartigen Gleichgewichtslage zustreben«.[12] Den Theorien der Neoklassiker wirft von Mises vor, sie würden so »verblendet« sein, die Nationalökonomie »als eine Mechanik des Marktes«[13] zu formulieren, um dann selbst beim Denkmodell der Mechanik zu enden: Beim »statischen Gleichgewicht«, in dem »die den Ruhezustand störenden Ursachen« nur so wirken, daß dieses Gleichgewicht »immer wieder in der gleichen Art erreicht«[14] wird. Dieser *krasse* Widerspruch bei einem Autor, der versucht hat, die Struktur der rationalen Handlung systematisch zur Grundlage der Ökonomie zu machen, charakterisiert die gesamte Wissenschaft. Autoren, die, anders als

---

10 G. Gäfgen, Theorie, aaO., S. 43.

11 L. von Mises, Nationalökonomie aaO., S. 26.

12 aaO., S. 317.

13 aaO., S. 318.

14 aaO., S. 238.

von Mises, keinen Versuch zur Formulierung einer *Handlungs*theorie unternehmen, benötigen in der Regel nur eine oder zwei Seiten, um vom »Rationalitätspostulat« zur ersten mechanischen Gleichung zu gelangen.[15]

Die Ökonomie ist in ihrem Fundament von einem seltsamen Gegensatz geprägt: Der Betonung der Rationalität der Entscheidung, der Handlungen aus bewußten Motiven einerseits und der Mechanik der Theorien andererseits. Man könnte die Rede von der Rationalität und Bewußtheit des Handelns als bloße Floskel abtun; doch dies würde der Tatsache nicht gerecht, daß Ökonomen, wie sehr sie ihre Theorien wechselseitig immer kritisieren mögen, am Rationalitätspostulat auch dann festhalten, wenn sie es vielfach modifizieren oder einschränken. Nur sehr selten dringt die Kritik an der ökonomischen Rationalität tiefer.[16]

Der Grund scheint ein doppelter zu sein. *Erstens* fällt mit dem Fall des Rationalitätspostulats nahezu das gesamte Corpus der traditionellen Ökonomie in Schutt und Asche und damit die *Existenzgrundlage* der Ökonomie als einer »physisch-mathematischen Wissenschaft«[17]. *Zweitens* zeigt der ökonomische Alltag unentwegt als Faktum das Berechnen und Kalkulieren in vielen Formen – also *ist* doch der ökonomische Alltag rational, denn was kann Rationalität anderes heißen als *Berechnen*? »Unter rationeller Erkenntnis vielmehr verstehe ich Berechnung«[18], sagt Hobbes, und nicht nur alle Naturwissenschaftler und die meisten Ökonomen stimmen hier zu, auch die analytische Philosophie ist einmal mit dem Programm angetreten, die Wahrheit *ausrechnen* zu wollen (»Logistik«). Rationalität gilt der Aufklärung als *Berechnung*, und dieses Ideal hat die Ökonomie ebenso erfaßt wie die Logik.[19] Die Mathematisierung der

---

[15] Vgl. Samuelson, Foundations aaO., S. 90 und S. 93ff.; Henderson, Quandt, Mikroökonomische Theorie aaO., S. 5 und S. 7ff.

[16] Vgl. H. A. Simon, Theories of Decision-Making in Economics and Behavioural Science, Surveys of Economic Theory, Vol. III, London et. al. 1968.

[17] L. Walras, Mathematische Theorie aaO., S. 3.

[18] T. Hobbes, Vom Körper aaO., S. 6.

[19] Wenn es erst einen Denkkalkül geben wird, meinte Leibniz, ist aller Streit nur noch eine Formsache: »Danach wird es zwischen zwei Philosophen nicht größerer Disputationen bedürfen als zwischen zwei Rechnern, denn es wird genügen, daß sie zu ihren Federn greifen, an ihren Rechenbretter niedersitzen (wenn sie wollen, einen Freund hinzuziehen) und sich gegenseitig sagen: ›Laß uns das nachrechen!‹.« G. W. Leibniz, Die philosophischen Schriften, Berlin 1890 (Reprint Hildesheim 1961), Bd. 7, S. 21, 200.

Volkswirtschaftslehre ist der theoretische, die statistische Erfassung ganzer Volkswirtschaften der praktische Versuch zur Verwirklichung dieses Ideals.

William Petty hat es zuerst unternommen, eine ganze Volkswirtschaft statistisch zu erfassen, während Dupont, Cournot, Thünen, Walras und Jevons die Mathematisierung der Volkswirtschafts*theorie* vorantrieben. Jevons sagt: »Mir scheint, daß unsere Wissenschaft mathematisch sein *muß*, einfach deshalb, weil sie es mit Quantitäten zu tun hat.«[20] Die Tatsache, daß auf Märkten in Geld- und Güterquantitäten gerechnet wird, leitet scheinbar zwingend zu diesem Schluß. Doch wer sagt, daß die Struktur des menschlichen *Handelns* mechanisch und berechenbar sei, nur weil Handlungen auch Quantitäten zum *Gegenstand* haben? Zur Beantwortung dieser Frage müssen wir den *Handlungsbegriff* näher durchleuchten.

Der klassische ökonomische Begriff für das Handeln ist die *Arbeit*. Dieser Begriff wurde – nicht zuletzt aufgrund der Diskussion in der Wertlehre – in der neueren Theorie durch den allgemeineren Begriff des *Handelns* ersetzt; Arbeit erscheint für die neuere Lehre nur mehr als *besondere* Handlung der Produktion. In den dreißiger Jahren wich der Handlungsbegriff dann weitgehend dem des *Verhaltens* oder der »Verhaltenswissenschaft«.[21] Die Mitbegründer der neueren Wertlehre, Hicks und Allen, verkünden deutlichen den Anspruch dieser neuen Wissenschaft: »Durch Transformation der subjektiven Werttheorie in eine allgemeine Theorie der Wahlakte wird ihre Anwendbarkeit auf große Bereiche menschlichen Verhaltens ausgeweitet.«[22] Auffallend ist an dieser Entwicklung die schrittweise Beseitigung des *aktiven* Aspekts des Erschaffens und Produzierens und der Übergang zu einer *passiven* »Wahlhandlung« als Leitmotiv. Jevons hat diese Umkehr eingeleitet in seinem Satz: »der Wert beruht vollständig auf dem Nutzen«.[23] Ausgangspunkt ist nach der durch Jevons, Walras und Menger vollzogenen »marginalen Revolution« der

---

[20] W. S. Jevons, Theory aaO., S. 78.

[21] Vgl. K. E. Boulding, Ökonomie als Wissenschaft, München 1970, S. 65.

[22] J. R. Hicks, R. G. D. Allen, A Reconsideration of the Theory of Value, Economica NS 1 (1934), S. 52-76 und S. 196-219; wiederabgedruckt und übersetzt in: A. E. Ott (Hrsg.), Preistheorie, Köln-Berlin 1965, S. 118.

[23] W. S. Jevons, Theory aaO., S. 77.

Political Arithmetick,

OR

A DISCOURSE

Concerning,

The Extent and Value of Lands, People, Buildings; Husbandry, Manufacture, Commerce, Fishery, Artizans, Seamen, Soldiers; Publick Revenues, Interest, Taxes, Superlucration, Registries, Banks; Valuation of Men, Increasing of Seamen, of Militia's, Harbours, Situation, Shipping, Power at Sea, *&c.* As the same relates to every Country in general, but more particularly to the Territories of His Majesty of *Great Britain*, and his Neighbours of *Holland*, *Zealand*, and *France*.

By Sir *WILLIAM PETTY*,

Late Fellow of the *Royal Society*.

London, Printed for *Robert Clavel* at the *Peacock*, and *Hen. Mortlock* at the *Phœnix* in St. *Paul's* Church-yard. 1690.

William Pettys Grundlegung eines gesamtwirtschaftlichen Rechnungswesens (1690)

Konsument, nicht mehr der Produzent. Das hat auch den Handlungsbegriff grundlegend verändert und den »Produzenten« in einen »Wählenden« verwandelt. War für die Klassiker die Ökonomie noch eine Ethik, eine *Lehre vom richtigen Handeln*, so wurde für die Neoklassiker das Handeln auf die Wahl zwischen *gegebenen* Alternativen reduziert und somit zum berechenbaren »Entscheidungsproblem«. Die *Arbeit* ist für Jevons nicht eine Aktivität, die Ziele realisiert, sie wird aus subjektiver Perspektive als »disutility«, als »Arbeitsleid« beschrieben.

Man kann sagen, daß die Sozialwissenschaften ganz allgemein seit etwa 1870 eine »subjektive Wende« vollzogen haben.[24] Es wurde schon oft festgestellt, daß sich eine ähnliche Entwicklung in der Kunst (im Impressionismus) und in den Naturwissenschaften (Relativitätstheorie und Quantenphysik) beobachten läßt. Doch diese Diagnose ist in einem wesentlichen Detail unvollständig: Die Wendung zum Subjekt vollzog sich gerade so, daß das *Subjekt selbst* »mechanisiert« wurde. Von der Psychophysik über den Behaviorismus – auch Freud kennt den »psychischen Apparat« – bis zur Nutzentheorie und Ergonomie waren Psychologie und Ökonomie bestrebt, das Subjektive des Subjekts berechenbar und handhabbar zu machen. Wirtschafts- und Seeleningenieure können somit das letzte Stück Natur – die *innere Natur* – einer je verschiedenen und durchaus auch strittigen Technik unterwerfen. Die Ökonomie als Ethik hat sich in eine *Technologie* verwandelt, in eine »Sozialtechnik«.[25] In der allgemeinen *Systemtheorie*, die sowohl eine Theorie der Natur, der Wissenschaften, der Wirtschaft und Gesellschaft als auch der Seele sein möchte, hat diese Entwicklung ihren vorläufigen Endpunkt erreicht. Doch mit dem erreichten Ziel, mit der Beinahe-Unmöglichkeit, heute *nicht* im systemtheoretischen Denkmodell zu denken, nicht den aus der Maschinen- und elektrotechnischen Informationstheorie entstammenden Dialekt zu sprechen, ist auch dessen Mangel offenkundig geworden.

Die Unterstellung einer durchgängigen Berechenbarkeit der Erde, ihrer Lebewesen und der Menschen, hat alles herbeigeführt, nur nicht einen heilen und geordneten Planeten im Gleichgewicht. Nur ein Zyniker würde

---

[24] Vgl. F. A. von Hayek, The Counter-Revolution of Science, Glencoe 1952, S. 25ff.

[25] K. R. Popper, Das Elend des Historizismus, Tübingen 1971, S. 34f.

sagen, daß *das* ökonomische Problem planetarisch gelöst sei; nicht einmal in den reicheren Ländern dieser Erde kann das behauptet werden. Bereits Nietzsche hat sehr klar den zugrundeliegenden Irrtum diagnostiziert: »Man sieht, was ich bekämpfe, ist der *ökonomische* Optimismus: wie als ob mit den wachsenden Unkosten aller auch der Nutzen aller notwendig wachsen müßte. Das Gegenteil scheint mir der Fall: *die Unkosten aller summieren sich zu einem Gesamt-Verlust*: Der Mensch wird *geringer*.«[26] Die Unterstellung der Berechenbarkeit von Natur und Gesellschaft steht der einfachen Beobachtung entgegen, daß die *Resultate* des Berechnens nach wie vor verläßlich nur in der industriellen Technik »funktionieren«, und gerade *dort* zeigen sich in wachsendem Umfang »Risiken«, »Unsicherheiten« und »Unberechenbarkeiten«, nicht nur der Großtechnologie.

Obgleich sich der Begriff der Rationalität als des *berechnenden Geistes* nicht aus ökonomischen Fragestellungen einfach »ableiten« läßt, ist es doch unbestreitbar, daß die Gleichsetzung von Ratio und Zahl in den ökonomischen Phänomenen einen starken Anhalt findet. Der rational *Handelnde* wendet nicht einfach Rechnungen zur Weltbeschreibung *an*, er *ist* gewissermaßen selbst zu einer Rechenmaschine geworden. In der Ökonomie kennt man diesen Gedanken unter dem Titel des »*homo oeconomicus*«. Dieses seltsame Wesen ist sehr alt und war den Griechen bereits bekannt. *Aristoteles* kennt zwei Erwerbskünste, die des Hausverwalters (*Ökonomik*) und die des Kaufmanns (*Chremastik*). Während die Tätigkeit des Hausverwalters in Harmonie mit der Natur und deshalb »notwendig und lobenswert«[27] ist, betrachtet Aristoteles das Tun des Kaufmanns als »am meisten gegen die Natur«.[28] Für den Hausverwalter, der auch Werkzeuge und Sklaven einsetzt, gilt ein natürliches Maß, denn »kein Werkzeug irgendeiner Kunst ist nach Zahl und Größe unbegrenzt«.[29] Das Tun des Hausverwalters ist durch Zwecke und Mittel begrenzt und bestimmt, die jeweils einen konkreten Nutzen haben. Der Kaufmann dagegen verfolgt ein sehr eigentümliches Ziel: sein Ziel ist es, durch den

---

[26] F. Nietzsche, Der Wille zur Macht § 866, Stuttgart 1964, S. 590f.

[27] Aristoteles, Politik I, 10, 1258a, übers. v. O. Gigon.

[28] aaO., 1258b.

[29] aaO., 1256a.

Tausch von Geld gegen Güter *mehr* Geld zu erlangen. Aristoteles unterscheidet bei Waren als erster Gebrauchs- und Tauschwert, wenn er sagt, daß es für »jedes Besitzstück eine doppelte Verwendung« gibt.[30] Wir wollen der aristotelischen Analyse des Geldes hier nicht weiter folgen[31]; Geld dient jedenfalls ursprünglich nur dazu, den *Austausch der Güter* zu vermitteln. Der Kaufmann benutzt nun diese Funktion des Geldes und *mißbraucht* sie, um *mehr* Geld zu erwerben. Zwar verwendet auch er Waren, »aber nicht in derselben Weise: im einen Fall ist das Ziel ein (qualitativ) anderes, im anderen ist es eben seine Vermehrung«.[32] In diesem rein quantitativen Ziel der bloßen Vermehrung gibt es keine natürliche Schranke. Es entsteht ein schrankenloses Streben, den Geldbesitz *»ins Unbegrenzte«*[33] zu vermehren.

Aristoteles deckt zuerst eine seltsame *Verdopplung der Vernunft* in der Wirtschaft auf: jene, die beim klugen Wirtschaften des Hausverwalters Ziele und Mittel gegeneinander abwägt (*Ökonomik*), und jene andere des Kaufmanns, die nur auf ein Quantum und dessen schrankenlose Vermehrung zielt (*Chremastik*). Für den Kaufmann ist *jede* Ware ein Mittel, die dem Zweck dient, das Geld zu vermehren. Dieses Mehr – der Zins – resultiert für Aristoteles aus einem Mißbrauch der Geldfunktion, denn Geld ist »um des Tausches willen erfunden worden, durch den Zins vermehrt es sich aber durch sich selbst.«[34] Dieses Rätsel des Zinses bleibt für die folgenden 2000 Jahre die Hauptfrage der Nationalökonomie.[35]

Geld ist aber auch eine Quelle jener »Ratio«, deren Inhalt sich auf das bloß quantitative Mehr reduziert. Dieses »kaufmännische Kalkül« erfährt einen seelischen Niederschlag und prägt einen Charakter, den Max Weber die *»Kaufmannsseele«* nennt[36]. Auch Kant kannte diese »ganz geistlose«

---

30 Aristoteles aaO., 1257a.

31 Vgl. Note 62, S. 141 und Kapitel 5.5.2; Brodbeck, Transrationalität aaO. Teil 4; ders., Erfolgsfaktor aaO., Kapitel 14.

32 Aristoteles, aaO., 1258a.

33 aaO.

34 aaO. 1258b. »Chremastik« wird von Oncken, Geschichte aaO., S. 42, zutreffend mit »Bereicherungskunde« übersetzt.

35 Vgl. zur Zinserklärung Brodbeck, Erfolgsfaktor aaO., besonders Kapitel 17.

36 M. Weber, Gesammelte Aufsätze aaO., S. 394.

Struktur der Kaufmannsseele und sprach von einer »blos *mechanisch* geleiteten Leidenschaft«.[37] Als Jakob Fugger von einem Geschäftskollegen aufgefordert wird, da er doch reich geworden sei, sich zur Ruhe zu setzen, antwortet Fugger: »er habe viel einen anderen Sinn, wollte gewinnen, dieweil er könnte«[38]. Max Weber erläutert hieran und an den Ratschlägen Benjamin Franklins das, was er den »Geist des Kapitalismus« nennt. Diese »Gier nach Gold und Geld« des »kapitalistischen Geistes«[39] besitzt ihre *eigene* Rationalität. Augustinus bemerkt die fesselnde Kraft der Kaufmannsseele, die den Geist der Kaufleute erfüllt »mit der Sorge, ohne körperliche Arbeit Geld anzuhäufen«, »daher ihr Geist von dem Gedanken, zu erwerben, in Beschlag genommen ist.«[40] Es gehört zum Wesen des Kaufmanns, des »Homo Speculator« wie ihn André Kostolany nennt, daß »sein Geist niemals richtig zur Ruhe« kommt.[41] Marx sprach vom »automatischen Subjekt«[42] und schildert den Kapitalisten als Mechanismus: »Als bewußter Träger dieser Bewegung wird der Geldbesitzer Kapitalist. Seine Person, oder vielmehr seine Tasche, ist der Ausgangspunkt und der Rückkehrpunkt des Geldes. Der objektive Inhalt jener Zirkulation – die Verwertung des Werts – ist sein subjektiver Zweck, und nur soweit wachsende Aneignung des abstrakten Reichtums das allein treibende Motiv seiner Operationen, funktioniert er als Kapitalist oder personifiziertes, mit Willen und Bewußtsein begabtes Kapital.«[43]

Diese »Personifikation ökonomischer Kategorien«[44] gab zu Spekulationen Anlaß, die menschliche Vernunft sei *überhaupt* kausal aus den Tauschprozessen entstanden.[45] Der Kern von Adornos Philosophie läßt sich auf

---

[37] I. Kant, Anthropologie, Akademie Textausgabe Bd. VII, S. 274.

[38] Zitiert nach: M. Weber, Die protestantische Ethik I, Tübingen 1969^2, S. 43; vgl. L. Brentano, Der wirtschaftende Mensch in der Geschichte, Leipzig 1923, S. 382.

[39] W. Sombart, Der Bourgeois, München-Leipzig 1923, S. 29ff.

[40] De opere monach. c. 15, zit. nach: L. Brentano, Der wirtschaftende Mensch aaO., S. 222.

[41] A. Kostolany, Das ist die Börse. Bekenntnisse eines Spekulanten, München 1961, S. 163.

[42] K. Marx, Das Kapital Bd. I, MEW Bd. 23, S. 169.

[43] aaO., S. 167f.

[44] aaO., S. 16.

[45] Vgl. A. Sohn-Rethel, Geistige und Körperliche Arbeit, Frankfurt/M. 1972.

diesen, vor allem von Sohn-Rethel entwickelten Gedanken reduzieren.[46] Auch hier sehen wir indes Marxisten und Liberale Hand in Hand: »Geschichtlich«, sagt von Mises, »ist der menschliche Rationalismus aus der Wirtschaft erwachsen«.[47] Die von Hobbes ausgesprochene Gleichsetzung von Rationalität und Berechnung[48] wird von den Ökonomen – marxistischer oder liberaler Spielart – dahingehend vertieft, daß auch die menschliche Seele in einen Rechenautomaten verwandelt wird.

5.2 Das traditionelle Handlungsmodell

Was sich im ökonomischen Rationalismus als Handlungsstruktur zeigt, ist ein später Abkömmling der Auslegung des Handelns, die durch Platon und Aristoteles inauguriert wurde. Es ist sicherlich nur eine kleine Übertreibung, wenn Whitehead die gesamte abendländische Philosophie (und Wissenschaft) als »eine Reihe von Fußnoten zu Platon«[49] bezeichnet. Die moderne Ökonomie, Naturwissenschaft und Technik ist das Resultat einer Weltbeschreibung, die durch die Philosophie begründet wurde. Die Quelle dieser Philosophie ist die Metaphysik, und alle »Metaphysik samt ihrem Gegenspieler, dem Positivismus, spricht die Sprache Platons.«[50] Aristoteles hat die Philosophie Platons vielfältig vertieft, erweitert, zum Teil verändert. Ihm verdanken wir die ursprüngliche Formulierung des traditionellen Handlungsmodells, von dem sich alle späteren Theorien ableiten. Wir müssen deshalb dessen Grundzüge kurz skizzieren. Wichtig sind für uns hierbei nur jene Strukturen, die auch in den Wirtschaftswissenschaften Bedeutung gewannen.

---

[46] Vgl. A. Sohn-Rethel, Ein Brief an Theodor W. Adorno (1936); in: A. Sohn-Rethel, Warenform und Denkform, Wien 1971.

[47] L. von Mises, Die Wirtschaftsrechnung im sozialistischen Gemeinwesen, Archiv für Sozialwissenschaft und Sozialpolitik, 47 (1920/21), S. 100. Wie allerdings soll es einen Tausch ohne tauschende und vernünftige Subjekte geben? Die Vernunft (*ratio*) haust nicht in Sachen, um *irgendwann* »Bewußtsein« zu werden. Sie ist ein *Worin* und deshalb ursprünglicher.

[48] T. Hobbes, Vom Körper aaO., S. 6.

[49] A. N. Whitehead, Prozeß und Realität, Frankfurt/M. 1984, S. 91.

[50] M. Heidegger, Zur Sache des Denkens, Tübingen 1969, S. 74.

Platon unterscheidet die sinnliche Erscheinung als das flüchtige, vergängliche Phänomen von der ruhigen, bleibenden Welt der Ideen. Die Quelle dieser platonischen Dualität von Wesen und Erscheinung ist mehrfach; sie weist aber einen direkten Bezug zum menschlichen Handeln auf. Im Handeln beziehen sich die Menschen auf das Vergangene und entwerfen Ziele. Das Vergangene ist gegenwärtig im *Gedächtnis*. »Wenn es ein Gedächtnis gibt«, sagt Platon, »so muß es tatsächlich auch Ideen geben, denn das Gedächtnis setzt etwas Ruhendes und Bleibendes voraus; es hat aber nichts anderes festen Bestand als die Ideen.«[51] Die Ideen werden im Horizont der Zeit als das ausgelegt, was überzeitig oder zeitlos ist. Man kann zu den Ideen nur durch *Erinnern* (*anamnesis*) gelangen; sie werden als *Wiedererinnerung geschaut*. Im Erinnern haben die Menschen Anteil an einer vernünftigen Welt jenseits der endlos schwankenden und chaotischen Sinneswelt, in der die Ideen nur einen schwachen Widerschein finden. Neben dem Gedächtnis greift Platon in der Erklärung dessen, was *Ideen* sind, immer wieder auf die Beispiele des *Handwerks* zurück.[52] Die Bedeutung von *eidos* (Aussehen, Gestalt) kann deshalb kaum als einzige oder sogar ursprüngliche Bedeutung für den Begriff von *idea* herangezogen werden. »Idee« war bei den Hellenen ein Terminus, mit dem Architekten ihre Entwürfe aus verschiedenen Perspektiven zusammenfaßten.[53] Diese Entwürfe wurden beim Auftraggeber (in den griechischen Städten das souveräne Volk selbst) eingereicht, aber nicht von vornherein einem ausgesuchten Architekten übertragen. »Unter den eingereichten Plänen entschieden der Rat bzw. das Volk. In Zweifelsfällen konnte ein öffentliches Streitgespräch der Bewerber anberaumt werden. Es entspricht der Bedeutung, die diesem Punkt zugemessen wurde, daß dem Abgewiesenen häufig sogar die Anrufung eines Gerichtes offenstand.«[54] Das Streitgespräch über verschiedene Ideen ist für die Griechen ein Teil ihrer Form der Vergesellschaftung.

---

[51] Platon, zitiert bei Diogenes Laertius III,1, Hamburg 1967, S. 155f.

[52] Vgl. z. B. Theaitetos 146dff.

[53] H. Lauter, Die Architektur des Hellenismus, Darmstadt 1986, S. 31.

[54] aaO., S. 19.

Bereits am Anfang der Auslegung des menschlichen Handelns steht damit die untrennbare Einbettung in die Gesellschaft und die Sprache. Die Sprache ist für Platon auch die Quelle allen Denkens. Er sagt über die Seele, daß sie, »solange sie denkt, sie *nichts anderes* tut als sich zu unterreden, indem sie sich selbst fragt und antwortet, bejaht und verneint.«[55] Welche Struktur besitzt damit das Handeln bei Platon? Menschen handeln, sofern sie auf Ideen blicken. Sie sind in ihrem Handeln von den Ideen abhängig. Platon erläutert dies an einem Tischler. Er sagt, daß ein Tischler zwar auf die Ideen blickt, aber »die Idee selbst verfertigt keiner von diesen Handwerkern«.[56] Die Idee als bleibende, zeitlose Struktur *bestimmt* das Handeln, wird aber im Handeln selbst nicht ihrerseits produziert. Vielmehr heißt Produktion bei Platon, tätige Abhängigkeit von oder Subsumtion unter Ideen. Plotin hat diese Trennung von Idee (Begriff) und Handeln später besonders betont: »Jede Handlung geschieht nach einem Begriff (Idee), unterscheidet sich aber offenbar vom Begriff; aber der Begriff und gerade der, welcher mit der Handlung verbunden ist und sie leitet, ist nicht Handlung.«[57] Es gibt *in* der Handlung selbst ein merkwürdiges Verhältnis von Über- und Unterordnung, von Theorie und Praxis. Zum Begriff des Handelns, der Praxis selbst gehört ein Bezug auf Theorie, auf die Idee oder den Begriff. »Also gibt es so etwas wie einen *reinen* ›Praktiker‹ überhaupt nicht; dieser selbst ist, und zwar notwendig und im voraus, immer schon *mehr* als Praktiker. Das ist die Grundeinsicht, auf die Platon hinstrebt.«[58]

Die Vorstellung, daß die »Praxis« das Denken *bestimme*, wie sie Karl Marx und der Pragmatismus formuliert haben, beruht auf einer Verkennung dessen, was Praxis, was Handeln ist. Handeln ist der *Bezug* auf Ideen; jeder Handelnde muß die Idee kennen, wenn er handelt, sie kann nicht aus dem bloßen Tun selbst entstehen. Die Wahrheit des Tuns als Idee geht jeder Praxis voraus. Dem Pragmatismus ist dagegen der »Barwert der

---

[55] Platon, Theaitetos 189a.

[56] Platon, Politeia X, 596b.

[57] Plotin, Enneaden, Bd. I, Jena und Leipzig 1905, S. 3.

[58] M. Heidegger, Nietzsche Band I, Pfullingen 1961, S. 203.

Wahrheit, wenn wir sie in Erfahrungsmünze umrechnen«[59], nur das Berechenbare, das Nützliche. »Wahre Gedanken« werden nicht geschaut, sie werden besessen, weshalb »der Besitz wahrer Gedanken überall zugleich den Besitz wertvoller Mittel zum Handeln bedeutet.«[60] Man kann erkennen, daß die platonische Dualität auch erhalten bleibt, wenn sie, wie Marx sagt, »auf die Füße« gestellt wird: »Die Frage, ob dem menschlichen Denken gegenständliche Wahrheit zukomme ist keine Frage der Theorie, sondern eine *praktische* Frage.«[61] Bereits Kant hatte gesagt: »Alles läuft zuletzt auf das *Praktische* hinaus; und in dieser Tendenz alles Theoretischen und aller Spekulation in Ansehung ihres Gebrauchs besteht der praktische Wert unsers Erkenntnisses.«[62] Bei Platon stand die Sache umgekehrt. Der Weg und die Möglichkeit zur Umkehrung der platonischen Struktur wird durch Aristoteles eröffnet.

Bei Platon sind die Ideen nur dem Denken zugänglich. Die Erscheinungen sind schwache Abbilder, Schatten der Ideen. Aristoteles hat diese Auffassung aus mehreren Gründen kritisiert, die wir hier nicht zu vertiefen brauchen.[63] Für ihn sind die Ideen *in* den Dingen real. Alle Dinge lassen sich als Dualität aus Form (*morphe, idea*) und Stoff (*hyle*) begreifen. Beim Erkennen nimmt der leere Geist nur die Formen der Dinge auf. Was bei Platon eine *Handlungsstruktur* war, wird bei Aristoteles eine *Seinsweise* der Dinge. Hierdurch erscheinen nun andererseits alle Dinge in ihrer inneren Struktur als *Resultate* des Handelns, als *Werke* (*ergon*), und der Inbegriff des Seienden wird Verwirklichung (*energeia*). Dieses Handeln ist allerdings nicht das Tun eines Subjekts, eines Ich, es ist die Bewegung und Kraft der *Natur* selbst. In den Dingen ist das Ziel (*telos*) realisiert. »Denn Ziel ist das Werk, das Werk aber ist die Verwirklichung. Daher ist auch der Ausdruck ›Verwirklichung‹ (*energeia*) von ›Werk‹ (*ergon*) gebildet und zielt

59 W. James, Der Wahrheitsbegriff des Pragmatismus; in: Texte der Philosophie des Pragmatismus, Stuttgart 1975, S. 163.

60 aaO., S. 164.

61 K. Marx, MEW Bd. 3, S. 5.

62 I. Kant, Logik, Werke Bd. VI, S. 518.

63 Vgl. Aristoteles, Metaphysik XIII, 4.

auf die Vollendung.«[64] Menschen und Dinge werden *verbunden* durch die Struktur der Handlung. *Das Handeln wird universales Denkmodell.*

Es ist deshalb für Aristoteles auch zulässig, an die Natur die Frage nach den Ursachen zu stellen, also *warum?* zu fragen. Die Antwort, die die Natur hier gibt, ist *vierfach.* »Daß es also Ursachen gibt und zwar in der genannten Anzahl, ist somit klar. Denn auf ebensoviel Arten fragt man nach dem Warum. (...) Und da dies die vier Ursachen sind, so wird man als Physiker die Frage nach dem Warum beantworten, indem man alle Ursachen berücksichtigt, den Stoff, die Gestalt, den Bewegungsursprung, den Zweck. Die drei letzten kommen häufig auf ein und dasselbe hinaus, weil Wesen und Zweck dasselbe ist und Bewegungsursprung der Art nach mit diesen zusammenfällt.«[65] Die vier Ursachen: Zweck, Form, Wirkendes und Materie (*causa finalis, formalis, efficiens et materialis*) können damit auch als Dualität aus Materie (*hyle*) und Idee (*morphe*) zusammengefaßt werden. Das ist die Wiederkehr des platonischen Dualismus in der Natur. Natur wird zum Stoff, den sich eine Idee unterordnet. Und dieses Verhältnis wird von Aristoteles als eines in der Natur selbst, nicht als ein Verhältnis des Menschen *zur* Natur ausgelegt. Durch diese Beschreibung der Natur, als sei sie das Resultat eines *Handelns*, erfährt umgekehrt auch das Handeln selbst eine natürliche, »physikalische« Auslegung.[66]

Das aristotelische Modell der vierfachen Verursachung beherrscht für die gesamte nachfolgende Wissenschaftsentwicklung das Denken. Die Einheit der vier Ursachen, die noch in der Hochscholastik uneingeschränkte Gültigkeit besaß, wurde in der Nachfolge aufgeteilt. Für die Naturwissenschaften galten nur noch die Wirk- und die Materialursache als »wissenschaftliche« Prinzipien; die Mechanik wurde als Lehre der Berechnung von Wirkursachen verstanden, wobei die zentrale Größe der Kraft zur Masse (*causa materialis*) in Beziehung gesetzt wurde. Die einzig *aktive* Rolle wurde der Wirkursache zugeschrieben. In der Ethik als Handlungslehre dagegen wurden Material- und Wirkursache weitgehend

---

64 Aristoteles, Metaphysik IX, 8, 1050a.

65 Aristoteles, Physik, II,7 198a.

66 Allerdings findet sich die Lehre von den vier Ursachen auch an anderer Stelle: Aristoteles, Metaphysik A 3, 983a. Dies ist ein Hinweis auf ihre grundlegende Bedeutung für die gesamte aristotelische Philosophie.

verbannt und durch das Schema von Zweck und Mittel ersetzt. Diese Veränderung wurde vom Neuplatonismus vorbereitet und durch die scholastische Philosophie näher begründet. Thomas von Aquin hat dem Zweck eine dominierende Rolle in allem Geschehen zugesprochen. »*Alles* Wirkende wirkt um eines Zieles willen; denn sonst wäre gar kein Grund, warum aus der Tätigkeit eines Wirkenden eher dieses hier oder jenes folgt, außer dem Zufall.«[67] Da aber alles auch *Schöpfung* ist, stammen alle Ursachen von Gott ab: Gott »*ist*« die *causa formalis, finalis et efficiens* aller Dinge, er hat den ersten Stoff geschaffen und damit die causa materialis ermöglicht.[68]

Gott ist von der Scholastik als der Handelnde schlechthin interpretiert worden: *actus purus*. Alles, was die Menschen von Gott wissen, wissen sie nur per Analogie, sagt Thomas, denn Gott selbst ist unbegreiflich. Was in diesem Gott aber geschaut wird, ist ein *Handwerker*. Das Denkmodell des *Handwerkers* bleibt verbindlich. Plotin macht dies besonders deutlich: »Die Kunstwerke bestehen aus Erz, Holz oder Stein und sind damit noch nicht vollendet, bis die Kunst der betreffenden Materie die Form verleiht, die sie besitzt, und daraus etwas bildet, eine Bildsäule, oder ein Bett, oder ein Haus.«[69] Und ohne Zögern fährt Plotin fort: »*Überträgt* man diesen Gesichtspunkt auf die Betrachtung des Weltalls, so wird man sich auch hier bis zum Urgeist erheben und wird in ihm den wahren Schöpfer und Bildner erkennen«.[70] Eine analoge Übertragung kennt die Scholastik. Gott ist für den Aristoteliker *und* Platoniker Thomas vorbildliche Ursache aller Dinge. »*Um das einzusehen*«, sagt Thomas, »muß man beachten, daß zur Hervorbringung irgendeines Dinges deswegen ein Vorbild notwendig ist, damit das hervorgebrachte Ding eine bestimmte Form erhält.[71]« Und Thomas verrät sogleich, woran er denkt: »Der Künstler bringt nämlich...«[72] Von Platon über Plotin bis zur scholastischen Theologie bleibt der Hand-

---

[67] Thomas von Aquin, Summa Theologica I 44,4, Bd. 4, S. 15.

[68] aaO. ad 4; S. 17.

[69] Plotin, Enneaden, a.a.O., S. 77.

[70] aaO.

[71] Thomas von Aquin, Summa Theologica I 44,3 aaO., S. 12.

[72] aaO.

werker das Denkmodell, das Ideen und Tun trennt und aus der Beziehung beider das Handeln erklärt. Die Gleichsetzung von Welt = Schöpfung = Verursachtes, die Auslegung von Gott als Handwerker also, eröffnet den Naturwissenschaften eine Weltbeschreibung, die Gott mit Vernunft gleichsetzt und ihn in einen Mathematiker verwandelt. Da Gott aber zugleich auch das *Ziel* aller Wesen sein soll, wird die *causa finalis*, der Zweck ohne Gott *heimatlos*. Er wird wiedergeboren als *Nutzen* in der utilitaristischen Ethik und der Ökonomie.[73] Das Denkmodell des Handwerkers konkurriert mit dem des Kaufmanns.

5.3 Freiheit des Willens im Handeln

Die christliche Theologie hat dem Handlungsbegriff allerdings ein neues Element hinzugefügt: die *Schuld*. Schuld des Menschen, Sünde, kann es nur geben, wenn es einen *freien* Willen gibt. Der Vertrag mit Gott (»Bund«), der um den Preis der Achtung der göttlichen Gebote den Menschen die Natur untertan macht, kann auch gebrochen werden. Wer sich in seinem Handeln *nicht* vom Wissen leiten läßt, handelt *gewissenlos* und insofern schuldhaft, denn, sagt Thomas von Aquin, »Gewissen besagt ›mit anderem (verbundenes) Wissen‹ (*con-scientia*). Die Anwendung eines Wissens auf etwas geschieht aber durch eine Tätigkeit.«[74] Im Gewissen erlebt der Handelnde die göttliche Ordnung. Was die äußere Handlung als *Widerstand* der Natur verspürt, erfährt der Mensch innerlich als Abwei-

---

[73] Die »Wertphilosophie« ist der späte philosophische Begriff für diese Entwicklung. Rickert begründet die Kulturwissenschaft dadurch, daß an Kulturobjekten »stets Werte« haften, und er nennt sie deshalb »Güter«, H. Rickert, Kulturwissenschaft und Naturwissenschaft, Stuttgart 1986, S. 36. Die Nähe dieser Fragestellung zur und die Abhängigkeit von der Ökonomie ist weder bei Dilthey noch bei Rickert erkennbar. Das Denkmodell »Wert« verdankt sich aber nicht einer autonomen philosophischen Reflexion, es ist aus der Auseinandersetzung vor allem mit den sozialistischen Theoretikern erwachsen. Bei R. Eisler, Der Zweck, Berlin 1914, S. 168ff. wird dies ebenso deutlich wie bei der Auseinandersetzung Max Webers mit Stammlers Theorie; vgl. R. Stammler, Wirtschaft und Recht (1896), Berlin-Leipzig 1921, M. Weber, Gesammelte Aufsätze aaO., S. 291-359, oder bei Simmels Philosophie des Geldes. »Wo einmal der Wertgedanke aufgekommen ist, muß auch zugegeben werden, daß Werte nur ›sind‹, wo gerechnet wird«, M. Heidegger, Nietzsche II aaO., S. 102.

[74] Thomas von Aquin, Summe Theologica I 79,13; Bd. 6, S. 193.

chung vom rechten Weg durch den Ruf des Gewissens. Das Gewissen, durch das »wir urteilen«[75] und uns zur Tat *entscheiden*, ist die »tatwirkliche Anwendung eines Wissens«.[76] Gelingt die Handlung, dann ist sie im Einklang mit dem Gewissen, sie ist »gut«. Was gut ist, kann der Mensch für die Scholastik nicht aus eigener Kraft erkennen, er ist auf die Offenbarung angewiesen. Der freie Wille erlaubt aber auch die Abweichung von diesem Wissen. Was der Mensch dann erfährt, ist ein Widerstand von außen (er handelt wider die Natur) und von innen (sein Gewissen »schlägt«). Das Handeln wird insgesamt zum Tun eines freien Menschen. Hier zeigt sich bereits jene Struktur, die Descartes dann von theologischen Bindungen befreit.

Diese Spannung zwischen der Freiheit des Willens und dem Wissen wird zur Struktur des neuzeitlichen Ego. Handeln heißt in der Sprache von Descartes: Tätigkeit eines *Ich*.[77] Das Ich als *Denken* (*ego cogito*) ist die eigentliche Substanz des Menschen, und die menschliche Freiheit zeigt sich darin, »daß nichts völlig in unserer Macht steht außer unseren Gedanken.«[78] Der Wille steht unter der Macht des Wissens, »denn unser Wille entschließt sich nur in dem Maße, etwas zu verfolgen oder zu meiden, wie unser Verstand es ihm als gut oder schlecht darstellt, und deshalb genügt es, recht zu urteilen, um recht zu tun«.[79] Die Rationalität des Handelns zeigt sich in der durchgängigen Bestimmtheit durch das Denken, das den Willen, der »in gewisser Weise als unendlich bezeichnet werden«[80] kann, in die Schranken der Vernunft verweist. »Daß aber der Wille so außerordentlich weit sich erstreckt, entspricht auch seiner Natur, und es bildet die höchste Vollkommenheit im Menschen, daß er durch seinen Willen, d. h. frei handelt. Damit ist er gewissermaßen der Urheber seiner Handlungen und kann ihrethalben gelobt werden.«[81]

---

[75] Thomas von Aquin aaO., S. 194.

[76] aaO.

[77] Auf die cartesianische Bestimmung des ego cogito aus dem Zweifel und ihre Beziehung zur augustinischen Lehre vom Zweifel kann hier nicht eingegangen werden.

[78] R. Descartes, Von der Methode III,4, Hamburg 1960, S. 21.

[79] aaO. III, 5, S. 22f.

[80] R. Descartes, Prinzipien aaO., S. 12.

[81] aaO. I, 37, S. 12f.

Diese Handlungsbeschreibung durch Descartes ist für die Ökonomie bestimmend geworden. Descartes bestreitet nicht, daß wir durch unsere Leidenschaften verwirrt werden können und so in »Irrtum« geraten; dies ist »ein Mangel in unserem Handeln oder in dem Gebrauche der Freiheit«[82], nicht aber ein Mangel unseres Ich. Damit ist bei Descartes zwar die Handlung durch die Vernunft bestimmt, es gibt aber keinen Mechanismus, der die Menschen zur irrtumsfreien Handlung zwingt. Orientierung gibt hier die Maschine, der Automat. Wir loben, sagt Descartes, die Automaten nicht »wegen der genauen Ausführung aller Bewegungen, auf die sie eingerichtet sind, aber man lobt ihren Werkmeister wegen der genauen Verfertigung desselben«.[83] Der Handwerker wird durch den Maschinenbauer verdrängt. Es ist von hier nurmehr ein *kleiner* prinzipieller Schritt, auch das Denken als kausal determinierendes Bewegungsprogramm des Computers Mensch zu beschreiben, wie dies z. B. durch die kognitive Psychologie heute geschieht.

Bei Descartes findet in der Handlungsstruktur die Dualität zwischen *Freiheit und Schranke* eine neue Bestimmung, obgleich die Elemente in der Scholastik vorgezeichnet sind. Die Freiheit erscheint als Freiheit des *Willens*. Das neuzeitliche Ego besitzt »Freiheit und die absolute Herrschaft über sich selbst«.[84] Der Wille hat hierbei aber eine sehr merkwüdig schwankende Stellung. Denn wir können einmal feststellen, daß wir den Willen, etwas zu tun, in uns bemerken und insofern erleiden, andererseits ist der Wille aber das Tun des Ich selbst. Man kann sagen, daß der Wille für die Seele ein Erleiden darstellt; es kommt ihr zu, »zu bemerken, *daß* sie will.«[85] Andererseits ist der Wille ein Tun, nämlich »etwas zu wollen«, weshalb in dieser schwankenden Stellung »die Bezeichnung immer von dem genommen wird, was am edelsten ist«.[86]

Indem das denkende Ego (*ego cogito*) als neue, substantielle Einheit angesetzt wird, erscheint der freie Wille in gewisser Weise heimatlos ge-

[82] Descartes, Prinzipien aaO. I, 38, S. 13.
[83] aaO. I, 37, S. 12f.
[84] R. Descartes, Leidenschaften aaO., S. 311.
[85] aaO., S. 35.
[86] aaO.

worden zu sein. Zwar zählt Descartes »das Wollen (...) zur denkenden Substanz«[87]; es verbleibt aber dennoch in der eigentümlich schwankenden Stellung zwischen Tun und Erleiden, besitzt also für das Handeln eine unklare Position. Auch bei Leibniz taucht diese Frage auf, und Leibniz wischt sie mit einem Handstreich vom Tisch: »Allerdings spricht man ungenau, wenn man so redet, als ob wir unser Wollen wollten. Wir wollen nicht wollen, sondern wir wollen handeln«.[88] Damit bleibt ungeklärt, ob wir dieses Wollen *sind*, oder zu ihm in einer aktiven/passiven Beziehung stehen. Diese *Frage* kann überhaupt nur auftauchen, wenn man als Einheit des Handelns etwas ansetzt, das nur durch das Denken bestimmt sein soll: das Ego.

Hobbes findet eine andere Lösung für dieses Problem und bereitet damit das Denkmodell der klassischen und neoklassischen Ökonomie vor. Bei Descartes entspringt der Wille dem denkenden Ego, ist aber auf die »Maschine unseres Körpers«[89] gerichtet, hat »in unserem Körper (sein) Ziel«.[90] Die Seele oder das Ego kann durch den Willen wirken und durch die Affekte Wahrnehmungen empfangen. Affekte entstehen als rein körperliche Prozesse. Diese Affekte als eine innere Natur werden wie die äußere Natur als widerständig erlebt, als Körper (Maschine) vergegenständlicht gedacht und beherrscht; sie stehen nach Descartes »absolut in der Gewalt«[91] des Menschen.

Hobbes sieht den Willen dagegen gänzlich als ein *körperliches* Prinzip an. Er ist nichts weiter als eine Phase im Schwanken zwischen »Verlangen und Furcht«; diese Phase, sagt Hobbes, »nennen wir *Überlegung*; dieser Name ist für den Teil der Definition gewählt bei dem gesagt wird, daß sie so lange währt wie die Handlung, die wir überlegen, in unserer Macht steht; solange wir die Freiheit haben, etwas zu tun oder nicht zu tun; und Über-

---

[87] R. Descartes, Prinzipien aaO., S. 16. Vgl. auch Spinoza, der sagt, daß der »Wille *nur* ein gewisser Modus des Denkens« ist, B. Spinoza, Ethik aaO., S. 29.

[88] G. W. Leibniz, Neue Abhandlungen über den menschlichen Verstand, Hamburg 1971, S. 178.

[89] R. Descartes, Prinzipien, aaO., S. 11, 59 usw.

[90] aaO., S. 35. Descartes kennt auch noch Willensregungen, die sich auf die Seele selbst beziehen, dann, wenn wir uns auf unsere Gedanken ausrichten.

[91] R. Descartes, Leidenschaften aaO., S. 67.

legung bedeutet die Aufhebung unserer eigenen Freiheit.«[92] Der Wille ist nicht frei, weil er zur Natur gehört. »Verlangen, Furcht, Hoffnung und alle übrigen Affekte werden nicht willkürlich genannt; denn sie entspringen nicht dem Willen, sondern *sind* Wille, und der Wille ist nicht willkürlich.«[93] Die Willkür ist nur der Übergang, die Dynamik der Kräfte: Verlangen und Furcht, die als Überlegung erscheinen und in einer jeweiligen Aufhebung der Freiheit enden. »Willkürlich ist, was ein Mensch aus Verlangen oder Furcht tut, unwillkürlich, was er aus Naturnotwendigkeit tut«.[94] In der Tradition der Scholastik entdeckt Hobbes die Wirkung der Naturnotwendigkeit *im* Menschen am Gewissen, »da die Naturgesetze sich auf das Gewissen beziehen«.[95] Das Ego lenkt die Körper-Maschine, es ist die *Dynamik* der Antriebskräfte Verlangen und Furcht, bevor die Handlung ihr Gleichgewicht wieder herstellt.

Die Rationalität, die Überlegung vor dem Handeln – Kennzeichen menschlicher Freiheit –, wird bei Hobbes ein reiner Naturprozeß. Es findet sich im Tierreich ebenso wie beim Menschen. Die Freiheit des Menschen, zu wollen oder nicht zu wollen, ist für Hobbes bloße Notwendigkeit. »Freiheit und Notwendigkeit sind vereinbar«, sagt Hobbes, »bei den willentlichen Handlungen der Menschen ähnlich wie beim Wasser, das nicht nur aus Freiheit, sondern auch aus Notwendigkeit den Kanal hinunterfließt. Sie sind ein Ergebnis von Freiheit, da sie dem Willen entspringen, und doch geschehen sie aus Notwendigkeit, da jeder menschliche Willensakt, jedes Verlangen und jede Neigung einer Ursache entspringt und diese einer anderen Ursache in einer fortgesetzten Kette«.[96]

Der Zweck, die *causa finalis* im traditionellen aristotelischen Handlungsmodell, ist *vollständig* in eine Wirkursache verwandelt. Die Probleme, mit denen Descartes noch gerungen hat in seiner Zwei-Substanzen-Lehre, sind bei Hobbes und bei Spinoza aufgelöst, sofern Natur und Rationalität identisch werden. Gemeinsam ist Descartes und Spinoza, daß sie »den

[92] T. Hobbes, Naturrecht aaO., S. 89.

[93] aaO., S. 90.

[94] aaO., S. 89.

[95] aaO., S. 119.

[96] T. Hobbes, Leviathan, hrsg. v. I. Fetscher, Frankfurt/M. 1984, S. 164.

Willen als unendlich«[97] annehmen. Während er bei Hobbes eingespannt ist zwischen die beiden Kräfte Lust und Leid, die als Hoffnung und Furcht erlebt werden (und insofern als endlich angenommen werden müssen), ist bei Descartes und Spinoza der Wille auf der Seite des Geistes verbucht und damit unendlich.

Im Resultat führen aber sowohl Hobbes´ wie Spinozas Überlegungen dazu, daß Vernunft und Natur eins sind: »Alles, was existiert, drückt die Natur« aus.[98] Die Naturalisierung des Willens führt auch zu einer Naturalisierung der Freiheit, und der Gedanke von Adam Smith, daß die Freiheit der Menschen deshalb ein System sei und Naturgesetzen gehorche, kann als »zwanglose« Folgerung betrachtet werden. Das frei handelnde Ego wird dadurch, daß es als denkende Substanz bestimmt wird, *identisch* mit dem Denken, das Denken wiederum wird *identisch* mit der Einsicht in Naturgesetze, die eine mathematische, damit berechenbare Form besitzen. Da die Welt vernünftig *ist* und alles, »was geschieht, nach ewiger Ordnung und nach bestimmten Naturgesetzen geschieht«[99], ist zwischen dem Sein der Dinge und der Idee *keine* Differenz mehr. Das bedeutet für das Handeln: Richtige Erkenntnis ist der *Garant* für die Existenz. »Denn wenn ein Baumeister sich ein Gebäude richtig ausdenkt, so ist doch sein Gedanke, auch wenn ein solches Gebäude nie existiert hat und nie existieren wird, nichtsdestoweniger richtig, und der Gedanke bleibt derselbe, ob nun das Gebäude existiert oder nicht.«[100] Das Sein der Dinge ist gegen den Anspruch der unendlichen Vernunft, die Wahrheit liege in der »Form des wahren Gedankens« selbst[101], nur eine belanglose Ergänzung.

---

[97] Spinoza, Ethik, aaO., S. 29.

[98] aaO., S. 34.

[99] B. Spinoza, Abhandlung über die Verbesserung des Verstandes, Hamburg 1977, S. 7.

[100] aaO., S. 32.

[101] aaO., S. 33.

5.4 Der unendliche Wille und das maximale Ziel

Bei der Bestimmung des Willens tritt die Eigenschaft, *unendlich* zu sein, auf merkwürdige Weise in einen Gegensatz zur Vernunft als dem Vermögen, jeweils etwas in seinen Schranken zu bestimmen. Nachdem Aristoteles sich mit dem Ziel der Kaufmannskunst auseinandersetzte, das darin besteht, den Geldbesitz »ins Unbegrenzte«[102] zu vermehren, fährt er fort: »Ursache dieser Verfassung ist, daß man sich um das Leben, aber nicht um das vollkommene Leben bemüht. Da jenes Verlangen unbegrenzt ist, so verlangen sie auch nach unbegrenzten Mitteln dazu.«[103] Vollkommenheit hat Maß und Mitte, deshalb ist diese Begierde nach dem Schrankenlosen »gegen die Natur«[104]. Sie ist vor allem nicht als *allgemeine* Bestimmung »des« Willens oder »des« Strebevermögens ausgelegt, sondern erscheint als spezifische Zwecksetzung einer sozialen Gruppe (des Kaufmannsstandes). In der *Scholastik*, die Aristoteles in ein System verwandelt hat, wird »Unendlichkeit« dagegen zu einer *allgemeinen* Bestimmung *der* Begierde.

Thomas von Aquin unterscheidet *zwei* Arten der Begierden, eine naturhafte und eine nicht-naturhafte. Die naturhafte Begierde ist endlich und richtet sich auf konkrete Bedürfnisse. »Das Bedürfnis nach äußeren Gütern hat eine Grenze, die geistigen Bedürfnisse dagegen sind grenzenlos.«[105] Es gibt damit auch eine unendliche Begierde im Menschen, in seinem Geist, seiner Vernunft. »Der Vernunft kommt es aber zu, ins Unendliche fortzuschreiten.«[106] Und Thomas findet hierfür eine beredte Illustration: »Wer darum Reichtümer begehrt, kann danach verlangen, und zwar nicht etwa nur bis zu einer gewissen Grenze, sondern er will schlechthin so reich sein, als er nur immer kann.«[107] Die Kaufmannsseele erscheint, ganz selbstverständlich, als eine Bestimmung *der* Vernunft. »Die Vernunft«, sagt Thomas, »hat gewissermaßen eine unendliche Kraft,

---

[102] Aristoteles, Politik I, 10, 1258a.

[103] aaO.

[104] aaO.

[105] Thomas Aquinatis etc. in octo lib. polit. Aristotelis expositio, Antwerpener Ausgabe 1612, Bd. 4, p. 114; zitiert nach: L. Brentano, Grundbedingungen aaO., S. 108.

[106] Thomas von Aquin, Summa Theologica I 44,4, Bd. 10, S. 134.

[107] aaO., S. 135.

soweit sie ins endlose etwas betrachten kann, wie es beim Zuzählen von Zahlen und Linien zutrage tritt. Deshalb ist das Unendliche, in gewisser Weise genommen, der Vernunft angemessen.«[108] Thomas formuliert damit bereits die zentralen Elemente jener Rationalität, die für die gesamte Neuzeit bestimmend werden. Die Vernunft wird als unendlich betrachtet, und der Beleg für diese Unendlichkeit wird in der Natur der *Zahlen* gesehen, für die es keine größte Zahl gibt, weil *das Zählen* ins Endlose weitergehen kann.

Der Kaufmann, der Geld gegen Waren verkauft, um dafür *mehr* Geld zu erhalten, ist die erste *Verkörperung* dieser Unendlichkeit als sozialer Charakter, genauer: Die Kaufleute wenden historisch zuerst und extensiv das einfache Denkmodell des »Mehr-ist-besser« an und dienen somit auch als Modell für jene Form der Rationalität, die sich in einem quantitativen Mehr erschöpft. Descartes und Spinoza sind, anders als Thomas, von diesem Ursprung bereits so weit entfernt, daß sie dem *Willen selbst*, der »als unendlich bezeichnet werden«[109] könne, jene Vernunftform zuschreiben. Sie betrachten »den Willen als unendlich«[110], weil das denkende Ego das Handeln bestimmt und das *Denken* sich darauf bezieht, diesen Willen zu bestimmen, ihm eine Form zu verleihen. Diese Form kann in Wirtschaft und Natur nur die *mathematische* sein, weil das Wesen der Vernunft, der Ratio als »zahlenähnlich«, als unendlich bestimmt wurde.

Wenn *Adam Smith* seine Beschreibung der bürgerlichen Gesellschaft auf dem eigennützig handelnden Individuum aufbaut, vollendet er diesen Gedanken. »Jedes Individuum«, schreibt Smith am Beispiel des Kapitalisten, »bemüht sich unentwegt, die günstigste Anlagemöglichkeit für sein Kapital zu finden. Es ist natürlich sein eigener Vorteil und nicht jener der Gesellschaft, den er im Auge hat.«[111] Das Handeln jener Kaufmannsseelen entspricht vollständig dem cartesianischen Modell: Der Handlungsträger ist ein *Individuum*, das vom Wissen um seinen eigenen Vorteil bestimmt ist, das »ganz genau weiß, auf welche Weise es sich selbst reich zu machen

---

[108] Thomas von Aquin, Summa Theologica I 44,4 aaO. ad 2, S. 136.

[109] R. Descartes, Prinzipien aaO., S. 12.

[110] Spinoza, Ethik, aaO., S. 29.

[111] A. Smith, Wealth aaO., S. 352.

vermag«[112], in diesem Streben nach Reichtum aber keine Schranken kennt, denn jeder *höhere* Gewinn ist besser als ein niedrigerer. Diese »unendliche Vernunft« kann auch so beschrieben werden, daß die Handelnden stets die *maximal* erreichbare Zielgröße realisieren wollen. Das ist *exakt* der moderne Begriff der Handlungsrationalität. Die Lehre vom Handeln ist zur »Theorie des Maximierungsverhaltens«[113] geworden. Es ist dasselbe Prinzip, das auch die physikalische Mechanik kennzeichnet. Ein Gleichgewicht der Kräfte bedeutet, daß sich Veränderungen der Kräfte, die an einem Körper angreifen, in Raum und Zeit aufheben müssen.[114] Wenn Veränderungen – mathematisch ausgedrückt – gleich null gesetzt werden, spricht man von einer *Maximierung.*[115]

Man kann deshalb die Mechanik aus einer ausgesprochen *ökonomischen* Perspektive beschreiben (wie Mach dies tat) oder die Ökonomie aus einer spezifisch *mechanischen* Perspektive – immer vorausgesetzt, daß »Ökonomie« mit »rationalem Handeln« identifiziert wird und »Rationalität« mit unendlicher Vernunft oder unendlichem Willen. Der Grund für diese letztere Möglichkeit liegt in der Gleichsetzung von Rationalität und Berechnung. Tatsächlich ist die moderne Naturwissenschaft und die moderne Ökonomie aus *einer* Auslegung des denkenden = rechnenden Ego erwachsen.[116]

Es trifft nicht den Punkt, zu sagen, daß die Ökonomen nur die Anschauungen der Naturwissenschaftler »übertragen« hätten. Das war später, im 19. Jahrhundert vielfach der Fall. Ursprünglich hat aber – das

---

[112] aaO., S. 337.

[113] P. A. Samuelson, Foundations aaO., S. 21ff.

[114] Vgl. den Satz von D'Alembert und den Satz von Hamilton, E. Mach, Mechanik aaO., S. 375f.

[115] »Löst man (.) mechanische Aufgaben in der gewöhnlichen Weise, so kann man bei genügender Aufmerksamkeit den Ausdruck finden, welcher in allen Fällen zu einem Maximum oder Minimum wird.« E. Mach, aaO., S. 363. Mach wendet dies gegen Euler ein, der sagte, man könne die Mechanik durch die Wirkursache (*causa efficiens*) *oder* nach einem Endzweck (*causa finalis*) betrachten und erhalte dasselbe Ergebnis. Mach gibt hier zu bedenken, daß schwer zu sagen sei, welcher Art diese Maximierung in der Natur ist. Euler »sucht einen Ausdruck, dessen Variation, = 0 gesetzt, die gewöhnlichen Gleichungen der Mechanik liefert.«, Mach aaO. Das Gleichgewicht ist damit ein Prinzip, bei dem Wirkursache und Zielursache *formal* zum selben Ergebnis führen.

[116] Vgl. auch M. Horkheimer, Zur Kritik der instrumentellen Vernunft, Frankfurt/M. 1967.

AN

INQUIRY

INTO THE

Nature and Cauſes

OF THE

WEALTH OF NATIONS.

By ADAM SMITH, LL. D. and F. R. S.
Formerly Profeſſor of Moral Philoſophy in the Univerſity of GLASGOW.

IN TWO VOLUMES.

VOL. I.

LONDON:

PRINTED FOR W. STRAHAN; AND T. CADELL, IN THE STRAND.

MDCCLXXVI.

Das Hauptwerk zur Begründung des klassischen Dogmas:
A. Smith´ »Wealth of Nations« (1776)

zeigt sich auch an dieser Stelle – das mechanische Denkmodell seine Wurzeln in einem Grund, der von dem der Ökonomie nicht verschieden ist. *Die maximierende Kaufmannsseele wird in der Mechanik und der Gewinnmaximierung wiedergeboren.* Gleichwohl ist *historisch* zweifellos die Priorität in der praktischen Rechentechnik auf der Seite der Kaufleute zu verbuchen. Die ordnungsgemäße Buchführung ist das Modell des Experiments, bei dem jeder Vorgang sorgfältig bezeichnet und berechnet wird. Wer ein guter Kaufmann sein will, sagt Luca Pacioli, muß »ein guter Rechner und geschickter Buchhalter sein«.[117] Lange bevor in der Physik alle Kräfte auf *eine* Kraft zurückgeführt wurden, rechnen Kaufleute alle Waren in die ökonomische Substanz Geld um. Nachdem du, sagt Pacioli, jeden Posten »beschrieben hast, wirst Du ihn schließlich auf bares Geld zurückführen«.[118] Das Geld wird zum Denkmodell für alles Berechenbare und Zählbare, das Memorial des Kaufmanns zum Archetypus des experimentellen Protokolls und *insofern* die Kaufmannskunst die Quelle der Rationalität. »Aller Dinge Inbegriff aber ist das *Geld*«, sagt Spinoza.[119]

Das älteste Lehrbuch der Rechentechnik überhaupt, das Chiu Chang Suan Shu, die neun Bücher arithmetischer Technik[120], eine Sammlung von 246 Problemen und ihrer Lösung, verzeichnet zahlreiche Aufgaben, die sich mit ökonomischen Fragen befassen. Das Buch II beschäftigt sich mit der Regelung des Tauschs von Feldfrüchten, Buch V mit der Beurteilung der Arbeitsleistung und Buch VI mit Problemen der Steuererhebung. Die Ausmessung von Feldern, damit die Abgrenzung von Eigentumsrechten, eröffnet den Fragenkatalog dieser alten Sammlung. Die unendliche Rationalität der Kaufmannsseele findet sich tatsächlich in zahlreichen historischen Quellen, auch der Kampf mit dem Wucher und die Klage über die Macht der Wucherer. »Ich sorge mich«, sagt der Fürst Huan im 7. vorchristlichen Jahrhundert, »um das Gleichgewicht und will in unserem Fürstentum für die reichen Kaufleute und Wucherer eine Abgabe festsetzen, um unseren arbeitenden Bauern Nutzen zu bringen, damit sie

---

117 L. Pacioli, Abhandlung über die Buchhaltung 1494, Stuttgart 1933, S. 89.

118 aaO., S. 122.

119 B. Spinoza, Ethik aaO., S. 349.

120 Neun Bücher arithmetischer Technik, Braunschweig 1968.

weiter ihrer Hauptbeschäftigung nachgehen«.[121] Die kaufmännische Ratio zeigte sich vielfältig und historisch bereits früh. Doch es bedurfte einer Umdeutung der Welt in die Schöpfung eines Gottes, der alles »nach Maß, Zahl und Gewicht geordnet« hat, um die Welt *überhaupt* zahlenförmig auszulegen. Wenn die höchste Ordnung die der Zahl ist und eine Weltvernunft die Natur geordnet hat, dann kann die Welt auch durch die Zahl erkannt werden. Erst diese Interpretation ermöglicht die Selbstauslegung des Menschen als *ego cogito* und daraus folgend die vernünftige Weltveränderung.

5.5 Exkurs: Handwerker, Kaufmann und Maschine als Denkmodelle

Wir konnten entdecken, daß das menschliche Handeln wiederholt *als* etwas ausgelegt wurde. *Das* Handeln gibt es gar nicht, wohl aber eine Verwandtschaft zwischen verschiedenen Handlungen. Das Wesen des Handelns ist jene Verwandtschaft; es ist nicht eine zeitlose Struktur, vielmehr selbst ein geschichtlicher Wandel der Selbstinterpretation des Menschen. Wir konnten aber auch entdecken, daß für die Auslegung des Handelns Denkmodelle verwendet werden, die zunächst als *besondere* Handlung zu beobachten sind. Drei Denkmodelle spielen hierbei eine zentrale Rolle: Das Modell des Handwerkers, des Kaufmanns und in der Neuzeit das der Maschine. Es ist deshalb wichtig, die Strukturen dieser *Denkmodelle selbst* zu skizzieren. Wenn man ein Denkmodell *als* ein Denkmodell analysiert, gilt es besonders, auf die tragenden Bedeutungselemente und Differenzen zu achten, denn sie sind die »Sinnträger«. Jedes Denkmodell *hat* Bedeutung, und es *erschafft* Bedeutung. Es hat Bedeutung in jener Situation, der es seinen Namen verdankt oder der es ihren Namen verleiht; es *erschafft* Bedeutung in anderen Situationen –, und darin liegt seine kreative Funktion. Jene Situationen, in denen Denkmodelle Sinn *haben*, dürfen nicht mit konkreten »historischen« Ereignissen verwechselt werden. Gleichwohl sind die *frühen* Formulierungen meist die einfacheren,

121 Aus dem Guan-Dsi; in: Der Alte Orient, hrsg. v. W. W. Struwe, Berlin 1955, S. 422.

obgleich ihr jeweiliger Bezug auf je andere Situationen ein ganz anderer ist als spätere Übertragungen. Diese Bemerkungen mögen hier genügen, wenn wir den Handwerker, den Kaufmann und die Maschine in ihrer Bedeutungsstruktur darstellen.[122]

5.5.1 Das Denkmodell des Handwerkers

Wir sahen, daß Platon und Aristoteles immer wieder im Denkmodell des Handwerkers dachten. Man kann sagen, daß ihre Metaphysik das auf nahezu alle Gegenstände übertragene Denkmodell des handwerklichen Arbeitens ist – bis hin zu ihrer mittelalterlichen Adaption in der Theologie. Die abendländische Philosophie und Wissenschaft ist ein Abkömmling dieser Grundlegung. Diese Grundlage gilt es nun, ohne Bezug auf die spezifische Deutung bei Platon und Aristoteles, phänomenologisch herauszuarbeiten.

Betrachten wir also zunächst den *Handwerker*. Der Handwerker bearbeitet ein Material mit der Hand. Die Hand ist aber nicht eine selbsttätige Kraft, sie ist angewiesen auf Lenkung und Steuerung. Denken und Hand sind damit aufeinander angewiesen, wobei die Hand (das »Instrument«) nicht die Quelle des Denkens ist. Aristoteles bemerkt: »Anaxagoras sagt nun zwar, daß der Mensch, weil er Hände besitzt, das klügste der lebenden Wesen sei, logisch aber ist es, daß er Hände bekam, weil er das klügste Wesen ist.«[123] Es gibt nicht ein Wesen des Menschen, zu dem dann die Hand äußerlich hinzugehört; Hände zu haben ist dem Menschen

---

[122] Die Beschreibung von Denkmodellen besitzt eine Ähnlichkeit mit dem, was Kant in seiner »Kritik der reinen Vernunft« und die Phänomenologie versuchten. Allerdings ist hier nicht vorausgesetzt, daß die den Denkmodellen entsprechenden Strukturen platonisch-ewige Wesenheiten sind. Denkmodelle *haben* Sinn in spezifischen Situationen. »Bedeutung« gibt es nicht *neben* Situationen, sie wird in ihnen und mit ihnen *uno actu* »geschaffen«, ist aber trennbar und übertragbar. Das schafft aber *neue* Situationen und *verändert* zugleich Bedeutung. Das Denkmodell ist nicht Subjekt, die Situation nicht Objekt, vielmehr *eröffnet* der situative Prozeß überhaupt erst jene Dualität, die metaphysisch als *Nebeneinander* von Seinsweisen mißdeutet wird. Bedeutungswandel und der Wandel historischer Situationen sind nicht zu trennen. Es gibt einen Wandel der *Ideen* selbst, nicht nur deren Sukzession. Vgl. K.-H. Brodbeck, Entscheidung aaO., Kap. 2 und 11-12; ders., Erfolgsfaktor aaO. Kapitel 9; ders., Der Spiel-Raum der Leerheit, Solothurn-Düsseldorf.

[123] Aristoteles, Über die Theile der Thiere IV, 10, 687a, Leipzig 1853, S. 225.

wesentlich. Während der Handschlag, der Gruß, das Winken usw. je einem *anderen* Menschen gelten, wirkt die Hand des Handwerkers auf Dinge. Allein diese Differenz verbietet es, so etwas wie *die* Handlung als Durchschnitt allen Handelns anzusetzen. Wenn ein Handwerker Dinge mit der Hand bearbeitet, dann *weiß* er, *was* er tut. *Was* – das ist die Form, die er den Dingen verleiht. Er mag in seinem Tun auch gelegentlich auf anderes *achten* – sich z. B. während der Arbeit mit anderen unterhalten –, dieses prinzipielle Wissen bleibt gegenwärtig. Die Bewegung der Hand folgt diesem Wissen, auch wenn es nicht beständig »bewußt« ist. Der Tätigkeit der Hand ist damit eine Bewegung eigentümlich, die zwar früher schon gedacht wurde und jederzeit gedacht, aber auch an den Rand der Achtsamkeit gedrängt und in *diesem* Sinn »unbewußt« werden kann. Ein Handwerker ist jemand, der sein Handwerk beherrscht, d. h. der die zu ihm gehörigen Bewegungen so geschickt ausführt, daß sie auch »unbewußt« und »mechanisch« sein können. Das Achten-auf-etwas und das *Denken* – die Denk-Form (Idee), die die Handlung lenkt –, sind verschieden. Das *Können* des Handwerkers beruht auf der Fähigkeit, Bewegungen der Hand *gemäß* einer Form auszuführen und um diese Form auch zu *wissen*. Zugleich ist aber diese Form stets vorausgesetzt. Dieses Können des Handwerkers bewährt sich also gerade darin, Formen *als Auftrag* übernehmen und umsetzen zu können.

Der griechische Name für diese merkwürdige Fähigkeit des Handwerkers ist *techne*. Die Technik des Handwerkers ist damit ein *Wissen*, nicht die Bewegung der Hand oder nur ein verwendetes Werkzeug. Dieses Wissen und Können fällt nicht zusammen mit der jeweils konkret ausgeführten Bewegung. Ein Tischler kann viele Tische nach einem Vorbild, einem Modell fertigen, weil er die Fähigkeit (*techne*) besitzt, Holz vielgestaltig zu bearbeiten. Die Fähigkeit des Handwerkers, obgleich sie auf die »Idee«, die zu fertigende Form als äußere Vorgabe seines Tuns verwiesen ist, ist darin *schöpferisch*, daß er zahllose Formen im Rahmen seines Handwerks hervorbringen kann. Er ist also, trotz seiner Unterordnung unter die Idee, kreativ. Das Können, die *techne* ist als Möglichkeit eine kreative Fähigkeit.

Allerdings ist es möglich, daß der Handwerker jemand anders *genaue* Anweisung darüber gibt, *was* und *wie* er arbeiten soll. Die Bewegungen werden dann vorgemacht und von anderen nachgemacht. Die Griechen setzten Menschen, die derart auch in ihren Bewegungen bestimmt sind, den Instrumenten gleich (Sklaven). Der Sklave ist niemals ein Handwerker, weil er in diesem Sinn jeden Schritt vorgeschrieben erhält. Der Handwerker bearbeitet die Dinge, die Natur zwar mit der Hand, aber er verwendet hierzu *Werkzeuge*. Die begegnende Natur gehorcht nicht einem magischen Befehl der Idee – jeder Zauberer lebt von dieser Vorstellung –, sie widersetzt sich dem Ansinnen, ihr eine Form aufzunötigen. Der Stein muß mit einem Meißel behauen, Holz mit einer Säge geteilt werden. Das Werkzeug *ist* der Ausdruck dieses Widerstands der Natur. Die technischen Geräte sind der Preis dafür, die Natur in der Dualität von Stoff und Form auszulegen, die natürlichen Formen tätig zu »abstrahieren« und dem verbleibenden Stoff die menschlichen Formen einzuprägen.

Technische *Geräte* sind deshalb nur dann in ihrem Wesen begreifbar, wenn sie in diesem Bezug zur Natur gesehen werden. In den technischen Geräten, auch bei einfachstem Werkzeug, ragt die Natur *natürlich* in die menschliche Gesellschaft hinein. Denn nur dadurch, daß das technische Gerät sich dem Naturwiderstand gleichmacht, kann es ihn überwinden. *Dies* ist der Grund des Gedankens, Kausalität sei stets eine *Äquivalenz*. Wenn sich das technische Gerät der Natur gleichmacht, um sie zu prägen, ihren Widerstand zu überwinden, dann ist umgekehrt die Technik *in* der menschlichen Gesellschaft der »verlängerte Arm der Natur«. Das Werkzeug des Handwerkers erscheint auf der einen Seite als *Sieg* über die Natur, als »List der Vernunft«[124]. Auf der anderen Seite ist der Preis für diesen Sieg die dingliche Macht der technischen Geräte. Der Handwerker muß sich völlig der Natur seines Werkzeugs angleichen, um geschickt arbeiten zu können. Seine *techne*, sein Können nimmt diese natürlichen Bestimmungen auf und bewahrt sie als Fähigkeit. Die Überlistung der Natur durch klug gewählte Mittel macht damit den Handwerker in seinem innigsten Wesen zu jemand, der »Natur in sich trägt«.

Der Handwerker formt Naturdinge gemäß der vorausgesetzten Idee. Die Idee verweist auf die soziale Einbindung des Handwerkers. Mag seine Tätigkeit vereinzelt sein, die Struktur des handwerklichen Tuns *ist* auf die lenkende Idee angewiesen und damit in die Gemeinschaft anderer Men-

---

[124] G. W. F. Hegel, Wissenschaft der Logik II, Werke Bd. 6, S. 452.

schen eingebunden. Man kann das auch so ausdrücken, daß die Idee ihren »Ort« in der Sprache hat, auch wenn sie sich der Bilder und Modelle bedient. Handwerkliches Handeln ist jener Ort, an dem sich die soziale Macht als Idee versammelt und den Widerstand der Natur bewältigt. Noch jeder Sklave wird durch einen Befehl angewiesen. Die »Idee« ist die Beschreibung der Handlung, die (später) auszuführen ist. Die Bewegungen des Handwerkers, die eine Vorschrift in Tätigkeit umsetzen, werden beschrieben und vorgeschrieben; sie sind das *Programm* der Hand. Dieses Handlungsprogramm[125] ist sprachlich *vorhanden*, es kann auch als Modell entäußert, aufgeschrieben oder gezeichnet werden. Ein Handeln ohne Bezug auf das Sprechen ist deshalb gar nicht möglich, weil das handwerkliche Handeln der tätige Bezug auf die Sprache und die Natur *ist*.

Auch in seinem Produkt verweist der Handwerker auf andere. Er fertigt ein Produkt nach Ideen, die ihm aufgetragen wurden. Zwar mag er auch für den eigenen Bedarf arbeiten; sein Können ist ein besonderes und weist darin den Mangel auf, mit seiner steigenden Fähigkeit an Breite der Wirkungsmöglichkeit zu verlieren. Wenn aber Tätigkeiten im Handwerk geteilt sind – man spricht nur in der Mehrzahl von Handwerk –, dann sind die verschiedenen Tätigkeiten auch aufeinander angewiesen, und die Gemeinschaft wird durch Austausch hergestellt. Das Handwerk, die »Technik«, ist damit auf doppelte Weise in die Gesellschaft eingebunden: Durch die Sprache, den Ort der Ideen, und durch die Produkte für den Tausch. Im Denkmodell des Handwerkers, anders als bei einem Bauern, der für seinen gesamten Lebensunterhalt selber sorgt und nur eher zufällig tauscht, ist damit notwendig Sprache und Tausch mitgedacht. Wenn dieses Denkmodell zur bloßen »Arbeit« vereinfacht wird, so geht diese soziale Struktur verloren.

Dies wird besonders bei Marx deutlich. Auch Marx, der doch scheinbar den gesellschaftlichen Charakter der Arbeit betont hat, verfällt der neuzeitlichen Umdeutung des Denkmodells Handwerker. Für ihn ist die Arbeit ein isolierter »Prozeß zwischen Mensch und Natur«. Zwar bemerkt Marx mit Platon, daß »am Ende des Arbeitsprozesses ein Resultat

[125] Den Begriff des Handlungsprogramms habe ich an anderer Stelle systematisch entfaltet; vgl. K.-H. Brodbeck, Erfolgsfaktor aaO., Teil II.

heraus(kommt), das beim Beginn desselben schon in der Vorstellung des Arbeiters, also schon ideell vorhanden war«[126], auch bemerkt Marx, daß Ideen »nicht getrennt von der Sprache (existierten)«[127], dennoch ist für ihn Arbeit eine *vereinzelte* Tätigkeit: »der Mensch und seine Arbeit auf der einen, die Natur und ihre Stoffe auf der andren Seite genügten« ihm für eine Analyse. Er hatte es »nicht nötig, den Arbeiter im Verhältnis zu andren Arbeitern darzustellen«.[128] Wenn die Arbeit erst als reine Kraft beschrieben wird, als bloße »Verausgabung von menschlichem Hirn, Muskel, Nerv, Hand usw.«[129], dann ist das Denkmodell des Handwerkers allerdings völlig der mechanischen Arbeit gewichen, dem bloßen »Quantum der Arbeit«, gemessen »an ihrer Zeitdauer«.[130] Marx spricht vollendet aus, was Fergueson, Smith, Ricardo und Mill vorbereitet haben und die Neoklassik als Produktionsfaktor »Arbeit« verdinglicht.

Der *innere* Bezug des Handwerkers auf *soziale* Tatbestände (Tradition, Fertigkeiten, Sprache, Ethik usw.) ist im abstrakten Begriff der Arbeit verschwunden. Der Handwerker wird zum abstrakten Atom »Arbeiter«, dem es an jeglicher sozialen Struktur fehlt. Deshalb erscheint die Gesellschaft als *äußere* Beziehung zur Arbeit. Diese äußere Beziehung ist der Markt. Er stellt – so besagt die Logik dieses Denkmodells – zwischen den vielen Tätigkeiten erst eine soziale Vermittlung her.[131] Denkt man also die Arbeit als abstrakte Kraftverausgabung, so *muß* das Soziale als etwas *Fremdes*, als *Entfremdung* erscheinen. Der Träger jener, auf diese Weise fremd gewordenen, Beziehung ist der Händler oder der Kaufmann.

---

[126] K. Marx, Das Kapital Bd. I, MEW Bd. 23, S. 193.

[127] K. Marx, Grundrisse der Politischen Ökonomie, S. 80.

[128] K. Marx, Das Kapital, aaO., S. 198f.

[129] aaO., S. 58. Dieser seichte Materialismus desavouiert die Marxsche Theorie der entfremdeten Arbeit. »Mechanische Arbeit«, als »menschliche« ausgelegt, ist bereits durch ihren Begriff ein Unding. Arbeit ist nicht bloße *causa efficiens*, auch nicht im Kapitalismus.

[130] aaO., S. 53.

[131] Tatsächlich erschafft der Markt nicht so etwas wie Gesellschaft, er setzt sie vielmehr in Form von Sprache, Tradition, Ethik, Recht und Staat immer schon voraus. Wenn man, wie Marx, aus dem Begriff der Arbeit jede soziale Dimension entfernt und sie als bloße Kraft betrachtet, dann muß die Gesellschaft naturgemäß etwas *Fremdes* sein. Tatsächlich *scheint* dies auch so zu sein, doch keine Tätigkeit ist jemals bloß abstrakte Arbeit, reine Kraft. Gleichwohl haben Physik und Ökonomie auf unterschiedlichen Wegen diese Abstraktion formuliert und zur Basis ihrer Theorie gemacht.

5.5.2 Das Denkmodell des Kaufmanns

Der *Kaufmann* hat sich nicht nur historisch den *Handwerker* untergeordnet, das Denkmodell des Kaufmanns war auch – wie wir gesehen haben – die Quelle der Umdeutung der Vernunft in ein Berechnen. Während der Handwerker den Markt mit den von ihm gefertigten Produkten betritt, um sie – vermittelt über das Geld – gegen andere Produkte einzutauschen, erwächst aus dem bloßen Vermittler (dem Kaufmann) ein völlig anderer Handlungstypus. Anders als der Handwerker, ist dieses Denkmodell durch seine Kargheit oder Schlichtheit gekennzeichnet. Der Kaufmann bezieht sich *nur* auf je andere Menschen, er arbeitet sich nicht an der Natur ab. Er bearbeitet kein Material, verfolgt aber dennoch ein Ziel. Ausgangs- und Endpunkt seines Handelns ist das Geld. Um als Kaufmann tätig zu sein, muß er allerdings *geschützt* werden. Der Geldbesitz, der Anfang und Ende seines Tuns darstellt, muß *seiner* sein. Geld ist unabhängig von seiner Funktion im Tausch, ohne eigene Bedeutung und Wert; das Geldmaterial ist gleichgültig für diese Funktion. Nicht Gold oder Münze in ihren Eigenschaften und Formen sind wichtig, was *zählt* ist nur die Zahl, das Quantum.

Da das Geld aber auch die *Macht* besitzt, *alle* Waren zu kaufen, weil *alle* Waren gegen Geld verkauft werden, kommt ihm gerade *darin* Bedeutung zu, Kauf-Macht zu sein (»Kaufkraft«).[132] Diese Macht kommt dem Geld als einem Ding zu, sofern es jemand in Händen hält. Der bloße Besitz von Geld verleiht diese Macht. Das Geld mißt alle getauschten Dinge nach einem einfachen Maß, der Zahl der Geldstücke, und es ist dieses Maß, das die Macht des Geldes ausmacht. »Du aber hast alles nach Maß, Zahl und Gewicht geordnet. Denn du bist immer imstande, deine große Macht zu entfalten.« [Weish 11, 20-21] Die Macht des Geldes ist eine *sachliche* und *berechnende* Macht; durch sie verliert die Macht überhaupt ihren will-

---

[132] Menger erstreckt diese Macht bis in den Güterbegriff: »Verfügen wir über Güter der ersten Ordnung, so liegt es in unserer Macht, dieselben unmittelbar zur Befriedigung unserer Bedürfnisse zu verwenden. Verfügen wir über die entsprechenden Güter zweiter Ordnung, so liegt es in unserer Macht, dieselben in Güter erster Ordnung umzugestalten, und in so vermittelter Weise der Befriedigung unserer Bedürfnisse zuzuführen.« C. Menger, Grundsätze aaO., S. 11. Vgl. auch seinen Begriff von »theoretischer Wissenschaft« als »Beherrschung der realen Welt«, C. Menger, Untersuchungen aaO., S. 33.

kürlichen und »irrationalen« Charakter. Die Macht des Kaufmanns ist deshalb eine sachliche, nüchterne, rechtliche Macht.

Der moderne Begriff der Macht leitet sich aus dem Denkmodell des Kaufmanns ab. »Allgemein genommen besteht die *Macht* eines jeden in dem Inbegriff aller der Mittel, die von ihm abhängen, sich ein anscheinend zukünftiges Gut zu eigen zu machen.«[133] Adam Smith nimmt diesen Begriff auf: »Reichtum, wie Mr. Hobbes sagt, ist Macht.« Diese Macht ist »die Macht des Austauschs«, damit das »Kommando über all jene Arbeit oder über das Produkt jener Arbeit, die auf den Markt gebracht wird.«[134] Diese Macht des Kaufmanns erwächst ihm aus einem bloßen Quantum, einer Geldsumme, die zu vermehren daher auch eine Vermehrung von Macht bedeutet. Der unendliche Wille des Kaufmanns, *mehr* zu erhalten, ist damit ein *Wille zur Macht.*[135]

Wird der Handwerker zum Diener des Kaufmanns, dann wird auch die Überwindung des Naturwiderstands als *Macht* ausgelegt. Die Natur widersetzt sich nicht in diesem oder jenem Werkzeug, dieser oder jener Verfahrensweise, sie widersetzt sich *generell* dem Ansinnen, ihr *mehr* Produkte abzugewinnen, die im Austausch mehr Geld erbringen. *Die Natur wird Gegen-stand.* Natur wird für die Kaufmannsseele nicht mehr primär als *spezifische* Macht erfahren, die sich einem *spezifischen* Tun widersetzt und *spezifischer* Mittel bedarf, die Natur wird *berechnet* auf ihren *allgemeinen* Widerstand hin (=Kraft, physikalische Arbeit). Es ist nur die Zahl, das Quantum ihrer Kraft, das für die Vermehrung des bloßen Quantums eintauschbarer Produkte *zählt.* Die Überlagerung des Handwerksmodells durch das Denkmodell des Kaufmanns ergibt die Grundstruktur der neuzeitlichen Naturwissenschaft.

---

[133] T. Hobbes, Leviathan, Stuttgart 1974, S. 79.

[134] A. Smith, Wealth aaO., S. 38.

[135] Nietzsche vollendet diese Umdeutung philosophisch in seiner Kritik der Mechanik: »Die Mechanistik kann also nur Vorgänge beschreiben, nicht erklären«, F. Nietzsche, Werke (ed. Schlechta) Bd. III, S. 504. Die Atomistik wird durch »Machtquanten« ersetzt: »Ein Machtquantum ist durch die Wirkung, die es übt, und die, der es widersteht, bezeichnet. (...) Deshalb nenne ich es ein Quantum ›Wille zur Macht‹: damit ist der Charakter ausgedrückt, der aus der mechanischen Ordnung nicht weggedacht werden kann, ohne sie selbst wegzudenken.« aaO., S. 777.

Eine weitere Struktur ist dem Denkmodell des Kaufmanns eigentümlich. Da die Macht des Geldes aus seinem bloßen Besitz erwächst, ist diese Macht unentwegt gefährdet. *Jeder* ist im Besitz dieser Macht, sobald er im Besitz des Geldes ist. Wie sich das Geld gleichgültig gegenüber den Waren verhält – sofern sie nur ge- und verkauft werden können –, ebenso gleichgültig verhält es sich gegenüber seinem Besitzer. Die Fähigkeit des Handwerkers ist »individuell«, sie kann nicht von seinem lebendigen Dasein getrennt werden. Die Macht des Geldes ist allgemein, sachlich. Wenn ein Staat den Besitz von Geld *schützt*, so schützt er nicht eine besondere Fähigkeit, er schützt ein *allgemeines* Individuum, ein Individuum schlechthin, eine bloße Maske, eine *Person.* Das abstrakte Eigentumsrecht korrespondiert der abstrakten Macht des Geldes. Der Geldbesitzer ist *rechtmäßiger* Eigentümer, wenn er das Geld auf dem Wege des *Austauschs* erworben hat. Während das Sacheigentum sonst eine besondere Sache und ein besonderes Individuum verbindet, schützt das Eigentumsrecht den Kaufmann in einem *Tun*, in einer Handlung, sofern der Kaufmann sich *recht* verhält, d. h. Kauf und Verkauf vertraglich abwickelt.

Die »Herrschaft einer Person über eine Sache«, wie das Eigentum im römischen Privatrecht bestimmt wird, ergibt beim Kaufmann eine besondere Struktur. Er bedarf zur Ausübung dieser Herrschaft keiner Soldaten und Waffen, er benötigt nur eine Sache, ein Ding: das Geld. Die *Ausübung* seines Handelns ist aber auf einen Schutz angewiesen, denn das abstrakte Eigentumsrecht muß *geltend* gemacht werden, und es wird nur geltend gemacht, wenn es den in ihm liegenden Anspruch durch eine *äußere Gewalt* geschützt sieht. Dem Handlungsmodell des Kaufmanns entspricht damit sowohl die bloß quantitative Vermehrung wie die sachliche Macht, die sich abstrakt geltend macht. Auch dies konnten wir in der neuzeitlichen Naturbeschreibung wiederentdecken.

5.5.3 Das Denkmodell der Maschine

Das *Denkmodell der Maschine*, das modifiziert als Systemtheorie oder Kybernetik zur Metaphysik der Gegenwart geworden ist, genauer noch das Denkmodell des *Automaten*, hat seinen *inneren* Grund im aristotelischen Handlungsmodell, auch wenn seine *äußere* Ursache anders bestimmt werden kann. Der Handwerker, das Vorbild der Lehre von den vier Ursachen, wird von der Idee, der Formursache *von außen* bestimmt. Die konkreten Tätigkeiten, die er verrichtet, sind allerdings noch mit ihm identisch. Verwendet er Werkzeuge, so verleiht seine *Hand* den leblosen Dingen die formsetzende Kraft durch ihre Bewegungen. Der Handwerker kann mit seinem Verstand die Bewegungen vorhersehen, die zu tun sind, um die Form zu realisieren. Er hat sowohl Anteil am sozialen Prozeß der Idee als auch an der Formung der Natur. Das darin liegende Unterordnungsverhältnis des Handelns unter die Idee wird beim Gehilfen oder Sklaven zur sozialen Struktur. »Denn was mit dem Verstand vorauszuschauen vermag, ist von Natur das Regierende und Herrschende, was aber mit seinem Körper das Vorgesehene auszuführen vermag, ist das von Natur Regierte und Dienende.«[136] Was dem Reichen hierbei der Sklave, ist dem Armen der Ochse: »Denn der Ochse tritt für den Armen an die Stelle des Sklaven.«[137] Das Werkzeug des Handwerkers *gehorcht* den Bewegungen des Herrn, des Handwerkers. Bei den Werkzeugen sind »die einen beseelt und die andern unbeseelt«, denn »beim Handwerk steht der Gehilfe im Rang eines Werkzeugs.«[138] Der »Ökonom«, d. h. der Herr des *Oikos*, ist im Besitz von Werkzeugen, wobei zur »Sammlung solcher Werkzeuge« die Sklaven gehören: »Ein beseelter Besitz«.[139] Die dinglichen Werkzeuge werden von den beseelten Werkzeugen bedient, weshalb ein beseeltes Werkzeug viele andere Werkzeuge vertritt. Die Gehilfen und Sklaven haben damit beim Handeln die Funktion, die Handlungsanweisungen, die Handlungsprogramme zu *verstehen* und mit dinglichen

---

[136] Aristoteles, Politik I, 2, 1252a.
[137] aaO. 1252b.
[138] aaO., 1254a.
[139] aaO.

Werkzeugen auszuführen. »Wenn nämlich jedes einzelne (dingliche) Werkzeug auf einen Befehl hin, oder einen solchen schon voraus ahnend, seine Aufgabe erfüllen könnte, (...), dann bedürften weder die Baumeister der Gehilfen, noch die Herren der Sklaven.«[140]

Was Aristoteles hier beschreibt, *ist* nichts anderes als das Denkmodell einer *Maschine*. μηχανή heißt Hilfsmittel, aber auch die List, etwas zu erlangen. Eine Maschine ist das listige Hilfsmittel, sofern sie Teile der lebendigen Bewegungen der Hände oder der Vorstellung als Bewegungsprogramm nachvollzieht. Im Unterschied zu einem Werkzeug, das zu seiner formsetzenden Kraft der *techne* des Handwerkers bedarf, ist die Formursache ganz oder teilweise auf die Maschine übergegangen, z. B. die kreisende Bewegung beim Töpfern auf die Töpferscheibe.[141] Eine Maschine »versteht« das Handlungsprogramm und führt es sklavisch und mechanisch aus; sie vereinigt die *causa efficiens* mit der *causa formalis* des aristotelischen Handlungsmodells. Erhält die Maschine noch einen eigenen Antrieb, so wird sie zum *Automaten*, dem häufigsten Denkmodell in der Philosophie Descartes'. Maschinen gehorchen einer Programm- oder Befehlsfolge ebenso, wie ein Sklave Befehle versteht und Anweisungen befolgt. Der Arbeiter, wie er im Taylorsystem beschrieben wird, wie ihn die Ergonomie wissenschaftlich behandelt, unterscheidet sich hierbei *strukturell* in seiner Funktion nicht von einem Sklaven oder einer Maschine. *Deshalb* können Maschinen Arbeiter *substituierten*.

Durch Arbeitsteilung werden die Funktionen so vereinfacht und »abstrakt« gemacht, daß sie auch von Maschinen übernommen werden können. Erst die Neuzeit hat all dies *technisch* realisiert, das Denkmodell reicht jedoch zurück bis zur Philosophie des Aristoteles. »Das Arbeiten des Einzelnen«, so faßt Hegel diese Struktur zusammen, »wird durch die Teilung *einfacher* und hierdurch die Geschicklichkeit in seiner abstrakten Arbeit sowie die Menge seiner Produktionen größer. (...) Die Abstraktion des Produzierens macht das Arbeiten ferner immer mehr *mechanisch* und damit am Ende fähig, daß der Mensch davon wegtreten und an seine

---

[140] Aristoteles, Politik I, 2 aaO.

[141] Vgl. K.-H. Brodbeck, Produktion aaO., S. 35f.

Stelle die *Maschine* eintreten lassen kann.«[142] Hegel bezieht dies auch auf mechanisches Denken: »Weil das Rechnen ein so sehr äußerliches, somit mechanisches Geschäft ist, haben sich *Maschinen* verfertigen lassen, welche die arithmetischen Operationen aufs vollkommenste vollführen.«[143]

Während das handwerkliche Handeln in seiner *gesamten* Struktur weit mehr ist, als eine mechanische Operation, ist ein Strukturelement dieses Handelns, die Entäußerung des Handlungsprogramms als Handlungsanweisung *(causa formalis)* und die Beziehung zur Wirkursache (*causa efficiens*) einer mechanischen Beschreibung fähig, die im Maschinenmodell enthalten ist. Die lebendige Ganzheit des Handwerks als *Handeln* ist niemals durch eine Maschine substituierbar, denn »nur der Mensch handelt.«[144] Die Maschine beschreibt jene Handlungsstrukturen des Handwerkermodells, die *entäußert* sind. Zwar muß auch ein Gehilfe die Anweisung des Meisters ausführen, Verständnis ist aber kein notwendiges Element *dieses* Tätigkeitsprozesses; es genügt, wenn die erforderlichen Bewegungen *vorgemacht* und vom »Werkzeug« nachgeahmt werden. Dies unterscheidet ein Handlungsprogramm *grundlegend* von der Sprache, auch wenn es in der Sprache erscheint und sogar notwendig darin erscheinen muß. Sprache beruht auf dem Verstehen, ein Handlungsprogramm erfordert nur, daß die darin enthaltenen Bewegungsvorschriften *mechanisch* nachvollzogen werden, daß die Bewegungen der Maschine mit dem Handlungsprogramm *synchronisiert* werden. Auch wenn Herr und Sklave keine gemeinsame Sprache sprechen, kann der Sklave die Bewegung nachahmen. Wie ein Sklave ahmt die Maschine nur Bewegungen nach, wie sehr das Handlungsprogramm auch durch Stufen vermittelt sein mag und *seinerseits* maschinell bearbeitet wird. Handlungsprogramme sind mechanische Strukturen *in* der Sprache, setzen die Sprache also voraus. Deshalb können Computerprogramme als maschinell bearbeitete Handlungsprogramme niemals Sprache »erklären«.

Auch dann, wenn die Bewegungen der Maschine wiederum auf das Handlungsprogramm *rückgekoppelt* werden, bleiben Programm und Be-

---

[142] G. W. F. Hegel, Grundlinien der Philosophie des Rechts, Werke Bd. 7, S. 352f.

[143] G. W. F. Hegel, Wissenschaft der Logik I, Werke Bd. 5, S. 249.

[144] K. Jaspers, Philosophie, Berlin-Göttingen-Heidelberg 1948^2, S. 545.

wegung in einer äußeren, mechanischen Beziehung. Es ist ganz einfach ein Irrtum der neueren Systemtheorie, die rückgekoppelte Information als *Bedeutungsdifferenz* zu interpretieren. Ein *Unterschied* in der Bedeutung ist keine Ursache, und eine Ursache ist kein Motiv. Besonders G. Bateson hat diese Verwechslung in den Sprachgebrauch der neueren Systemtheorie eingeführt; sie wird inzwischen als bloße Gewohnheit wiederholt, was sie nicht wahrer macht.[145]

Die Differenz zwischen 0 und 1 bei Informationsübertragungen *ist und bleibt* eine energetische Differenz (z. B. zwischen einer Stromstärke von null und einem positiven Wert beim Transistor). Wenn wir mit binären Zahlen *rechnen*, haben 0 und 1 eine *Bedeutung*. Nun kann man die *mechanischen* Operationen, die beim Rechnen oder beim Verarbeiten von Texten anfallen, tatsächlich durch Maschinen substituieren, gerade *weil* sie nicht durch Bedeutungen getragen werden, sondern eben *mechanisch sind*.

Bateson sagt: »In der Welt des Geistes kann Nichts – das, was *nicht* ist – eine Ursache sein. In den Naturwissenschaften fragen wir nach Ursachen und erwarten, daß sie existieren und ›real‹ sind. Denken Sie aber daran, daß sich Null von Eins unterscheidet, und weil das so ist, kann Null in der psychologischen Welt, der Welt der Kommunikation, eine Ursache sein.«[146] *Erstens* ist eine Null nicht Nichts, sondern eine Zahl, die es wie andere Zahlen auch gibt und die in mathematischen Operationen eine genaue *Bedeutung* besitzt. *Zweitens* ist eine Null niemals eine *Ursache* für eine Handlung, sondern bestenfalls ein Motiv: Der Spielautomat zeigt »0« als Gewinn an, und ich höre auf zu spielen. Wird mir Spielen dagegen zur Gewohnheit, so ist die »0« gerade kein Motiv mehr, weil mir jede Freiheit fehlt, mich auch *anders* zu entscheiden.[147] Noch der Roboter, der seine

---

[145] Ähnlich argumentiert auch G. Günther, wenn er einfache Feedback-Mechanismen so interpretiert, daß hier »alle Bedingungen für die Konstitution von Bewußtsein« gegeben seien, Beiträge zur Grundlegung einer operationsfähigen Dialektik Bd. I, Hamburg 1976, S. 105; vgl. auch aaO., S. 80f.

[146] G. Bateson, Ökologie des Geistes, Frankfurt 1981, S. 581.

[147] Bateson definiert »Bedeutung« auch durch den informationstechnischen Begriff der »Redundanz«, aaO., S. 533f. Eine Nachricht ist redundant, wenn mehrere Informationsträger in einer Nachricht *dieselbe* Handlung auslösen können oder das Verstehen eines Satzes erlauben. Doch diese Redundanz bedarf immer eines Menschen, der interpretiert oder Geräte baut, die Signale entsprechend codieren. Der Horizont der Bedeutung ist stets vorausgesetzt und kann deshalb nicht durch informationstechnische Differenzen *definiert* werden.

eigenen Bewegungen durch Instrumente erfaßt und die darin aufgezeichneten Meßwerte zur Steuerung seiner Bewegungen nutzt, *erkennt* nicht Differenzen, vielmehr nutzt der Konstrukteur physische Differenzen (z. B. Temperatur) zur Steuerung. Die *Bedeutung* der Bewegungen eines Automaten kommen ihm nicht dadurch zu, daß Rückkopplungen existieren, sie liegen immer nur in der Funktion, die Automaten für Menschen erfüllen. Technische »Differenzen« zwischen Systemen und ihrer Umwelt sind stets Differenzen *für* den Bedeutungshorizont des Menschen.

Das Maschinenmodell erlaubt, *im* menschlichen Handeln Strukturen zu entdecken, die rein mechanisch verlaufen. Dies sind die *Gewohnheiten.*[148] Gewohnheiten sind mechanische Strukturen *im* menschlichen Handeln, damit aber stets auf dessen Bedeutungshorizont relativiert und aus ihm frei und kreativ veränderbar. Weil »die Natur der Bewegungen es mit sich bringt, daß eine der andern folgt«[149], weil eine Sequenz von Bewegungen als Handlungsprogramm bereits eine mechanische Struktur besitzt, deshalb wird die Gewohnheit an Bewegungen zum Bindeglied zwischen Mensch und Maschine: Maschinen sind Ding gewordene Gewohnheiten. Die Maschine ist tatsächlich, wie sich an der aristotelischen Bestimmung zeigte, in ihrer Struktur ein *Sklave* des Menschen und der »Sklave« das anfängliche Denkmodell der Maschine. Der Sklave tut, was ihm geheißen wird; sein »Verstehen« ist auf den Herrn verwiesen: *dieser* beurteilt, ob ein Befehl zu einer entsprechenden Handlung führt, nicht der Sklave. Was der Sklave *für sich* versteht, ist ohne Belang, solange er das tut, was ihm befohlen wird. Die Handlungsbedeutung ist am Sklaven nur *reflektiert.*

Dasselbe gilt von der Maschine.[150] Auch die Maschine »versteht« nicht das Programm, das sie steuert; das Verstehen ist nur der reflektierte Bedeutungshorizont des Maschinenbauers und Maschinenanwenders. Die *Wiederholung* von Handlungssequenzen ist in sich auch eine Struktur, die

---

[148] Eine systemeatische Darstellung dieser Grundkategorie einer postmechanischen Ökonomie habe ich in K.-H. Brodbeck, Erfolgsfaktor Kreativität aaO. gegeben.

[149] Aristoteles, Gedächtnis 451b; Kleine Schriften zur Seelenkunde, Paderborn 1953, S. 68.

[150] Dies wird vielfach von der Systemtheorie verkannt: »System« und »Umwelt« sind vom *Menschen*, vom »Beobachter« (d. h. vom Systemtheoretiker) verstandene und vollzogene Bedeutungsdifferenzen, nicht vom System. Das, *worin* »Systeme und Umwelt« *gedacht* werden, ist immer das des menschlichen Bewußtseins, mag man dies auch noch so heftig abwehren und Bewußtsein nur als »Spezialfall« von System beschreiben.

der *Natur* in ihren »Gesetzen« gleicht: Naturgesetze zeigen sich als intersituative Wiederholungen. Darin gleicht die Gewohnheit der Natur: »Denn die Gewöhnung ist *eine Art* Natur.«[151] Dieser Satz ist der Kernsatz für eine postmechanische Ökonomie, die den Mechanismus nicht einfach leugnet, ihn aber entzaubert und auf jene Macht relativiert, die Gewohnheiten aufzulösen vermag: die menschliche Kreativität.

5.6 Gestaltungsfreiheit und maximaler Nutzen

Das platonische Handlungsmodell behauptet nicht nur eine Unterordnung der konkreten Tätigkeit unter die Idee, es geht auch von bleibenden, zeitlosen, unveränderlichen Ideen aus. Überträgt man diesen Gedanken auf das aristotelische Modell der vierfachen Verursachung, so bedeutet dies, daß die Formen der Natur unveränderlich sind. Die Scholastik hat durch die Lehre, daß die Ideen letztlich von Gott stammen, das platonische Erbe bewahrt und in die aristotelische Sprache übersetzt. Eine Konsequenz dieses Gedankens ist die Vorstellung, daß Gott mit dem Abschluß der Schöpfung auch *alle* Formen fertig erschaffen hat. Eine weitere Schlußfolgerung daraus war jene, daß die Anzahl der Arten von Lebewesen unveränderlich ist. Auch die Menschen können als Teilhaber an der Schöpfung sich nur in die Ordnung der Natur einbinden. »Darum ist bei den Werken der Natur keine Erschaffung im Spiel, sie liegt aber der Tätigkeit der Natur als Voraussetzung zugrunde.«[152]

Durch die Umdeutung der Naturordnung in einen Ausdruck *quantitativer* Gesetze ergab sich hierbei eine wesentliche Modifikation. Zwar halten auch Descartes und seine Nachfolger daran fest, daß die Menschen nur im Rahmen der Naturgesetze handeln können. Die Erkenntnis der Naturgesetze erlaubt es aber immerhin, *andere* Realisationen dieser Gesetze zu denken als jene, die in der Natur bislang beobachtet wurden. Der wichtigste Schritt hierbei war die Interpretation der räumlichen Gestalten als Ausdruck von *Zahlenverhältnissen*. Wenn Descartes sagt, »ich werde mich

---

[151] Aristoteles, Gedächtnis aaO., S. 71.

[152] Thomas von Aquin, Summa Theologica I 45,8, Bd. 4, S. 49.

nicht scheuen, diese der Arithmetik entnommenen Ausdrücke in die Geometrie einzuführen, um mich dadurch verständlich zu machen«[153], so wird die aristotelische *Form*, das Aussehen (*eidos*) der Dinge auch der Quantität und damit der Berechenbarkeit unterworfen. Die Formursache, ohnehin in der Maschine einem Mechanismus anheim gegeben, verliert damit an eigenständiger Kraft und kann ebenso wie die Wirkursache als reines Quantum ausgedrückt werden. Die Form verliert ihre Rolle als eigener Bestimmungsgrund des Seienden. Alle Wirklichkeit ist *Körper* in Raum und Zeit.

Die von Descartes gefundene Naturbeschreibung hat für das Handeln eine grundlegende Veränderung zur Folge: Die Elimination der Formursache wird als Befreiung von den scholastischen Qualitäten (Formen) empfunden, die einen völlig neuen *Handlungsspielraum* eröffnet. Die Prinzipien meiner Philosophie, sagt Descartes, *»sind aber von solcher Tragweite und Fruchtbarkeit, daß viel mehr aus ihnen folgt, als die sichtbare Welt enthält«.*[154] Weil alle Formen nurmehr *Ausdehnung* (*res extensa*) sind, erscheint andererseits der Raum zwischen den Körpern als relativ leer und somit *gestaltbar*. Raum und Körper sind substantiell identisch, »in der Art des Vorstellens ist aber ein Unterschied«.[155] Der »Raum im allgemeinen (ist) nichts anderes, als ein in unserem Geist befindliches Phantasma irgendeines Körpers von bestimmter Größe und Gestalt.«[156]

Der Raum ist der neuzeitliche Begriff für die *Freiheit*, Formen vorzustellen und gemäß mathematischer Gesetze zu konstruieren; der *Raum* ist der Name für die Kreativität im Horizont der Weltveränderung. Gerade weil die Formursache aus der Naturerklärung verschwunden ist und der Lehre von den Körpern Platz macht, erhält das Handeln die Bestimmung der räumlichen Gestaltungsfreiheit. Weil darin aber immer nur *Körper* in

---

[153] R. Descartes, Geometrie, Leipzig 1923, S. 2.

[154] R. Descartes, Prinzipien aaO., S. 65; meine Hervorhebung. Bei Fichte findet sich die vollständige ontologische Konsequenz dieses Gedankens, den N. Hartmann so zusammenfaßt: »Alles Sein ist sekundär gegen die Handlung, es entsteht erst in ihr als ihr Produkt. Nur das Sein der Handlung macht eine Ausnahme, dieses aber ist nicht substantielles Sein, also nicht Sein im gewöhnlichen Sinne. Das Ich ist nichts außer der Tathandlung, es besteht in ihr.« N. Hartmann, Idealismus aaO., S. 55. Vgl. auch Kapitel 4.

[155] R. Descartes, aaO., II, 12, S. 36.

[156] T. Hobbes, Vom Körper aaO., S. 88.

der Phantasie und als Produkte erschaffen werden können, gelten unabänderliche Naturgesetze des Handelns. Die Freiheit erstreckt sich darauf, *quantitative Änderungen* der räumlichen Gestalten vorzunehmen, nicht aber darauf, neue Qualitäten zu erschaffen. Die platonischen Ideen sind auf die Zahlen reduziert, die in der analytischen Geometrie auch alle räumlichen und in der Mechanik alle zeitlichen Strukturen beherrschen.

Die *Form* wird – konsequent als bloßes »*eidos*«, als Aus*sehen* der Dinge gedeutet – durch die analytische Geometrie berechenbar; die Freiheit ist die Bewegung im Raum, und Hobbes kann deshalb sagen, daß von anderen als von körperlichen Dingen Freiheit gar nicht ausgesagt werden könne. Doch was geschieht mit der ersten aristotelischen Ursache, nachdem die Form-, Wirk- und Materialursache in die *res extensa*, die ausgedehnte Substanz aufgelöst wurden? Der *Zweck* läßt sich zwar aus der Naturerklärung verbannen, beim menschlichen Handeln scheint er dagegen unabweisbar zu sein. Wenn die Menschen die *Formen* der Dinge im Rahmen der Naturgesetze neu gestalten können, wie steht es um ihre Zwecke? Können sich die Menschen ihre Zwecke selbst setzen oder gehorchen sie darin auch einer Natur? Hier hat das Denkmodell der Kaufmannsseele eine sehr merkwürdige, tiefgreifende und andauernde Spur hinterlassen. Wenn der Wille erst als *unendlich* ausgelegt wird und er im *unendlichen* Raum seinen allgemeinen Gegenstand findet, sind dann nicht auch die menschlichen Ziele *unendlich*, sind nicht auch die menschlichen Bedürfnisse *unendlicher* Gestaltung fähig?

Hierüber ist in der Ökonomie eine Debatte entbrannt, die überwiegend auf einer sehr unklaren Bestimmung ihrer Grundbegriffe beruht. Die moderne Gleichgewichtstheorie benötigt als Axiom zum Nachweis der Existenz von Preisgleichgewichten die Annahme, daß es immer ein noch größeres Güterbündel gibt, das stärker von den Konsumenten präferiert wird. Es gibt, mit anderen Worten, keine Gütermenge, für die jemals gilt, daß die Konsumenten mit ihr zufrieden gestellt wären (»non-satiation«[157]). Diese Annahme besagt, daß mehr, gleichgültig von welchem Gut, *immer* besser ist als weniger. Diese mathematische Deutung ist etwas anderes als die Vorstellung der klassischen Autoren, die eine »*unendliche* Entwicklungs-

157 Arrow, Hahn, General Competitive Analysis aaO., S. 78.

fähigkeit der menschlichen Bedürfnisse«[158] voraussetzten. Mehr an Gütern innerhalb eines gegebenen Güterspektrums ist etwas ganz anderes als ein *qualitatives* Mehr, eine Vervielfachung der Güter*arten*. Die Nutzentheorie, die jedem Gut einen positiven Nutzen zuordnet, kennt zwar einen abnehmenden Nutzen*zuwachs* mit zunehmendem Güterkonsum, eine eigentliche Sättigung kennt die neoklassische Theorie nicht.[159] Obgleich auch die Scholastiker einen unendlichen Willen kannten, gingen sie doch von begrenzten Bedürfnissen aus. »Daher verlangt der Mensch niemals nach unendlicher Speise oder unendlichem Trank.«[160] Das Axiom der Nicht-Sättigung setzt jedoch genau das voraus, denn es gibt für die moderne Präferenz- oder Nutzentheorie kein am meisten präferiertes Güterbündel, solange die Präferenzen nicht durch Budgets beschränkt sind. Der mathematische Nachweis der Existenz von mechanischen Preisgleichgewichten in der Neoklassik setzt einen *unbegrenzten* Raum der Güter voraus.

Diese quantitative Formulierung in der Nutzentheorie ist empirisch nicht haltbar. Zwar würde kaum jemand ausschlagen, zu einer Kiste Champagner weitere 1000 Kisten in Empfang zu nehmen, aber sicherlich nicht um sie in absehbarer Zeit zu trinken. Jede Ware stellt aber einen potentiellen *Geldwert* dar und kann verkauft werden. Doch *diese* Unendlichkeit ist exakt die der Kaufmannsseele, die aus der qualitativen Schrankenlosigkeit des *Geldes* und der damit verbundenen Macht entspringt. Sie in eine *Präferenzfunktion* für Konsumgüter zu verwandeln, ist schlechterdings ein *quid pro quo*. Die Neoklassik verlegt in die Bedürfnisse eine Unendlichkeit, die ihnen allein physiologisch nicht zukommen kann. Niemand zieht 10 Tonnen Eiscreme 9 Tonnen deshalb vor, weil er dies *essen* möchte. Die Ökonomie verlegt ins Subjekt als Bedürfnis, was nur einem ganz spezifischen Handlungstypus eigentümlich ist (dem Kaufmann).

---

[158] C. Menger, Grundsätze aaO., S. 38. Vgl. Cassel: »da die Bedürfnisse der zivilisierten Menschen in ihrer Gesamtheit unersättlich sind...«; G. Cassel, Sozialökonomie aaO., S. 3.

[159] Es ist sehr mißverständlich, wenn A. Marshall den sinkenden Grenznutzen als »law of satiable wants or of diminishing utility« bezeichnet, A. Marshall, Principles aaO., S. 78. Wenn der Gesamtnutzen »mit jeder Zunahme des Bestandes an nützlichen Dingen zunimmt«, aaO., dann gibt es gerade *keine* »satiable wants« im quantitativen Sinn.

[160] Thomas von Aquin, Summa Theologica, II 30,4, aaO., S. 134.

Etwas ganz anderes als eine *Unendlichkeit* ist aber die *Nichtbestimmtheit* der menschlichen Bedürfnisse. Es gibt tatsächlich einen Grund, weshalb das Kaufmannsmodell auf die Seele übertragen werden konnte: die menschliche Freiheit *ist* unbestimmt, sie ist gerade *keinem* Gesetz unterworfen. Doch dies heißt, daß die Freiheit in jeder Hinsicht *offen* ist für andere *Bedeutungen*. Die menschliche Lebensituation ist – sieht man von sehr wichtigen Grenzsituationen ab – beides: situative Beschränkung *und* Offenheit für Veränderungen durch ein *Entwerfen* der Zukunft. Die zeitlich-situative Struktur ist nicht determiniert durch Gesetze, sie ist *lebendig*. Auch in der Neoklassik, auch bei Descartes bleibt davon eine Ahnung erhalten. Doch die *qualitative* Unbestimmheit wird hier zur *Unendlichkeit* des Willens oder des Bedürfens in einem *quantitativen* Sinn, damit zur Absurdität des Mehr-ist-*besser*.

Die Zielursache ist, wie wir feststellen konnten, zur *Maximierung* geworden, und *deshalb* kann Freiheit als bloßes *Mehr* bestimmt werden. Wenn L. Brentano, keineswegs ein Neoklassiker, sagt: »Mit dem Unbegrenztsein des menschlichen Begehrens ist aber ausgesprochen, daß es unmöglich ist, daß alle zum größten Wohlgefühle des Menschen nötigen Bedingungen jemals in ihrem Optimum gegeben seien«[161], dann bleibt unbestimmt, was »Unbegrenztsein« heißen soll. Solange »Wohlgefühle« im Horizont des Quantitativen, des »*größtmöglichen* Wohlgefühls«[162] ausgelegt werden, verbleiben sie im Bann der Kaufmannseele. Ein *qualitativer* Güterbegriff kann deshalb sehr wohl »offen« formuliert werden, ohne eine quantitative Schrankenlosigkeit unterstellen zu müssen.[163] Neue Güter – im Wirtschaftsprozeß eine alltägliche Erscheinung – *verhindern prinzipiell* die Anwendbarkeit des Gleichgewichtsbegriffs auf Preise und Mengen und machen die Einbeziehung menschlicher Kreativität in den Rationalitätsbegriff unabweisbar. Menschliche Bedürfnisse sind in ihrem Wesen nicht *bestimmt* oder physiologisch determiniert, sie sind stets durch eine *Erkenntnis* vermittelt.

---

[161] L. Brentano, Grundbedingungen aaO., S. 178.

[162] aaO.

[163] Vgl. hierzu meine »Qualitative Theorie der Produktion«, deren Darlegung im vorliegenden Rahmen zu weit führen würden; K.-H. Brodbeck, Produktion aaO.; ders., Transrationalität aaO.

Tatsächlich setzte sich bereits Aristoteles – in der Tradition von Platons »Gorgias« – mit dem Gedanken auseinander, Lust sei »etwas Grenzenloses«[164]. Aristoteles brachte wichtige Argumente dagegen vor. Insbesondere ist zu unterscheiden, ob nur von einer Lustempfindung oder von verschiedenen Lust*formen* gesprochen wird. Spricht man von einer Lustempfindung, so ist sie beim Menschen bezogen auf ein Handeln, das diese Empfindung herbeiführt. Dieses Handeln ist aber begrenzt und besitzt eine bestimmte Form. Damit ist auch gesagt, daß Lust stets auf den Körper bezogen ist, der notwendig Grenzen aufweist. Vor allem aber ist das Wohlgefühl keineswegs mit dem Glück zu verwechseln. Wir betrachten es nicht als rationales Verhalten, wenn jemand um einer augenblicklichen Lust willen sein späteres Glück aufs Spiel setzt. Schließlich, wir sind darauf bereits ausführlich zu sprechen gekommen, bleibt die *zeitliche* Struktur des maximalen Nutzens unerhellt.[165] Der maximale Nutzen als Ziel ist die Überlagerung der menschlichen Bedürfnisse mit dem Denkmodell des Kaufmanns, der nach einem endlosen Zuwachs des Geldvermögens strebt.

Dieser Nutzenbegriff ist strukturell mit dem Geld identisch. Der Versuch, ihn auf psychologische Gesetze zurückzuführen, ist nicht nur psychologisch verfehlt. Max Weber hat die durchaus zutreffende These vertreten, daß ökonomische Theorien nicht auf psychologische zurückzuführen sind, obgleich die Denkmodelle strukturell identisch sein können. »Nun ist in der Tat der Begriff des ›Optimum‹ ein solcher, den die ökonomische Theorie mit der physiologischen und psychologischen Betrachtungsweise gemeinsam hat; und auf *diese* Analogie *illustrativ* hinzuweisen, kann, je nach dem konkreten Lehrzweck, sehr wohl *pädagogischen* Wert haben. Allein solche ›Optima‹ sind nun keineswegs auf ›Lebensvorgänge‹ beschränkt. Jede Maschine z. B. pflegt ein Optimum der Leistungsfähigkeit für bestimmte Zwecke zu haben: eine darüber hinaus verstärkte Zufuhr von Heizstoffen, von Beschickung mit Rohmaterial usw. vermindert zunächst

---

[164] Aristoteles, Nikomachische Ethik, 10, 2, 1173a.

[165] Vgl. Aristoteles, aaO. 1173aff. A. Marshall ist auch in diesem Punkt sehr ungeau, wenn er von einem »Bestand (stock) von Dingen spricht«, die den Nutzen bestimmen, A. Marshall, Principles aaO., S. 78. Der Konsum ist in erster Linie ein *Prozeß* des Verbrauchs, nicht der Nutzung von Beständen.

relativ, dann absolut, das Ergebnis ihrer Leistung.«[166] Max Weber verkennt aber, daß solche Analogien die beschriebenen Handlungen nicht *unverändert* lassen. Theorie wird von ihm ganz in der von Kant begründeten, von Marx und vom Pragmatismus fortgeführten Weise mißverstanden als *Technik* der Beschreibung: Die Lehrsätze der Nationalökonomie stellen nach Weber »eine Serie *gedanklich* konstruierter Vorgänge dar, welche sich in dieser ›idealen Reinheit‹ selten, oft gar nicht, in der jeweiligen historischen Wirklichkeit vorfinden, die aber andererseits, – da ja ihre Elemente der Erfahrung entnommen und nur gedanklich ins Rationale *gesteigert* sind, – sowohl als heuristisches Mittel zur Analyse, wie als konstruktives Mittel zur Darstellung der empirischen Mannigfaltigkeit brauchbar sind.«[167] Brauchbar für was und für wen und zu welchem Zweck?

Das in der Mikroökonomie unterstellte Maximierungsverhalten findet sich in *keiner* historischen Wirklichkeit vor, weder rein noch unrein, wenn man es auf *Bedürfnisse* bezieht. Es findet sich aber jederzeit vor als Struktur kaufmännischen Handelns. Der Irrtum der Nutzenmaximierung besteht nicht in einer »Vereinfachung« oder einer »Ungenauigkeit«, die – wie die Reibung in der Mechanik – »in Kauf« genommen werden »muß«, der Irrtum erwächst aus der völligen Verwirrung darüber, *welches* Handeln beschrieben wird. Wenn man Haushalte *als* Kaufmannsseelen darstellt, stellt man darin keine physiologische Bedürfnisstruktur dar. Der Grund für diese Verwechslung ist aber klar: Die Bedürfnisse stehen in reinen Geldwirtschaften unter dem Zwang, nicht durch eigene Handlungen befriedigt zu werden, sondern solche Handlungen fremden Zielen unterzuordnen, um die Resultate *anderer* als Güter gegen Geld erwerben zu können. Das ist etwas ganz anderes, als ein Streben nach maximalem Nutzen, als ein unendlicher Wille. Auch Max Weber verbleibt in den Fußstapfen der Mechanisierung von Rationalität, wenn er das Rationalitätspostulat indifferent auf einen fiktiven Durchschnitt, »eine Mehrheit von Menschen« bezieht, »deren jeder streng ›rational‹ über die ihm, rein faktisch oder durch den Schutz einer ›Rechtsordnung‹, verfügbaren ›Gütervorräte‹ und ›Arbeitskräfte‹ zu dem alleinigen und aus-

---

[166] M. Weber, Gesammelte Aufsätze aaO., S. 397f.

[167] aaO., S. 396f.

schließlichen Zweck disponiert, auf friedlichem Wege ein ›Optimum‹ von Sättigung seiner *verschiedenen* miteinander konkurrierenden ›Bedürfnisse‹ zu erreichen.«[168] Eine rational abgewogene Bedürfniskonkurrenz ist Ausdruck ökonomischen Rechnens, nicht aber das Wesen *der* Rationalität oder *des* Menschen.

Etwas völlig anderes liegt vor, wenn man ausdrücken möchte, daß keine Situation für den Menschen *vollkommen* ist; wenigstens dies, daß das Glück stets im Horizont der Vergänglichkeit erlebt und gewußt wird, verweist auf die *Endlichkeit* des menschlichen Dasein. Die Endlichkeit des Menschen kann in der Tat als Grund des Handelns beschrieben werden. Es handelt sich dabei aber weder um einen schrankenlosen Nutzen- oder Glückstrieb noch um einen Wunsch nach Grenzenlosigkeit der Bedürfnisse. Die Endlichkeit des Menschen kann überhaupt nur als Endlichkeit erfahren werden, weil Menschen *frei* sind, weil sie fähig sind, die Schranken einer Situation zu übersteigen und neue Situationen zu entwerfen.

Jede Struktur kann *denkend* überschritten werden. Begreift man Strukturen als Grenzen, so kann man auch sagen, daß sich Freiheit im *Übersteigen* von Grenzen zeigt. Da Grenze und Ziel, nach einem alten Wort, auch »Ende« genannt werden, spricht Hegel in *diesem* Sinne von einer unendlichen Vernunft. Diese Unendlichkeit unterscheidet Hegel sehr genau vom »Progreß ins Unendliche oder (der) schlechten Unendlichkeit«[169], die er auch »das verendlichte Unendliche«[170] nennt. Diese schlechte Unendlichkeit der Kaufmannsseele oder des maximierenden Verhaltens ist von der menschlichen Freiheit verschieden, kann sie aber in ihren Dienst nehmen, sofern sie eben *kein* Ende, keinen Zweck, keine Schranke als *endgültig* anerkennen muß.

Die Neuzeit ist durch diese Überlagerung der Freiheit mit der schlechten Unendlichkeit der Kaufmannsseele charakterisiert. Dies findet sich in der Naturbeschreibung ebenso wie in der Ökonomie. Der schlechten Unendlichkeit ist der *Mechanismus* der Maximierung ebenso eigentümlich wie die beständige Relativierung dessen, was ist. Da fast alles, was Gesellschaft

---

[168] Weber aaO., S. 391.

[169] G. W. F. Hegel, Werke Bd. 4, S. 16.

[170] G. W. F. Hegel, Wissenschaft der Logik I aaO., S. 149.

ist, verändert werden *kann* – denn zweifellos ist das die Macht der menschlichen Freiheit –, stürzen sich die Menschen in einen Zwang unentwegter Veränderung. Dieser »Progressionszwang bedingt einen Produktionszwang, der mit einem Zwang zu immer neuen Bedürfnissen gekoppelt ist. Und der Zwang zu immer neuen Bedürfnissen ist von der Art, daß alles, was zwingend neu ist, auch ebenso unmittelbar veraltet und überholt ist, von ›wieder Neuerem‹ verdrängt wird und so fort. In der Bedrängung durch dieses Geschehen vollzieht sich insbesondere der Bruch mit jeder Möglichkeit von Überlieferung. Was gewesen ist, kann nicht mehr anwesend sein, – außer in der Gestalt des *Überholten*, was folglich überhaupt nicht in Betracht kommt.«[171] Die schlechte Unendlichkeit der Kaufmannsseele nimmt die Freiheit und Kreativität in ihren Dienst und bestimmt alles Handeln als vorläufig. Das geschieht nicht dadurch, daß der Wille *fremdbestimmt* würde, er wird vielmehr von jeder Bestimmung fortgerissen in sein *eigenes* Wesen und darin in den Kreislauf der ewigen Wiederkehr der Veränderung gestürzt.

Dieses Verhältnis, das die ökonomische Rationalität ausspricht, zugleich die gesamte Neuzeit dominiert und auch das Verhältnis zur Natur bestimmt, ist nicht leicht durchschaubar; die abstrusen Annahmen der Nutzentheorie zeigen das ebenso wie das Ansetzen eines unendlichen Willens in der Philosophie. Erst wenn das Wesen der menschlichen Freiheit zureichend erhellt ist und daraus folgend die menschliche Kreativität, kann einsichtig werden, wie es einen *Zwang* zur Kreativität, einen *Zwang* zur Freiheit überhaupt geben kann: Die mechanische Macht der Kaufmannsseele ist nur deshalb mächtig, weil sie zu einer *Gewohnheit* wurde. Da das Gewohnte das *Nächste* ist, kann diese Struktur nicht zum *Gegenstand* einer Wissenschaft werden. Dies macht den *Grundmangel* der mechanischen Ökonomie aus.

---

[171] M. Heidegger, Vier Seminare, Frankfurt/M. 1977, S. 125.

5.7 Motiv und Kreativität als Kausalverhältnis?

Wenn die menschliche Freiheit zum *Gegen-Stand* wird, ist sie verfehlt. Die Freiheit steht nie dinglich oder sachlich »entgegen«. Man kann sie nicht messen oder erfassen, man kann sie nur *sein*. Und diese Seinsweise unterscheidet sich grundlegend von der anderer Dinge. Deshalb verfehlt die Ökonomie, von Adam Smith als »System der natürlichen Freiheit« interpretiert, ihren Gegenstand gerade dadurch, daß sie ihn als Gegen-Stand *bestimmt*.[172] Nur *Gegenstände* zeigen Widerstand und können somit als Ursachen effektiv sein.

Die letzte Stufe in der Verwandlung der Vernunft, der Ratio in ein *Kausalverhältnis* ist dann erreicht, wenn die Freiheit selbst *als* Kausalverhältnis ausgelegt wird. Leibniz hat, kritisch an Descartes anknüpfend, die für die im Nutzen gründende ökonomische Theorie wichtige Bemerkung gemacht, daß die »Seele die Macht (hat), die Befriedigung mancher Begierden aufzuschieben, und folglich die Freiheit besitzt, sie nacheinander zu betrachten und miteinander zu vergleichen. Darin besteht die *Freiheit des Menschen*«[173]. Dieses Vergleichen ist etwas Vernünftiges und mündet in eine Entscheidung. Die Entscheidung selbst ist aber nicht mit der Freiheit identisch, wie Aristoteles bemerkt: »Die Entscheidung scheint nun etwas Freiwilliges zu sein, ist aber mit diesem Begriff nicht identisch, sondern das Freiwillige hat einen weiteren Umfang, denn (a) am Freiwilligen haben auch Kinder und die sonstigen Lebewesen Anteil, an dem Vermögen der Entscheidung dagegen nicht. Und (b) plötzliches Handeln nennen wir zwar freiwillig, aber nicht vollzogen auf Grund einer Entscheidung.«[174] Aristoteles unterscheidet hiervon auch noch das Wünschen. Zwar ist das Wünschen in gewisser Weise frei, braucht sich aber keineswegs auf die Wirklichkeit zu beziehen: »Auch ein Wünschen ist die Entscheidung keineswegs, wenn sie ihm auch recht nahezustehen scheint.

---

[172] Sicherlich kann man formal von einem »Gegenstand« der Untersuchung sprechen und darunter auch die Freiheit fassen. Doch hier ist gerade darauf zu achten, daß die Freiheit als situatives Erlebnis nicht wie ein anderer Gegenstand *in einer Situation* vorkommt. Vielmehr ist Freiheit die Art und Weise, wie Menschen in Situationen *sind*.

[173] G. W. Leibniz, Neue Abhandlungen aaO., S. 196.

[174] Aristoteles, Nikomachische Ethik, III,4; 1111a-b; aaO., S. 59.

Es gibt nämlich kein Sichentscheiden für das Unmögliche«.[175] Leibniz knüpft daran an und nennt nur das Freiheit, was auch *vernünftig* gewollt werden kann. »Doch hat schon Aristoteles richtig bemerkt, daß wir, um Handlungen frei zu nennen, nicht allein verlangen, daß sie *spontan*, sondern auch, daß sie *überlegt* seien.«[176] Damit ist die Freiheit nicht auf den *Willen* bezogen, sondern auf die Spontaneität und die Vernunft. Die Freiheit ist nicht nur die negative Bestimmung des Bewegungsspielraums, den die Gesetze einräumen, sondern ist wesentlich ein *Vermögen*. Um frei zu sein, muß man auch *fähig* sein, das zu tun, was man will. »Die *tatsächliche Freiheit* besteht entweder in dem Vermögen, das zu tun, was man will, oder in dem Vermögen des richtigen Wollens selbst.«[177]

Dieses Vermögen als Möglichkeit, überhaupt so zu handeln wie man will, ist vielfach als *Macht* ausgelegt und damit direkt auf die Macht bezogen worden, die aus dem Geldbesitz erwächst. Doch diese Geld-Macht, dieses »Vermögen« ist kein Vermögen des *Handelns*, es ist nur die ärmliche Möglichkeit, endlos kaufen zu können, was *andere* erschaffen haben. Auch in der Auslegung der Freiheit als Macht des Handelns entdecken wir, einfach gesagt, die Spuren der beiden Denkmodelle des Handwerkers und des Kaufmanns. Die *techne* des Handwerkers ist ein wahrhaftes Wissen und die Fähigkeit, dieses Wissen gestaltend umzusetzen. Seine Freiheit ist auf eine Form bezogen, und seine Macht ist die Macht über seine Werkzeuge. Freiheit in diesem Sinne ist die *Fähigkeit* das zu tun, was man will. Die Freiheit des Kaufmanns, die aus dem Geldbesitz erwächst, ist eine ganz andere. Sie ist wesentlich Passivität, denn er kann – wie Adam Smith sagt – durch seine Kaufkraft »Arbeit kommandieren«, aber er übt die Arbeit nicht selbst aus.

Die Handlungsfreiheit erfährt durch die Arbeitsteilung eine merkwürdige *Vermittlung* über diese passive Macht des Kaufmanns. Um als Gut zu erlangen was man will, muß man tun, was man nicht will. Die Arbeit wird nicht als positive Fähigkeit verstanden, sich das zu verschaffen, was man möchte, das zu tun, was man kann, die Arbeit wird selbst zum Mittel für

---

175 Aristoteles, Nikomachische Ethik aaO.

176 G. W. Leibniz, Neue Abhandlungen aaO., S. 169.

177 G. W. Leibniz, Neue Abhandlungen aaO., S. 168.

etwas anderes. Es ist dann nur ein kleiner Schritt, wenn »Arbeit« in der modernen Neoklassik nurmehr als »sachlicher Faktor« beschrieben wird, den der Handelnde subjektiv als »Arbeitsleid« erlebt. Handeln wird zur Arbeit, und Arbeit wird zum Job.

Da das Handeln und Können und das, was der Handelnde eigentlich *will*, auseinanderfallen, wird überhaupt fraglich, in welcher Beziehung das Handeln zu seinen *Zielen* steht. Wer für Geld arbeitet, setzt zwar seine Fähigkeiten ein, dies aber für unmittelbare Ziele, die nicht die seinen sind. Ist beim einfachen Modell des Handelns das Ziel des Arbeitens mit dem Können identisch, so zeigt sich bereits beim Handwerker, daß er Ziele verfolgt, die *andere* Wünsche als die seinen befriedigen. Die *causa formalis* und die *causa finalis* fallen nicht nur formell, sie fallen auch personell auseinander. Der Arbeiter oder Angestellte will *Geld* verdienen, *um* seine Ziele erreichen zu können. Motiv und Ziel seines Handelns sind verschieden. Konnte Aristoteles noch sagen, daß beim Handeln »Wesen (*morphe*) und Zweck (*telos*) dasselbe«[178] sind, so trifft dies nicht mehr zu, wenn die Handlungen über das Geld vermittelt werden. Was bei einfachen Handlungen gilt, das Zusammenfallen von formalem Handlungsziel und Motiv zum Handeln – ich schließe das Fenster, weil mir zu kalt wird –, trifft für die meisten *Berufstätigkeiten* nicht mehr zu. Die Motive für eine Handlung werden zu etwas dieser Handlung *Fremdem*. Mit dem Verlust des Eigenen, mit der *un*eigentlichen Handlung ist damit *das Motiv selbst* zu etwas geworden, das gleich der Natur das Handeln bestimmt.

Es verwundert deshalb nicht, daß von Descartes über Leibniz bis Kant die Freiheit als *Kausalitätsverhältnis* ausgelegt wird. Die Freiheit ist eine Kausalität *neben* der Naturkausalität. Das ist möglich gemacht durch den Gedanken, daß auch die Natur *handelt*. Handlung wird ein Ding neben anderen Dingen; bis zur modernen Handlungstheorie bleibt dieser Gedanke erhalten, wenn von »Dingen, die wir *Handlungen* nennen«[179] gesprochen wird. Kant hat das zuerst ganz klar gesagt: Die »Naturhand-

---

[178] Aristoteles, Physik, II,7 198a, Paderborn 1956, S. 77.

[179] N. Rescher, Handlungsaspekte; in: G. Meggle (Hrsg.), Analytische Handlungstheorie Band 1, Frankfurt/M. 1977, S. 7, Note.

lung«[180] ist kausal: »die Ursache muß *angefangen* haben zu *handeln*, denn sonst ließe sich zwischen ihr und der Wirkung keine Zeitfolge denken.«[181] Wir brauchen an dieser Stelle nicht unsere Einwände gegen die Kausalität nochmals vorbringen; festzustellen ist nur, daß mit der Auslegung der *Handlung als Willenskausalität* die Auslegung der *Natur als Handlung* einhergeht. Die »Materie in Ansehung ihrer unaufhörlichen Handlung«[182] ist zugleich die Wiederkehr des aristotelischen Handlungsmodells in neuzeitlicher Verkleidung. Die *Wirklichkeit* ist selbst ein Handelndes. Die Freiheit wird dann für die Menschen zur bloß *negativen* Erfahrung: »Denn die Freiheit (...) kennen wir nur als *negative* Eigenschaft in uns, nämlich durch keine sinnliche Bestimmungsgründe zum Handeln *genöthigt* zu werden.«[183]

Dem Auseinanderfallen von *causa formalis* und *causa finalis* in der *menschlichen* Handlung wird Kant durch die Unterscheidung zwischen subjektivem und objektivem Zweck gerecht. Die subjektiven Zwecke sind für ihn »Triebfedern«[184], die objektiven sind »Bestimmungsgründe«[185]. Die Triebfedern der Handlung treiben sie nicht *unmittelbar* an; es müssen einsichtige Gründe für das Handeln gegeben sein, die diesen Triebfedern sittliche Grenzen setzen. Die Ethik wird zum Rahmen, zum Spielraum für die »Triebfedern«, ja die Befolgung der ethischen Regeln wird *selbst* zur Triebfeder. Damit hat auch hier der *Mechanismus des Antriebs* das frei gewählte und angenommene Motiv ersetzt.

Werden Motive »rational« erwogen, ist die Freiheit zudem nur mehr negativ als fehlende Hemmung erfahren, so ist die Handlung durch etwas anderes bestimmt, als durch ein in ihr liegendes Motiv. *Die Motive werden zu Ursachen.* »Die Basis einer Wissenschaft vom Handeln (conduct)«, sagt Knight – dessen Terminus »conduct« »Handeln, gelenkt durch Motive« bedeutet –, »muß auf festen Prinzipien des Handelns, auf andauernden

---

[180] I. Kant, Kritik der reinen Vernunft B 575.

[181] I. Kant, Prolegomena, A 151.

[182] I. Kant, Prolegomena, A 153, Note.

[183] I. Kant, Die Metaphysik der Sitten, Akademieausgabe Bd. VI, S. 226.

[184] aaO., S. 217.

[185] aaO., S. 214.

und stabilen Motiven aufgebaut werden.«[186] Die Motive *steuern* das Handeln. Die Handlungsziele werden zu *äußeren* Bestimmungsgründen und sind deshalb selbst nicht veränderbar. Gerade darin soll die Möglichkeit einer *Wissenschaft* vom Handeln liegen. »Die Bewußtheit des Handelns ist Ziel- und Zweckbewußtheit. Doch die Ziele und Zwecke selbst liegen jenseits des Handelns und der Vernunft; sie sind für unsere Betrachtung (...) Daten, die wir mit den Mitteln unserer Wissenschaft nicht weiter aufzulösen vermögen.«[187] Die durchgängige Naturalisierung des Handels, sowohl als Handeln der Materie bei Kant wie als Steuerung durch äußere Motive, nimmt den Handelnden die Bestimmung, Zwecke selbst zu setzen. Die »Vielheit der Ziele (ends) besitzt für den Ökonomen kein notwendiges Interesse«, sagt Robbins.[188] »Daraus folgt, daß die Ökonomie zwischen Zielen völlig neutral ist. (...) Ökonomie beschäftigt sich nicht mit Zielen als solchen.«[189]

Die Handlung, die ihre Fähigkeiten nicht mehr zu ihren Zielen in Beziehung setzt, vielmehr nur zum Austausch und zum Geld, ist nur noch darin für die Ökonomie interessant, daß die Handlungsresultate *knapp* sind – was nur ein anderer Ausdruck dafür ist, daß sie gegen Geld getauscht werden. Die Freiheit ist negativ bestimmt, die Ziele sind Daten, und Motive bestimmen Handlungen kausal. Nimmt man diese Zustandbeschreibung ernst, so bleibt es ein Rätsel, wie es in solch einer Welt je neue Projekte, neue Produkte, neue Organisationsformen, Firmengründungen und Pleiten, Krisen und Prosperität geben kann. Die völlige Rationalisierung der Handlungsbeschreibung hat die *Kreativität* eliminiert.

Die *kreativen* Handlungen werden als *Ursachen* beschrieben, die, wie andere Ursachen auch, das mechanische Gleichgewicht »stören«. »Als *ursächliches* Moment«, sagt Max Weber, »greift die Eigenart und das konkrete Handeln einer konkreten ›historischen‹ Persönlichkeit ›objektiv‹ (...) in keinem irgend verständlichen Sinn ›schöpferischer‹ in das Geschehen ein, als dies bei ›unpersönlichen‹ ursächlichen Momenten, geographischen

---

186 F. H. Knight, Risk aaO., S. 53.

187 L. von Mises, Nationalökonomie aaO., S. 15.

188 L. Robbins, Essay aaO., S. 13.

189 aaO., S. 24.

oder sozialen Zuständlichkeiten oder individuellen Naturvorgängen, ebenfalls der Fall sein *kann.*«[190] Wenn Max Weber hier von »Ursache« spricht, denkt er im Geist der Neuzeit nur an die Wirkursache (*causa efficiens*). *Schöpferisches Handeln* ist aber niemals ein kausales Bewirken, im Sinne eines mechanischen *Anstoßes* oder einer »Triebfeder«. Es ist *in sich* eine Formursache (*causa formalis*). Tatsächlich braucht nicht bestritten zu werden, daß sehr viele, vielleicht nahezu alle Handlungen in der Moderne dem Markt und damit der Logik der Kaufmannsseele *unterworfen* sind und insofern eine fremde, äußerliche Bestimmung erhalten. Doch daraus ergibt sich keineswegs, daß die verschiedenen, in sich wohlstrukturierten Handlungen auf dieses Kausalverhältnis reduziert werden können. Der Entwurf eines neuen Produkts ist der Entwurf einer neuen Form und insofern nicht auf eine Wirkursache zu verrechnen; dies geschieht immer erst nachträglich, dann nämlich, wenn das Produkt dem Marktprozeß ausgesetzt wird und Erfolg hat.

Wird aber die gesamte Wirtschaft *als* mechanisches System ausgelegt, dann erscheint auch die Kreativität nur als ein »exogener Faktor«, der das Gleichgewicht vorübergehend erschüttert, ehe es eine neue Gleichgewichtslage gefunden hat. Bei Max Weber, nicht ohne Beziehung zur Philosophie Kants, hat der Rationalitätsbegriff seine vollständige Verkehrung erfahren. Die Welt ist für ihn durchgängig mechanisch-kausal strukturiert, und es ist nur eine *Auslegung* der Welt durch die Beziehung auf »Werte«, die sie *als* etwas anderes denn kausales Geschehen erscheinen läßt. »Das ›Schöpferische‹ desselben liegt lediglich darin, daß für unsere ›Auffassung‹ der geschichtlichen Wirklichkeit der kausale Ablauf des Geschehens einen nach Art und Maß *wechselnden Sinn* empfängt«.[191] Selbst dieser wechselnde Sinn ist durch einen formalen Bezug auf »Werte« nur *wiederum* kausal ausgelegt. Die Werte sind bloße Kausalfaktoren des Handelns. Max Weber hat viele hilfreiche Bemerkungen zum Verhältnis von Zwecken und Mitteln gemacht, doch verbleibt er in der *kausalen* Deutung, wonach die Aussage »die Maßregel x ist das (wir wollen annehmen: einzige) Mittel für die Erreichung des Erfolges y«, »die einfache Umkehrung des Kausal-

[190] M. Weber, Gesammtelte Aufsätze aaO., S. 49.

[191] aaO., S. 50.

satzes: auf x folgt y« ist.[192] Der Mechanismus des Denkens besitzt solche Macht, daß die Zwecksetzung *nur mehr* als umgekehrte Kausalität gesehen wird; *Teleologie* wird zur inversen Kausalität.

Simmel sagt wie Weber: »Wenn ich nicht schon wüßte, daß C imstande ist, D hervorzurufen, B ebenso C usw., so würde ich mit meinem Verlangen nach D ganz hilflos dastehen. Niemals kann also eine teleologische Kette erwachsen, ohne daß die umgekehrt gerichteten, kausalen Verbindungen ihrer Glieder bekannt wären. Der Zweck vergilt dies, indem er gewöhnlich seinerseits die psychologische Anregung gibt, überhaupt nach kausalen Zusammenhängen zu forschen.«[193]

In der amerikanischen Übersetzung dieses Gedankens klingt dies aus dem Munde Parsons und Smelsers so: Die »Motivation zur Innovation« ist »das Wertsystem der Gesellschaft, *jener Mechanismus*, der die störenden Effekte hervorruft und *der Mechanismus, der die Anregung zu neuen Ideen gibt.*«[194] Damit wird behauptet, was *logisch* ein Unding ist: Eine Kausalität der Kreativität.[195] Welches *immer* die Ursache für neue Ideen sein mag, Freiheit und Kreativität werden als bloß kausale Faktoren der Wirtschaft verstanden, in der Werte und Motive entweder eine beiläufige Rolle als bloß subjektive Zutat zur determinierten Welt spielen oder selbst als Ursache verstanden werden. Der Wert, der jenen Mechanismus der neuen Ideen erklären sollen, ist das »Wertsystem der Ökonomie« und dessen »primärer Inhalt ist die ökonomische Rationalität«, die »erstrangige empirische Struktur des Systems selbst«.[196]

Für die kausale Weltmaschine *insgesamt* sind Werte und Motive bloß subjektive Zutat oder ein Glied in der Kette, und wir vermögen in unserer Freiheit nur, die »Ideen« aus der kausalen Welt zu »entnehmen«. Platons Lehre von den ewigen und unveränderlichen Ideen kehrt wieder, und es zeigt sich, daß tatsächlich Philosophie, Ökonomie und Soziologie – gemäß

---

[192] M. Weber, Gesammelte Aufsätze aaO., S. 526.

[193] G. Simmel, Philosophie des Geldes aaO., S. 202.

[194] T. Parsons, N. J. Smelser, Economy and Society, London 1966, S. 266; meine Hervorhebung.

[195] Vgl. K.-H. Brodbeck, Kreativität und Unsicherheit. Zur Synthese der Theorien von Schumpeter und Keynes, praxis perspektiven 1 (1996), S. 110.

[196] Parsons, Smelser aaO., S. 175.

Whiteheads Diktum – nur aus einer Reihe von Fußnoten zu Platon bestehen. Wir blicken gebannt, wie die Gefangenen in Platons Höhlengleichnis, auf den wandelnden Gang der kausalen Schattenwelt und *erfinden* unsere »Auffassungen« hinzu. Die Kreativität ist damit auf die Banalität des bürgerlichen Geschmacks reduziert, der die begegnende Welt nach »Werten« taxiert und in den Salons beredet. Die moderne Handlungstheorie denkt exakt aus diesem Horizont: »Jemand vollzieht dann eine Handlung, wenn das, was er tut, *so beschrieben werden kann*, daß er es absichtlich tut.«[197] Das Motiv erscheint in dieser Konsequenz als eine hinfällige Möglichkeit der bloßen Beschreibung, keineswegs als ein *innerer* Bestimmungsgrund des Handelns. Das Motiv als Ursache, Freiheit als Kausalität hat sich in eine bloß externe Sinnzuweisung verwandelt, deren »Ort« dunkel und heimatlos wird, wie die Ethik der Neuzeit.

Josef A. Schumpeter ist dieser trostlosen Welt dadurch ausgewichen, daß er in den kreativen Menschen einen ganz anderen *Typus* entdeckte als im rationalen Kaufmann. Schumpeter macht zunächst klar, daß es in einer derart passiven Wirtschaft, die nur auf der rationalen Wahl zwischen *gegebenen* Zielen basiert, gar keine *Entwicklung* geben könnte. Die Konsumenten artikulieren nicht *neue* Bedürfnisse und der Markt nimmt danach passiv deren Signale auf; es ist umgekehrt so, daß »neue Bedürfnisse den Konsumenten von der Produktionsseite her anerzogen werden, so daß die Initiative bei der letzteren liegt«.[198] Innovation ist für Schumpeter die Neu-Kombination von Faktoren, und *diese* Funktion kann ein rationales Wirtschaftssubjekt gar nicht ausfüllen. Innovationen sind nicht rational als Wahlhandlung zu beschreiben; der neue Typus des innovativen Verhaltens ist scharf gegen die traditionelle Theorie abgegrenzt. Der von ihm beschriebene Typus, sagt Schumpeter, ist »überhaupt irrational oder von einem andersgearteten Rationalismus.«[199] Wirtschaftliche Kreativität ist »eine besondere Funktion und Privileg von Leuten, die viel weniger zahlreich sind als jene, die die (auch die) äußere Möglichkeit dazu hätten (...).

---

[197] D. Davidson, Handeln; in: G. Meggle aaO., S. 286.

[198] J. Schumpeter, Theorie aaO., S. 100.

[199] aaO., S. 134.

Deshalb sind die Unternehmer ein besonderer Typus«.[200] Schumpeter gesellt zur Kaufmannsseele den Wirtschaftsführer, den *Unternehmer* hinzu, der nicht nur rational Risiken kalkuliert um seinen Gewinn zu mehren, sondern tatsächlich ein Wagnis eingeht und ganz neue Formen schafft. Der Schumpetersche Unternehmer tritt das Erbe der aus dem Handlungsmodell verbannten Formursache (*causa formalis*) an; es gibt mit dem Kaufmann damit »*zwei* Typen von Wirtschaftssubjekten«.[201]

Da Schumpeter die Kreativität *neben* dem alltäglichen und gewöhnlichen Handeln *besondert*, als eigenen Handlungstypus, kann er dem Glauben erliegen, die Wirtschaft funktioniere nach einem traditionellen Rationalitätsmodell, wie es von Walras beschrieben wurde. Er stimmt mit Weber darin überein, daß auch der so beschriebene Unternehmer als Schöpfer neuer Formen tatsächlich für den Wirtschaftsprozeß nur *mechanischer* Faktor bleibt. »Auch der ›Unternehmer‹ ist hier kein Veränderungsfaktor, sondern Träger des Veränderungsmechanismus.«[202] Dennoch ist es Schumpeter, der einen wirklichen Schritt über die mechanische Beschreibung hinaus auf eine postmechanische Ökonomie zu getan hat. *Erstens* versucht Schumpeter, die Kreativität als einen der Wirtschaft *immanenten* Faktor einzuführen. Der Unternehmer wird nicht, wie bei Max Weber, in seinem schöpferischen Tun als bloß *exogener* Anstoß ausgelegt. *Zweitens* – dies ist der entscheidende Beitrag zu einer postmechanischen Ökonomie – entdeckt Schumpeter die Funktion der Gewohnheiten im Wirtschaftsprozeß. Der dynamische Unternehmer ist schlechthin jemand, der *nicht* in Routinen handelt. »Während in gewohnten Bahnen dem normalen Wirtschaftssubjekt sein eigenes Licht und seine Erfahrung genügt, so bedarf es Neuem gegenüber einer Führung.«[203] Schumpeter sieht, daß »jede Erkenntnis und Handlungsgewohnheit, die uns einmal erworben ist, so fest und so ununterscheidbar von den übrigen Elementen unserer Person in uns ruht (...), daß sie nicht jedesmal erneuert und bewußt zu werden braucht, sondern hinabsinkt auf die vorhandenen Schichten von Unterbe-

---

[200] J. Schumpeter, Theorie aaO., S. 119.

[201] Schumpeter aaO., S. 122.

[202] aaO., S. 93.

[203] aaO., S. 118.

wußtem«.[204] Für das *schöpferische* Tun, meint Schumpeter, sind Gewohnheiten jedoch Hindernisse. Die Gewohnheiten haben selbst eine ökonomische Funktion, denn es ist die »kraftsparende Funktion der festen Denkgewohnheiten«[205], die uns veranlassen, sie beizubehalten. Für den wirtschaftlichen *Erneuerungsprozeß* werden diese Gewohnheiten aber zur Schranke. Sie werden zum »Hemmschuh«.[206]

Wie der jüdisch-christliche Schöpfungsmythos den Schöpfergott aus der Natur verdrängt und die mechanische Naturauslegung herbeiruft, setzt Schumpeter das Schöpferische als besondertes Prinzip und Verkörperung *neben* die mechanisch beschriebene Ökonomie (Walrassches Totalmodell). Die offenkundige Absurdität einer mechanischen Handlungsbeschreibung, die Schumpeter deutlich empfunden hat, der schneidende Widerspruch zur alltäglichen Beobachtung des *Wandels*, der gerade kein bloß quantitatives *Wachsen* ist, konnte die Kreativität nicht länger aus dem Wirtschaftsprozeß verdrängen. Das gleichzeitige Beibehalten der mechanischen Rationalität zwingt aber Schumpeter, Kreativität wiederum selbst als Veränderungsmechanismus im »Unternehmer« zu personifizieren. Die Mechanisierung der Handlung hat mit der Freiheit auch die Kreativität aus dem Handeln entfernt, und diese heimatlose Kreativität findet Unterschlupf beim dynamischen Unternehmer. Die menschliche Freiheit ist aber in sich selbst entwerfend, auslegend, verstehend, sie ist kreativ in *jeder* Handlung. Die Stütze für das mechanische Denkmodell hat Schumpeter allerdings sehr hellsichtig identifiziert: Es sind die *Gewohnheiten.* Erst wenn geklärt ist, wie sich Gewohnheiten zur Kreativität verhalten, kann gehofft werden, die Umrisse einer postmechanischen Ökonomie in ihren Grundstrukturen zu entdecken.[207]

---

[204] Schumpeter aaO., 123f.

[205] aaO., S. 126.

[206] aaO.

[207] Vgl. K.-H. Brodbeck, Erfolgsfaktor Kreativität aaO., Kapitel 6; ders., Gewohnheitsbildung und kreative Destruktion, Vortrag am Max-Planck-Institut zur Erforschung von Wirtschaftssystemen, Jena 1997.

5.8 Die Schattenseite des rationalen Lichts

Daß das menschliche Handeln durch die klare Vernunft und Weisheit bestimmt sei, ist eine seit alters her bestrittene These. Seneca sagt: »Niemand stellt sich klar vor Augen, was er eigentlich will, und tut er es etwa, so beharrt er doch nicht dabei, sondern springt ab, und nicht genug mit einer Änderung, nein, er tritt geradezu den Rückmarsch an und kommt wieder zurück auf das, was er aufgegeben und verurteilt hat. (...) Täglich schwankt das Urteil, ja wandelt sich in das Gegenteil, und so wird den meisten das Leben zu einem Spiel.«[208] Die Aussage: »Handeln ist immer vernünftig«[209], wäre Seneca als absurd erschienen. Aristoteles, durchaus auch im modernen Verständnis ein »vernünftiger« Philosoph, hat trotz aller Betonung des vernünftigen Seelenteils niemals geleugnet, daß die Menschen auch von anderen als vernünftigen Überlegungen bestimmt sind. Er kennt »die Teilung der Seele in ein irrationales (alogon) und ein rationales Element.«[210] Für die Alten war die Vernunft sicherlich nicht identisch mit Berechnung, auch wenn Platon der pythagoräischen Auffassung: »das ewige Wesen der Zahl ist der Ursprung«[211] zuzustimmen schien.[212] Das »irrationale« Element der Seele ist für Aristoteles nicht einfach dasjenige, das sich nicht berechnen läßt. Er versteht anderes darunter: »So hat sich denn erwiesen, daß (gleich der ganzen Seele) auch das Irrationale zweifacher Art ist: da ist erstens die vegetative Grundlage, die keinerlei Anteil hat am Rationalen, und zweitens das Begehrungsvermögen – mit einem umfassenden Ausdruck: das Strebevermögen.«[213] Der Gedanke, man

---

208 L. A. Seneca, Philosophische Schriften, Bd. III, Leipzig 1924, S. 70f.

209 L. von Mises, Nationalökonomie aaO., S. 14.

210 Aristoteles, Nikomachische Ethik, I,13; 1102a; aaO., S. 30. Auch wenn wir sehr vorsichtig sein müssen, den modernen Rationalitätsbegriff auf die aristotelische Philosophie zu übertragen, bleibt eine Analogie erkennbar.

211 Iamblichos, Pythgoras, § 146.

212 Aristoteles hält dagegen daran fest, daß »die Zahlen weder Wesen noch Ursachen der Gestalt sind«, Metaphysik XIV, 5, 1092b, im Gegensatz zur analytischen Geometrie des Descartes. Er begründet dies ganz einfach: »immer ist die Zahl, welche immer sie auch sein mag, eine Zahl von etwas«. Er verweist damit nicht nur auf das, was in der Physik als Einheit und Zahlenwert unterschieden wird; es geht um die Form als eigene *Seinsbestimmung*.

213 Aristoteles, Nikomachische Ethik, I,13; 1102b.

könne das Begehrungsvermögen als »Nutzen« berechnen, wäre den Alten nicht zu unrecht als undenkbar erschienen. Es hat seinen Inhalt jeweils an konkreten Formen und ist durch sie bestimmt, doch diese Formen sind selbst einer schwankenden Perspektive unterworfen.

Die Beziehung zwischen dem a-logischen und dem logischen Seelenteil bleibt notwendig dunkel, denn zwischen dem Nichtlogischen und dem Logos kann es keine *logische* Beziehung geben. Descartes und Spinoza haben den irrationalen Seelenteil als *noch* unklare Vernunft ausgeklammert und das vegetative Element als rein körperliches Prinzip verstanden. Für Spinoza ist eine unklare Idee einfach eine zusammengesetzte Idee; wenn man die Dinge *analysiert*, d. h. zerlegt und abstrahiert, dann verschwindet jeder Zweifel, denn für das Licht der Aufklärung ist »klar und deutlich«, »daß der Zweifel immer daraus entsteht, daß man die Dinge nicht der Ordnung nach erforscht.«[214]

Doch die Gleichsetzung von Geist (= Gott) und Körper bei Spinoza, dem Vorläufer analoger zeitgenössischer Theorien, hat eine bemerkenswerte Konsequenz: Wenn »Geist und Körper ein und dasselbe Ding sind«[215], wenn Gott Geist ist und ferner Gott unendlich ist, dann *tut* der Körper immer mehr, als der Mensch versteht. Gerade bei Spinoza bleibt damit das Handeln seltsam dunkel: »Daraus folgt, daß, wenn die Menschen sagen, diese oder jene Körpertätigkeit entspringe aus dem Geiste, welcher die Herrschaft über den Körper hat, sie nicht wissen, was sie sagen, und bloß mit blendenden Worten eingestehen, daß sie die wahre Ursache jener Tätigkeit nicht wissen, ohne sich über dieselbe zu wundern.«[216] Wenn man also die Identität von Geist und Körper wirklich denkt, wenn man die Rationalität der Natur auch auf die Handlung und ihre Motive erstrecken möchte, endet man bei sehr dunklen Bestimmungsgründen.

Spinoza tut sich deshalb nicht schwer, auch die Handlungsfreiheit als bloßen Schein aufzuweisen: »Somit lehrt die Erfahrung selbst nicht minder deutlich als die Vernunft, daß die Menschen nur darum glauben,

---

[214] Spinoza, Abhandlung aaO., S. 38.

[215] Spinoza, Ethik aaO., S. 160.

[216] aaO., S. 161.

sie wären frei, weil sie ihrer Handlungen bewußt, der Ursachen aber, von denen sie bestimmt werden, unkundig sind.«[217] Wenn man die Handlungen *rational* beschreibt, winkt sogleich der *irrationale* Hintergrund, der jede Konstruktion als Täuschung vermutet. Die *Irrationalität* erwächst aus derselben Quelle wie der Rationalismus. Wogegen sollte das Rationale unterschieden werden, wenn nicht gegen das Irrationale? Wenn *alles* rational konstruiert wäre, die Handlung, die Freiheit und die Natur, dann könnte die Rationalität gar nicht *gedacht* werden. Die *wirkliche Strenge* des Denkens liegt deshalb jenseits dieser Dualität.[218]

Daß das Licht der Aufklärung *notwendig* den Schatten des Irrationalismus mit sich herumschleppen *muß*, war weder den Wirtschafts-Mechanikern noch den modernen Physikalisten der analytischen Philosophie bewußt. Sie haben als *Gegner* jenen Schatten bekämpft, den sie selber warfen. Die empirische Psychologie hat in ihrer Konsequenz mit der Ökonomie gemeinsam versucht, die dunklen Seite der Seele dadurch auszuschalten, daß sie den Menschen nur mehr als von *außen* durch Reize gesteuerten Automaten interpretiert und jeglicher Introspektion den Kampf ansagt.

Der *Behaviorismus* in seiner »puren« Form – bei Skinner – stellt dieselbe Frage wie die Ökonomie: »Warum verhalten sich Menschen so, wie sie sich verhalten?« Und die Antwort überrascht nicht: »Das war wohl zunächst vor allem eine praktische Frage.«[219] Aber was mag »Praxis« wohl heißen? Das allein zu fragen, würde einem konsequenten Behavioristen schon als metaphysische Verirrung erscheinen. Der Behaviorismus als konsequente »Psychologie des anderen«[220] betrachtet Menschen nur als Körper von außen. Und »Empfindungen und Wahrnehmungen als solche können wir nicht messen, aber wir können die Fähigkeit eines Menschen messen, unter verschiedenen Reizen eine Selektion vorzunehmen. Der *Begriff* der Empfindung oder Wahrnehmung kann dann auf den *Vorgang*

---

[217] Spinoza, Ethik aaO., S. 163.

[218] »Vielleicht gibt es ein Denken außerhalb der Unterscheidung von rational und irrational, nüchterner noch als die wissenschaftliche Technik, nüchterner und darum abseits, ohne Effekt und gleichwohl von eigener Notwendigkeit.« M. Heidegger, Zur Sache aaO., S. 79.

[219] B. F. Skinner, Was ist Behaviorismus? Reinbek bei Hamburg 1978, S. 16.

[220] Nach Max Meyer, B. F. Skinner, aaO., S. 20.

der Reizselektion reduziert werden.«[221] Auch dem würden Nutzentheoretiker *uneingeschränkt* zustimmen.[222] Man kann auf Motive völlig verzichten, wenn man sie durch Kausalität ersetzt, denn die »Umwelt (dringt) in den Körper ein«[223], so daß für die Menschenkörper »die Reize, denen sie ausgesetzt gewesen sind, jeweils die besondere Art ihres Wahrnehmungsverhaltens kontrollieren.«[224]

Diese rationale Beschreibung des Verhaltens verkennt die dunkle Seite vollständig: Wenn Menschen nur je als *die anderen* aufgefaßt werden, dann bleibt der je andere in dem, was er denkt und fühlt, gerade unerkannt und dunkel. Skinner sieht dies vom konsequent physischen Standpunkt aus sehr klar: »Wenn das, was ein Mensch tut, dem zugeschrieben wird, was in ihm vorgeht, so ist jede weitere Untersuchung unmöglich.«[225] Untersuchung heißt hier *experimentelle* Untersuchung. Bei allen Fähigkeiten, die Skinner Tauben und anderen Tieren antrainiert hat, um damit *Menschen* zu verstehen, ist ihm eine Kleinigkeit entgangen: Wir kennen uns selbst, und wir *wissen* was wir tun. Dieses Kennen und Wissen ist *ursprünglicher* als jedes Messen. Wenn man Menschen nur rational von »außen« beschreibt, dann bleibt das »Innere« das Dunkle, Unbestimmte, ja Feindlich-Irrationale, eigentlich das *Böse*. Skinner hat *seine* Theorie nicht »von außen« geschrieben, er verleiht seinen Wörter nicht die Bedeutung von Reiz und Reaktion, er geht davon aus, daß seine Leser ihn *verstehen* und widerlegt damit *in jedem Satz* den er niederschreibt das, was er *meint* zu sagen.

Der Gedanke, daß die Umwelt die Handlungen kausal bestimme, hat seine Quellen bei Lamarck und in der französischen Soziologie des 19. Jahrhunderts. Nietzsche hat derartige Vorstellungen mit dem ihm eigenen Ungestüm, darüber aber nicht minder richtig vom Tisch gewischt: »*Gegen* die Lehre vom Einfluß des *milieus* und der äußeren Ursachen: die innere Kraft ist unendlich *überlegen*; vieles, was wie Einfluß von außen aussieht,

---

221 Skinner aaO., S. 22.

222 Vgl. die Aussagen der »revealed preference theory« von Samuelson, die nur auf *beobachtbare* Wahlhandlungen abstellt und dafür Axiome formuliert.

223 Skinner aaO., S. 86.

224 aaO., S. 99.

225 aaO., S. 26.

ist nur ihre Anpassung von innen her. Genau dieselben Milieus können entgegengesetzt ausgedeutet und ausgenützt werden: es gibt keine Tatsachen.«[226] Hier sind im Stenogrammstil jene Argumente versammelt, die gegen eine Reduktion des Handelns auf *passives* Verhalten vorzubringen sind. Es sind gerade die *Gedanken*, die bestimmen, denn sie *interpretieren* erst die Umwelt *als das*, was überhaupt wirken könnte, um dann zu entscheiden. Sicherlich gibt es hier das »dunkle«, unüberlegte Handeln. Aber: »Daß diese Entscheidung oft in der Gedankenlosigkeit fällt, spricht nicht gegen die Herrschaft des Gedankens sondern dafür. Das Milieu für sich erklärt nichts; ein Milieu an sich gibt es nicht.«[227] Es ist einfach eine Legende der Aufklärung, daß das Handeln durchgängig durch rationale Berechnung bestimmt sei. Motive sind keine Rechnungen, und das Handeln *ist* mehr und anderes, als ein *ego cogito* jeweils nur *meint*.

Auch das hat Nietzsche zuerst mit großer Klarheit gesagt: »Die Handlungen sind *niemals* das, als was sie uns erscheinen! Wir haben so viel Mühe gehabt zu lernen, daß die äußeren Dinge nicht so sind, wie sie uns erscheinen – nun wohlan! Mit der inneren Welt steht es ebenso!«[228] Die *innere Natur* wird ebenso als eine *fremde* dem neuzeitlichen Ego untergeordnet wie die äußere. Der Name für das Dunkle der Seele ist das *Unbewußte* oder das *Unterbewußtsein.* Die innere Verkörperung der rechnenden Vernunft – das *ego cogito* – als denkende Substanz findet nicht nur eine äußere Welt vor, die es zu beherrschen gilt, auch im Innern tut sich ein Abgrund auf. Leibniz warf bereits Descartes und den Cartesianern vor, daß sie »einen großen Fehler gemacht (haben)«, sofern sie jene Wahrnehmungen, »die nicht zum Selbstbewußtsein gelangen, ganz außer acht gelassen haben.«[229] Kant sah sogar die »unendlich wenigen Punkte« der klaren Vorstellungen eingebettet in ein Meer »dunkler Vorstellungen im Menschen«.[230] Schelling schließlich sieht dieses Dunkle auch *tätig* und identifiziert es als das »ewig Unbewußte, was gleichsam die ewige Sonne

---

[226] F. Nietzsche, Wille aaO., S. 57.

[227] M. Heidegger, Nietzsche Bd. I aaO., S. 273.

[228] F. Nietzsche, Morgenröte, Gesammelte Werke Bd. 5, München 1973, S. 91f.

[229] G. W. Leibniz, Hauptschriften zur Grundlegung der Philosophie, aaO., Bd. II, S. 438.

[230] I. Kant, Anthropologie § 5, Akademieausgabe Bd. VII, S. 135.

im Reiche der Geister, durch sein eigenes ungetrübtes Licht sich verbirgt, doch allen freien Handlungen seine Identität aufdrückt«.[231] Die Quelle der Ideen, die *Erinnerungen*, sind »in der dunklen Tiefe unseres Inneren verborgen«, sagt Hegel, »Bilder der Vergangenheit«, die gelegentlich »in der lichtvollen plastischen Gestalt einer *daseienden* Anschauung *gleichen* Inhalts vor die Intelligenz treten.«[232] Die schließliche Konsequenz ziehen Arthur Schopenhauer und Eduard von Hartmann. »Alles Bewußtsein ist rein passiv, bloß receptiv, und actionsunfähig, alles Unbewußte ist activ und productiv.«[233] Die Vernunft blickt *passiv* zu, was aus anderen Quellen geschieht, und diese Quellen sind *dunkel*. Dies deckt sich mit der Beschreibung von Max Weber und ist eine Konsequenz der platonischen Anschauung, wonach das Erkennen passives Gewahren eines Geschehens ist, das von jenseitigen Ursachen (Ideen) gesteuert wird.

Freud übernimmt diese Beschreibung und macht das Unbewußte, die dunkle Seite der Seele, zum »eigentlich realen Psychischen«[234]. Die Freudsche Psychologie vollendet die mechanische Seelenbeschreibung und wird dadurch zu *der* psychologischen Theorie der Gegenwart, weil sie auch die dunkle Seite mit in den »psychischen Apparat«[235] integriert. Das ererbte Triebsystem (Es), die »älteste (der) psychischen Provinzen«[236], ist der Treibstoff des Apparats. Der Apparat gleicht die ankämpfenden Außenreize mit den Triebwünschen energetisch ab. Die *Triebe* (bei Leibniz und Kant noch präziser »Triebfedern« genannt) sind »die Kräfte, die wir hinter den Bedürfnisspannungen des Es annehmen«.[237] Diese Triebe sind, als »letzte Ursache jeder Aktivität«[238], die psychoanalytische Kausalität der

[231] F. W. J. Schelling, System des transzendentalen Idealismus, Hamburg 1957, S. 269.

[232] G. W. F. Hegel, Enzyklopädie Bd. III, Werke Bd. 10, S. 261.

[233] E. von Hartmann, Philosophie des Unbewußten, Bd. I, Leipzig 1923, S. XXXVIII.

[234] S. Freud, Die Traumdeutung, Frankfurt 1977, S. 497.

[235] aaO., S. 500. Vgl. Wittgensteins Urteil: »Freud tut etwas, was mir ungeheuerlich falsch vorkommt.« L. Wittgenstein, Vorlesungen aaO., S. 49. Und: »Freud nimmt dauernd in Anspruch, wissenschaftlich zu sein. Aber was er uns gibt, sind *Spekulationen* – etwas, das selbst der Hypothesenbildung noch vorausgeht.«, aaO., S. 77.

[236] S. Freud, Abriß der Psychoanalyse, Frankfurt/M.-Hamburg 1965, S. 9.

[237] aaO., S. 11.

[238] aaO.

Handlung. Das »Dunkle« wird damit zur Kraft, die sich gegen die vernünftig erkannte Außenwelt abarbeitet und hierbei allerlei Verdrängungen zu bewältigen hat. Das Ich ist nun nicht mehr der helle Quellpunkt allen Handelns, es erscheint eingezwängt zwischen Außenwelt und Innenwelt und muß erst bewußt gemacht werden, weswegen seine »Bewußtmachung einer besondren Arbeit bedarf«.[239] Der rationale Kern, das Bewußtsein, ist nurmehr ein räumlicher Aspekt, »die *Oberfläche* des seelischen Apparates, das heißt wir haben es einem System als Funktion zugeschrieben.«[240]

Den Ökonomen war nie ganz wohl im Hinblick auf die vor allem in den USA sehr populäre Freudsche Psychoanalyse, auch wenn sie, wie Max Weber forderte, darauf verzichteten, die rationale Nutzentheorie psychologisch fundieren zu wollen. Aber so völlig anders ist das psychologische Denkmodell nicht, denn auch die Ökonomie kennt einen kausalen Handlungsantrieb, der dem Beobachter unbekannt ist und sich erst im »Verhalten« äußert. Nur die Puristen des ökonomischen Ansatzes, die noch irrationales Verhalten dadurch leugnen, daß sie es rational erklären, wollen mit ihrer Theorie in *Konkurrenz* zur Psychologie treten und rümpfen über »Konzepte wie das das Ich und des Es« die Nase, indem sie ihnen gemeinsam mit Popper attestieren, daß sie »ohne jeglichen wissenschaftlichen Gehalt sind.«[241]

Die menschliche Kreativität *ist* – vom Standpunkt der rationalen Theorie aus – eine faktische Kriegserklärung an jeglichen »wissenschaftlichen Gehalt« (= Berechenbarkeit). Sie ist das bleibende Rätsel der rationalen Ökonomie (und Psychologie). Aus diesem Grund lebt im Begriff des Unbewußten wenigstens noch das Bewußtsein davon, daß das Wichtigste der Wirtschaftswelt unerklärt bleibt.[242] Tatsächlich ist aber die Kreativität genausowenig unbewußt wie der Nutzen ein empirisch relevantes Konzept zur Erklärung der wirtschaftlichen Entwicklung. Nur wenige

---

[239] Freud, Abriß aaO., S. 63.

[240] S. Freud, Das Ich und das Es, Gesammelte Werke Bd. 13, S. 246.

[241] G. S. Becker, Ansatz aaO., S. 13.

[242] Es gab auch Versuche, den Begriff des Unbewußten mit der modernen Ökonomie zu versöhnen, vgl. R. K. Merton, Social Theory and Social Structure, New York 1968; G. S. Becker, aaO., S. 6.

Ökonomen – wir haben auf Keynes und Schumpeter verwiesen – haben das gesehen. Tatsächlich gibt es zwischen der Theorie von Keynes, die auf Ungewißheit abstellt, und der Theorie von Schumpeter, die die Kreativität betont, eine Gemeinsamkeit, die beiden Autoren nicht bewußt war.[243] Ich habe diesen Zusammenhang einmal so ausgedrückt: *Die Kreativität von A ist die Unsicherheit von B.*[244] Das »dunkle« oder irrationale Element in der Wirtschaft ist – neben Unsicherheiten, die von der Erde stammen – aktiv als Kreativität zu verstehen, passiv als jene Unsicherheit, die dadurch entsteht, daß wir nie wissen, was »die anderen« in einer Wirtschaft mit unabhängigen und dezentralisierten Handlungen tun werden.

Das Dunkle ist, in einem Wort, die menschliche Freiheit, die sich der Rationalität nicht fügt. Wenn man hinzusetzt, daß Entscheidungen *in Gruppen*, selbst dann, wenn sie als rationale Entscheidungen bestimmt werden, zu *irrationalen Ergebnissen* führen können[245], oder daß auch Spiele mit klaren Alternativen zu *schlechteren* als optimalen Lösungen führen (»Gefangenen-Dilemma«), dann wird deutlich, daß die menschliche Freiheit etwas anderes ist, als die Wirtschafts-Mechaniker denken. In der betriebswirtschaftlichen Literatur hat die Nähe betrieblicher Entscheidungen bereits wichtige Anstöße gegeben: »Wenn man die Definition der Rationalität ausweitet um auch Zielkonflikte und Unsicherheit erfassen zu können«, sagt Simon, »wird es schwierig, den Unterschied zwischen objektiver Umwelt, in der ein ökonomisch Handelnder wirklich agiert, und der subjektiven Umwelt, die er wahrnimmt und auf die er antwortet, zu ignorieren. Wenn man diese Unterscheidung macht, dann können wir sein Verhalten nicht mehr aus den Charakteristika der objektiven Umwelt vorhersagen – selbst wenn er sich rational verhält.«[246]

Simon erinnert daran, daß jede rationale Entscheidung zunächst die Situation, in der sie getroffen wird, *interpretieren* muß. Der neoklassische

---

243 Keynes bezog sich in seinem »Treatise« an einer Stelle auf Schumpeter; Schumpeter schien die Keynessche Lehre insgesamt wegen ihrer wirtschaftspolitischen Schlußfolgerungen abgelehnt zu haben. Vgl. K.-H. Brodbeck, Kreativität und Unsicherheit aaO.

244 K.-H. Brodbeck, Wirtschaft als autopoietisches System? aaO., S. 321.

245 Bekannt sind vor allem das Arrow-Paradox bei Abstimmungen oder »The Tragedy of the Commons«; vgl. für weitere Beispiele J. Weimann, Umweltökonomie, Berlin et. al. 1991².

246 H. A. Simon, Theories aaO., S. 4.

naive Realismus ist in der pragmatischen Tradition von solchen Anfeindungen der Erkenntnistheorie gänzlich unberührt geblieben, und nur gelegentlich finden sich erkenntnistheoretische Spuren, die bemerken, daß »eine Entscheidung niemals auf Grund einer vollkommenen Kenntnis der ›wahren Welt‹ gefällt wird, sondern auf Grund der Vorstellungen des Entscheidungssubjektes von der Außenwelt.«[247]

Die neuere Entscheidungstheorie holt nach, was die philosophische Tradition des 19. Jahrhunderts bewegt hat: »Die klassische Entscheidungstheorie ist die Theorie einer Person, die zwischen gegebenen Alternativen wählt; jede dieser Alternativen ist mit bekannten Konsequenzen verbunden. Wenn aber Wahrnehmen und Erkennen zwischen die Entscheidung und die objektive Umwelt treten, dann ist dieses Modell nicht länger richtig.«[248] Fügt man hinzu, daß die *Zeit* bei der klassischen Entscheidungstheorie durch die Annahme vollkommener Voraussicht eliminiert wird, so tritt das Dunkel der *Zukunft* als *logisch notwendige* Konsequenz die Nachfolge der Neoklassik an: »die ›vollkommene Voraussicht einer Erfindung‹ ist eine *contradicito in adjecto*«.[249]

Somit endet die ökonomische Diskussion, wenn sie wirklich ernsthaft geführt wird, bei einer *Ablehnung* jener Rationalitätsthese, die doch ihr Herzstück ausmacht. Den Mut, dies auch *auszusprechen*, haben nur wenige Ökonomen gehabt. Hayek ist neben Keynes und Schumpeter – nicht ohne heftigen Gegensatz zu diesen Autoren – zu dieser Schlußfolgerung gelangt: »Der Rationalist, der alles der menschlichen Vernunft unterordnen will, ist mit einem wirklichen Dilemma konfrontiert. Der Gebrauch der Vernunft zielt auf Kontrolle und Verhersagbarkeit. Dagegen beruht aber der Prozeß des Fortschreitens der Vernunft auf der Freiheit und Unvorhersagbarkeit der menschlichen Handlung.«[250]

Wenn die Einsicht richtig ist, daß Freiheit und Kreativität die bestimmenden Eigentümlichkeiten des menschlichen Handelns sind, dann muß

---

[247] G. Gäfgen, Theorie aaO., S. 34.

[248] H. A. Simon, Theories aaO.

[249] Gäfgen, aaO., S. 35; vgl. G. L. S. Shackle, Time and Thought, British Journal for the Philosophy of Science, IX (1959), S. 290; K.-H. Brodbeck, Transrationalität aaO., S. 10.

[250] F. A. Hayek, The Constitution of Liberty, London 1976, S. 38.

überhaupt erst ein Begriff der Freiheit und Kreativität gewonnen werden, der von mechanischen Überlagerungen frei ist. Obgleich sich gewisse Ansätze hierzu bei den Klassikern, bei Keynes, Schumpeter, Hayek oder Simon finden lassen, bleiben diese Autoren noch vielfach im Bann der neuzeitlichen Wirtschafts-Mechanik: Keynes verbleibt im utopischen Horizont und glaubt an eine *Steuerung* der Wirtschaft, Schumpeter beschreibt die Kreativität selbst als Mechanismus, Hayek übersetzt die Freiheit in die Sprache einer verkürzten Evolutionstheorie, und Simon analysiert die Kreativität im Computermodell. Will man derartige Atavismen des Mechanismus vermeiden, so müssen wir an jener Überlieferung anknüpfen, aus der sich die Denkmodelle der Mechanik, der Kybernetik oder der Evolutionstheorie entwickelt haben. Im Rückgriff auf diese ganz andere Tradition läßt sich eine Ökonomie *neu* formulieren, in der die Freiheit nicht ein durch die Schranke des Geldbesitzes passiv erlebter Raum ist, in der vielmehr Freiheit als *Fähigkeit* verstanden wird, die auf eine – wie Wilhelm von Humboldt sagt – »Mannigfaltigkeit der Situationen«[251] zielt und die (innere und äußere) Natur nicht als Gegenstand betrachtet. »Wenige Menschen außerhalb Deutschlands«, sagt Mill mit Bezug auf diesen zitierten Text, »verstehen die Bedeutung der Lehre, die Wilhelm von Humboldt (...) zum Thema einer Abhandlung machte«.[252] Die Verständnislosen haben wohl inzwischen auch in Deutschland die bestimmende Mehrheit – wenn man sich auf Mills nationale Rechnung überhaupt einlassen möchte.

Eine *postmechanische* Ökonomie muß eine andere *Interpretation* der *Welt* finden, nicht nur der Gesellschaft, auch der Natur. Erst solch eine andere Interpretation kann hoffen lassen, daß das Unheil mechanischen Handelns sich wandelt. »Unsere Welt erscheint ganz, ganz anders, wenn man sie mit andern Möglichkeiten umgibt.«[253] Die Anknüpfung an eine Zeit, *bevor* die Menschen sich auf den Weg der mechanischen Selbst- und Naturinterpretation machten, kann nicht so erfolgen, daß man hoffen

---

[251] W. von Humboldt, Schriften zur Anthropologie und Geschichte, Werke Bd. I, Darmstadt 1980, S. 64.

[252] J. St. Mill, Über Freiheit, Wien 1969, S. 70.

[253] L. Wittgenstein, Vortrag über Ethik, Frankfurt/M. 1989, S. 106.

könnte, irgendeine bestimmte historische Phase mit anderer Naturauffassung und Ethik wäre wiederholbar, z. B. die Zeit des Königs Ashoka in Indien (um 250 v. u. Z.), die im Geist der buddhistischen Religion ein Verhältnis zur Natur bestimmte, in der sogar Krankenhäuser für Tiere eingerichtet wurden und in dessen Felsenedikten die Maxime in Stein gehauen ist: »Nämlich man höre einer *des anderen* Religionslehre *und befolge sie.*«[254] Die Schönheit solcher Überlieferung läßt sich nicht als Ziel formulieren oder wiederherstellen, auch wenn die tiefe Weisheit einer Ethik erkennbar ist, die soziale Stabilität durch das *exakte* Gegenteil der egoistischen Konkurrenz erreicht.

Die Utopie ist nur ein untrennbarer Bestandteil der mechanischen Ökonomie, niemals ein Ausweg, weder als Hoffnung auf den »stationären Zustand« noch auf eine »Gemeinschaft der Produzenten«. Eine Re-Vision der Ökonomie kann darin bestehen, den Weg des abendländischen ökonomischen Denkens nachzugehen und, auf diesen Weg achtend, die Irrungen aufzudecken. »Man muß beim Irrtum ansetzen und ihn in die Wahrheit überführen«, sagt Wittgenstein und fährt fort: »D. h. man muß die Quelle des Irrtums aufdecken, sonst nützt uns das Hören der Wahrheit nichts. Sie kann nicht eindringen, wenn etwas anderes ihren Platz einnimmt. Einen von der Wahrheit zu überzeugen, genügt es nicht, die Wahrheit zu konstatieren, sondern man muß den *Weg* vom Irrtum zur Wahrheit finden.«[255] Diesen Weg für die Ökonomie aufzuzeigen – das war die Absicht dieses Buches.

[254] XII. Felsenedikt; zit nach: G. Mensching, Der offene Tempel, Stuttgart 1974, S. 159.
[255] Wittgenstein aaO., S. 29.

Literaturverzeichnis

Adler, A., Buchführung, Handwörterbuch der Staatswissenschaften Bd. 3, Jena 1909[3]

Adorno, T. W., Soziologische Schriften 1, Frankfurt/M. 1979

Åkerman, G., Realkapital und Kapitalzins, Stockholm 1923

Albert, H. (Hrsg.), Theorie und Realität, Tübingen 1964

Albert, H., E. Topitsch, (Hrsg.), Werturteilsstreit, Darmstadt 1979

Amonn, A., Grundzüge der Volkswohlstandslehre, Jena 1926

Archibald, G. C. (Hrsg.), The Theory of the Firm, Harmondsworth 1971

Argyris, C., Organization and Innovation, Homewood, Ill, 1965

Aristoteles, Über die Theile der Thiere, hrsg. v. A. von Franzius, Leipzig 1853

—, Ethica Nicomachea, ed. I. Bywater, OXONII 1894

—, Über Gedächtnis und Erinnerung; Kleine Schriften zur Seelenkunde, hrsg. v. P. Gohlke, Paderborn 1953

—, Physik, übers. v. P. Gohlke, Paderborn 1956

—, Poetik, hrsg. v. O. Gigon, Stuttgart 1961

—, Protreptikus, hrsg. v. I. Düring, Frankfurt/M. 1969

—, Nikomachische Ethik, hrsg. v. F. Dirlmeier, Stuttgart 1969

—, Metaphysik, übers. v. F. F. Schwarz, Stuttgart 1970

—, Der Staat der Athener, hrsg. v. P. Dams, Stuttgart 1970

—, Nikomachische Ethik, hrsg. v. O. Gigon, München 1972

—, Politik, hrsg. v. O. Gigon, München 1973

—, Oikonomikos, übers. v. U. Viktor, Königstein/Ts. 1983

—, Nikomachische Ethik, hrsg. v. G. Bien (auf der Basis der Übersetzung von E. Rolfes), Hamburg 1985

Arrow, K., Economic Welfare and the Allocation of Resources for Invention; in: N. Rosenberg (ed.), The Economics of Technological Change, Harmondsworth 1971, S. 106-181

Arrow, K. J., F. H. Hahn, Genereal Competitive Analysis, San Francisco-Edingburgh 1971

Aschoff, J., Die innere Uhr des Menschen; in: Die Zeit. Dauer und Augenblick, München-Zürich 1983, S. 133-144

Augustinus, Der Gottesstaat, zwei Bände, München-Zürich 1977

Bacon, F., Über die Würde und den Fortgang der Wissenschaften, Pest 1783

—, Neues Organon der Wissenschaft, Leipzig 1830

Bamberg, A., G. Coenenberg, Betriebswirtschaftliche Entscheidungstheorie, München 1992

Barro, R. J., X. Sala-I-Martin, Economic Growth, New York et. al. 1995

Bataille, G., Das theoretische Werk, Band I, Der Begriff der Verausgabung, München 1975

Bateson, G., Ökologie des Geistes, Frankfurt/M. 1981

Baumann, J., Wolffsche Begriffsbestimmungen, Leipzig 1910

BAUMOL, W. J., Business Behaviour, Value and Growth, New York 1967[2]
BAUMOL, W. J., S. A. B. BLACKMAN, E. N. WOLFF, Productivity and American Leadership: The Long View, Cambridge/Mass.-London 1991
BECKER, G. S., Der ökonomische Ansatz zur Erklärung menschlichen Verhaltens, Tübingen 1982
BECKMANN, M. J., G. MENGES, R. SELTEN (Hrsg.), Handwörterbuch der Mathematischen Wirtschaftswissenschaften, drei Bände, Wiesbaden 1979
BEGON, M., J. L. HARPER, C. R. TOWNSEND, Ökologie, Basel-Boston-Berlin 1991
BENTHAM, J., Economic Writings, drei Bände, hrsg. v. W. Stark, London 1952-54
– , Eine Einführung in die Prinzipien der Moral und der Gesetzgebung; in: O. Höffe (Hrsg.), Einführung in die utilitaristische Ethik, München 1975
BERGSON, H., Schöpferische Entwicklung, Jena 1912
—, Zeit und Freiheit, Jena 1920
BERKELEY, G., Philosophisches Tagebuch, übers. v. W. Breidert, Hamburg 1979
BIEN, G. Die Grundlegung der politischen Philosophie bei Aristoteles, München 1985
BIRNBACHER, D. (HRSG.), Ökophilosophie, Stuttgart 1997
BLATT, J. M., Dynamic Economic Systems. A Post-Keynesian Approach, New York/-Brighton 1983
BÖHM-BAWERK, E. VON, Rechte und Verhältnisse; Gesammelte Schriften hrsg. v. F. X. Weiss, Wien-Leipzig 1927
—, Positive Theorie des Kapitales, Kapital und Kapitalzins II,1, Jena 1921[4]
—, Eine »dynamische Theorie des Kapitalzinses«, Zeitschrift für Volkswirtschaft, Sozialpolitik und Verwaltung, 22 (1913), S. 1-62
BOTHE, H-H., Fuzzy Logic, Berlin-Heidelberg-New York 1993
BOULDING, K. E., Defence of Statics, Quarterly Journal of Economics, 69 (1955), S. 485-502
—, Ökonomie als Wissenschaft, München 1970
—, The Economics of Knowledge and the Knowledge of Economics; in: D. M. Lamberton (ed.), Economics of Information and Knowledge, Harmondsworth 1971, S. 21-36
BRAIG, C., Vom Sein. Abriß der Ontologie, Freiburg 1896
BRENTANO, L., Konkrete Grundbedingungen der Volkswirtschaft, Leipzig 1925
—, Der wirtschaftende Mensch in der Geschichte, Leipzig 1923
BRETZKE, W.-R., Der Problembezug von Entscheidungsmodellen, Tübingen 1980
BRODBECK, K.-H., Theorie der Arbeit, München 1979
—, Wertsubstanz, Exploitation und tendentieller Fall der Profitrate, Jahrbuch der Wirtschaft Osteuropas 9,1 (1980), S. 35-60
—, Produktion, Arbeitsteilung und technischer Wandel, Volkswirtschaftliche Schriften Band 10, Düsseldorf 1981
—, Arbeit, Arbeitsteilung, Technologie, Osteuropa-Wirtschaft 27 (1983), S. 52-61
—, Zins und technischer Wandel in Planungssystemen, Zeitschrift für Wirtschafts- und Sozialwissenschaften 103 (1983), S. 27-41
—, Neue Kapitalgüter, unvollkommene Konkurrenz und Profitrate, Zeitschrift für die gesamte Staatswissenschaft 139 (1983), S. 131-145

—, Stabilität und Effizienz multipler Gleichgewichte in Modellen mit überlappenden Generationen, Münchener Wirtschaftswissenschaftliche Beiträge Nr. 85-09, München 1985
—, Transrationalität. Prozeßstrukturen wirtschaftlichen Handelns, Münchener Wirtschaftswissenschaftliche Beiträge Nr. 86-09, München 1986 (auch als Internet-Text)
—, Two Class Economies with Overlapping Generations and Heritable Capital Stock, Journal of Institutional and Theoretical Economics 143 (1987), S. 643-651
—, Diffusion multipler Techniken in Systemen evolutionären Wachstums, Münchener Wirtschaftswissenschaftliche Beiträge, Nr. 89-10, München 1989 (auch als Internet-Text)
—, Wirtschaft als autopoietisches System? Anmerkungen zu N. Luhmanns Buch »Die Wirtschaft der Gesellschaft«, Zeitschrift für Politik 38 (1991), S. 317-326
—, Autopoietische Systeme und ökonomische Systeme. Anmerkungen zur Entgegnung von Niklas Luhmann, Zeitschrift für Politik 39 (1992), S. 436-439
—, Entscheidung zur Kreativität, Darmstadt 1995
—, Der Spielraum der Leerheit. Buddhismus im Gespräch, Solothurn-Düsseldorf 1995
—, ABC der Wissenschaftstheorie für Betriebswirte, Begleitskript zum Blockseminar »Einführung in das wissenschaftliche Arbeiten«, Würzburg 1995 (auch als Internet-Text)
—, Erfolgsfaktor Kreativität. Die Zukunft unserer Marktwirtschaft, Darmstadt 1996
—, Standortverlagerung: Eine globale Perspektive, praxis perspektiven 1 (1996), S. 89-90 (auch als Internet-Text)
—, Kreativität und Unsicherheit. Zur Synthese der Theorien von Schumpeter und Keynes, praxis perspektiven 1 (1996), S. 107-112 (auch als Internet-Text)
—, Gewohnheitsbildung und kreative Destruktion, Vortrag am Max-Planck-Institut zur Erforschung von Wirtschaftssystemen, Jena 1997 (Discussion-Paper) (auch als Internet-Text)
—, »Internet-Texte« unter: http://home.t-online.de/home/brodbeck (als HTML- oder als Textdateien verfügbar)
BRODBECK, K.-H., R. F. MATZKA, Evolutionary Production Systems, Quality and Quantity 19 (1985), S. 145-153
BROGLIE, L. DE, Licht und Materie, Hamburg 1939
BRUNNER, K., A. H. MELTZER, Die Verwendung von Geld: Geld in der Theorie einer Tauschwirtschaft; in: K. Brunner, H. G. Monissen, M. J. M. Neumann (Hrsg.), Geldtheorie, Köln 1974, S. 50-73
BRUNNER, K., H. G. MONISSEN, M. J. M. NEUMANN (Hrsg.), Geldtheorie, Köln 1974
BUDDHAGHOSA, Visuddhi-Magga, übers. v. Nyanatiloka, Konstanz 1952[2]
BÜCHER, K., Die Entstehung der Volkswirtschaft, zwei Bände Tübingen 1922[16]
BURMEISTER, E., Capital Theory and Dynamics, London et. al. 1980
BURMEISTER, E., A. R. DOBELL, Mathematical Theories of Economic Growth, London 1970
CAPELLE, W. (Hrsg.), Die Vorsokratiker, Stuttgart 1968
CARNAP, R., Grundlagen der Logik und Mathematik, München 1973
—, Einführung in die Philosophie der Naturwissenschaft, München 1974

—, Der logische Aufbau der Welt, Frankfurt/M.-Berlin-Wien 1979
CASSEL, G., Theoretische Sozialökonomie, Leipzig 1927[4]
—, The Nature and Necessity of Interest (1907), Reprint New York 1957
CHAMBERLIN, E. H. (Hrsg.), Monopoly and Competition and their Regulation, London 1954
CHENERY, H. B., Engineering Production Functions, Quaterly Journal of Economic 63 (1949), S. 507-531
CHOMSKY, N., Cartesianische Linguistik, Tübingen 1971
CHRISTALLER, W. , Die Zentralen Orte in Süddeutschland, Jena 1933
CLARK, J. B., The Philosophy of Wealth, Boston 1887
—, The Distribution of Wealth, New York 1899
CLAUSEWITZ, C. VON, Vom Kriege, Frankfurt/M.-Berlin-Wien 1980
CLOWER, R. W., A Reconsideration of the Microfoundations of Monetary Theory; in: R. W. Clower (ed.), Monetary Theory, Harmondsworth 1969, S. 202-211
COHEN, H., Logik der reinen Erkenntniss, Berlin 1902
COLLINGWOOD, R. G., Denken, Stuttgart 1955
COMTE, A., Abhandlung über den Geist des Positivismus, Leipzig 1915
—, Die Soziologie, Stuttgart 1974
COURNOT, A., Recherches sur les Principes Mathématiques de la Théorie des Richesses, Paris 1838
—, Die Grundlehren der Wahrscheinlichkeitsrechnung, in: I. Schneider (Hrsg.), Die Entwicklung der Wahrscheinlichkeitstheorie von den Anfängen bis 1933, Darmstadt 1988
DAMASCHKE, A., Die Bodenreform, Berlin 1907
DARWIN, C., Die Entstehung der Arten, Stuttgart 1967
—, Autobiographie; in: Charles Darwin - ein Leben. Autobiographie, Briefe, Dokumente, München 1982
DAVIDSON, D., Handeln; in: G. Meggle (Hrsg.), Analytische Handlungstheorie Band 1, Frankfurt/M. 1977
—, Inquiries into Truth & Interpretation, Oxford 1984
DAVIES, P., J. R. BROWN, Superstrings. Eine Allumfassende Theorie der Natur in der Diskussion, München 1992
DEBREU, G., I. N. HERSTEIN, Nonnegative Square Matrices, Econometrica 21 (1953), S. 597-607.
DEBREU, G. I., Theory of Value, New York 1959
DEMPSEY, W., Interest and Usury, London 1948
DESCARTES, R., Geometrie, Leipzig 1923
—, Die Prinzipien der Philosophie, hrsg. v. A. Buchenau, Hamburg 1955
—, Von der Methode, hrsg. v. A. Buchenau, Hamburg 1971
—, Die Leidenschaften der Seele, übers. v. K. Hammacher, Hamburg 1984
DILTHEY, W., Gesammelte Schriften Band 5, Leipzig-Berlin 1924
DIOGENES LAERTIUS, Leben und Meinungen berühmter Philosophen, Hamburg 1967
DOBB, M., Wert- und Verteilungstheorien seit Adam Smith. Eine nationalökonomische Dogmengeschichte, Frankfurt/M. 1977

DORFMAN, R., The Price System, Englewood Cliffs 1964
DRIESCH, H., Alltagsrätsel des Seelenlebens, Zürich 1954
DSCHUANG DSI, Das wahre Buch vom südlichen Blütenland, hrsg. v. R. Wilhelm, Düsseldorf-Köln 1972
DÜHRING, E., Kritische Grundlegung des Volkswirtschaftslehre, Berlin 1866
—, Kritische Geschichte der Nationalökonomie und des Socialismus, Leipzig 1900
DÜHRING, I., Aristoteles, Heidelberg 1966
DUESENBERRY, J. S., The Methodological Basis of Economic Theory, Review of Economics and Statistics 36 (1954), S. 361-363
EDGEWORTH, F. Y., The Theory of Distribution, Quarterly Journal of Economics, 18 (1904), S. 159-219
EICHHORN, W., J. VOELLER, Theory of the Price Index, Berlin-Heidelberg-New York 1976
EIGEN, M., R. WINKLER, Das Spiel. Naturgesetze steuern den Zufall, München 1975
EINSTEIN, A., Zur Elektrodynamik bewegter Körper, Annalen der Physik (1905); wiederabgedruckt in: H. A. Lorentz, A. Einstein, H. Minkowski, Das Relativitätsprinzip, Stuttgart 1923
—, Grundzüge der Relativitätstheorie, Braunschweig 1965[4]
—, Aus meinen späten Jahren, Frankfurt/M.-Berlin 1993
EINSTEIN, A., L. INFELD, Die Evolution der Physik, Reinbek bei Hamburg 1956
EISLER, R., Der Zweck. Seine Bedeutung für Natur und Geist, Berlin 1914
—, Kantlexikon, Berlin 1930
ENGELS, F., Umrisse zu einer Kritik der Nationalökonomie, MEW Bd. 1
EPSTEIN, J. M., R. AXTELL, Growing Artificial Societies. Social Science from the Bottom up, Washington-Cambridge/Mass. 1996
EUCKEN, W., Die Grundlagen der Nationalökonomie, Berlin-Göttingen-Heidelberg 1959
FANDEL, G., Produktion I, Berlin-Heidelberg-New York et. al. 1991[3]
FICHTE, J. G., Sämtliche Werke, hrsg. v. I. H. Fichte, Reprint Berlin 1971
—, Grundlage der gesammten Wissenschaftlehre, Werke Bd. I
—, System der Sittenlehre, Werke (ed. F. Medicus) Bd. 2
—, Ausgewählte Politische Schriften, Frankfurt 1977
FINLEY, M. I., Die antike Wirtschaft, München 1977
—, Die Welt des Odysseus, München 1979
FISHER, I., The "Impatience Theory" of Interest. A Study of the causes determining the Rate of Interest, "Scientia" Rivisti di Scienza IX 1911, XVIII-2 (Sonderdruck)
—, Die Kaufkraft des Geldes, Berlin 1916
—, Mathematical Investigations in the Theory of Value and Prices, New Haven 1925
—, The Theory of Interest (1930), Reprint New York 1977
FLECK, L., Entstehung und Entwicklung einer wissenschaftlichen Tatsache, Frankfurt/M. 1980
FLIESSBACH, T., Mechanik, Mannheim 1992
FOERSTER, H. VON, Erkenntnistheorien und Selbstorganisation; in: S. J. Schmidt (Hrsg.), Der Diskurs des Radikalen Konstruktivismus, Frankfurt/M. 1987
FRAISSE, P., Psychologie der Zeit, München-Basel 1985
FRANK, J., Kritische Ökonomie, Reinbek bei Hamburg 1976

FRANKLIN, B., Guter Rath an einen jungen Handwerker (1748), Leben und Schriften, zweiter Band, Hamburg-Leipzig-St. Petersburg o. J.
FREUD, S., Das Ich und das Es, Gesammelte Werke Bd. 13
—, Abriß der Psychoanalyse, Frankfurt/M.-Hamburg 1965
—, Die Traumdeutung, Frankfurt/M. 1977
FRIEDMAN, M., Kapitalismus und Freiheit, München 1976
—, Die optimale Geldmenge, Frankfurt/M. 1976
FRISCH, R., Theory of Production, Dordrecht-Holland 1965
FUCHS, K. J., Der Warenterminhandel, seine Technik und volkswirtschaftliche Bedeutung; Jahrbuch für Gesetzgebung, Verwaltung und Volkswirtschaft im Deutschen Reich 15 (1891), S. 8-14
GADAMER, H.-G., Wahrheit und Methode, Tübingen 1975[5]
—, Über die Verborgenheit der Gesundheit, Frankfurt/M. 1993
GÄFGEN, G., Theorie der wirtschaftlichen Entscheidung, Tübingen 1968[2]
GAHLEN, B., Der Informationsgehalt der modernen Wachstumstheorie für die Wirtschaftspolitik, Tübingen 1972
GALBRAITH, J. K., Tabus in Wirtschaft und Politik der USA, Reinbek bei Hamburg 1964,
—, Finanzgenies, Frankfurt/M. 1992
—, Die Geschichte der Wirtschaft im 20. Jahrhundert, Hamburg 1995
GALILEI, G., Schriften-Briefe-Dokumente, hrsg. v. A. Mudry, zwei Bände, Berlin 1987
GAUTHIER, D. P., Morals by Agreement, Oxford 1986
GEIGER, W. (Hrsg.), Samyutta-Nikaya, München-Neubiberg 1930
GELESNOFF, W., Grundzüge der Volkswirtschaftslehre, Berlin 1918
GEORGESCU-ROEGEN, N., The Entropy Law and the Economic Process, Cambridge-London 1971
—, Energy and Economic Myths. Institutional and Economic Essays, New York et.al. 1976
—, u. a., Für eine menschliche Ökonomie, in: Technologie und Politik 12 (1978), S. 88ff.
GESELL, S., Die natürliche Wirtschaftsordnung durch Freiland und Freigeld, Hochheim 1931[7]
GIDE, C., C. RIST, Geschichte der volkswirtschaftlichen Lehrmeinungen, Jena 1923[3]
GIEDION, S., Die Herrschaft der Mechanisierung, Frankfurt/M. 1982
GOETHE, J. W., Maximen und Reflexionen, Frankfurt/Main 1976
—, Geschichte der Farbenlehre, zwei Bände, Gesamtausgabe Bd. 41 und 42, München 1963
GOSSEN, H. H., Entwicklung der Gesetze des menschlichen Verkehrs und der daraus fließenden Regeln für menschliches Handeln, Braunschweig 1854 (Reprint)
GOTTL-OTTLILIENFELD, FR. VON, Grundriss der Sozialökonomik, II. Abteilung, II. Teil, Wirtschaft und Technik, Tübingen 1923[2]
GOULD, S. J., Die Entdeckung der Tiefenzeit, München-Wien 1990
GRANDMONT, J.-M., Money and Value, Cambridge et. al. 1983
GRILICHES, Z., Data and Econometricians - The Uneasy Alliance, American Economic Review, PaP 75 (1985), S. 196-200

GRÜSSER, O.-J., Zeit und Gehirn; in: Die Zeit. Dauer und Augenblick, München-Zürich 1983
GUNDERT, W. (Hrsg.), Bi-Yän-Lu I, übers. v. W. Gundert, München 1960
GÜNTHER, G., Beiträge zur Grundlegung einer operationsfähigen Dialektik, drei Bände, Hamburg 1976
HAAS, H., R. v. KINELE, Lateinisch-Deutsches Wörterbuch, Heidelberg 1952
HABERMAS, J., Strukturwandel der Öffentlichkeit, Neuwied-Berlin 1962
—, Zur Logik der Sozialwissenschaften, Tübingen 1967
HAHN, F., Geldtheorie; in: R. Selten (Hrsg.), Handwörterbuch der Mathematischen Wirtschaftswissenschaften, Bd. 1: Wirtschaftstheorie, Wiesbaden 1979
HAMPE, M., J.-I. LINDEN (Hrsg.), Im Netz der Gewohnheit, Hamburg 1993
HARCOURT, G. C., N. F. LAING (ed.), Capital and Growth, Harmondsworth 1971
HARTMANN, E. VON, Philosophie des Unbewußten, Bd. I, Leipzig 1923
—, Phänomenologie des sittlichen Bewußtseins, Berlin 1924[3]
HARTMANN, N., Das Problem des geistigen Seins, Berlin 1949[2]
—, Zur Grundlegung der Ontologie, Berlin 1965[4]
—, Die Philosophie des Deutschen Idealismus, Berlin-New York 1974[3]
HAUCHLER, I. (Hrsg.), Stiftung Entwicklung und Frieden, Globale Trends 93/94, Frankfurt/M. 1993
HAYEK, F. A., The Counter-Revolution in Science, Glencoe 1952
—, Studies in Philosophy, Politics and Economics, London and Henley 1967
—, The Constitution of Liberty, London 1976
—, Der Weg zur Knechtschaft, München 1976
—, Recht, Gesetzgebung und Freiheit, Landsberg 1986[2]
HEGEL, G. W. F., Werke auf der Grundlage der Werke von 1832-1845 neu edierte Ausgabe von E. Moldenhauer und K. M. Michel, Frankfurt/M., verschiedene Jahre (Zitation: Werke Bd.)
—, Jenaer Realphilosophie, Hamburg 1969
—, Frühe Schriften, Werke Bd. 1
—, Jenaer Schriften, Werke Bd. 2
—, Phänomenlogie des Geistes, Werke Bd. 3
—, Nürnberger und Heidelberger Schriften, Werke Bd. 4
—, Wissenschaft der Logik I, Werke Bd. 5
—, Wissenschaft der Logik II, Werke Bd. 6
—, Grundlinien der Philosophie des Rechts,Werke Bd. 7
—, Enzyklopädie der philosophischen Wissenschaften I, Werke Bd. 8
—, Enzyklopädie der Philosophischen Wissenschaften III, Werke Bd. 10
—, Berliner Schriften 1818-1831, Werke Bd. 11
—, Vorlesungen über die Philosophie der Geschichte, Werke Bd. 12
—, Vorlesungen über die Geschichte der Philosophie III, Werke Bd. 20
HEGSELMANN, R., Ist es rational, moralisch zu sein?; in: H. Lenk, M. Maring (Hrsg.), Wirtschaft und Ethik, Stuttgart 1992
HEIDEGGER, M., Gesamtausgabe Frankfurt/M., verschiedene Jahre (Zitiert: GA Bd.)

—, Grundsätze des Denkens, Jahrbuch für Psychologie und Psychotherapie 6 (1958), S. 33-41
—, Nietzsche, zweite Bände, Pfullingen 1961
—, Vorträge und Aufsätze, drei Bände, Pfullingen 1967[3]
—, Zur Sache des Denkens, Tübingen 1969
—, Schellings Abhandlung über das Wesen der menschlichen Freiheit (1809), Tübingen 1971
—, Sein und Zeit, Tübingen 1972[12]
—, Der Zeitbegriff in der Geschichtswissenschaft, in: Frühe Schriften, Frankfurt/M. 1972
—, Holzwege, Frankfurt/M. 1972[5]
—, Kant und das Problem der Metaphysik, Frankfurt/M. 1973
—, Vier Seminare, Frankfurt/M. 1977
—, Wegmarken, Frankfurt/Main 1978[2]
—, Zollikoner Seminare, hrsg. v. M. Boss, Frankfurt/M 1987
—, Prolegomena zur Geschichte des Zeitbegriffs, GA Bd. 20
—, Die Grundprobleme der Phänomenologie, GA Bd. 24
—, Vom Wesen der menschlichen Freiheit, GA Bd. 31
—, Aristoteles, Metaphysik Θ 1-3. Von Wesen und Wirklichkeit der Kraft, GA Bd.33
—, Hölderlins Hymne »Andenken«, GA Bd. 52
—, Parmenides, GA Bd. 54
—, Heraklit, GA Bd. 55
—, Zur Bestimmung der Philosophie, GA Bd. 56
—, Phänomenologische Interpretationen zu Aristoteles, GA Bd. 61
—, Hegel, GA Bd. 68
HEISENBERG, W., Physik und Philosophie, Frankfurt/M.-Berlin-Wien 1973
HELFFERICH, K., Das Geld, Leipzig 1903
HENDERSON, J. M., R. E. QUANDT, Mikroökonomische Theorie, 5. Auflage, München 1983
HERAKLIT, Fragmente, hrsg. v. B. Snell, München 1965
HERDER, Ideen zur Philosophie der Geschichte der Menschheit, Werke Bd. 3 (hrsg. v. H. Kurz)
Herders Theologisches Taschenlexikon, Bd. 6, Freiburg im Breisgau 1972
HESIOD, Theogonie, hrsg. v. K. Albert, Sankt Augustin 1990
HICKS, J. R., Value and Capital, Oxford 1939[2]
—, The Theory of Wages, London et. al. 1963[2]
—, Capital and Growth, Oxford 1969[2]
HICKS, J. R., R. G. D. ALLEN, A Reconsideration of the Theory of Value, Economica NS 1 (1934), S. 52-76 und S. 196-219; wiederabgedruckt und übersetzt in: A. E. Ott (Hrsg.), Preistheorie, Köln-Berlin 1965
HILDEBRAND, B., Natural-, Geld- und Kreditwirtschaft; in: Die Nationalökonomie der Gegenwart und Zukunft, Jena 1922
—, Die gegenwärtige Aufgabe der Wissenschaft der Nationalökonomie (1863), in: Die Nationalökonomie der Gegenwart und Zukunft, Jena 1922
HILFERDING, R., Das Finanzkapital (1909), Frankfurt/M.-Wien

HIRSCH, J., Das amerikanische Wirtschaftswunder, Berlin 1926
HIRT, W., Praxis des Termingeschäftes, Ebmatingen-Zürich 1990[4]
HOBBES, T., Lehre vom Menschen und vom Bürger, Leipzig 1918
—, Vom Körper, übers. v. M. Frischeisen-Köhler, Hamburg 1967
—, Leviathan, übers. v. J. P. Mayer, Stuttgart 1974
—, Leviathan, hrsg. v. I. Fetscher, Frankfurt/M. 1984
—, Naturrecht und Allgemeines Staatsrecht in den Anfangsgründen, Darmstadt 1976
HOFMANN, J. B., Etymologisches Wörterbuch des Griechischen, München 1971
HÖFFE, O. (Hrsg.), Einführung in die utilitaristische Ethik, München 1975
HÖLDERLIN, F., Werke, München 1963
HORKHEIMER, M., Zur Kritik der instrumentellen Vernunft, Frankfurt/M. 1967
HOTELLING, H., Ökonomie erschöpfbarer Ressourcen; deutsch in: H. Siebert (Hrsg.), Umwelt und wirtschaftliche Entwicklung, Darmstadt 1979, S. 39-81
HUMBOLDT, W. VON, Schriften zur Anthropologie und Geschichte, Werke Bd. I, Darmstadt 1980
HUME, D., Eine Untersuchung über den menschlichen Verstand, hrsg. v. R. Richter, Leipzig 1907
—, A Treatise of Human Nature, Book One and Two, Glasgow 1962
—, Politische und ökonomische Essay, zwei Teilbände, übers. v. S. Fischer, Hamburg 1988
HUNT, E. K., J. G. SCHWARTZ (ed.), A Critique of Economic Theory, Harmondsworth 1972
HUSSERL, E., Erfahrung und Urteil, Hamburg 1964
—, Zur Phänomenologie der Intersubjektivität, drei Bände, Husserliana XIII-XV, Den Haag 1973
—, Vorlesungen zur Phänomenologie des inneren Zeitbewußtseins, Tübingen 1980[2]
IAMBLICHOS, Pythgoras, übers. v. M. von Albrecht, Zürich-Stuttgart 1963
IWAI, K., Schumpeterian Dynamics, Journal of Economic Behaviour and Organization 5 (1984), S. 159-190 und 321-351
JAMES, W., Der Wahrheitsbegriff des Pragmatismus; in: Texte der Philosophie des Pragmatismus, Stuttgart 1975
JANTSCH, E. B., Die Selbstorganisation des Universums, München 1989
JASPERS, K., Philosophie, Berlin-Göttingen-Heidelberg 1948[2]
—, Von der Wahrheit, München 1958
JAECK, H.-J., Marketing und Regional Science, Berlin 1972
JEVONS, W. S., The Theory of Political Economy (1871), Harmondsworth 1970
JOCHIMSEN, R., H. KNOBEL (Hrsg.), Gegenstand und Methoden der Nationalökonomie, Köln 1971
JÜNGER, E., Der Arbeiter. Herrschaft und Gestalt, Hamburg 1932
KAMIEN, N. I., N. L. SCHWARTZ, Market Structure and Innovation, Cambridge 1982
KANT, I., Werke, hrsg. v. W. Weischedel, Wiesbaden 1958
—, Akademie Textausgabe, Reprint der Ausgabe von 1902, Berlin 1968
—, Vorlesungen über die Metaphysik, Erfurt 1821
—, Kritik der reinen Vernunft, hrsg. v. K. Kehrbach (ed. Reclam), Leipzig o.J.

—, Kritik der Urteilskraft, hrsg. v. W. Weischedel, Frankfurt/M. 1974
—, Vorlesungen über Enzyklopädie und Logik, Band 1, Berlin 1961
—, Die Metaphysik der Sitten, Akademie-Ausgabe Bd. VI
—, Anthropologie in pragmatischer Hinsicht, Akademie-Ausgabe, Bd. VII
KAPP, K. W., Soziale Kosten der Marktwirtschaft, Frankfurt/M. 1979
KASER, M., Römisches Privatrecht, München-Berlin 1966[5]
KEMPSKI, J. VON, Handlung, Maxime und Situation, in: H. Albert (Hrsg.), Theorie und Realität, Tübingen 1964, S. 233-247
—, Recht und Politik, Schriften 2, Frankfurt/M. 1992
KEYNES, J. M., A Treatise on Probability, Collected Writings Vol. III
—, A Tract on Monetary Reform, Collected Writings Vol. IV
—, A Treatise on Money Bd. I, Collected Writings Vol. V
—, A Treatise on Money II, Collected Writings Vol. VI
—, The General Theory of Employment, Interest and Money, Collected Writings Vol. VII
—, Essays in Persuasion, Collected Writings Vol. IX
—, Essay in Biography, Collected Writings Vol. X
—, The General Theory and After, Part I, Collected Writings Vol. XIII
—, The General Theory and After, Part II, Collected Writings Vol. XIV
KIRMAN, A., The Intrinsic Limits of Modern Economic Theory: The Emperor Has No Clothes, The Economic Journal 99 (1989), S. 126-139
KLEMM, F., Technik. Eine Geschichte ihrer Probleme, München 1954
KLINGENBERG, E., Das israelische Zinsverbot in Torah, Mišnah und Talmud, Wiesbaden 1977
KNAPP, G. F., Staatliche Theorie des Geldes, München-Leipzig 1921
KNIGHT, F. H., Risk, Uncertainty and Profit (1921), reprint Chicago-London 1971
KOSIOL, E., Die Unternehmung als wirtschaftliches Aktionszentrum, Reinbek bei Hamburg 1966
KOSKO, B., fuzzy logisch. Eine neue Art des Denkens, Hamburg 1993
KOSTOLANY, A., Das ist die Börse. Bekenntnisse eines Spekulanten, München 1961
KRELLE, W., Unsicherheit und Risiko in der Preisbildung, Zeitschrift für die gesamte Staatswissenschaft, 113 (1957), S. 632-677; wiederabgedruckt in: A. E. Ott (Hrsg.), Preistheorie, Köln-Berlin 1965
—, Produktionstheorie, Tübingen 1969
—, Präferenz- und Entscheidungstheorie, Tübingen 1968
KUHN, T. S., Die Struktur wissenschaftlicher Revolutionen, Frankfurt/M. 1976
LAFARGUE, P., Karl Marx. Persönliche Erinnerungen; in: Erinnerungen an Karl Marx, Berlin 1953
LAGRANGE, J. L., Analytische Mechanik, übers. v. F. W. A. Murhard, Göttingen 1797
LAMARCK, J., Zoologische Philosophie, Leipzig o. J.
LAMBERTON, D. M. (ed.), Economics of Information and Knowledge, Harmondsworth 1971
LANGE, F. A., Geschichte des Materialismus, zwei Bücher, Leipzig 1875
LANGE, O., Die allgemeine Interdependenz der Wirtschaftsgrößen und die Isolierungsmethode, Zeitschrift für Nationalökonomie IV (1933), S. 52-78.

—, Die Bedeutung der Praxeologie für die politische Ökonomie; in: R. Jochimsen, H. Knobel (Hrsg.), Gegenstand und Methoden der Nationalökonomie, Köln 1971, S. 166-174

LANGLEY, P., H. A. SIMON, B. L. BRADSHAW, J. M. ZYTKOW, Scientific Discovery. Computational Explorations fo the Creative Processes, Cambridge/M.-London 1987

LANGLOIS, R. N. (ED.), Economics as a Process. Essays in the New Institutional Economics, Cambridge 1986

LAUM, B., Heiliges Geld, Tübingen 1924

LAUTER, H., Die Architektur des Hellenismus, Darmstadt 1986

LAUX, H., Entscheidungstheorie I, Berlin-Heidelberg-New York et. al. 1991

LEHMEN, A., Lehrbuch der Philosophie auf aristotelisch-scholastischer Grundlage, Erster Band, Freibung 1923

LEIBNIZ, G. W., Gott. Geist. Güte, Opladen 1947

—, Neue Abhandlungen über den menschlichen Verstand, hrsg. v. E. Cassirer, Hamburg 1971

—, Die philosophischen Schriften, hrsg. v. Carl I. Gerhardt, Berlin 1890 (Reprint Hildesheim 1961), Bd. 7

—, Hauptschriften zur Grundlegung der Philosophie (hrsg. v. E. Cassierer), 2 Bände, Hamburg 1966

LENK, H., S. MOSER (Hrsg.), Techne, Technik, Technologie, München 1973

LIST, F., Das nationale System der Politischen Ökonomie, Jena 1928[5]

—, Kleinere Schriften, hrsg. v. F. Lenz, Jena 1926

LOCKE, J., Zwei Abhandlungen über die Regierung, Frankfurt/M. 1977

LÖSCH, A., Die räumliche Ordnung der Wirtschaft, Jena 1940

LOISTL, O., I. BETZ, Chaostheorie. Zur Theorie nichtlinearer dynamischer Systeme, München-Wien 1993

LORENTZ, H. A., A. EINSTEIN, H. MINKOWSKI, Das Relativitätsprinzip, Stuttgart 1923

LOTKA, A. J., Elements of Mathematical Biology, New York 1956

LUCAS, R. E., On the Mechanics of Economic Development, Journal of Monetary Economics 22 (1988), S. 3-42

LUHMANN, N., Die Wirtschaft der Gesellschaft, Frankfurt/M. 1988

—, Wirtschaft als autopoietisches System. Bemerkungen zur Kritik von Karl-Heinz Brodbeck, Zeitschrift für Politik 39 (1992), S. 191-194

LUXEMBURG, R., Die Akkumulation des Kapitals, Berlin 1923

MAC ARTHUR, R. H., E. O. WILSON, Biogeographie der Inseln, München 1967

MACH, E., Die Mechanik, Leipzig 1921[8]

—, Analyse der Empfindungen, Jena 1922[9]

MACHIAVELLI, N., Geschichte von Florenz, Wien 1934

—, Gedanken über Politik und Staatsführung, hrsg. v. R. Zorn, Stuttgart 1941

—, Politische Betrachtungen über die alte und die italienische Geschichte (Discorsi), Köln-Opladen 1965

—, Der Fürst, Stuttgart 1972

MACHLUP, F., Marginal Analysis and Empirical Research, American Economic Review 36 (1946), S. 519-534

—, Idealtypus, Wirklichkeit und Konstruktion, Ordo. Jahrbuch für die Ordnung von Wirtschaft und Gesellschaft 12 (1960/61), S. 21-57
MALINVAUD, E., The Theory of Unemployment Reconsidered, Oxford 1977
MALTHUS, T. R., Das Bevölkerungsgesetz (1798), übers. v. C. M. Barth, München 1977
MANDEVILLE, B., Die Bienenfabel, Frankfurt/M. 1980
MANGOLDT, H. v., Grundriß der Volkswirtschaftslehre, Stuttgart 1871
MANSFIELD, E., Industrial Research and Technological Innovation, Norton 1968
MARCUSE, A., Das Wertproblem in der Scholastik. Ein Beitrag zur Vorgeschichte neuerer Werttheorien, Marburg 1919
MARSHALL, A., The Present Position of Economics, London 1885
—, Principles of Economics, London 1961[8]
MARX, K., Marx-Engels-Werke (MEW), Berlin, verschiedene Jahre
—, Das Kapital, 1. Auflage, Hamburg 1867 (Reprint)
—, Grundrisse der Politischen Ökonomie (Rohentwurf), Moskau 1939 und 1941 (Reprint)
—, Zur Kritik der Politischen Ökonomie, MEW Bd. 13
—, Randglossen zu A. Wagners ›Lehrbuch der politischen Ökonomie‹, MEW Bd. 19
—, Das Kapital Bd. I, MEW Bd. 23
—, Das Kapital, Bd. II, MEW Bd. 24
—, Das Kapital Bd. III, MEW Bd. 25
—, Brief an Kugelmann vom 11. Juli 1868, MEW Bd. 32
—, MEW Ergänzungsband Bd. I
MATURANA, H. R., F. J. VARELA, Der Baum der Erkenntnis, Hamburg 1987
MAUSS, M., Die Gabe; in: Soziologie und Anthropologie, Band II, Frankfurt/M. 1978
MAY, R. M. (Hrsg.), Theoretische Ökologie, Weinheim et. al. 1980
MAY, K., Technical Change and Aggregation, Econometrica, 15 (1947), S. 51-63
MEADE, J. E., A Neo-Classical Theory of Economic Growth, London 1961
MEADOWS, D. L. UND D. H., Das globale Gleichgewicht, Reinbek bei Hamburg 1976
MEGGLE, G. (Hrsg.), Analytische Handlungstheorie Band 1, Frankfurt/M. 1977
MENGER, C., Grundsätze der Volkswirtschaftslehre, Wien 1871
—, Untersuchungen über die Methode der Socialwissenschaften und der Politischen Ökonomie insbesondere, Leipzig 1883
MENNIGER, K., Zahlwort und Ziffer. Eine Kulturgeschichte der Zahl, Göttingen 1958
MENSCHING, G., Der offene Tempel, Stuttgart 1974
MERLEAU-PONTY, M., Die Phänomenologie der Wahrnehmung, Berlin 1966
—, Die Struktur des Verhaltens, Berlin-New York 1976
MERTON, R. K., Social Theory and Social Structure, New York 1968
METZGER, W. (Hrsg.), Allgemeine Psychologie I,1, Göttingen 1966
METZLER, L. A., Stability of Multiple Markets: The Hicks Conditions, Econometrica 13 (1945), S. 91-109
MEYER, R. W. (Hrsg.), Das Zeitproblem im 20. Jahrhundert, Bern-München 1964
MICHELITSCH, A., Geschichte der Philosophie, Graz 1933
MILL, J. ST., Principles of Political Economy, London 1892 (People´s Edition)
—, Über Freiheit, Wien 1969

—, Einige ungelöste Probleme der politischen Ökonomie, hrsg. v. H. G. Nutzinger, Frankfurt/M.-New York 1976,
MILLER, G. A., E. GALANTER, K. H. PRIBRAM, Strategien des Handelns. Pläne und Strukturen des Verhaltens, Stuttgart 1993
MISES, L. VON, Die Wirtschaftsrechnung im sozialistischen Gemeinwesen, Archiv für Sozialwissenschaft und Sozialpolitik, 47 (1920/21), S. 86-121
—, Die Ursachen der Wirtschaftskrise, Tübingen 1931
—, Nationalökonomie, Genf 1940
MISES, R. VON, Grundlagen der Wahrscheinlichkeitsrechnung; in: I. Schneider (Hrsg.), Die Entwicklung der Wahrscheinlichkeitstheorie von den Anfängen bis 1933, Darmstadt 1988
MITTASCH, A., Von der Chemie zur Philosophie, Ulm 1948
MONTESQUIEU, Der Geist der Gesetze, Leipzig 1891
MORGENSTERN, O., Vollkommene Voraussicht und wirtschaftliches Gleichgewicht; in: H. Albert (Hrsg.), Theorie und Realität, Tübingen 1964,
MÜLLER, A., Theorie des Geldes; in: Vom Geiste der Gemeinschaft, hrsg. v. F. Bülow, Leipzig 1931
—, Die Elemente der Staatskunst (1808-09), Berlin 1936
MÜLLER, H. J., Ökologie, Jena 1991[2]
MÜNSTERBERG, H., Psychologie und Wirtschaftsleben, Leipzig 1913[2]
MUTH, J. F., Rational expectations and the Theory of Price Movements, Econometrica 29 (1961), S. 314-335
MYERS, G., Geschichte der großen amerikanischen Vermögen, 2 Bände, Berlin 1916
MYRDAL, G., Ökonomische Theorie und unterentwickelte Region, Frankfurt/M. 1974
NAGARJUNA, The Philosophy of the Middle Way, hrsg. v. D. J. Kalupahana, New York 1986
—, Madhyamika Karika, übers. v. M. Walleser, Heidelberg 1912
NAUCK, D., F. KLAWONN, R. KRUSE, Neuronale Netze und Fuzzy-Systeme, Braunschweig-Wiesbaden 1996
NELL-BREUNING S. J., O. VON, Wirtschaft und Gesellschaft heute, zwei Bände, Freiburg 1956
NELSON, R. R., S. G. WINTER, An Evolutionary Theory of Economic Change, Cambridge/Mass. 1982
NELSON, R. R., Incentives for Entrepreneurship and Supporting Institutions, Weltwirtschaftliches Archiv 120 (1984), S. 646-661
NEUMANN, J. VON, Über ein ökonomisches Gleichungssystem und eine Verallgemeinerung des Brouwerschen Fixpunktsatzes (1937); in: M. J. Beckmann, R. Sato (Hrsg.), Mathematische Wirtschaftheorie, Köln 1975, S. 172-193.
NEUMANN, J. VON, O. MORGENSTERN, Spieltheorie und wirtschaftliches Verhalten, Würzburg 1961
NEWMAN, P. (ed.), Readings in Mathematical Economics, 2 Volumes, Baltimore 1968
NEWTON, I., Philosophiae naturalis principia mathematica (1687); in: S. Sambursky (Hrsg.), Der Weg der Physik, München 1978

NIEHANS, J., Die Zeit im Spiegel der Wirtschaftstheorie; in: R. W. Meyer (Hrsg.), Das Zeitproblem im 20. Jahrhundert, Bern-München 1964, S. 268-295
NIETZSCHE, F., Werke, drei Bände (ed. Schlechta)
—, Kritische Studienausgabe in 15 Bänden (auf der Grundlage der Colli-Montinari-Ausgabe), München 1988
—, Der Wille zur Macht, Stuttgart 1964
—, Über Wahrheit und Lüge im außermoralischen Sinne, Werke Bd. 2, München 1962
—, Die Fröhliche Wissenschaft, Werke Bd. 6, München 1962
—, Morgenröte, Gesammelte Werke Bd. 5, München 1973
NORDHAUS, W. D., The Efficient Use of Energy Resources, New Haven-London 1979
NOVALIS, Werke, hrsg. v. G. Schulz, München o.J.
NYANATILOKA (Hrsg.), Anguttara-Nikaya, übers. v. Nyanatiloka, Freiburg 1969
ODUM, E. P., Prinzipien der Ökologie, Heidelberg 1991
ONCKEN, A. Geschichte der Nationalökonomie I, Leipzig 1902
OSTWALD, W., Grundriß der Naturphilosophie, Leipzig 1908
OTT, A. E., (Hrsg.), Preistheorie, Köln-Berlin 1965
—, Grundzüge der Preistheorie, Göttingen 1972
PACIOLI, L., Abhandlung über die Buchhaltung 1494, Stuttgart 1933
PARACELSUS, Die Geheimnisse. Aus seinen Schriften, ed. W.-E. Peuckert, Leipzig 1941
PARETO, V., Ausgewählte Schriften, Frankfurt/M.-Berlin-Wien 1976
PARSONS, T., Einige Grundzüge der allgemeinen Theorie des Handelns (1958); in: H. Hartmann (Hrsg.), Moderne Amerikanische Soziologie, Stuttgart 1967, S. 153-171
PARSONS, T., N. J. SMELSER, Economy and Society, London 1966
PASCAL, B., Gedanken, übers. v. W. Rüttenauer, Birsfelden-Basel o.J.
PASINETTI, L. L., Structural Change and Economic Growth. A Theoretical Essay on the Dynamics of the Wealth of Nations, Cambridge 1981
PEIRCE, C. S., Collected Papers, Cambridge/Mass. 1966
PETTY, W. Schriften zur politischen Ökonomie und Statistik, Berlin 1986
PIAGET, J., Erkenntnistheorie der Wissenschaften vom Menschen, Frankfurt/M.-Berlin-Wien 1970
—, Psychologie der Intelligenz, Olten-Freiburg 1971
PIGOU, A. C., The Economics of Welfare, London 1962[4]
PLATON, Sämtliche Werke, hrsg. v. E. Grassi, Hamburg 1957
—, Politeia, übers. v. K. Vrestzka, Stuttgart 1982
PLOTIN, Enneaden, Bd. I (übers. v. O. Kiefer), Jena und Leipzig 1905
POHLENZ, M. (Hrsg.), Stoa und Stoiker, eingeleitet und übertragen v. M. Pohlenz, Zürich 1950
POLANYI, K., Ökonomie und Gesellschaft, Frankfurt/M. 1979
POPPER, K. R., Logik der Forschung, Tübingen 1969[2]
—, Das Elend des Historizismus, Tübingen 1971
—, Prognose und Prophetie in den Sozialwissenschaften; in: E. Topitsch (Hrsg.), Logik der Sozialwissenschaften, Köln-Berlin 1971, S. 113ff.
PREISER, S., Kreativitätsforschung, Darmstadt 1976
PRIGONGINE, I., Vom Sein zum Werden, München-Zürich 1979

PUTNAM, H., Die Bedeutung von »Bedeutung«, Frankfurt/M. 1979
—, Repräsentation und Realität, Frankfurt/M. 1991
RADBRUCH, G., Rechtsphilosophie, Stuttgart 1970
RAHNER, K., H. VORGRIMLER, Kleines Theologisches Wörterbuch, Freiburg 1976
RAPHAEL, D. D., Adam Smith, Frankfurt/M.-New York 1991
RATZINGER, G., Die Volkswirtschaft in ihren sittlichen Grundlagen, Freiburg 1895
RAU, K. H., Grundsätze der Volkswirthschaftslehre, Heidelberg 1841[4]
RECKTENWALD, H. C. (HRSG.), Geschichte der Politischen Ökonomie, Stuttgart 1971
REICHENBACH, H., Der Aufstieg der wissenschaftlichen Philosophie, Braunschweig 1968
RESCHER, N., Handlungsaspekte; in: G. Meggle (Hrsg.), Analytische Handlungstheorie Band 1, Frankfurt/M. 1977
—, Rationalität. Eine philosophische Untersuchung über das Wesen und die Begründung der Vernunft, Würzburg 1993
RICARDO, D., Über die Grundsätze der Politischen Ökonomie und der Besteuerung, übers. v. G. Bondi, Berlin 1959
—, On the Principles of Political Economy, and Taxation (1821), Harmondsworth 1971
RICHARZ, I., Oikos, Haus und Haushalt. Ursprung und Geschichte der Haushaltsökonomik, Göttingen 1991
RICKERT, H., Die Grenzen der naturwissenschaftlichen Begriffsbildung, Tübingen 1902
—, Der Gegenstand der Erkenntnis, Tübingen-Leipzig 1904[2]
—, Kulturwissenschaft und Naturwissenschaft (1926), Stuttgart 1986
RICKEN, F., Philosophie der Antike, Stuttgart et.al. 1988
ROBBINS, L., An Essay on the Natur & Significance of Economic Science, London 1935
ROBINSON, J., The Production Function and the Theory of Capital, Review of Economic Studies 21 (1953), S. 81-106
—, Kleine Schriften zur Ökonomie, Frankfurt/M. 1969
—, Die Akkumulation des Kapitals, Wien 1972
—, Ökonomische Theorie als Ideologie, Frankfurt/M. 1974
RÖPKE, W., Gegen die Brandung, Zürich-Stuttgart 1959[2]
RORTY, R., Kontingenz, Ironie und Solidarität, Frankfurt/M. 1989
ROSCHER, W., Grundlagen der Nationalökonomie, Stuttgart-Berlin 1906[24]
ROSENBERG, N. (ed.), The Economics of Technological Change, Harmondsworth 1971
SACHVERSTÄNDIGENRAT, Jahresgutachten 1993/94, Drucksache 12/6170
—, Jahresgutachten 1996/97, Drucksache 13/6200
SAMUELSON, P. A., Economic Theory and Mathematics – An Appraisal, American Economic Review, Papers and Proceedings 42 (1952), S. 56-66
—, Rejoinder: Agreements, Disagreements, Doubts, and the Case of Induced Harrod-Neutral Technical Change, Review of Economics and Statistics, XLVIII 1966, S. 444-448
—, Constancy of the Marginal Utility of Income; in: J. E. Stiglitz (ed.), The Collected Scientific Papers of Paul A. Samuelson, Vol. 1, Cambridge/Mass.-London 1966, S. 45ff.
—, Foreword, in: N. Georgescu-Roegen, Analytical Economics, London 1966

–, Parable and Realism in Capital Theory: The Surrogate Production Function; in: J. E. Stiglitz (ed.), The Collected Scientific Papers of Paul A. Samuelson, Vol. 1, Cambridge/Mass.-London 1966, S. 325-338
–, Foundations of Economic Analysis, (1947) New York 1974
SAMUELSON, P. A., W. D. NORDHAUS, Economics, New York et. al. 1989[13]
SARTRE, J. P., Das Sein und das Nichts, Hamburg 1962
–, Die Transzendenz des Ego, Reinbek bei Hamburg 1964
SAY, J. B., Abhandlungen über die National-Ökonomie, Bd. I, Wien 1814
SCHÄFFLE, E. F., Das gesellschaftliche System der menschlichen Wirthschaft, 2 Bände, Tübingen 1873[3]
SCHAMS, E., Komparative Statik, Zeitschrift für Nationalökonomie 2 (1931), S. 27-61
SCHELLING, F. W. J., System des transzendentalen Idealismus, Hamburg 1957
–, Über das Wesen der menschlichen Freiheit, Frankfurt/M. 1975
SCHLEICHERT H. (HRSG.), Logischer Empirismus - Der Wiener Kreis, München 1975
SCHLICHT, E., Grundlagen der ökonomischen Analyse, Reinbek bei Hamburg 1977
SCHLOSSER, H.,Grundzüge der Neueren Privatsrechtsgeschichte, Heidelberg 1993[7]
SCHMID, M., Handlungsrationalität, München 1979
SCHMIDT, S. J. (Hrsg.), Der Diskurs des Radikalen Konstruktivismus, Frankfurt/M. 1987
SCHMITT, C., Der Begriff des Politischen, Berlin 1963
–, Der Leviathan, Stuttgart 1982
SCHMÖLDERS, G., Volkswirtschaftslehre und Psychologie, Berlin 1962
SCHMOLLER, G., Grundriß der Allgemeinen Volkswirtschaftslehre, zwei Bände, Leipzig 1920[14]
–, Die Volkswirtschaft, die Volkswirtschaftslehre und ihre Methode (1893), Frankfurt/M. 1949
SCHOPENHAUER, A., Der handschriftliche Nachlaß, Band 3, München 1985
SCHPOSCHNICOFF, N., Die Böhm-Bawerksche Kapitalzinstheorie, Jahrbücher für Nationalökonomie und Statistik 33 (1907), S. 433-451
SCHRAMM, E. (Hrsg.), Ökologie-Lesebuch. Frankfurt/M. 1984
SCHUMPETER, J., Eine »dynamische« Theorie des Kapitalzinses. Eine Entgegnung, Zeitschrift für Volkswirtschaft, Sozialpolitik und Verwaltung, 22 (1913), S. 599-639
–, Kapitalismus, Sozialismus und Demokratie, München 1950
–, Theorie der wirtschaftlichen Entwicklung, Berlin 1951[5]
–, Geschichte der Ökonomischen Analyse, Göttingen 1965
–, Das Wesen des Geldes, Göttingen 1970
–, Beiträge zur Sozialökonomik, Wien-Köln-Graz 1987
SEARLE, J. R., Geist, Hirn und Wissenschaft, Frankfurt/M. 1986
SENECA, L. A., Philosophische Schriften, hrsg. v. O. Apelt, vier Bände, Leipzig 1924
SENIOR, N. W., An Outline of the Science of Political Economy (1836), Reprint London 1951
SHACKLE, G. L. S., Time and Thought, British Journal for the Philosophy of Science, IX (1959), S. 290ff.
–, Dicision, Order and Time in Human Affairs, Cambridge 1961

—, Time, Expectations and Uncertainty in Economics, edited by J. L. Ford, Aldershot 1990
SIEBERT, H. (Hrsg.), Umwelt und wirtschaftliche Entwicklung, Darmstadt 1979
SIGWART, C., Logik, zwei Bände, Tübingen 1911[4]
SIMMEL, G., Philosophie des Geldes, Gesammelte Werke Bd. 1, Berlin 1977[7]
—, Schriften zur Soziologie, Frankfurt/M. 1983
SIMON, H. A., Theories of Decision-Making in Economics and Behavioural Science, Surveys of Economic Theory, Vol. III, London et. al. 1968
SINN, G., H.-W. SINN, Kaltstart. Volkswirtschaftliche Aspekte der deutschen Vereinigung, Tübingen 1991
SKARZYNSKI, W. v., A. Smith als Moralphilosoph und Schöpfer der Nationalökonomie, Leipzig 1878
SKINNER, B. F., Was ist Behaviorismus? Reinbek bei Hamburg 1978
SMITH, A., History of Astronomy; in: Essays on Philosophical Subjects, London 1795
—, Wealth of Nations, London 1812, reprint London o.J.
—, Der Wohlstand der Nationen, hrsg. v. H. Recktenwald, München 1978
—, Theorie der ethischen Gefühle, übers. v. W. Eckstein, Hamburg 1977
SOHN-RETHEL, A., Ein Brief an Theodor W. Adorno (1936); in: Warenform und Denkform, Wien 1971
—, Geistige und Körperliche Arbeit, Frankfurt/M. 1972
SOLLBERGER, A., Biologische Rhythmusforschung; in: H.-G. Gadamer, P. Vogler (Hrsg.), Neue Anthropologie, Band 1, Stuttgart 1972, S. 108-151
SOLOW, R. M., A Contribution to the Theory of Economic Growth, Quaterly Journal of Economics 70 (1956), S. 65-94
—, The Economics of Resources or the Resources of Economics, American Economic Review 64 (1974), S. 1-14
—, Economic History and Economics, American Economic Review, PaP 75 (1985), S. 328-331
SOMBART, W., Der Moderne Kapitalismus, zwei Bände, Leipzig 1902
—, Die deutsche Volkswirtschaft im Neunzehnten Jahrhundert, Berlin 1909
—, Krieg und Kapitalismus, München-Leipzig 1913
—, Der Bourgeois, München-Leipzig 1923
—, Die drei Nationalökonomien, München 1950
SPANN, O., Der logische Aufbau der Nationalökonomie und ihr Verhältnis zu Psychologie und zu den Naturwissenschaften, Zeitschrift für die gesamte Staatswissenschaft (1908), S. 1-57
—, Fundament der Volkswirtschaftslehre, Jena 1918
—, Die Haupttheorien der Volkswirtschaftslehre, Leipzig 1928
—, Tote und lebendige Wissenschaft. Kleines Lehrbuch der Volkswirtschaft in fünf Abhandlungen, Jena 1929
– , Kategorienlehre, Jena 1939
SPENGLER, O., Der Mensch und die Technik, München 1931
SPINOZA, B., Ethik, übers. v. O. Baensch, Leipzig 1905
—, Ethik, übers. v. J. Stern, Frankfurt/M. 1972

—, Abhandlung über die Verbesserung des Verstandes, übers. v. C. Gebhardt, Hamburg 1977
SRAFFA, P., The Laws of Returns under Competitive Conditions, Economic Journal 26 (1926), S. 535-550
—, Dr. Hayek on Money and Capital, Economic Journal 42 (1932), S. 42-53
—, A Rejoinder, Economic Journal 42 (1932), S. 249-251
—, Production of Commodities by Means of Commodities, Cambridge 1960
STACKELBERG, H. VON, Grundlagen der Theoretischen Volkswirtschaftslehre, Bern-Tübingen 1951[2]
—, Gesammelte wirtschaftswissenschaftliche Abhandlungen in zwei Bänden, hrsg. v. N. Kloten und H. Möller, Regensburg 1992
STAMMLER, R. ,Wirtschaft und Recht (1896), Berlin-Leipzig 1921[4]
STCHERBATSKY, F. T., Buddhist Logic, zwei Bände, Reprint New Delhi 1984
STEGMÜLLER, W., Entscheidungslogik (rationale Entscheidungstheorie), Studienausgabe, Berlin-Heidelberg-New York 1973
—, Probleme und Resultate der Wissenschaftstheorie, Band IV, Berlin-Heidelberg-New York 1973
STEIN, J. L., Monetarist, Keynesian & New Classical Economics, Oxford 1982
STEUART, J., Untersuchungen der Grundsätze der Staatswirtschaft, Bd. I, Hamburg 1769
—, Untersuchungen der Grundsätze der Staatswirtschaft, Band II, Hamburg 1770
STOLZMANN, R., Grundzüge einer Philosophie der Volkswirtschaft, Jena 1925
STONEMAN, P., Patenting Activity: A Re-Evaluation of the Influence of Demand Pressures, Journal of Industrial Economics XXVII (1979), S. 385-401
STRELLER, R., Statik und Dynamik in der theoretischen Nationalökonomie, Leipzig 1926
– , Die Dynamik der Theoretischen Nationalökonomie, Tübingen 1928
STRIEDER, J., Studien zur Geschichte kapitalistischer Organisationsformen, München-Leipzig 1925
STRUWE, W. W. (Hrsg.), Der Alte Orient, Berlin 1955
SWAN, T., Economic Growth and Capital Accumulation, Economic Record 32 (1956), S. 334-361
SWEDBERG, R., Joseph A. Schumpeter. Eine Biographie, Stuttgart 1994
SYMPOSIUM on the Economics of Exhaustible Resources, Review of Economic Studies 1974
THOM, R., Structural Stability and Morphogenesis, London et.al. 1975
THOMAS VON AQUIN, Summa Theologica, deutsche Thomasausgabe, mehrere Jahre und Bände (zitiert: Bd. Nr.)
—, De regime principium übers. v. F. Schreyvogl, Stuttgart 1975
THUKYDIDES, Der Peloponnesische Krieg, übers. v. H. Vretska, Stuttgart 1966
THÜNEN, J. H. VON, Der isolirte Staat, Berlin 1875
TROTZKI, L., Kopenhagener Rede (1932), in: Denkzettel, Frankfurt/M. 1981
TURGOT, A. R. J., Betrachtungen über die Bildung und die Verteilung des Reichtums, übers. v. H. Waentig, Jena 1903
UEXKÜLL, J. VON, Die Lebenslehre, Potsdam-Zürich 1930

USHER, A. P., Technical change and Capital Formation, Capital Formation and Economic Growth, National Bureau of Economic Research, 1955

VARELA, F. J., Kognitionswissenschaft – Kognitionstechnik. Eine Skizze aktueller Probleme, Frankfurt/M. 1990

VEBLEN, T., Professor Clark's economics, Quaterly Journal of Ecnomics, 22 (1908), S. 147-195; reprint in: E. K. Hunt, J. G. Schwartz (ed.), A Critique of Economic Theory, Harmondsworth 1972, S. 172-185

VINCI, L. DA, Traktat von der Malerei, Jena 1909

—, Tagebücher und Aufzeichnungen, Leipzig 1940

VOGEL, K. (Hrsg.), Neun Bücher arithmetischer Technik, übersetzt und erläutert von K. Vogel, Braunschweig 1968

WAGNER, F., Das Bild der frühen Ökonomik, Salzburg-München 1969

WAIBL, E., Ökonomie und Ethik, zwei Bände, Stuttgart-Bad Cannstatt 1989

WALRAS, L., Eléments d'économie politique pure, Lausanne 1874; engl. Übers. v. W. Jaffé: Elements of Pure Economics, London 1954

—, Mathematische Theorie der Preisbestimmung der wirthschaftlichen Güter. Vier Denkschriften, Stuttgart 1881 (Reprint 1972)

WEBER, A., Allgemeine Volkswirtschaftslehre, Berlin 1958[7]

WEBER, M., Gesammelte Aufsätze zur Wissenschaftslehre, Tübingen 1968[3]

—, Die protestantische Ethik I, Tübingen 1969[2]

—, Wirtschaft und Gesellschaft, Tübingen 1976[5]

—, Grundriss zu den Vorlesungen über Allgemeine (»theoretische«) Nationalökonomie, Tübingen 1993

WEIMANN, J., Umweltökonomie, Berlin-Heidelberg-New York et. al. 1991[2]

WEIMER, W., Geschichte des Geldes, Frankfurt/M.-Leipzig 1992

WEIZSÄCKER, C. F. VON, Zeit und Wissen, München-Wien 1992

WEIZSÄCKER, E. U. VON, Erdpolitik, Darmstadt 1993[3]

WENIG, A., Marktdynamik; in: R. Selten (Hrsg.), Handwörterbuch der Mathematischen Wirtschaftswissenschaften, Bd. 1: Wirtschaftstheorie, Wiesbaden 1979

WERTHEIMER, M., Drei Abhandlungen zur Gestalttheorie, Erlangen 1925

WHITEHEAD, A. N., Prozeß und Realität, Frankfurt/M. 1984

WICKSELL, K., Über Wert, Kapital und Rente, Jena 1893

—, Vorlesungen über Nationalökonomie, zwei Bände, Jena 1913

WICKSTEED, P. H., The Co-ordination of the Laws of Distribution, London 1894

WIENER, N., Kybernetik, Reinbek bei Hamburg 1968

WIESER, F. VON, Über den Ursprung und die Hauptgesetze des wirthschaftlichen Werthes, Wien 1884

WILD, A., Probleme der Statistik im Zusammenhange mit der Politischen Rechnungs-Wissenschaft, München 1862

WISSEL, C., Theoretische Ökologie, Berlin-Heidelberg-New York et. al. 1989

WISSER, R., Das Fernseh-Interview, in: G. Neske (Hrsg.), Erinnerungen an Martin Heidegger, Pfullingen 1977

WITTGENSTEIN, L., Philosophische Untersuchungen, Schriften Bd. 1, Frankfurt/M. 1980

—, Das blaue Buch, Schriften Bd. 5, Frankfurt/M. 1970

—, Bemerkungen über die Philosophie der Psychologie, Schriften Bd. 7, Frankfurt/M. 1984
—, Vorlesungen und Gespräche über Ästhetik, Psychologie und Religion, Göttingen 1968
—, Vortrag über Ethik, Frankfurt/M. 1989
WRIGHT, B. D., The Economics of Invention Incentives: Patens, Prizes, and Research Contracts, American Economic Review 73 (1983), S. 691-707
WUNDT, W., System der Philosophie, zwei Bände, Leipzig 1907[3]
XENOPHON, Oikonomikos, in: Die sokratischen Schriften, Stuttgart 1956

Internet-Texte:

Unter: http://www.ecn.bris.ac.uk/het/index.htm sind u. a. folgende Texte verfügbar:

BENTHAM, J., Defence of Usury (1787)
CLARK, J. B., Distribution as Determined by a Law of Rent, Quarterly Journal of Economics, 5 (1890-91)
EDGEWORTH, F.Y., The Theory of Distribution, Quarterly Journal of Economics, 18 (1904), S. 159-219
GERVAISE, I., The System or Theory of the Trade of the World (1720)
HOBBES, T., Leviathan (1651)
KEYNES, J. M., The Economic Consequences of the Peace, London 1919
LOCKE, J., An Essay Concerning Human Understanding (1690)
PARETO, V., The New Theories of Economics, Journal of Political Economy, 5 (1897)
RICARDO, D., On The Principles of Political Economy and Taxation London 1817 (third edition 1821)
—, The High Price of Bullion, a Proof of the Depreciation of Bank Notes. London 1810
SMITH, A., An Inquiry Into The Nature And Causes Of The Wealth Of Nations (1776)
—, The Theory of Moral Sentiments (1759)
VEBLEN, T., Why is Economics Not an Evolutionary Science, Quarterly Journal of Economics 12 (1898)

Homepage des Verfassers:
http://www.khbrodbeck.homepage.t-online.de/

Index

(Namen sind *kursiv* gesetzt)

A

Abschreibungen 31
Abstraktion 14, 41, 69, 148, 149, 170-172, 219, 224
  d. Produzierens 224
  d. Naturgesetze 172
  und Experiment 148
  und Naturgesetz 148
  und Wirklichkeit 172
  von Produktionsfaktoren 170
Achtsamkeit 135, 151, 216
Adler 258
Adorno 196, 197, 258, 274
Affekte 92, 206, 207
Aggregation 66, 269
Åkerman 258
Albert 44, 101, 258, 265, 267, 270
Allen 191, 265
Alternativen, gegebene 11
Amonn 258
Analogie 202
Analytische Mechanik von Lagrange 35
Angebotskurve 23, 24
Angst und Selbst 115
Apparat 39, 40, 252
  psychischer 252
Arbeit 7-8, 139-141, 218-221; s. Kap. 4.3
  als Denkmodell 218
  als Handlungsbegriff 191
  als Naturbegriff 136
  als Produktionsfaktor 220
  als Wertquelle 141
  Begriff d. A. 191, 238
  Erhaltung d. A. 141
  Erhaltung d. A. 136
  Grenzprodukt d. A. 162
  kommandierte 221, 238
  menschliche 8, 130, 132-135, 170
  physikalische 8, 130-139, 166, 219
  und Abstraktion 224
  und Experiment 152, 153
  und Handeln 136
  und Handlung 132
  und Innovation 163
  und Kapital 62, 144, 167, 170
  und Maschine 225
  und Naturwiderstand 130
  unproduktive 139, 166
Arbeiter 122, 138, 139, 141, 145, 162, 163, 219, 224, 239, 266
  und Kapitalisten 141
Arbeiterklasse und Natur 128
Arbeitskraft 141, 161, 166
  billige A. 161-163
Arbeitsleid 193
Arbeitslosigkeit 49, 71, 104, 121
  freiwillige 49
  in d. 30er Jahren 121
  unfreiwillige 49
Arbeitssubstanz 141
Arbeitsteilung 2, 3, 42, 64, 128, 152, 160, 167, 224, 238, 259
Arbeitswertlehre 56, 139
Arbeitswissenschaften als Physik 136
Archibald 258
Argyris 258
Aristoteles 14, 17, 75, 76, 95, 126-129, 141, 156, 173, 182, 187, 194, 195, 197, 200, 201, 209, 215, 223, 224, 227, 228, 233, 237-239, 247, 258
Arrow 42, 51, 87, 230, 254, 258
Arrow-Paradox 254
Aschoff 81
Ashoka 257
Astronomie 37
Atom 219
Atomismus 36
Augustinus 114, 196, 204, 258
Ausbeutung 141, 186
  d. Arbeit 141
  d. Natur 125
  von Ressourcen 130, 186
Ausklammerung des Individuums 44
Automat 58, 205, 223, 224, 227, 249
Axtell 52, 83, 262

B

Backstop-Technologie 102
Bacon 28, 137, 138, 258
Bamberg 12, 258
Bankensystem 145, 146, 162, 277
Barro 258
Basissätze 7
Bataille 258
Bateson 226, 258
Baumann 258
Baumeister 208, 224
Baumol 259
Becker 42, 56, 66, 67, 111-113, 253, 259
Beckmann 259, 270
Bedarf 43, 78, 171, 178, 218, 221, 222, 224, 226, 245
Bedeutung 8, 31, 103, 147, 152, 155, 165, 173, 214, 226
  -shorizont 227
  -sdifferenz 226
  bei Bateson 226
  erschaffen von B. 214
  haben 214
  in d. Naturwissenschaft 148
  Produktion von B. 152
  Sphäre d. B. 31
  und Bedeutetes 148
  und Denkmodell 214
  und Freiheit 232
  und Information 226
  und Maschine 227
  und Motiv 94
  und Naturgesetz 148
  und Naturwissenschaft 155
Bedürfnis(se) 23, 69, 125, 142, 220, 232-234
  -grenzen 209, 230, 231, 235
  -struktur 234
  bei Freud 252
  bei Steuart 116
  neue B. 236, 244
  theoretisches B. 124
  und Bedeutungen 232
  und Freiheit 232
  und Sterblichkeit 111
  vorgestelltes B. 93
  zukünftiges B. 93
Befehlsstrukturen 82
Begierde 116, 209, 237
Begon 175, 181, 259
Begriffe, philosophische 8
Begriffsschema 9
Behaviorismus 249
bellum omnium contra omnes 51
Bentham 49, 54, 58, 259, 277
Beobachter 150
Berechenbarkeit 46, 99, 100, 115, 119, 186, 193, 194, 229, 253
Bergson 105, 111, 259
Berkeley 259
Betrachtungsperiode 85
Betriebswirtschaftslehre 188
Betz 147, 268
Bevölkerung 177, 184
Bewertung d. Güter 142
Bewußtheit 57
  d. Handelns 190
Bewußtsein 53, 54, 57, 75, 96, 97, 115, 117, 131, 152, 187, 196, 226, 227, 252, 253
  bei Freud 253
  Passivität d. B.s 252
  und ego cogito 131
  und Unbewußtes 253
  und Widerstand 131
Bien 258, 259
Biologie 30, 70, 134, 143, 181-184
  Darwinsche Revolution in d. B. 176
  der Zeit 81
  theoretische B. 181
  und Sozialwissenschaft 134, 176, 181, 183
Biosphäre 184
Blackman 259
Blatt 52, 147, 259
Bodenertrag 145
Böhm-Bawerk 39, 46, 91-94, 96, 97, 125, 138, 139, 154, 157, 259
Börse 196, 267
Bothe 18, 259
Boulding 143, 191, 259
Böventer 4
Bradshaw 267
Braig 132, 259
Brentano 94, 111, 196, 209, 232, 259

Bretzke 11, 259
Brodbeck 5, 9, 10, 42, 64, 67, 110, 115, 120, 141, 153, 160, 168, 173, 181, 195, 215, 218, 224, 227, 232, 243, 246, 254, 255, 259, 260, 268, 277
Broglie 33, 150, 172, 260
Brunner 260
Buchführung 213, 271
Buddhaghosa 114, 260
Buddhismus 117, 257
Buffon 176
Bundesbank 108, 109
Burmeister 40, 52, 102, 143, 260

C

Capelle 260
Carey 130
Carnap 6, 9, 103, 260
Cassel 36, 139, 141, 231, 261
causa 201, 202
  efficiens 156, 157, 160, 201, 211, 219, 224, 225, 242
  finalis 156, 201, 203, 207, 211, 239, 240
  formalis 145, 156, 201, 202, 224, 225, 239, 240, 242, 245
  materialis 156, 201, 202, 224
Ceteris-Paribus-Analyse 109
Chamberlin 261
Chaos 51, 79, 117-119, 121, 179, 198
  -theorie 29, 68, 159
  und Utopie 118, 121
Chemie 54, 70, 141, 143, 159, 160, 270
Chenery 144, 261
Chomsky 261
Christaller 77, 261
Christentum 128, 203, 246
Clark 49, 50, 61-63, 117, 120, 121, 168-170, 261, 277
Clausewitz 82, 83, 178, 261
Clower 261
Coenenberg 12, 258
Cohen 69, 261
Collingwood 16, 17, 261
Computer 19, 78, 107, 205, 225, 256
Comte 35, 36, 61, 261
Cournot 14, 23, 191, 261

D

Damaschke 125, 261
Darwin 177-179, 181, 261
Dauerhaftigkeit und Substanz 61
Davidson 9, 244, 261
Davies 152, 261
Debreu 36, 42, 261
Demokratie 105, 273
Dempsey 92, 261
Denkkalkül 190
Denkmechanik 54
Denkmodell s. Kap. 1.1; 5.5
  als Denkmodell 214
  als Macht 187
  d. Handwerkers s. Kap. 5.5.1
  d. Kaufmanns s. Kap. 5.5.2
  d. Maschine s. Kap. 5.5.3
  Funktion von D.en 63, 146, 173, 186, 214, 233, 238
  mechanisches D. 33, 35, 37, 39, 46, 47, 53, 59, 70, 74, 89, 90, 94, 99, 101, 110, 117, 124, 125, 137, 157, 165, 174, 185, 186, 189, 193, 213, 246, 256
  Übertragung v. D.en 46
  und Bedeutung 214
  Wesen d. D.e 46, 47, 214
Descartes 37, 131, 132, 134, 137, 138, 164, 183, 204-208, 210, 228, 229, 232, 237, 239, 247, 248, 251, 261
Destruktion 246, 260
Deutschland 45-47, 256
Dialektik 226, 264
Dialog 32
Dienstleistungen 160
Diffusion 260
Dilthey 131, 203, 261
Diogenes Laertius 198, 261
Dobb 261
Dobell 40, 102, 143, 260
Dogma 67
Dorfman 84, 261
Driesch 70, 261
Dschuang Dsi 262
Dualismus, platonischer 201
Dualität 138, 198, 200-205, 217, 249
  von Freiheit und Schranke 205

Duesenberry 262
Dühring 130, 173, 262
Dupont 59, 191
Durchschnitt 58, 114
Dynamik 33, 36, 43, 46, 62, 65, 89, 107, 152, 153, 207, 275
auf d. Statik rückführbar 33
im Sinn d. Mechanik 107
ökonomische D. 43, 74
und Statik 33, 36, 62, 89
D'Alembert 33

E

Edgeworth 121, 262, 277
Ego 130-133, 135, 138, 204-208, 210, 211, 214, 251, 273
neuzeitliches 205
rationales 130
Rationalität d. E. 132
ego cogito 131, 204, 205, 214, 251
Egoismus 58
Eichhorn 106, 262
Eigen 178, 262
Eigennutz 51
Eigentümer 222
Eigentumsrecht 141, 213
und Geld 222
und Kaufmann 222
Einstein 17, 35, 36, 74, 76, 89, 90, 121, 262, 268
Einzelereignisse 15
Eisler 203, 262
Elementarteilchen und Kosten 152
Elimination d. Zeit 74, 90
Empfindung 249
Empirie 7, 31
Empirismus 9, 20, 273
logischer 7
Endlichkeit d. Menschen 235
Energie 24, 67, 143, 151, 159, 164, 175, 185, 186, 200
-wirtschaft 165
Erhaltung d. E. 164
Engels 56, 57, 262, 269
Engineering Production Functions 143, 144
Entdeckungen 167
Entscheidung(en) 9, 11, 15, 19, 26, 23, 30, 47, 53, 56, 61, 65, 67, 81, 91, 98, 99, 102-104, 112-115, 145, 146, 173, 190, 215, 237, 251, 254, 255, 260, 263
-slogik 12
-stheorie 11, 12, 132, 190, 255, 258, 267, 268, 275
und Ertragsgesetz 145
Entschluß 18
Entwurf 103, 242
Epstein 52, 82, 262
Erde 37, 40, 125-130, 133, 146, 165, 172, 183-187, 193, 194, 254
als Person 131
Ereignisraum 14, 15, 97
Erfindungen 31, 101, 122, 167
Erfolg 10, 47, 104, 163, 242
als Interpretation 18
Erhaltung d. lebendigen Kräfte 35
Erhaltungssatz, ökonomischer 63
Erinnerung 111, 252, 258
Erkenntnis 10, 11, 36, 70-72, 118, 132, 151, 172, 186, 187, 190, 208, 228, 233, 245, 269, 272
-stheorie 255, 271
Erklärung, kausale 172
Erklärungsüberschuß 22
erschöpfbare Ressourcen 102
Ersparnis 77, 113
Erwartungen s. Kap. 3.5; 3, 20, 46, 75, 90-91, 95-104, 109-115, 120, 124
als Gegenwärtigkeit d. Zukunft 124
als Lenker d. Handelns 99
bei Hicks 100
bei Muth 100
Keynes über E. 98-100, 102, 103, 124
Preis-E. 100
rationale E. 91, 100, 101
schaffen Fakten 99
und Angst 115
und Güter 95
Erwartungswert 98-100
Ethik 49, 92, 93, 129, 193, 196, 201, 203, 206, 208, 210, 213, 219, 233, 237, 240, 244, 247, 248, 256-259, 264, 266, 274, 276
als Handlungslehre 201
altruistische E. 257

d. Neuzeit 244
Ökonomie als E. 193
utilitaristische E. 203
Eucken 262
Euler 211
Evolution 36, 40, 177, 178, 182, 262
-stheorie 178, 256
als Spiel 178
und Instabilität 181
Ex-Post-Prognosen 79
Exaktheit 28
Experiment(e) 27, 28, 39, 110, 146, 148-153, 155, 170, 213
-alsituation 155, 171
als Produktionsprozeß 151
als Situation 148, 149
in d. Sozialwissenschaften 27, 28
naturwissenschaftliche E. 32
und Buchführung 213
und Produktion 151, 152, 155
wiederholbares E. 149

F

F&E-Aufwendungen 68
Faber 4
Fandel 143, 262
Farbenlehre 154
Fichte 57, 120, 132, 229, 262
Finanzkapital 265
Finley 262
Firmen 24, 68, 69, 71, 84, 100, 101
Fisher 39, 40, 105, 106, 262
Fleck 6, 7, 18, 187, 262
Fliessbach 33, 262
Flucht in den Durchschnitt s. Kap. 2.7
Foerster 262
Formursache 223, 224, 229, 242, 245
Formwandel 160
in d. Produktion 160
Fortschritt 10, 62, 75, 111, 117, 122, 168, 181
als Denkmodell 117
Frage 16, 17
und Realität 16
Fraisse 262
Frank 4, 262
Franklin 74, 262
Freiheit s. Kap. 5.3; 5.6
als Kausalitätsverhältnis 239
als Mechanik 53
Begriff d. F. 50, 237, 238
d. Menschen 237
d. Willens s. Kap. 5.3
d. Kaufmanns s. Kap. 5.4; 5.5.2; 238
und Entscheidung 237
und Sterblichkeit s. Kap. 3.7; 111
und Vermögen 238
Freud 56, 193, 252, 253, 263
Friedman 2, 49, 263
Frisch 160, 263
Fuchs 263
Fugger 196
Funktion 58, 63, 78, 85, 87, 89, 109, 128, 130, 141, 142, 153, 156, 167, 173, 195, 214, 220, 223, 224, 227, 244-246, 253
Fuzzy Logic 18

G

Gadamer 17, 81, 173, 263, 274
Gäfgen 61, 79, 188, 189, 255, 263
Gahlen 168, 263
Galanter 269
Galbraith 124, 263
Galilei 17, 36, 263
Ganze, das 69, 169, 170
Gauthier 263
Gedächtnis 124, 198, 227, 228, 258
Gedankenexperiment 110
Gefangenen-Dilemma 254
Gegen-stand 221
Gegenwartspräferenz 92
Gehirn 263
Gehrels 4
Geiger 188, 263
Geist, kapitalistischer 196
Geisteswissenschaften 31
Geld 30, 69, 74, 141, 191, 195, 196, 210, 213, 220-222, 233, 234, 238, 239, 241, 260, 265, 268
-menge 26
-politik 49, 108
-theorie 100, 260, 264
-wirtschaften 234

als Ding 222
als Motiv 239
Inbegriff aller Dinge 213
Macht d. G.es 222, 238
und Zahl 191, 213, 220
Geldbesitz 195, 209, 220, 238, 256
ins Unbegrenzte vermehren 209
Geldhaltung 26
Geldwert 105, 106, 231
Messung d. G.s 105
Geldzins bei Aristoteles 195
Gelesnoff 263
Geltung, Sinn d. G. 150
Gemeinkosten 163
genetische Adaption d. Menschen 184
Geometrie 81
analytische 229, 230
Georgescu-Roegen 22, 39, 40, 60, 64, 87-89, 143, 163, 164, 186, 187, 263, 272
Gerechtigkeit 141
Gervaise 32, 277
Geschichte 17, 91, 103-105, 107, 120, 124, 127, 135, 141, 154, 172, 179, 195, 196, 256, 259, 262-273, 275, 276
Gesell 263
Gesellschaft 31, 32, 38, 39, 42, 45, 49, 50, 59, 62, 63, 69, 70, 119, 124, 128, 130, 166, 169, 174, 183, 218
als Durchschnitt 120
als Interpretation 71, 256
als Körper 51
als Kriegsbündnis gegen d. Erde 129
als Maschine 37, 44
bei Adam Smith 37
bei Marx 44
Berechenbarkeit d. G 185, 194
bürgerliche G. 59, 127, 210
geplante G. 50
keine Molekülversammlung 69
Naturgesetze d. G. 45, 48-51, 56, 62, 67, 137
und dissipative Systeme 67
und Freiheit 70, 236
und Natur 217
und Ökonomie 189, 193
und Sprache 199
Gesetz(e) 50, 71
Aufhebung d. G. durch Kenntnis 71
d. abnehmenden Ertrages 145
d.. großen Zahl 15
d. sinkenden Grenznutzens 85
d. Psyche 73
ökonomische G. 50
Gespräch 9, 260
Gestaltungsfreiheit s. Kap. 5.6
Gewalt 57, 125, 126, 129-131, 171, 222
Gewaltverhältnis zur Natur 125
Gewinn 23, 211, 213, 226, 245
Gewinnmaximum 52
Gewissen 203
Gewohnheit(en) 5, 20, 33, 47, 97, 107, 100, 101, 107, 110, 111, 115, 135, 159, 166, 169, 177, 187, 226-228, 236, 245, 246, 264
als d. Nächste 236
als erstarrte Kreativität 115
als Wiederholung 166
bei Hume 159
bei Schumpeter 245, 246
d. Natur 165, 228
d. Denkens 47, 100, 187
d. Geistes 97
in d. Evolutionstheorie 177
mechanischer Charakter 110, 135, 227
relativiert auf Kreativität 110
und Angst 115
und Berechenbarkeit 110, 115
und Innovationsprozeß 246
und Kausalität 111
und Kreativität 135
und Maschine 227
und Mechanik 110, 166
Geworfenheit 103, 115
Gide 263
Giedion 263
Gier 123, 196
Gleichgewicht s. Teil 2; Kap. 3.2; 4.11
-sbegriff 181, 211
-spreis 49, 62, 77, 84
als Maximierung 211
als Zufall 178
bei Keynes 124
divergierende Zahl d. G.e 79
globales G. 183
im Handeln 207
in d. Mechanik 33, 45, 84, 175

in d. Thermodynamik 68
langfristiges G. 25
multiples G. 181
ökologisches G. 175-180, 183, 186
ökonomisches G. 83, 84
stabiles G. s. Kap. 32; 25
und Evolution 178, 180, 181
und Kreativität 241, 242
und Utopie 116, 120
Wesen d. ökologischen G.s 180
Gleichgewichtstheorie s. Teil 2; Kap. 3.2; 26, 39, 41, 42, 84, 230
allgemeine 84
Globalisierung 1
Glück 85, 108, 111, 183, 233, 235
Glückstrieb 235
Goethe 154, 263
Gold 188, 196, 220
Gossen 113, 263
Gott 7, 127-129, 135-139, 164, 176, 179, 182, 183, 202, 203, 228, 248, 268
als actus purus 202
als Geist d. Universums 183
als Handwerker 128, 202, 203
als Schöpfer 128, 138, 139, 164, 176, 202, 214
als Seele d. Weltmaschine 183
und Naturgesetz 179, 248
Zweck ohne G. 203
Gottl-Ottlilienfeld 263
Gould 104, 263
Grandmont 263
Gravitationszentrum 62
Grenznutzen 141, 231
Grenznutzenschule 141, 142, 155
Grenzproduktivitätstheorie 161-163
d. Lohnes 162
und Lohntheorie 161, 162
Griliches 60, 263
Gruber 4
Grundgesamtheit, statistische 98
Grüsser 263
Gundert 263
Günther 226, 264
Güter 29, 85-87, 105-107, 112, 141, 146, 164, 168-170, 204, 210, 221, 231
neue 42
und Interpretation 154
Zukunftsg. S. Kap. 3.4
Güterqualität
nicht objektiv 93

H

Haas 264
Habermas 264
Häeckel 180
Hahn 42, 51, 87, 100, 230, 258, 264
Hampe 264
Handeln s. Kap. 5.2; 5.2.1
als Denkmodell 201
d. Materie 240
immer vernünftig? 247
schöpferisches H. 242
Handelsbilanz 32
Handlungen, menschliche 31
Handlungsmodell(e) 198-204
aristotelisches H. 198, 207
platonisches H. 198-200
traditionelles H. 197
Handlungsprogramm 218, 223-225, 227
Handlungssituation 30
Handlungstheorie 189, 190, 239, 261, 269, 272
Handlungsträger 210
Handwerker 74, 128, 202, 203, 205, 214-221, 223, 239, 262
Diener d. Kaufmanns 221
Können d. H.s 216
Harcourt 64, 264
Harper 175, 181, 259
Hartmann, E. von 252, 264
Hartmann, N. 132, 153, 229, 264
Hauchler 264
Häufigkeit 13
Haushalte 24, 66, 84, 234
Hayek 15-17, 57, 101, 153, 193, 255, 256, 264, 274
Hegel 6, 14, 22, 38, 100, 127, 138, 172, 187, 188, 217, 224, 225, 235, 252, 264, 265
Hegselmann 264
Heidegger 16, 30, 41, 70, 74, 75, 95, 103, 104, 112, 114, 115, 125, 132, 149, 183, 186, 187, 197, 199, 203, 236, 249, 251, 264, 276

Heisenberg 17, 160, 265
Helfferich 265
Henderson 85, 87, 190, 265
Heraklit 125, 265
Herder 135, 265
Herrschaft 17, 54, 74, 183, 205, 222, 248, 251, 263, 266
d. Geldes 74
Herstein 261
Hesiod 265
Hicks 47, 66, 74, 83, 100, 143, 191, 265, 269
Hildebrand 48, 58, 265
Hilferding 265
Hirsch 124, 265
Hirt 265
Historische Zeit 104
Hobbes 50, 51, 53, 54, 83, 129, 190, 197, 206-208, 221, 229, 230, 265, 277
Hocking 70
Höffe 49, 259, 266
Hofmann 266
Hölderlin 38, 266
homo oeconomicus 57, 112, 194
homo speculator 196
Horkheimer 211, 266
Hörter 4
Hotelling 125, 130, 266
Huan, Fürst 213
human capital approach 169
Humboldt 82, 83, 256, 266
Hume 157-159, 266
Hunt 266, 276
Husserl 8, 95, 134, 266
Huygens 15
hyle 200

I

Iamblichos 247, 266
Ich s. Kap. 4.2; 111, 117, 131, 132, 134, 135
als Realitätskriterium 132
Grundlage d. Ökonomie 132
Ich-Zeit 90
idea 9, 198, 200
Ideal, mechanisches 40
Idealismus 38, 132, 229, 252, 264, 273
Idee(n) 39, 61, 68, 69, 104, 157, 159, 165, 178, 185, 186, 198-201, 208, 216-219, 223, 228, 230, 243, 248, 252
als Entwurf 198
zeitlose I. 198
Impressionismus 193
Individuum als Handlungsträger 210
Infeld 36, 262
Inflation 105, 106
Information
-sbegriff 226
und Bedeutung 99, 143, 156, 226, 259, 267
Innovation 163, 243, 244
Instabilität, dynamische 52
Interpretation 12, 31, 71
das Gesellschaftliche als I. 70
Introspektion 249
Investitionsfunktion 109
invisible hand 67, 68
Irrationalität 247, 249, 250
IS-LM-Modell 47
Iwai 266

J

Jaeck 4, 77, 266
Jagd 126
Jagdkunst 127
James 200, 266
Jantsch 182, 183, 266
Jaspers 225, 266
Jevons 36, 41, 56, 58, 60, 85, 91, 96, 191, 193, 266
Jochimsen 145, 266, 267
Jünger 266

K

Kamien 266
Kampf ums Dasein 178
Kant 31, 35, 133, 134, 155, 159, 195, 196, 200, 215, 234, 239-241, 251, 252, 265, 266
Kapital 39, 41, 44, 54, 56-58, 62, 63, 91, 92, 122, 128, 138, 144, 167, 168, 170, 185, 196, 210, 219, 259, 269, 276
-akkumulation 120

-stock 108
-substanz 62, 63, 64
-theorie 97
als Produktionsfaktor 144, 167
als Substanz 62, 63
geistiges K. 164, 167, 169
Personifikation d. K.s 196
produktiv? 170
Kapitalgüter 63, 64, 170, 259
universelles K. 64
Kapitalismus 105, 118, 121, 183, 185, 219, 263, 273, 274
Geist d. K. 196
Kapitalist 141, 196
Kapitalzins, Sinken d. 120
Kapp 186, 267
Kartell 26
Kaser 126, 267
Katastrophe, ökologische 124
Kategorien d. Naturwissenschaft 137
Kaufmann 194, 195, 210, 213-215, 219, 220, 222, 232, 244
Kaufmannsseele 195, 196, 209, 213, 221, 230, 231, 235, 236, 242, 245
Kausalität 94, 95, 156, 157, 159-161, 168, 189, 217, 239, 240, 243, 244, 250, 252
bei Hume 157
bei Mach 158
bei Nagarjuna 157
bei Nietzsche 158
in d. Chaostheorie 159
in d. Ökonomie 157, 161
Sinn von K. 156
und katalytische Kraft 160
und Situation 159
Kausalitätsprinzip 44
Kempski 44, 267
Keynes 39, 47, 49, 97-103, 105, 107, 108, 121-124, 243, 254-256, 260, 267, 277
Keynesianismus 1, 101, 122
Kinele 264
Klassenkampf 128
klassisches Dogma 67, 212
Klawonn 79, 270
Klemm 267
Klingenberg 267
Kloten 275
Knapp 267
Knappheit 130, 188
Knight 45, 46, 99, 188, 240, 241, 267
Knobel 145, 266, 267
Kommunikation 10, 226
Kommunistisches Utopia 120
komparative Statik 104
Komplexität 15, 69, 102, 181
Konjunktur 75
Konkurrenz 51, 83, 130, 175, 253, 257, 259
blinde K. 51
egoistische K. 257
Mechanismus d. K. 39
Können als Kreativität 216
Konstanten d. Wirtschaft 40
Konstruktivismus, radikaler 9, 10
Konsum 87, 89, 102, 107, 113, 156, 173, 233
-güter 231
-theorie 113
Zeitstruktur d. K.s 87
Konsument 48, 153, 193
Konsumgleichgewicht, intertemporales 114
Konsumwahl, intertemporale 113
Kooperation 38, 82, 128
Kopplung 18, 78, 79
mechanische K. 78
Körper 35
politischer 51
Kosiol 188, 267
Kosko 18, 267
Kosmos 126
Kostenersparnis 71
Kostenrechnung 88
Kostolany 196, 267
Kraft 213, 215, 219, 221, 223, 224, 229, 250, 253, 265
Arbeit als K. 132
Kraftmaschinen 136
Kreativität 9, 10, 67, 73, 83, 110, 115, 135, 137, 165, 215, 227-229, 232, 236, 237, 241-246, 253-256, 260
als asynchrones Prinzip 83
als Geschmack 244
als Handlungstyp 245, 246
als Interpretation 242

als Kausalverhältnis 237
als mechanischer Faktor 245
als Mechanismus 256
als Ursache? 242
beherrschte K. 165, 236, 241, 244
bei Descartes 137, 229
Elimination d. K. 241
heimatlose K. 246
Raum als Begriff d. K. 229
Selbstfesselung d. K. 165
und Freiheit 110, 236, 243, 255
und Natur 165
und neue Ideen 165
und Rationalität 232, 253
und Weltinterpretation 165
von A als Unsicherheit von B 254
wirtschaftliche K. 244
Kreislauf 236
Krelle 12, 101, 143, 267
Krieg 51, 82, 83, 126-130, 171, 173, 177-180, 186, 274, 275
-skunst 127
als Denkmodell 128, 173, 178
gegen d. Natur 171
gegen d. Erde 128, 129
gegen d. Natur 126, 129, 134, 171, 177, 179
und Evolutionstheorie 178
und Frieden 186
zwischen d. Arten 178
Krieger 127
Krise 1, 241
Kritischer Rationalismus 6
Kruse 79, 270
Kuhn 1, 6, 7, 21, 267
Kultur 69
Kulturwissenschaft 203, 272
Kunst 193, 194, 202
-werk 202
Künstler 135, 139, 202
kurzfristige Analyse 105, 124
Kybernetik 37, 71, 174, 175, 182, 223, 256, 276

L

Lafargue 45, 267
Lagrange 33, 35, 41, 174, 267
Laing 64, 264
Lamarck 176, 177, 250, 267
Lamberton 143, 259, 267
Lange, O. 26, 145, 267
Lange, F. A. 267
langfristig 105, 121-125
als neoliberaler Begriff 119
Langley 267
Langlois 268
Laplace 40, 147
Laum 268
Lausanner Schule 38
Lauter 198, 268
Laux 11, 12, 268
Le Chatelier 65
Leben 35, 47, 65, 67, 82, 101, 103, 126, 134, 167, 177, 209, 225, 232
-sende 112
-ssituationen 69, 232
d. Natur 131, 133, 134, 160, 172, 174, 182
Evolution d. L.digen 177
Gesetze d. L.s 50, 60
in Situationen 19
organisches L. 104
Reich d. L.digen 160
Steuerung d. L.s 183, 185
Tod im L. 114, 115
und Erkennen 179, 187
Lebensspanne und Nutzenmaximum 113
Lebensversicherung 15, 98
Lebenszyklus-Hypothese 113
Lebewesen 54, 81, 126, 133, 134, 173, 177, 179, 181, 193, 228, 237
Lehmen 268
Lehrbücher, einführende 52
Leibniz 35, 37, 92, 134, 135, 147, 190, 206, 237-239, 251, 252, 268
Lenk 264, 268
Leonardo da Vinci 38, 131
Lernen 113, 135, 251
Liberalismus 1, 2, 48, 59, 197
Denkfehler d. 48
Lichttheorie, Goethe und Newton 154
Linden 264
Linné 175, 176
List 33, 128, 166-169, 224, 268
d. Vernunft 138, 217

List, F. 128, 166, 168, 169, 268
Locke 129, 268, 277
Logik 7
des Scheins 17
und Berechnung 190
Logistik 190
Lohn 122, 141
Loistl 147, 268
Lorentz 76, 262, 268
Lösch 77, 268
Lotka 174, 268
Lucas 36, 101, 168, 268
Luhmann 9, 10, 260, 268
Luxemburg 268

M

Mac Arthur 268
Macbeth 114
Mach 64, 76, 80, 90, 158, 211, 268
Machiavelli 268
Machlup 268
Macht, Begriff d. 221
Makrogesetze 66
Malinvaud 47, 268
Malthus 177, 268
Mandeville 127, 128, 268
Mangoldt 121, 269
Mannigfaltigkeit der Situationen 256
Mansfield 269
Marcuse, A. 141
Marginalismus 141
Maring 264
Markt s. Kap. 2.1; 2.7; 23, 48
-wirtschaft 1, 21, 52, 110, 186, 260, 267
-gleichgewicht nach Hicks 83
Marshall 43, 45, 66, 74, 142, 162, 164-166, 168, 188, 231, 233, 269
Marx 41, 44, 45, 49-51, 54, 56-59, 62, 63, 118, 120, 121, 128, 138, 140-142, 170, 184, 185, 196, 199, 200, 218, 219, 234, 267, 269
Marxismus 2, 28, 45, 96
Maschine s. Kap. 4.3; 5.5.3; 37-39, 40, 67, 76, 128, 133-138, 167, 205-207, 214, 215, 223-225, 227, 229, 233
Maschinenbauer 205
Maschinentheorie 174
Masse, statistische 114
Materialismus 129, 219, 267
Materie 6, 33, 136, 138, 150, 156, 164, 165, 201, 202, 241, 260
Mathematik 32, 33, 36, 38, 42, 43, 45, 52, 85, 100, 102, 105, 131, 142, 145, 147, 151, 173, 174, 181, 190, 191, 208, 210, 226, 229, 231
Gott als M.er 203
Keynes über 102
Mathematisierung d. Volkswirtschaftslehre 190, 191
Maturana 9, 269
Matzka 4, 181, 260
Mauss 269
Maximierung 211
May 66
Mayer 160
Meade 63, 269
Meadows 183, 269
Mechané 173
mechanics of utility and selfinterest 58
Mechanik s. Kap. 2.3; 3.1; 5.5.3
klassische 32, 33, 36
ökologische Mechanik 174
und Arbeit 136
Mechanismus 22, 39, 42, 47, 57, 60, 70, 82, 134, 135, 196, 205, 228, 229, 236, 240, 243, 256
Medizin 70, 134
Meggle 239, 244, 261, 269, 272
Meinung 45, 49, 54
Meltzer 260
Menge d. reellen Zahlen als Zeitmodell 77, 80
Menge und Begriff 17
Menger 17, 46, 50, 54, 58, 60, 93, 94, 116, 157, 191, 220, 231, 269
Menges 259
Menniger 269
Mensch
als künstliche Maschine 135
als Rohmaterial 183
als Störung 181
und Natur 169
Mensching 257, 269
Merleau-Ponty 269

Merton 253, 269
Meßgeräte 151
Metapher 36
Metaphysik 9, 10, 35, 95, 126, 182, 183, 197, 200, 201, 215, 223, 240, 247, 258, 265, 266
  Ablehnung d. 9
  als Quelle d. Mechanik 35
Methode 11, 19
Metzger 269
Metzler 74, 269
Meyer 104, 249, 269, 270
Mikrogesetze 66
Mikroökonomie 52, 84, 234
Milieu 251
Militär als synchronisierte Gruppe 82
Mill 27, 28, 36, 61, 122, 123, 143, 166, 167, 219, 256, 269
Miller 269
Minkowski 76, 90, 262, 268
Mises, L. von 38, 121, 122, 132, 188-190, 197, 241, 247, 270
Mises, R. von 13
MIT-Schule 61
Mittasch 160, 270
Moderne 7, 25, 52, 68, 74, 130, 132, 134, 151, 173, 174, 178, 180, 197, 211, 221, 230, 231, 242, 244, 271, 274
Moleküle 65, 69
  d. sozialen Systems 65
Möller 4, 275
Monissen 260
Montesquieu 270
Moralwissenschaft 1, 123
Morgenstern 47, 101, 270
Moser 268
Motiv(e) 30, 58, 94, 196, 226, 237, 239, 240, 244
  als Kausalverhältnis 237, 241
  als Ursache 240
  d. Handelns 239
Müller, A. 127, 128, 133, 166-168, 270
Müller, H. J. 175, 270
Münsterberg 270
Musik 156
Muth 100, 101, 270
Myers 270
Myrdal 39, 270

N

Nachfrage, effektive 60
Nachfragekurve 23, 24
Nagarjuna 157, 270
Nationalökonomie 26, 36, 38, 43, 46, 48, 57-59, 117, 120, 130, 132, 141, 145, 188, 189, 195, 234, 241, 247, 262, 265-267, 270-276
Natur s. Teil 4
  -handlung 239
  -kausalität 239
  -qualitäten 181
  -widerstand 130, 132, 179, 203
  als bloßer Stoff 180
  als Gegenstand 131
  als Gegen-stand 221
  als Handlungsresultat 201
  als Körper 131
  als Lehrmeister 182
  in d. Naturwissenschaft 149
  Kampfbegriff d. Aufklärung 49
  und Naturgesetz 172
  Widerstand d. N. 127
Naturalisierung 3, 208, 241
  d. Freiheit 208
Naturbegriff, ökonomischer 137
Naturbetrachtung, harmonische 180
Naturgesetz(e) 31, 44, 45, 47-49, 50, 51, 57, 61, 62, 67, 70, 137-139, 142-146, 148-152, 153-155, 165, 166, 169-174, 173, 178, 179, 207, 208, 228, 230
  als Erfindungen 31
  Anwendung eines N.es 151
  d. Einzelfalls 149
  d. Gesellschaft 137
  d. kapitalistischen Produktion 44
  Gelten d. N. 171
  Geltung von N. 149
  soziale N. 47
  und Natur 169
Naturwissenschaft 2, 11, 17, 28, 30, 31, 38, 41, 45, 54, 63, 64, 73, 97, 103, 130, 137, 144, 148, 149, 153, 155, 173, 182, 185, 193, 197, 203, 226, 211, 221, 260, 272, 274
Nauck 79, 270
Nell-Breuning 270

Nelson 270
neoklassische Theorie 1, 2, 44, 45, 52-54, 56, 57, 62, 65, 70, 72, 96, 120, 137, 142, 161, 166, 168, 219, 231, 232, 239, 255
  als Preistheorie 72
  und klassische Mechanik 33
  Selbstaufhebung d. N. 72
Neoliberalismus 1, 73, 119, 121, 122
Neue, d. 83, 139, 161, 236, 245
neue Produkte 48, 70, 241
Neumann 47, 141, 260, 270
Neurath 6
Neuronale Netze 78
Newman 270
Newton 17, 39, 76, 154, 270
Nicht-Sättigung 231
Nichtwissen 15, 102, 152
Niehans 103, 104, 112, 270
Nietzsche 16, 40, 56, 158, 194, 199, 203, 221, 250, 251, 264, 270
Nirvana 117
non-satiation 230
Non-Tatonnement-Systeme 84
Nordhaus 54, 59, 60, 63, 64, 102, 123, 271, 272
Novalis 271
Nutzen 56, 85, 87, 92, 94, 97, 102, 135, 144, 154, 176, 194, 248, 253
  -begriff 156, 203, 233
  -empfindungen 93
  -index 85
  -kalkül 56
  als causa finalis 156
  als Glück 85
  einer Theorie 56
  erwarteter N. 97
  Funktion des N. 156
  Grenzn. 85, 141, 155, 231
  maximaler N. 23, 56, 233, 234
  Mechanik d. N.s 36
  Meßbarkeit d. N.s 84
  und Geld 233
  und Gewalt 125
  und Kosten 194
  und Lebensspanne 112, 113
  und Sättigung 231
  und Wert 191
  bei Max Weber 234
  und Geld 233
Nutzenfunktion 42, 84, 85, 87, 97
  als Maß d. Glücks 84
  Form d. N. 26
  linear-homogene N. 85
  Simplizität d. N. 53
  und Zeit 85
Nutzentheorie 49, 54, 55, 56, 86, 113, 135, 193, 231, 236, 250, 253
  und Freiheit 58
Nutzlosigkeit d. Neoklassik 72
Nyanatiloka 114, 260, 271

O

Odum 175, 178, 271
Oikos 175, 223, 272
Ökologie 174-176, 180-182, 185, 186, 226, 258, 259, 269-271, 273, 276
  mathematische Modelle d. Ö. 174
ökologischer Rest s. Kap. 4.12
Ökonomen 26, 85, 101
  klassische 62
Ökonometrie 43-44, 63, 78-79, 109, 167
Ökonomie (fortlaufend)
  als Moralwissenschaft 123
  Doppeldeutigkeit d. Begriffs 2
  mathematische 102
  postmechanische 256, 228, 245, 246
  traditionelle 98
Oncken 141, 195, 271
Ontologie 132, 259, 264
Optimismus, ökonomischer 194
Optimum 232, 233
Ordnung 46, 48, 50, 77, 82, 83, 100, 101, 122, 203, 208, 214, 220, 221, 228, 248, 268
Ostdeutschland 46
Ostwald 8, 136, 271
Ott 101, 191, 265, 267, 271

P

Pacioli 213, 271
Paracelsus 114, 115, 271
Paradies als Utopie 116
Paradigma 1, 2, 6, 21, 182

Paradoxie 48, 93
Pareto 38, 65, 271, 277
Parsons 243, 271
Pascal 271
Pasinetti 271
Pawlow 53
Peirce 165, 271
Perioden-Analyse 87, 89
perpetuum mobile 164
Personifikation ökonomischer Kateogorien 196
Petty 191, 271
Pflanzen 126, 133, 176, 177, 179, 182
Phänomenologie 103, 214
Phantasie 94, 95, 97, 230
Phelps 4
Phillips 40
Philosoph 157, 247
Philosophie (fortlaufend)
  analytische P. 5, 6
  griechische P. 126
  phänomenologische P. 103
Physik (fortlaufend)
  als Ideal 119
  als Vorbild 38
  klassische 150
Physikalismus 5, 6, 20, 42
Physiokraten 49
Piaget 271
Pigou 27, 39, 42, 43, 88, 271
Pläne, scheiternde 83
planetarisch 194
Platon 115, 146, 164, 197-200, 202, 215, 218, 244, 247, 271
Plotin 199, 202, 271
Pohlenz 133, 271
Polanyi 271
Popper 6, 7, 9, 193, 253, 271
Population 175
Positivismus 197, 261
postmechanisch 228, 245, 246, 256
Präferenzen 42, 231
  unveränderliche 42
Präferenzfunktion 87, 231
Präferenztheorie 231
Pragmatismus 199, 200, 234, 266
Praxeologie 145
Praxis 7, 199, 243, 260, 265
  als Wahrheitskriterium 199
Preis(e) 21-26, 28, 29, 41, 42, 56, 60, 62, 71, 72, 77-79, 89, 90, 100, 105, 106, 108, 128, 130, 141, 163, 203, 217, 232
  -änderungen 106
  -mechanismus 39
  -theorie 2, 72, 101, 191, 265, 267, 271
  gerechter P. 141
Preiser 271
Preisindex 105-108
  Fisherscher 106
Pribram 269
Prigongine 68, 271
Privateigentum 59
Privatrecht 126
Produktion 3, 42, 59, 61, 64, 71, 82, 84, 87-89, 133, 136-139, 141-144, 146, 151-153, 155, 156, 158, 160, 162-165, 167, 168, 170, 173, 175, 176, 184, 185, 191, 199, 224, 232, 259, 262
  -sablauf 171
  -sfaktoren 142, 168, 169, 219
  als historischer Prozeß 146, 167
  kein Erschaffen 138
Produktionsfunktion 3, 43, 84, 142-144, 161, 169
  bei Thünen 144
  bei Wicksteed 142
  linear-homogene P.en 88
  Schätzung von P.en 145
  und Naturgesetz 146
  und Thermodynamik 143
Produktionsprozeß 102, 151, 160, 166, 170, 171
Produzent 138, 193
Profit 45, 99, 120, 141, 267
Profitrate 120, 259
Prognosen 3, 32, 46, 60, 72, 79, 101, 271
  Verkauf v. P. 101
Programm 36, 44, 48, 70, 138, 190, 218, 224, 225, 227
  Maschinen- 227
  politisches P. 48
Prozeß, historischer 107
Psychoanalyse 253
Psychologie 53, 58, 73, 92, 149, 193, 205, 249, 252, 253, 262, 264, 269-271, 273, 274, 276

bei Freud 193, 252
d. anderen 249
d. anderen 249
d. Behaviorismus 249
empirische P. 149, 249
kognitive P. 205
und Ökonomie 92, 193, 233, 253
Psychophysik 193
Putnam 8, 271
Pythagoras 146, 247

Q

Qualitative Theorie der Produktion 232
Quandt 85, 87, 190, 265
Quantenphysik 29, 150, 160, 172, 193
Querschnittsdaten 85

R

Radbruch 271
Räder der Staatmaschine 37
Rahner 128, 129, 271
Raphael 271
ratio 194, 195, 197, 210, 214, 237
rational(e) s. Teil 5; 249
Entscheidung 188
Erwartungen 101
r.s Handeln 188
und irrational 249
Rationalismus 6, 188, 197, 244, 249
Rationalität s. Teil 5; 3, 4, 57, 61, 66, 72, 113, 114, 188-190, 194, 196, 197, 204, 207, 210, 211, 213, 234-236, 246, 248, 249, 254, 272
-spostulat 190, 234
als Berechnung 190, 197
berechnende R. 189
individuelle R. 114
ökonomische R. 236
und Kreativität 232
Ratzinger 272
Rau 23, 26, 27, 60, 272
Raum 12, 36, 41, 70, 76, 77, 90, 91, 147, 159, 166, 211, 215, 229-231, 256
-begriff 77
als Kreativitätsbegriff 229
i. d. Relativitätstheorie 36
neuzeitlicher R.begriff 229
und Freiheit 229
und Kreativität 229
und regional science 77
Realeinkommen 107
Realität s. Kap. 1.3; 10, 11
»objektive« 16
Realitätskriterium, Scheitern von Theorien als 10
Recht 27, 30, 31, 92, 100, 112, 126, 128, 133, 167, 168, 203, 204, 219, 222, 237, 264, 267, 275
römisches R. 126
und Logos 133
Recktenwald 272, 274
Reflexe 188
Region 39, 146, 270
regional science 77, 266
Reichenbach 272
Relativitätstheorie 36, 75, 76, 90, 193, 262
Religion 73, 123, 187, 257, 276
-slehre 257
des gegenwärtigen Bewußtseins 187
Rente 91, 276
repräsentative Firma 66
Rescher 239, 272
Resonanz, soziale 5
Ressource(n) 72, 102, 106, 112, 113, 125, 130, 186, 266
Begriff d. R. 125
effiziente Allokation 113
erschöpfbare R. 102
fixe R. 106
Rest-Gleichgewicht, ökologisches 185
Revolution, Keynessche 99, 124
Revolutionen 6, 70, 267
Ricardo 141, 145, 219, 272, 277
Richarz 272
Ricken 272
Rickert 20, 203, 272
Risiko s. Kap. 1.4; 96, 98, 101, 267
s. Ungewißheit 96
Rist 263
Robbins 66, 117, 188, 241, 272
Robinson, J. 64, 102, 272
Röck 4
Röpke 272

Rorty 272
Roscher 59, 127, 272
Rosenberg 258, 272
Roulette 97
Rückkopplung 175, 182
  und Bedeutung 227

S

Sachverständigenrat 71, 161, 272
Sambursky 76, 258
Samuelson 47, 54, 59-61, 63-65, 80, 85, 88, 89, 100, 123, 143, 174, 188, 190, 211, 250, 272
Sartre 272
Sattelpunkteigenschaften 52
Satz von D´Alembert 211
Satz von Hamilton 211
Say 125, 138, 273
Schäffle 125, 273
Schams 43, 273
Schatten d. Rationalität 249
Schattenpreise 56, 141
Schattenseite d. rationalen Lichts 247
Schefold 4
Schelling 251, 252, 273
Schleichert 273
Schlicht 53, 273
Schlosser 126, 273
Schmetterlingseffekte 29
Schmidt 262, 273
Schmitt 127, 273
Schmölders 92, 273
Schmoller 273
Scholastik 14, 141, 202, 204, 205, 207, 209, 228, 269
Schomandl 4
Schönheit 182, 257
Schopenhauer 252, 273
Schöpfergott 246
Schöpfung 128, 176
Schöpfungsmythos 128
Schposchnicoff 273
Schramm 176, 180, 273
Schranke(n)
  d. Geldbesitzes 256
  d. Handelns 169
  d. Vernunft 204
  ideologische S. 44
  materielle S. 165
  menschliche S. 184
  Naturgesetze als S. 165, 166
  natürliche S. 195
  quantitative S. 130
  S. d. Willens 209
  stochastischer Modelle 91
  und Freiheit 205, 235
  und Gewohnheit 246
Schrankenlosigkeit 195, 211, 231, 232, 235
  d. Willens 209
  und Freiheit 235
Schuhbauer 4
Schuld 203
Schumpeter 39, 45, 46, 62, 105, 120, 121, 243-246, 254-256, 260, 273, 275
Schwartz 266, 276
Searle 30, 39, 273
Seele 75, 134, 135, 183, 193, 197, 199, 205, 206, 232, 247, 249, 251, 252, 261
  als Rechenautomat 197
Sein zum Tode 112
Seinsweise der Dinge 200
Selektion 177, 249
Selten 84, 100, 259, 264, 276
Seneca 247, 273
Senior 91, 273
Shackle 30, 255, 273
Shakespeare 114
Siebert 125, 266, 273
Signal 160
Sigwart 158, 273
Sala-I-Martin 258
Silber 188
Simmel 243, 273
Simon 190, 254-256, 267, 274
Sinken der Profitrate 120
Sinn, H. W. und G. 46, 274
Sinn erschaffen und haben 173
Situation s. Kap. 1.3; 3.6; 4.10
  produktive 169
Skalenerträge 88, 89
  konstante 88
Skarzynski 274
Skinner 53, 249, 250, 274
Sklave(n) 126, 217, 218, 223-225, 227

als Denkmodell 227
und Werkzeug 218
Smelser 243, 271
Smith 1, 37-39, 44, 49, 51, 60, 61, 67, 111, 117, 127, 128, 130, 139, 141, 166-168, 208, 210, 219, 221, 237, 238, 261, 271, 274, 277
Sohn-Rethel 196, 197, 274
Sollberger 81, 274
Solow 27, 44, 47, 61, 63, 168, 274
Sombart 196, 274
Sozialismus 1, 2, 105, 121, 122, 183, 185, 273
Sozialwissenschaft(en) 3, 10, 27, 28, 30-32, 36, 38, 45, 193, 259, 264, 270, 271
als exakte Wissenschaft? 45
Experimente in d. S. 28
subjektive Wende in d. S. 193
und Interpretation 31
und Naturwissenschaften 31, 39
Soziologie 9, 20, 36, 188, 243, 250, 261, 269, 271, 273
französische 250
Spann 36, 170, 274
Spekulation 43, 101, 200, 252
Spengler 134, 274
Spiel 178
-regeln 178
-theorie 12, 47, 270
Spinoza 92, 93, 206-208, 210, 213, 248, 274
Sprache 8, 30-32, 42, 69, 102, 125, 128, 138, 197, 199, 204, 218, 219, 225, 228, 256
als Ort d. Ideen 218
und Arbeit 218
Sprachgemeinschaft 32
Sraffa 162, 274
Staat 37, 48, 50-52, 57-59, 98, 115, 117, 119, 128, 130, 219, 222, 258, 275
als Maschine 37
bei Adam Müller 128
bei Adam Smith 37
bei Hegel 38
bei Hobbes 51, 130
im Sozialismus 51
und Naturgesetz 48, 58, 59
Zentralplanung d. S.es 50
Stabilität 20, 83, 175, 181, 257, 260
d. Gleichgewichts 83
von Ökosystemen 175
Stackelberg 50, 275
Stammler 203, 275
Standortwechsel 163, 184, 260
Statik 33, 35, 36, 43, 46, 61, 88, 89, 104, 273, 275
und Dynamik 33, 61
und Perioden-Analyse 89
stationärer Zustand 118
als Utopie 122
Statistik 11, 19, 22, 29, 60, 64, 68, 78, 105, 107, 108, 114, 145, 191, 271, 273, 276
Durchschnitte in d. S. 114
Erwartungswert in d. S. 98
induktive S. 11
Methode d. S. 15
Mittelwert in d. S. 68
praktische S. 107
s. Grundgesamtheit 16, 98
Stcherbatsky 275
steady state 107
Stegmüller 9, 12, 275
Stein 101, 275
Sterbemoment 112
Sterblichkeit s. Kap. 3.7
und Freiheit 111
und Zeitlichkeit 115
Steuart 116, 275
Steuern 31, 130, 178, 184, 185, 241, 262
Stichprobe 14
Stiglitz 61
Stimmung 108
Stoa 133
Stolzmann 48, 275
Stoneman 275
Streller 36, 275
Strieder 275
Struwe 214, 275
Subjekt 193, 232
automatisches 57, 196
Subjektive Wende 193
Subjektivität 3, 4
Substanz 61, 62, 64, 97, 204, 208, 213, 230, 251

ökonomische S. 63
Superstrings 152
sustainabiliy 185
Swan 63, 275
Swedberg 275
synchronisiertes Handeln 81
System(e) 22, 27, 37, 38, 52, 57, 67, 147, 159, 160, 209, 243, 253
autopoietisches S. 10
d. Freiheit 51, 67, 70, 128, 208, 237
dynamische S. 80, 91
Gesellschaft als S. 37, 65, 68, 70, 189
komplexes S. 180
mechanisches S. 35, 39, 41-43, 52, 53, 76, 80, 89-91, 147, 179, 185, 242
mechanisches S., ohne Geschichte 91
neoklassisches S. 24, 49, 84, 106
offene S. 67, 68
stabiles S. 79, 180
Triebs. 252
und Maschine 37
und Mathematik 41, 77, 80, 181
Werts. 243
Wesen d. S.s 37, 66, 174, 179, 182
Systemtheorie 31, 68, 174, 175, 182, 185, 186, 193, 223, 226, 227

T

Tatsache 9
Taylorsystem 224
Technik 30-32, 125, 134, 137, 142, 152-155, 164, 167, 171, 183, 184, 193, 194, 197, 213, 216, 217, 234, 249, 263, 267, 268, 274, 276
als Basis der Physik 153
als techne 216
Sozialt. 193
und Natur 217
und Ökonomie 164, 197
Wesen d. T. 134, 155, 167
technischer Fortschritt 168
Technologie 102, 143, 187, 193, 259, 263, 268
Teleologie 243
und Kausalität 242, 243
telos 200
Theologie 128, 133, 138, 139, 164, 176, 202, 203, 215
mittelalterliche T. 133
Theorie(n) s. Kap. 1.3
-bildung 98
d. Maximierungsverhaltens 211
d. Geldes 267, 270
Scheitern von T. 10
und Realität 8
Thermodynamik s. Kap. 2.8; 64, 68, 164
Thom 275
Thomas von Aquin 92, 129, 138, 159, 202, 203, 209, 228, 231, 275
Thukydides 275
Thünen 52, 57, 98, 117-120, 123, 142, 144, 191, 275
Tiere 54, 126, 133, 134, 174, 176, 177, 179, 182, 257
als Maschinen 134
juristische Auffassung d. T. 133
technische Auffassung d. T. 134
Tod s. Kap. 3.7; 98, 111-115
als rationale Wahl 111, 112
bei Heidegger 112
Berechenbarkeit d. T.es? 113
in d. Ökonomie 111
Sein zum T.e 112, 115
und Individualität 114
Topitsch 258, 271
Totalmodell, walrasianisches 106
Townsend 175, 181, 259
Tradition 8
tragedy of the commons 254
Trägheit 35
Trans-Formation 160
Triebfeder 135, 240
in d. Psychologie 252
und Motiv 240
Trophiestufen 175
Trotzki 183, 275
Turgot 275

U

Uexküll 179, 275
Uhr(werk) 37, 76
der Welt 37
Ullrich 4

Umwelt 12, 15, 82, 83, 125, 134, 171, 172, 174-177, 184, 185, 227, 250, 251, 254, 255, 266, 273
-begriff 181
-ökonomie 254, 276
-politik 184
als Ursache 250
d. Handlung 82
Erhaltung d. U. 185
interpretierte U. 251, 254, 255
System und U. 227
Unbestimmtheitsrelation 150, 152
Unbewußtes 56, 251, 253
und Vernunft 59
Unendlichkeit 14, 210, 231, 232, 235
bei Hegel 235
d. Kaufmannsseele 210, 231, 235
schlechte U. 235, 236
und Nichtbestimmtheit 232
Ungewißheit 96-99, 254
prinzipielle U. 96
und Kreativität 254
und Risiko 96, 98
Unsicherheit 15, 100, 101, 162, 243, 254, 260, 267
Unsicherheitstheorie 25
Unterbewußtsein 251
Unternehmen 25, 26, 161-164, 188, 267
Unternehmer 98, 99, 245, 246
Unwissenheit 170
Ursache(n) 15, 24, 27, 30, 54, 78, 83, 94, 105, 111, 122, 134, 135, 138, 139, 155-159, 161, 167, 169, 170, 201, 202, 207, 223, 226, 230, 237, 240, 241, 243, 244, 247-252, 270; s. auch causa
vier U. 201, 230
Zusammenwirken von U. 27
USA 253, 263
Usher 275
Utopie 3, 116, 118, 121, 122, 124, 184, 257
kommunistische U. 120

V

Varela 4, 9, 269, 275
Variablen, wirtschaftliche 80
Varianz 26
Veblen 1, 39, 276, 277
Verantwortung 185
Verbrauch 130
Verfahrensforschung 112
Vergangenheit 90, 91, 93, 96, 102-104, 110, 116, 124, 147, 177
Verhalten 32, 47, 53, 56, 65, 66, 71, 80, 112, 113, 181, 182, 188, 189, 233, 246, 249, 251, 253, 254, 270
menschliches V. 70
Verkörperung 130, 210, 246, 251
Vernetzung 141, 174
Vernunft 59, 118, 119, 133-135, 138, 179, 182, 195-197, 203-205, 208-211, 215, 220, 235, 237, 238, 240, 241, 247, 248, 251, 252, 255, 266, 272
unendliche V. 211
Verstand 16, 75, 92, 131, 147, 158, 204, 206, 223, 266, 268
Voeller 106, 262
Vogel 276
Vogler 81
Volkswirtschaftslehre 22, 54, 59, 116, 186
als Mechanik 22, 36, 50, 59, 92, 116, 121, 125, 130, 186, 191, 262, 263, 269, 273-276
als Utopie 116
Vollbeschäftigung 124
vollkommene Voraussicht 101, 102, 255
Vollkommenheit 204
Vorgrimler 128, 271
Vorhersage 14, 103, 120; s. Prognose
Vorstellungen 95, 97, 112, 147, 157, 159, 250, 251, 255
dunkle 251

W

Wachstum 167, 187
der Bevölkerung 187
Wachstumsmodell(e) 52, 101, 102, 106
m. unendlichem Zeithorizont 101
von-Neumannsches W. 107
Wachstumstheorie 36, 44, 45, 63, 88, 107, 167, 168, 263
Wagner 276
Wahrnehmung 75, 147, 172, 249, 269

Wahrscheinlichkeit 11, 12, 14, 43, 79, 91, 96, 155, 178
-sbegriff 15
-srechnung 15, 70, 98
-sverteilung 98, 146
-theorie 11-15, 64, 68, 97, 261, 270
als Wahreit des Scheinens 18
subjektive W. 14, 17
und Häufigkeit 13, 14
und Möglichkeit 14
und Situation 15
Wesen d. W. 18
zwischen Wahreit und Falschheit 16
Waibl 276
Walras 20, 26, 36, 38, 39, 41, 42, 46, 48, 58, 77, 100, 120, 142, 190, 191, 245, 276
Wandel, kreativer 4, 42, 62, 64, 120, 131, 160, 214, 259
Weber, M. 20, 116, 172, 173, 195, 196, 203, 233-235, 241-243, 245, 252, 253, 276
Weber, A. 125
Weimann 254, 276
Weimer 276
Weizsäcker, C. F. von 14, 276
Weizsäcker, E. U. von 184, 276
Welt 7, 9, 17-20, 22, 31, 37, 39, 48, 61, 63, 64, 70, 81, 101, 102, 106, 107, 113, 116-118, 120, 129, 131, 133, 137-139, 147, 148, 150, 157, 164, 198, 203, 208, 214, 226, 229, 241-244, 251, 256, 260, 262
als Schöpfung 203
als Uhrwerk 37
-maschine 183, 243
Weltwirtschaftskrise 121
Wenig 84, 276
Werkzeug 52, 167, 194, 216, 217, 221, 223, 224, 238
und Befehl 218
Wert(e) 60, 63, 96, 141, 161, 203
als Denkmodell 203
als Kausalfaktoren 242
-begriff 170
-gesetz 56, 57
-quelle 141
-substanz 130
in d. Neoklassik 142
nicht produzierter Güter 142
objektiver W. 170
ökonomischer W. 130
subjektiver W. 142
und Motive 243
und Nutzen 191
Wertheimer 276
Wertlehre 93, 130, 141, 142, 191
A. Marshalls 142
marginalistische 141
moderne 130
neuere 191
objektive 139
subjektive 93
Wertphilosophie 203
Wertsystem d. Gesellschaft 243
Wettbewerb 2, 120, 186
-sverhältnisse 162
Whitehead 197, 276
Wicksell 91, 120, 121, 123, 276
Wicksteed 142, 276
Widerstand 18, 32, 127, 130-133, 135, 156, 203, 204, 217, 218, 221, 237
d. Natur 203
Wiedererinnerung 198
Wiedervereinigung Deutschlands 45, 46
Wiener, N. 37, 71, 273, 276
Wiener Kreis 5, 7
Wieser 38, 46, 276
Wild 276
Wille(n) 40, 51, 54, 58, 83, 94, 111, 129, 133, 186, 194-196, 202-211, 221, 230, 231, 234, 236, 238, 251, 271
unendlicher W. 209
zur Macht 221
Naturalisierung d. W.s 208
Wilson 268
Winkler 178, 262
Winter 270
Wirklichkeit 5, 6, 10, 11, 18, 20, 30, 37, 39, 70, 95, 131, 134, 139, 150, 158, 165, 172, 187, 229, 234, 237, 240, 242, 265, 268, 275
soziale W. 30
Wirkursache 156, 201, 207, 211, 225, 229, 242
Wirtschaftskrieg 187

Wirtschaftskrise 122, 270
Wirtschaftsmodelle 48
Wirtschaftsmotor 46
Wirtschaftsordnung 263
Wirtschaftspolitik 44, 48, 58, 62, 70, 117, 122, 124, 128, 184, 254
Wirtschaftspresse 60
Wirtschaftssubjekte 42, 56, 65, 244
rechnende W. 56
Wirtschaftssysteme 70
Wirtschaftswissenschaft 1, 3, 5, 10, 11, 20, 28, 32, 37, 38, 44, 58, 60, 84, 99, 103, 112, 115, 121, 123, 127, 197, 259
Wirtschafts-Mechaniker 73, 90, 92, 100, 102, 189, 254
Wissel 181, 276
Wissenschaft als Religion 187
Wissenschaftstheorie 3, 5, 10, 12, 260, 275
Wisser 70, 276
Wittgenstein 7, 73, 146, 158, 252, 256, 257, 276
Wohlfahrt 1, 93
Wolff 259
Wright 277
Wucher 123
Wundt 161, 277
Würfel, idealer 14

X, Y

Xenophon 277

Z

Zahl als Ursprung 247
Zahnräder 37, 81
Zeichen 72, 148
Zeit 3, 14, 16, 33, 36, 61, 74-81, 84, 87-91, 93, 97, 99, 102-105, 107, 108, 110-112, 114-116, 118, 120-123, 148, 157, 168, 176, 187, 198, 211, 229, 231, 255-259, 262, 263, 265, 270, 276
-achse 104
-begriff 74
-definition 89
-pfeil 104
-phänomen 74
als Zahl 75
Erlebnis d. Z. 90
historische Z. 104, 108, 120
metaphysischer Begriff d. Z. 76
physikalische Z. 108
Relativität d. Z. 80
situative Z. d. Geschichte 103
subjektive Z. 90
Zeitlichkeit 88, 115
Zeitpräferenz 90, 91, 93
Zeitraum 28, 85, 87, 105, 107, 112, 113
Zerstörung 19, 82, 83, 115, 120, 160
Ziel 117, 118, 129, 193-195, 200, 203, 209, 220, 233, 235, 239, 241, 257
maximales 209
Zins s. Kap. 3.4; 62, 109, 120, 195, 259
bei Aristoteles 195
Zinssatz 108, 109
Zirbeldrüse 134
Zuchtwahl 176, 177
Zufall 10, 73, 149, 178, 181, 185, 202, 262
-seinflüsse 43
Zukunft 40, 48, 58, 74, 90-96, 98, 99, 102, 103, 110-112, 116, 118, 119, 121-124, 147, 232, 255, 260, 265
Eliminierung d. Z. 116
Gegenwart und Z. 93
-sgüter 94, 97
Zwang
zur Freiheit 236
zur Kreativität 236
Zweck 17, 29, 87, 111, 143, 153-156, 166, 182, 195, 196, 201-203, 207, 230, 234, 235, 239, 240, 243, 262
Neutralität d. Z.e 241
und Mittel 155, 156, 202
Zytkow 267